Gunter Haug

Ferdinand Graf Zeppelin

Verlag Landliege

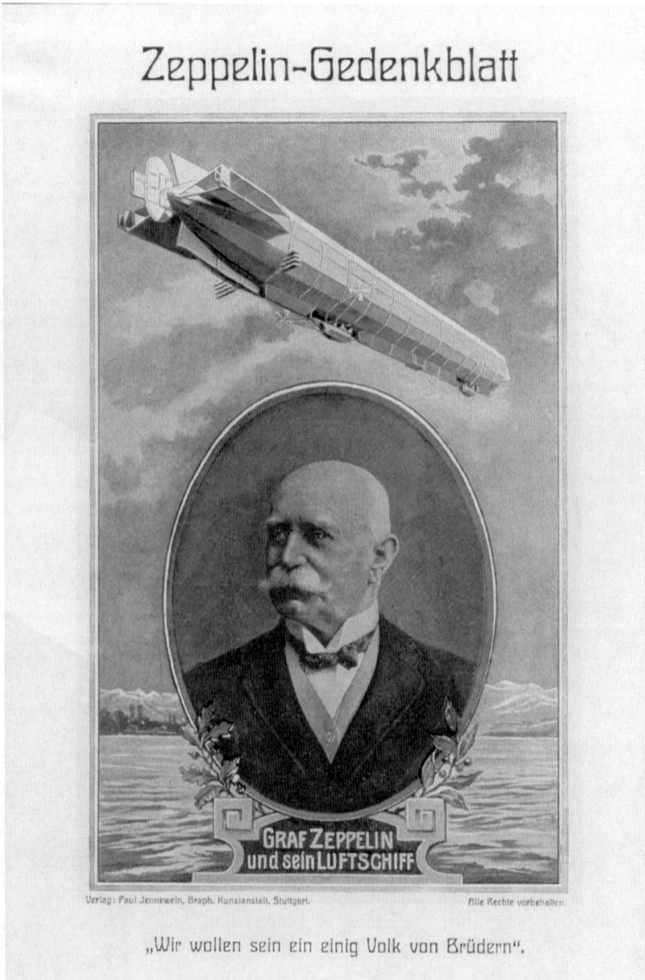

Schon zu Lebzeiten eine Legende: Ferdinand von Zeppelin
und sein Luftschiff

Gunter Haug

FERDINAND GRAF ZEPPELIN

Historischer Roman

Landhege-Verlag

www.landhege-verlag.de

1. Auflage 2013

Die Fotos auf der Vorderseite und Rückseite (LZ 4 vor der »Reichsschwimmhalle«) des Buches werden mit Genehmigung des Archivs der Luftschiffbau Zeppelin GmbH, Friedrichshafen, abgebildet.
Die Fotos auf Seite 2 (historische Postkarte) und Seite 6 (LZ 4 nach dem Brand bei Echterdingen) wurden freundlicherweise vom Stadtarchiv Leinfelden – Echterdingen zur Verfügung gestellt.
Das Bild auf Seite 5 (Graf Zeppelin in der Luftschiffgondel) hat Gustav A. Biach, Wien aus seinem Privatarchiv beigesteuert. Vielen Dank!
Gestaltung des Einbandes: Ilona Bucher, Berlin
Satz: Dörr und Schiller GmbH, Stuttgart
Druck und Binden: CPI books GmbH, Ulm

Druck ISBN: 978-3-943066-06-7
EPub ISBN: 978-3-943066-18-0

»Man muss nur wollen und daran glauben,
dann wird es gelingen!«

Graf Zeppelin in der Gondel seines Luftschiffs

LZ 4 nach der Katastrophe von Echterdingen am Nachmittag des 5. August 1908

Die Filderebene bei Echterdingen unweit von Stuttgart

5. August 1908 14 Uhr 54

Ein Schrei.
Ein einziger, spitzer Schreckensschrei.
»Um Gottes willen!«
Ein Alarmruf, der die Luft zerfetzte, die glühend heiß auf der Landschaft lastete.
Eiskalt fuhr es den weit über 50.000 Schaulustigen durch Mark und Bein, die an diesem historischen Tag ihre Arbeit einfach hatten stehen und liegen lassen, um LZ 4, das riesige Luftschiff des Grafen Zeppelin, mit eigenen Augen bestaunen zu können. Niemals zuvor waren so viele Menschen auf den Fildern versammelt gewesen. Kein Wunder: sie waren Zeugen der ersten Landung eines Zeppelin auf dem festen Erdboden und nicht wie bisher auf der Wasserfläche des Bodensees. Ein Wagnis – erst recht, nachdem nur noch einer der beiden Motoren funktioniert hatte und von Technikern der Daimlerwerke nun hier an Ort und Stelle repariert werden sollte. Die Landung heute morgen kurz vor acht Uhr war völlig problemlos gelungen. Ganz sanft und majestätisch hatte sich das 136 Meter lange und 13 Meter breite Luftschiff aus dem Himmel herunter gesenkt. Mit Hilfe der rasch herbei geeilten Filderbauern konnte die Besatzung die Halteseile ihres Schiffs sicher im Boden verankern. Danach waren die mutigen Luftfahrer – allen voran der Graf mit seinem markanten weißen Schnurrbart – unter dem tosenden Jubel der staunenden Zaungäste aus den beiden Gondeln auf der Unterseite des prall mit unfassbaren 15.000 Kubikmetern Wasserstoffgas gefüllten Kolosses gestiegen.

Eindrucksvoller hätte die Vorführung gar nicht ausfallen können. Ein Triumph ohnegleichen: für die Luftschiffe und erst recht für den Grafen Zeppelin, den Eroberer der Lüfte, der mit seinem LZ 4 in eine neue Dimension vorgestoßen war! Hier in Echterdingen hatte an diesem wahrhaft historischen Tag des 5. August 1908 endgültig das Zeitalter der Luftfahrt begonnen … um nur sieben Stunden später an genau demselben Ort sein katastrophales Inferno erleben zu müssen!

Kaum dass der Schreckensschrei in ihr Bewusstsein gedrungen war, entfaltete sich unmittelbar vor den entsetzten Menschen ein fürchterliches Schauspiel. Von einer Sekunde auf die andere kam aus der von Westen heranahenden dunklen Gewitterfront eine Windböe über den Boden gefegt und prallte mit voller Wucht ausgerechnet gegen die Längsseite des gewaltigen Luftschiffs. Meteorologen sollten später von einer schweren Sturmböe sprechen, die den Zeppelin mit einer Geschwindigkeit von über 94 Stundenkilometern getroffen hatte. Die Wirkung war fürchterlich.

»Zieht es in den Wind! Es muss mit der Spitze in den Wind!« rief einer der Ingenieure des Grafen Zeppelin mit sich überschlagender Stimme. Doch es war zu spät.

Durch die Gewalt des Angriffs schoss das Heck des LZ 4 plötzlich in die Höhe, unmittelbar darauf brach der gigantische Schiffskörper nach rechts aus. Es war überhaupt nichts mehr zu machen: egal, wie verbissen die Haltemannschaft an der hinteren Gondel, die aus 30 Soldaten des Grenadierregiments Königin Olga bestand, sich auch mit ihrem ganzen Körpergewicht an die Seile klammerte, spannten sich die Stahltrossen blitzartig. Ein kurzer scharfer Ruck, dann lösten sich die Haltepflöcke wie Zahnstocher aus weicher Butter vom Erdboden, wodurch die Grenadiere das Gleichgewicht verloren und in bizarren Purzelbäumen unsanft auf dem Boden landeten.

»Das Volk zurück!« donnerte das Kommando der Landjäger in die schreckensbleiche Menge, die wie erstarrt das unfassbare Geschehen verfolgte. Als sei es das Stichwort, wurden die ersten von Panik erfasst und drängten schreiend zurück durch die Frauen, Männer und Kinder, während nun auch der Bug des Schiffs mit brutaler Gewalt nach oben drückte.

Verzweifelt versuchten die ebenfalls 30 Mann an der vorderen Gondel, sich mit Leibeskräften in die Taue zu werfen, um den Zeppelin wenigstens an seiner Spitze doch noch irgendwie am Boden halten zu können. Vergeblich. Schlimmer noch: Innerhalb von Sekundenbruchteilen stieg der monströse Ballon drei Meter in die Höhe und riss diejenigen Soldaten einfach mit sich davon, die das Tau nicht geistesgegenwärtig hatten fahren lassen. Hilflos zappelten die Beine der Grenadiere in der Luft, während der Zeppelin mit rasender Geschwindigkeit in Richtung Bernhausen über die Filderebene fegte. »Loslassen, sofort loslassen!« brüllte ihr Offizier mit sich überschlagender Stimme in die beginnende Massenhysterie hinein, worauf die Männer ihren Griff lösten und wie überdimensionale Insekten auf den Boden fielen. Zum guten Glück handelte es sich an dieser Stelle um weichen Ackerboden, so dass keiner von ihnen außer ein paar blauen Flecken und Hautabschürfungen an den Händen ernstere Verletzungen davon trug.

Nur einen Wimpernschlag später erschallte der nächste Schreckensschrei: »Seht! da drüben! Der Anker! Um Gottes Willen!«

Das Luftschiff hatte bei seinem plötzlichen Aufstieg auch die mit einem langen Halteseil am Bug befestigte schwere Ankeregge mit ihren 64 spitzigen Widerhaken aus dem Boden gerissen und schleifte das gefährliche Metallstück nun mitten durch die teilweise am Boden liegende Menschenmenge. Ein Anblick, der den schreckensstarren Beobachtern das Blut in den Adern gefrieren ließ. Im selben Moment war es passiert: dem ersten Angstschrei folgten mehrere durch Mark und Bein gehende Schmerzens-

schreie, als die messerscharfen Ankerspitzen die Oberschenkel zweier Zuschauer zerfetzten und sich danach in der Kleidung einer Frau verfingen, die mehrere Dutzend Meter mitgeschleift wurde, bis der Kleiderstoff glücklicherweise zerriss und der Anker sich löste. Die Frau blieb bewusstlos liegen, war aber bis auf die Ohnmacht glimpflich davon gekommen, während die beiden Männer später mit schweren Verletzungen ins Katharinenhospital nach Stuttgart gebracht werden mussten.
Unterdessen überschlugen sich die Ereignisse.
»Da ist noch jemand in der Gondel!«
»Da! Tatsächlich! Er ist in der vorderen Gondel!«
Jetzt plötzlich sahen sie alle die winzige Gestalt in der vorderen Gondel, die verzweifelt mit den Armen ruderte. »Es ist ein Monteur von den Daimlerwerken. Spring runter Mann, spring endlich ab!«
Tausendfach schallte die Aufforderung hinter dem sich rasch entfernenden Luftschiffkoloss her: »Spring, sonst bist du verloren!«
Mit dem Mut der Verzweiflung hing der Mechaniker mit seinem Oberkörper über der Brüstung der Gondel ... schien einen kurzen Augenblick zu zögern, als er in die gähnende Tiefe blickte ...
»Spring Mann! Jetzt! Sofort!«
»Da! Er springt tatsächlich!« Der Menge stockte der Atem. Gut und gerne fünf Metern Höhe hatte die Gondel bereits erreicht, als sich der Mechaniker mit dem Mut der Verzweiflung endlich heraus stürzte und mit einem gellenden Schrei auf dem Boden aufschlug, wo er nach dem Aufprall lange regungslos liegen blieb.
»Ist er tot?«
»Höchstwahrscheinlich! Aus dieser Höhe ...«
»Wahrscheinlich hat er sich das Genick gebrochen.«
»Nein, schaut doch, er bewegt sich!«
Tatsächlich! Mühsam rappelte sich der Mann jetzt auf und schwankte leicht, während er zum Zeichen, dass er den Absprung erstaunlicherweise glimpflich überstanden hatte,

zitternd die Hände vor sich in die Höhe streckte. »Gott sei Dank! Es scheint ihm nicht viel passiert zu sein!«
Schlagartig wandte sich die Aufmerksamkeit der Masse wieder dem Luftschiff zu.
Es mochten inzwischen tausende sein, die dem führerlosen Zeppelin hinterher jagten. Und gleich wieder mussten sie eine furchtbare Beobachtung machen: »Da ist ja noch einer! Dieses Mal in der hinteren Gondel!«
»Spring ab Mann! Schnell!«
Aber der unfreiwillige Passagier schien gar nicht daran zu denken. Ganz im Gegenteil sogar!
»Was macht der Kerl denn da?«
»Das gibt es doch gar nicht!«
»Ist der denn verrückt geworden?!«
Doch die Person in ihrem ölverschmierten Monteursanzug war alles andere als wahnsinnig. »Das ist der Schwarz, einer von unseren eigenen Leuten!« stammelte der leichenblasse Oberingenieur Dürr, als er erkannte, um wen es sich bei dem tollkühnen Mann handelte, der gerade über den Rand der hinteren Gondel geklettert war und nun auf dem Laufsteg balancierend, einen Schritt um den anderen nach setzte, um den Verbindungsgang zur vorderen Gondel zu erreichen, während das Luftschiff weiterhin mit wachsender Geschwindigkeit nach Südosten abdriftete. In diesem Augenblick begriff Dürr, was der Mechaniker mit seinem waghalsigen Manöver im Sinn hatte. »Er will offenbar versuchen, Gas abzulassen. Dazu muss er aber in die Gondel am Bug gelangen. Denn dort ist der Führerstand mit den Gaszügen.«
In der Tat war Schwarz, der in der hinteren Gondel mit Wartungsarbeiten beschäftigt gewesen war, von den Ereignissen völlig überrascht worden, hatte aber dennoch einen kühlen Kopf bewahrt, als der Zeppelin durch den Windstoß aus seiner Verankerung gerissen wurde und nun mit seinem unfreiwilligen Passagier, den es durch den plötzlichen Ruck zu Boden gerissen hatte, unaufhaltsam über die Ebene davon trudelte. Genau auf dieses Dorf dort vorne

am Horizont, dessen Kirchturm sich schon wie ein bedrohliches Menetekel vor den Augen des entsetzten Monteurs abzeichnete.
Nicht auszudenken, was passieren würde, wenn der mit 15.000 Kubikmetern Wasserstoffgas gefüllte Schiffskörper auf eines der Häuser prallte und explodierte! Eine Katastrophe, bei der es Tote und Schwerverletzte geben würde! Es gab nur eine einzige Chance, den Zusammenstoß zu verhindern: er musste es schaffen, Gas abzulassen! Aber dafür musste er dieses Wagnis auf sich nehmen, irgendwie die vordere Gondel zu erreichen. Trotz der unberechenbaren Schlingerbewegungen des LZ 4. Trotz der Lebensgefahr, in die er sich damit begab. Doch es musste sein, um noch viel Schlimmeres abzuwenden.
Schwarz schluckte schwer und schloss ganz kurz die Augen, um das in seinem Körper aufsteigende Angstgefühl zu verdrängen, das ihm beinahe den Atem raubte, dann nahm er seine ganze Konzentration zusammen und hangelte sich entschlossen über den Laufsteg, um durch den Verbindungsgang zur vorderen Gondel vorzustoßen. Es schien ihm eine halbe Ewigkeit vergangen, bis er endlich an die offene Rückseite der Gondel gelangte, wo er jetzt mit seiner rechten Hand fest den hölzernen Brüstungsrand umklammerte, um sich danach mit einem großen Schritt endlich in den Kommandostand zu schwingen. Hektisch blickte er sich um und fluchte dabei leise, als er die zahlreichen Seile in sein Visier nahm, die vom Schiffsrumpf herunter baumelten. Aber bei welchen handelte es sich um die Gaszüge? Normalerweise befand er sich bei einer Fahrt mit dem Luftschiff in der hinteren Gondel. Dort vorne waren für gewöhnlich die Plätze von Graf Zeppelin, Luftschiffkapitän Lau und Oberingenieur Dürr, neben denen hatte am Morgen bei der Landung noch Freiherr von Bassus, der Experte für Fluggase, gestanden. Welches waren die verdammten Gaszüge?!
Da! Es konnten eigentlich nur diese mit den braunen Holzgriffen sein. Und falls nicht? Dann freilich …

Egal! Ein kurzer Blick aus der Gondel ließ seinen Herzschlag stocken: Der Kirchturm war bereits deutlich größer geworden! Keine Zeit mehr zum Überlegen! Entweder – oder!
Energisch packte Schwarz mit beiden Händen so viele von den hölzernen Griffen der Ventilzüge, wie er nur konnte und zog sie aus Leibeskräften nach unten. Tatsächlich! Es klappte. Deutlich konnte er nun das scharfe Zischen hören, mit dem das Wasserstoffgas durch die Ventile aus den Gummimembranen der Gaszellen entwich. Gott sei Dank! Erleichtert schnaufte Schwarz durch, während er die Griffe weiter krampfhaft drückte.
Es konnte sich nur noch um Sekunden handeln, bis das Schiff auf den Boden sinken würde. Doch nichts geschah! Keinen einzigen Meter waren sie dem Erdboden näher gekommen. Im Gegenteil: die Geschwindigkeit schien sich sogar zu steigern!

Keine fünf Minuten mochten seit Beginn des Dramas verstrichen sein – inzwischen hatte das Luftschiff, das vom Wind unaufhaltsam auf Bernhausen zugetrieben wurde, schon eine Distanz von gut und gerne einem Kilometer zurück gelegt – immer noch verfolgt von den in grotesker Weise hilflos auf ihren Pferden hinterher jagenden Soldaten der Kavallerie, dahinter im Laufschritt die schweißüberströmten Infanteristen, Gendarmen und die zigtausendfache Meute der Neugierigen zu Fuß, auf Fahrrädern und sogar mit einem Automobil, das schwerfällig über die Äcker holperte.
Plötzlich gelangte eine Obstwiese in das Blickfeld des Monteurs und kaum dass Schwarz die Bäume wahrgenommen hatte, gab es einen gewaltsamen Ruck, der ihn beinahe aus dem Gleichgewicht gebracht hätte. Der Anker des Luftschiffs hatte sich in einer Baumkrone verfangen, wodurch sich der Ballonkörper mit dem Bug nach unten stark auf die Seite neigte. Mit einem hässlichen Kratzgeräusch streifte nun die Außenhaut des Zeppelin an den

Bäumen entlang und wurde aufgeschlitzt, als sich ein Ast tief in das Luftschiff hinein bohrte. Nur bloß nicht die Gaszellen!
Schwarz hatte den Gedanken noch nicht einmal zu Ende gedacht, da zerriss auch schon eine der Gummimembranen. Schlagartig wurde das Zischen lauter. Und nicht nur das!
Beim Zerreißen der Gummimembranen war es in der Gewitterluft zu einer elektrostatischen Entladung gekommen, die das ausströmende Gas entflammte. Schon züngelte eine Flamme unter der Hülle hervor, Brandgeruch stach dem schreckensstarren Monteur in die Nase, während wie aus weiter Ferne der Alarmruf der Menge in sein Bewusstsein drang. »Feuer! Es brennt! Du lieber Gott! Bringt euch in Sicherheit! Rette sich wer kann!«

Kaum waren die ersten Rufe erschallt, da hatte das Feuer schon den ganzen Schiffsrumpf erfasst und sich durch die hellgelbe Baumwollhülle gefressen, die sich in lodernden Fetzen von dem glühenden Aluminiumskelett löste. Es war ein einziges flammendes Inferno, das den gewitterdüsteren Augusthimmel in einer bizarren Szenerie erleuchtete.
Seltsamerweise war es bisher zu keiner Explosion gekommen, nur zu diesem infernalischen Feuer – trotz der gewaltigen Wasserstoffmengen in den Gaszellen.
»Da schaut nur: der arme Mann, der versucht hat, den Zeppelin zu landen …«
»… ja, tatsächlich. Er ist noch am Leben!«
Schemenhaft konnten einige der noch weit vom Unglücksort entfernten Menschen mit Hilfe ihrer Ferngläser erkennen, wie sich die winzige Gestalt in der vorderen Gondel hektisch hin und her bewegte. Die Gaszüge hatte Schwarz längst losgelassen – verzweifelt schien er abzuwägen, was zu tun war.
»Er scheint abspringen zu wollen!«
»Aber die Gondel ist noch zu hoch in der Luft!«
»Dann wird er verbrennen!«

»Er muss springen – das ist seine einzige Möglichkeit!«
In diesem Augenblick ertönte ein lauter Knall. »Die Benzintanks! Sie sind in die Luft geflogen!«
Jetzt überschlugen sich die Ereignisse: Von der Wucht der Detonation wurde der Monteur aus der Gondel gerissen und landete unsanft auf dem Boden. Offenbar war er weitgehend unverletzt, denn zum Erstaunen der Beobachter rappelte sich Schwarz unmittelbar nach seinem unsanften Bodenkontakt taumelnd auf und rannte aus der Feuersbrunst. Immer wieder geriet er dabei ins Stolpern, schaffte es aber irgendwie dennoch, auf den Beinen zu bleiben und rasch 30, 40 Meter Abstand zwischen sich und dem brennenden Schiff zu bekommen.
Ein lauter Knall. Dann noch einer. Und ein weiterer. Durch die enorme Hitze zerbarsten jetzt die ersten Gaszellen.
»Da ist ja noch einer!« Fassungslos deutete einer der Beobachter mit weit ausgestrecktem Arm in Richtung des lichterloh brennenden Luftschiffgerippes.
»Tatsächlich. Jetzt sehe ich ihn auch!«
»Aber was macht der Mann denn da?!«
Auch Schwarz hatte den anderen offenbar bemerkt und war stehen geblieben. Einer der Soldaten aus der Haltemannschaft! Das Gesicht mit Ruß beschmiert, die Uniform teilweise versengt. Irgendwie hatte es der Soldat beim Beginn des Dramas offenbar geschafft, in das Innere des Luftschiffs zu gelangen.
»Wieso rennt der den anderen einfach um?«
»Wahrscheinlich ist er in der Hitze wahnsinnig geworden.«
»Sie müssen weg von dort – schnell!«
Inzwischen waren die beiden Männer wieder aufgestanden und einer der beiden, der Soldat, deutete jetzt wild gestikulierend hinter sich – auf das rotglühende Wrack.
»Was soll denn das? Was will der denn dort? Die müssen doch schauen, dass sie schnell Abstand bekommen. Nicht stehen bleiben. Auf geht's! Hierher müsst ihr! Hierher.«
Doch das Gegenteil war der Fall.
»Nein, das gibt es doch gar nicht: sie rennen zurück!«

»Sie laufen in den sicheren Tod!«
Der Menge stockte der Atem.
»Jetzt … Jetzt bleiben sie stehen. Und nun … Mist! Ich kann kaum etwas erkennen. Wenn ich nur ein bisschen näher dran wäre …« Angestrengt kniff der Mann am Fernglas die Augen zusammen. »Aha – deswegen: da ist noch ein dritter Mann. Er liegt am Boden. Bewegungslos … Wahrscheinlich ist er bewusstlos.«
»Und jetzt?«
»Was passiert jetzt?«
»Sie ziehen ihn hoch und nehmen ihn in die Mitte. Sie schleifen ihn mit sich. Jetzt sehe ich ihn besser. Du meine Güte! Sein Gesicht ist voller Blut. Womöglich ist er tot. Mensch Leute, beeilt euch, die Hitze dort vorne muss ja unerträglich sein!«
»Wenn die beiden das nur nicht mit ihrem eigenen Leben bezahlen müssen!«

Am Ende waren Schwarz und der Soldat ihrer Flammenhölle mit knapper Not entkommen – und auch der dritte Mann, den sie schließlich als einen ihrer Kollegen, den Luftschiffmonteur Laburda, identifizieren sollten, war am Leben geblieben. Zusammen mit den beiden verletzten Zuschauern wurden sie ins Stuttgarter Katharinenhospital gebracht und von den dortigen Ärzten erfolgreich behandelt. Am Ende hatten alle überlebt! Mit Fug und Recht durfte man später von einem Wunder sprechen: kein einziger Mensch war in der fürchterlichen Feuerkatastrophe von Echterdingen ums Leben gekommen.

Das ganze Drama war innerhalb kürzester Zeit über sie hereingebrochen – und hatte bereits nach wenigen Minuten sein entsetzliches Ende gefunden: von dem stolzen, prachtvollen Luftschiff, diesem viel bestaunten Wunderwerk der Technik, war nur noch ein verrußtes Gerippe übrig: bizarr verbogene Aluminiumträger, die in der Hitze zerschmolzen waren und nun auf bizarre Art und Weise in den Him-

mel ragten, dazu einige wenige rauchende Stofffetzen, die wie schwarze Trauerfahnen an den Skelettresten hingen, der Gestank von verbranntem Gummi der Gaszellen, die beiden über und über mit rauchschwarzen Gerippeteilen zugedeckten Gondeln. Das war alles, was vom Stolz der ganzen Nation noch vorhanden war. Das Lebenswerk des Grafen Zeppelin: am 5. August 1908 kurz nach 15 Uhr lag es auf der Filderebene südlich von Stuttgart in jämmerlichen Trümmern vor den schreckensstarren, schockierten Menschen. Viele von ihnen weinten –und schämten sich ihrer Tränen nicht. Aus dem Märchen von Echterdingen war schlagartig ein fürchterlicher Alptraum geworden!
Immer noch drängten die Menschen zu Tausenden von Stuttgart hoch nach Echterdingen zum Landeplatz des Zeppelin – nicht ahnend, welche Tragödie sich dort gerade eben erst ereignet hatte, um kurz danach fassungslos auf die Überreste der Katastrophe zu starren.
Eine eigenartige Stille senkte sich über die Landschaft, während die Menge wie ein nicht enden wollender Trauerzug langsam in Richtung auf den verunglückten Zeppelin vorrückte, dessen Überreste so unwirklich wie das Gerippe einer Rieseneidechse am Boden lagen.
Weshalb nur?
Warum?
Wer trug die Schuld an dieser Katastrophe?
»Diese verdammten Soldaten!«
Einen Herzschlag lang herrschte nach diesem wütenden Aufschrei Totenstille, dann jedoch brach es tausendfach über die völlig konsternierten Offiziere der Haltemannschaft herein.
»Genau! Das waren die Soldaten!«
»Die Offiziere! Sind nur hochmütig herum gestanden, anstatt sich um die Verankerung zu kümmern!«
»Verankerung? Dass ich nicht lache! Das war doch keine Verankerung! Das war Leichtsinn in allerhöchstem Maße!«
»Die paar Soldaten, die sie an die Haltetrossen gestellt haben … das war doch ein glatter Witz!«

»So eine Handvoll Männer soll ein über hundert Meter langes Luftschiff halten!«
»Typisch Militär!«
»Wenn sie wenigstens reagiert hätten, als der Windstoß gekommen ist! Wenn sich alle zusammen in die Seile geworfen hätten«
»Auch die Offiziere!«
»Die?! Die sind sich für so etwas zu schade! Diese arroganten Kerle!«
»Diese Einfaltspinsel!«
»Idioten!«
Mehr und mehr steigerte sich der Verdruss der Menschenmenge in Wut und Zorn. Bedrohlich näherten sich die ersten jetzt bereits den unwillkürlich einen Schritt zurückweichenden Offizieren, traten die Absperrseile einfach mit den Füßen nieder und hoben dabei drohend die Fäuste.
»Ihr Nichtsnutze!«
»Da! Achtung!«
»Er will uns niederreiten!«
»Passt auf!«
In diesem Augenblick war ein Unteroffizier der Dragoner auf seinem Pferd direkt auf die Menge zugeprescht und hatte es erst unmittelbar vor den erschrockenen Männern zum Stehen gebracht. Jetzt hieb er dem Tier brutal seine Sporen in die Weichen worauf sich die gepeinigte Kreatur mit einem schmerzerfüllten Wiehern kerzengerade aufbäumte. »Und jetzt zurück, sofort!« donnerte der Soldat, während er gleichzeitig heftig an den Zügeln des Pferdes zerrte.
»Der will uns tatsächlich über den Haufen reiten!« stammelte einer in der vorderen Reihe.
Doch im Gegensatz zu seinem Reiter zeigte das Pferd keinerlei Neigung, dieses Vorhaben in die Tat umzusetzen. Mit angstvoll geweiteten Augen drängte es zurück, egal, wie oft der rohe Kerl seine Sporen auch noch einsetzen mochte, unterstützt von wütenden Hieben und einer wahren Flut von Verwünschungen.

Mit aller Macht drängten die Leute nun wieder nach vorne.
»Holt ihn vom Pferd, damit wir ihm zeigen können, wie sich die Faust eines Filderbauern anfühlt!«
»Bajonette aufpflanzen!« tönte der scharfe Befehl des Kommandeurs der Haltemannschaft über die Unglücksstelle, während einer der Soldaten bereits sein Gewehr am Lauf gepackt hatte und gerade drauf und dran war, sich mit grimmig-entschlossenem Blick auf die Menge zu stürzen. »Kommt mit mir mit und schlagt sie mit den Kolben!« schrie er wütend zu seinen zaudernden Kameraden hinüber.
Das Echo ließ nicht lange auf sich warten.
»Ja, das könnt Ihr! Zuschlagen und draufhauen!«
»Aber festhalten, das könnt Ihr anscheinend nicht!«
»Packt sie – alle! Das ganze Offizierspack!«
Schon standen sich die ersten Kontrahenten Auge in Auge gegenüber und es war nur noch eine Frage von wenigen Augenblicken, bis die Fäuste gegen die Schädel des Gegenübers donnern und die Situation endgültig eskalieren würde, als die Menschen plötzlich erstarrten.
»Da! Schaut nur! Da kommt er!«
»Tatsächlich!«
Mit weit ausgestreckten Armen deuteten sie auf das Automobil, das von Echterdingen aus den direkten Weg über die Felder genommen hatte und sich mühsam seinen Weg durch die Menschenmenge zum Unglücksort bahnte. Im Fond des Wagens konnten sie einen Mann mit weißem Schnurrbart und weißer Mütze erkennen.
»Der Graf Zeppelin!« flüsterten die Leute tief betroffen.
Wie auf ein unhörbares Kommando bildete sich sofort eine Gasse für den Wagen des Grafen, der seinen versteinerten Blick starr nach vorne gerichtet hielt und die vielen tausend Menschen gar nicht wahrzunehmen schien, die ihn aus tränenfeuchten Augen mitleidsvoll beobachteten. Gerade erst hatte er sich im Gasthof »Hirsch« in Echterdingen auf sein Zimmer zurückgezogen, um sich vor dem Weiterflug nach Friedrichshafen ein wenig von den Stra-

pazen der Landung und des anschließenden Volksauflaufes zu erholen, da war ihm wie ein Blitz aus heiterem Himmel die Nachricht von der Katastrophe überbracht worden, die sich nur wenige hundert Meter entfernt von dem ahnungslosen Mann zugetragen hatte. Einer der wenigen Automobilbesitzer von Echterdingen hatte sich spontan entboten, den Grafen sofort zur Unglücksstelle zu chauffieren. Und nun waren sie angelangt. Der Zeitpunkt, in dem das Unfassbare zur schockierenden Gewissheit mutierte.

Kurz vor der übel zertrampelten Absperrung blieb der Daimlerwagen schließlich stehen, ein Beifahrer sprang eilig heraus und öffnete die hintere Tür, worauf der alte Mann langsam aus dem Fahrzeug kletterte. Einen Augenblick lang schwankte er unsicher und stützte sich mit der linken Hand am Wagen ab, dann reckte er in einer entschlossenen Geste sein Kinn in die Höhe und drückte den Rücken kerzengerade durch.

Respektvoll wich die Menge zur Seite und gab damit die Sicht auf das verunglückte Luftschiff vollständig frei.

Wie in Trance starrte der 70-jährige Graf regungslos auf die verrußten Überreste seines Lebenstraumes. Trotz der vielen tausend Menschen auf dem Gelände herrschte Totenstille, niemand wagte es, sich in diesem bedrückenden Moment auch nur leise zu räuspern. Es schien ihnen eine halbe Ewigkeit vergangen, als sich der totenblasse Ferdinand von Zeppelin endlich wieder umwandte. Mit beiden Händen fasste er sich an den Kopf und sprach dann diesen einen einzigen Satz, der ihnen allen eiskalt durch die Glieder fuhr und den keiner der hier Anwesenden jemals im Leben vergessen würde: »Ich bin ein verlorener Mann!«

Bittere Tränen rannen über die Wangen des alten Offiziers – und er schämte sich dieser Tränen nicht.

Vom Trümmerhaufen an der vorderen Gondel löste sich nun ein schlanker, junger Mann und schritt mit ernster Miene direkt auf den Grafen zu.

»Das ist der Oberingenieur Dürr«, flüsterten die Leute leise.
Graf Zeppelin grüßte seinen Chefkonstrukteur mit einem kurzen Kopfnicken.
»Bitte kommen Sie mit, Exzellenz«, flüsterte Ludwig Dürr mit rauer Stimme. »Ich möchte Ihnen zusammen mit den anderen Kollegen an Ort und Stelle schildern, wie es nach meiner Beobachtung zu diesem fürchterlichen Unglück kommen konnte.«
Auch der Kommandeur der Haltemannschaft gesellte sich zu der kleinen Versammlung an den Überresten der vorderen Gondel, wo er dem wie versteinert wirkenden Grafen ausführlich seine Version über den Hergang der Katastrophe schilderte, die sich weitgehend mit den Aussagen der Luftschiffbesatzung deckte. Zeppelin selbst sagte kein einziges Wort.
»Schaut nur, wie der Mann Haltung bewahrt!«
»Und das an einem solchen Tag!«
»Das ist bewundernswert!«
»Bewundernswert? Es ist großartig!«
Die ersten spontanen Rufe ertönten. »Ein dreifaches Hoch auf den Grafen Zeppelin!«

Es war dieser einzigartige Moment, der zum Auslöser für eine niemals zuvor erlebte Begeisterung werden sollte, die innerhalb kürzester Zeit die Herzen der Menschen in ganz Deutschland erfasste. Der Augenblick, in dem Ferdinand Graf Zeppelin endgültig zum Volkshelden aufstieg. Die unglaubliche Fassung, die er vor aller Augen in der schwersten Stunde seines Lebens an den Tag legte, verwandelte die bittere Niederlage in einen einzigartigen Triumph. Mittwoch, der 5. August des Jahres 1908, der Tag von Echterdingen, sollte damit in die Geschichte eingehen. Ausgerechnet die schlimmste Katastrophe, die man sich nur denken konnte, mutierte zur alles entscheidenden Wendemarke für eine neue Zukunft der Zeppelin-Luft-

schiffe. Aber das konnte in diesen schicksalsschweren Stunden natürlich noch niemand ahnen.
»Hoch! Hoch! Hoch!«
»Es ist noch nichts verloren!«
»Mut! Mut! Mut!«
Tiefbewegt wandte der Graf sich um und nickte kurz zur Menge hinüber, dann schien er Dürr und dem Offizier eine Frage zu stellen, die der Soldat mit einem Nicken und einer knappen Handbewegung beantwortete.
»Da. Schaut! Er will zu den Verwundeten!«
Tatsächlich ließ sich Zeppelin nun zu der Stelle führen, an der man die Verletzten des Unglücks unter einem provisorischen Zeltdach mit Hilfe von Sanitätern des Grenadierregiments notversorgte und nun auf den Transport wartete, der sie zur Weiterbehandlung in ein Stuttgarter Hospital bringen sollte. Ausführlich und besorgt erkundigte sich der Graf nach ihrem Befinden und wünschte den Patienten eine rasche Genesung. Dem tapferen Mechaniker Schwarz, der bis zuletzt versucht hatte, eine noch größere Katastrophe abzuwenden, drückte er fest die Hand und dankte dem immer noch über und über rußverschmierten Mann mit bebender Stimme für seinen selbstlosen Einsatz. »Ich werde Ihnen das nie im Leben vergessen, Schwarz«, sagte Zeppelin, während es in seinen Augen vor Rührung glitzerte. »Sollte es wider alles Erwarten doch noch eine finanzielle Zukunft für mich und mein Werk geben, dann sind Sie selbstverständlich weiter mit dabei. Das verspreche ich Ihnen hiermit feierlich!«
Daraufhin wandte er sich suchend um, bis er in der Menschenmenge endlich das Automobil ausmachen konnte, das ihn von Echterdingen an den Unglücksort gebracht hatte. Er gab dem Fahrer ein Zeichen und bahnte sich mit Hilfe seiner Begleiter einen Weg durch die eng aneinander stehenden Menschen zu seinem Fahrzeug.
Wie gebannt verfolgten die Männer, Frauen und Kinder jede Bewegung des Grafen. Plötzlich drückte ein älterer Mann mit hochrotem Kopf die Leute grob zur Seite und

stellte sich der Gruppe einfach in den Weg, während er mit weit ausgestrecktem Arm anklagend auf den Offizier an Zeppelins Seite deutete.
»Herr Graf! Wir hätten ihn gehalten, wenn man uns nur heran gelassen hätte! Die da sind an dem Unglück schuld!«
Während die Hand des Soldaten drohend an den Griff seines Säbels fuhr, schüttelte Zeppelin energisch den Kopf. »Niemand ist schuld. Nach allem, was ich bis jetzt weiß, war es ein Unglück. Das Zusammentreffen unvorhersehbarer Umstände. Wenn überhaupt jemand Schuld daran trägt, dann bin ich es. Sonst gar niemand!«
Damit schob er sich an dem verdutzten Filderbauern vorbei.
Wenig später hatten sie das Automobil erreicht und der Graf kletterte hinein. Im Fond des Daimlerwagens richtete er sich hoch auf und nahm die rauchenden Trümmer des Luftschiffs ein letztes Mal in sein Visier. Dann wandte er sich langsam der Menschenmenge zu und hob grüßend die Hand, während sich das Fahrzeug allmählich in Richtung Echterdingen in Bewegung setzte.
Jetzt gab es kein Halten mehr für die Leute. Wie auf ein unsichtbares Zeichen rannten sie los. »Mut! Mut! Mut!«
»Nicht aufgeben, Herr Graf!«
Die ersten Geldmünzen flogen hinter dem Wagen her, der nur mit Mühe voran kam und schließlich wieder stoppte.
»Wir lassen Sie nicht im Stich, Exzellenz!«
»Niemals!«
Der von seinen Gefühlen überwältigte Ferdinand Graf von Zeppelin, über dessen Wangen Tränen der Rührung rannen, präsentierte sich den begeisterten Menschen ein weiteres Mal, während jetzt sogar eine Geldbörse ihr Ziel erreichte. »Ich … ich danke Ihnen allen! Vielleicht … vielleicht …« Er schluckte schwer und schien kurz zu überlegen. Dann nickte er entschlossen und sprach den Satz, auf den sie alle gewartet hatten. »Es ist noch nichts verloren!«
Der Jubel, der diesem Ausspruch folgte, war unbeschreib-

lich. Auch wenn es nur die Vorderen hatten hören können: alle stimmten in den Jubel und die Hochrufe ein.
Und wieder erklang – inzwischen vieltausendfach – die Aufforderung: »Mut! Mut! Mut!«
Man konnte die Rufe bis nach Echterdingen hören.
»Ein Hoch auf den Grafen Zeppelin!«
»Mut! Mut! Mut!«

Endlich waren sie wieder vor dem Gasthof »Hirsch« in Echterdingen angelangt, wo Zeppelin vor knapp anderthalb Stunden die Kunde von dem Unglück überbracht worden war. So rasch wie möglich wollte er zurück nach Friedrichshafen. Nur rasch die wenigen Sachen aus dem Zimmer holen und dann sollte es zum Bahnhof nach Stuttgart gehen. Wenn sie sich beeilten, müsste es möglich sein, dort noch den Abendzug an den Bodensee zu erreichen.
Es drängte ihn mit aller Macht nach Friedrichshafen, das dem alten Grafen längst zur zweiten Heimat geworden war. In den Räumen im »Buchhorner Hof« pflegte er während der Arbeiten an den Luftschiffen schon seit vielen Jahren sein ständiges Quartier aufzuschlagen – in unmittelbarer Nähe der riesigen Montagehalle. Er musste jetzt einfach bei seinen Leuten sein. Musste zurück nach Manzell in die Zeppelinwerft, wo sie sicher schon längst eine Depesche von der Katastrophe erhalten hatten, ohne natürlich nähere Einzelheiten zu wissen. Und vor allen Dingen musste er zurück zu Bella, seiner geliebten Ehefrau, die sich inzwischen die allergrößten Sorgen um sein Wohlergehen machte.

Bernhard Lau, der Kapitän des verunglückten Luftschiffs, würde ihn auf der Heimfahrt mit der Eisenbahn nach Friedrichshafen begleiten, während Oberingenieur Ludwig Dürr auf den Fildern zurückbleiben wollte, wo er am morgigen Tag mit der detaillierten Unfallaufnahme beginnen und im Namen des Grafen auch die Verhandlungen mit den Behörden im Hinblick auf die Aufräumarbeiten, mögliche Schadenersatzforderungen und ähnlich unerfreuliche Themen aufnehmen würde. So hatten sie es auf dem Rückweg von der Unglücksstelle nach Echterdingen in aller Eile besprochen.

Nichts wie fort aus Echterdingen, wo er die schlimmste Niederlage seines langen Lebens erlitten hatte. Nur weg! Weit weg! Zur Ruhe kommen und Nachdenken. Sich zusammen mit Bella für eine Weile völlig aus der Öffentlichkeit zurückziehen und die Katastrophe vergessen, die ihn heute Nachmittag kurz nach 15 Uhr so unvermittelt überfallen hatte. Denn eines war klar: es war vorbei. Aus der Traum von der Luftschifffahrt. Zumindest für ihn: den »Luftgrafen« Ferdinand von Zeppelin. Seine Laufbahn war jetzt definitiv an ihrem Endpunkt angelangt. Sämtliche finanziellen Mittel waren restlos erschöpft. Vernichtet. Nicht nur das Firmenkapital, sondern fatalerweise auch das ganze private Vermögen. Innerhalb von wenigen Minuten war es in Gestalt des LZ 4 in Flammen aufgegangen. Nur noch ein klägliches Häufchen Asche war ihm geblieben. Womöglich würden sie nun sogar Schloss Girsberg bei Emmishofen, ihren geliebten Sommerwohnsitz am Bodensee, verkaufen müssen. Eine Katastrophe!
Wieso war er nur so unverantwortlich weit gegangen?! Selbst seine beiden Geschwister würden es ihm nie verzeihen, wenn er Girsberg, das Erbe seiner Familie, wirklich verspielt hätte.
Mit geradezu sträflichem Leichtsinn hatte er einfach alles auf eine Karte gesetzt. In der sicheren Überzeugung, es schaffen zu können. Nun gut: der Triumph war ja beinahe schon zum Greifen nahe gewesen. Nur noch der Rückflug nach Friedrichshafen, dann wäre der vom Kriegsministerium geforderte 24-Stunden-Flug erfolgreich absolviert gewesen. Der längste Flug, den Menschen jemals unternommen hatten. Ein gewaltiger Belastungstest, von dessen erfolgreichem Ausgang das Militär seinen millionenschweren Kaufauftrag abhängig gemacht hatte. Das Prin-

zip »Leichter als Luft« – nur noch lächerliche 100 Kilometer waren zu überwinden gewesen, dann hätte es seine triumphale Bestätigung gefunden. Pah! Vorbei! Was machten diese ganzen Gedanken denn jetzt noch für einen Sinn? Seit heute war doch alles aus …

Er hatte hoch gepokert – und auf der Filderebene am heutigen Nachmittag alles verloren.

In dieser fürchterlichen Situation bewegte ihn nur noch ein Gedanke: Echterdingen so schnell wie möglich den Rücken zu kehren. Den Ort seines zerstörten Lebenstraums hinter sich lassen. Alleine sein. Endlich Ruhe haben. Doch daraus sollte so rasch nichts werden.

Denn während der kurzen Zeit, in der er sich im Gasthof aufgehalten hatte, um seine Sachen zusammenzuraffen, war die respektable Menschenmenge, die Zeppelin bereits bei seiner Rückkehr von der Unglückstelle teilnahmsvoll empfangen hatte, explosionsartig angewachsen. Und kaum war der Graf mit seinem kleinen Koffer über die Türschwelle des »Hirschen« getreten, um in den mit laufendem Motor bereitstehenden Daimlerwagen zu steigen, da dröhnten auch schon die ersten Hurrarufe an seine Ohren. Es war beinahe nicht zu glauben! Eng aneinander gedrängt standen die Leute auf der Straße vor dem Gasthaus: für den Verkehr war schon längst kein Durchkommen mehr. Mitten auf der Echterdinger Hauptstraße herrschte inzwischen beinahe dieselbe euphorisch-patriotische Hochstimmung, wie nur wenige Stunden zuvor, als der greise Luftschiffpionier nach der erfolgreichen Landung seines Zeppelin LZ 4 auf der Filderebene unter dem Jubel der Masse als neuer Volksheld vor dem Gasthaus eingetroffen war, um sich zum Ausruhen für einige Stunden auf ein Zimmer zurückzuziehen.

»Unser Graf Zeppelin, er lebe Hoch – Hoch – Hoch!«

Hüte wurden in die Luft geworfen, württembergische Fahnen geschwenkt – der Applaus der ausgelassen jubelnden Männer, Frauen und Kinder aus allen Schichten der Bevölkerung schien gar kein Ende nehmen zu wollen. Und genau wie vorher an der Unglücksstelle gelang es auch jetzt wieder einem der Filderbauern, mit Hilfe seiner Ellenbogen, die er kräftig zum Einsatz brachte, sich durch die Menschenmenge bis zu dem wie versteinert in der Eingangstür des »Hirschen« stehenden Grafen Zeppelin durchzuzwängen. Erst unmittelbar vor Zeppelin blieb er stehen und hielt ihm mit ernster Miene seine Geldbörse entgegen. »Hier, Herr Graf. Da sind fünf Mark drin. Die möchte ich Ihnen geben. Damit Sie ein neues Luftschiff bauen können. Und ich bin hoffentlich nicht der Einzige!« rief er laut über die Köpfe der Menschen.

Wieder ertönten Hurra-Rufe. Weitere Geldbörsen wurden gezückt und demonstrativ in die Höhe gehalten, als sich ein älterer Herr mit Mühe an Zeppelins Seite quetschte. Mit hoch erhobenen Händen versuchte er, die Menge zum Schweigen zu bringen. Ein schwieriges Unterfangen, doch irgendwie gelang es ihm schließlich, sich zumindest bei den vorderen Reihen bemerkbar zu machen und mit seiner Stimme einigermaßen durchzudringen. »Herr Graf! Lassen Sie sich von diesem Unglück bitte nicht beirren und schreiten Sie weiter auf Ihrem ruhmreichen Weg. Das ganze Volk steht an Ihrer Seite. Und wir alle«, damit beschrieb er eine weit ausladende Armbewegung über die Ansammlung, die mittlerweile mehrere wohl tausend Menschen umfassen mochte, »wir alle haben volles Vertrauen zu ihnen und zu Ihren Luftschiffen. Kein Mensch zweifelt ernsthaft daran, dass die Fahrt gut vollendet worden wäre, wenn nicht dieser Schicksalsschlag dazwischen gekommen wäre. Ich bitte Sie deshalb, Exzellenz, sich dem Schmerz nicht zu sehr hinzugeben, sondern getrost in die Zukunft zu blicken!«

Zunächst schien es so, als habe der Graf die Ansprache gar nicht richtig wahr genommen. Dann erst nickte er traurig in die neuerlich aufkommenden Hurrarufe hinein und hob kurz die rechte Hand, um den Leuten zu bedeuten, dass er dem Mann eine Antwort geben wolle.

»Ich danke Ihnen sehr, mein Herr. Doch anscheinend bin ich von Schicksalsschlägen verfolgt …«
»Herr Graf!« unterbrach ihn ein weiterer Zuhörer mitten im Satz. »Lassen Sie bitte den Kopf nicht hängen! Das Volk wird Ihnen ein neues Luftschiff bauen!«
»Jawohl!«
»Sammeln! Sammeln!« ertönte es jetzt aus der Menge. Und wie auf ein Stichwort warfen sie Münzen und Geldbeutel nach vorne zum Wagen, jedes Mal begleitet von einem frenetischen Applaus, wenn eines der Wurfobjekte sein Ziel erreichte.
»Sammeln! Sammeln!«
»Spenden! Spenden!«
»Ein neues Luftschiff bauen, Exzellenz!«
Die Menge schien sich gar nicht mehr beruhigen zu wollen.
Wieder nickte der alte Graf und schien vor lauter Rührung zu zittern, als er ein letztes Mal an diesem schicksalsträchtigen Nachmittag mit leiser Stimme das Wort ergriff. »Meine sehr geehrten Damen und Herren! Ich danke Ihnen für Ihren Beistand in dieser schweren Stunde sehr herzlich. Ich möchte Ihnen hiermit versichern, dass ich meinen Mut nicht sinken lassen werde und meine ganze Kraft weiter für die Sache der Luftschiffe einsetzen will. Ich hoffe sehr, dass ich von Seiten des Reiches dabei dieselbe wohlwollende Unterstützung erfahren werde, wie sie mir von Ihrer Seite entgegen gebracht wird! Adieu!«
Damit stieg er in den Wagen, der rasch in Richtung Stuttgart entschwand – begleitet von tausend hoffnungsvollen Blicken und weiterhin nicht enden wollenden Hochrufen für einen am Boden zerstörten Volkshelden.

✳

»Da kommt er: unser Graf Zeppelin! Macht Platz für seine Exzellenz!« Als strahlender Volksheld, als der weltweit bekannte und bestaunte »König der Lüfte«, dem man seine 70 Lebensjahre kaum ansah, war Ferdinand Graf Zeppelin am Morgen des 4. August 1908 mit seinem LZ 4 aufgebrochen. Und nun kehrte er als alter, gebrochener Mann am späten Abend des 5. August in das immer noch zu seinen Ehren festlich geschmückte Friedrichshafen zurück, wo seine Ehefrau Isabella auf dem Bahnsteig des Hafenbahnhofs schon seit geraumer Zeit die Einfahrt des Eilzuges aus Stuttgart mit klopfendem Herzen erwartete – trotz der vorgerückten Abendstunde begleitet von vielen hundert Bürgern, die »ihrem Luftgrafen« nach dem Unglück von Echterdingen in den schwersten Stunden seines Lebens unbedingt ihre Anteilnahme bezeugen wollten. Wie ein Lauffeuer hatte sich die Katastrophe von Echterdingen innerhalb weniger Stunden in ganz Deutschland herumgesprochen – und erst recht natürlich in Friedrichshafen. Keine Zeitung, die nicht – zum zweitenmal an diesem Tag – ein Extrablatt heraus gegeben hätte, um ihre Leser über die sensationelle Fahrt des Luftschiffes zu unterrichten. Erst die Meldung von der geglückten Landung des LZ 4 auf der Filderebene, der ersten Bodenlandung eines Luftschiffes überhaupt – und dann, nur wenige Stunden später, die Schlagzeilen mit der Schreckensnachricht vom explodierten Zeppelin. Das ganze Land hatte voller Entsetzen den Atem angehalten.

»Macht doch endlich Platz für seine Exzellenz!«

Auf ausdrücklichen Wunsch der Gräfin hielten die Menschen auf dem Bahnsteig einen respektvollen Abstand, als Graf Zeppelin mit gesenktem Kopf aus einem der vorderen Waggons stieg. Der sichtlich geknickte Mann mit seinem imposanten schneeweißen Schnurrbart hob nur leicht seine rechte Hand, um der Menge flüchtig die Referenz zu erweisen, dann nahm er Blickkontakt mit seiner Ehefrau Isabella auf, die ihn aus sorgenvollen Augen eindringlich musterte. Es brach ihr beinahe das Herz, an Ferdinands fest aufeinander gepressten Lippen und dem leichten Beben seiner Nasenflügel erkennen zu müssen, wie schwer es ihm fiel, auch noch in dieser Situation eine würdevolle Haltung an den Tag zu legen. Denn trotz aller Niedergeschlagenheit kam es für den altgedienten Offizier selbstverständlich nicht in Frage, vor aller Welt seine wahren Gefühle zu offenbaren. Aber wie jammervoll mochte es tief in seinem Innersten wohl aussehen? Innerhalb von nicht einmal zwei Tagen, die seit ihrem Abschied vergangen waren, schien ihr geliebter Ferdi um viele Jahre gealtert. Sie holte tief Atem, dann machte Isabella von Zeppelin einen entschlossenen Schritt auf ihn zu und legte ihm sachte ihre rechte Hand auf die Schulter. »Wie geht es dir denn, Ferdi?« flüsterte sie rau. »Gott sei Dank bist du dem flammenden Inferno heil entkommen, das ist mir das allerwichtigste!«

»Es ist vorbei!« Graf Zeppelin schluckte trocken und bedachte seine Ehefrau dabei mit einem flehentlichen Blick, der ihr mehr sagte, als tausend weitere Worte. »Lass uns rasch von hier weg gehen. Bitte Bella. Ich möchte mit dir alleine sein.«

»Dann lass dich von mir führen, da drüben steht schon unser Wagen.«

Wenig später hatten sie sich ihr Spalier durch die Menschenmenge gebahnt und das am Hafenbahnhof bereit stehende Automobil erreicht, wo ihnen Luftschiffkapitän Bernhard Lau schon die Wagentüre geöffnet hatte. Lau war als allererster aus der kleinen, niedergeschlagenen Gruppe von Luftschiffern, die Zeppelin bei seiner Rückfahrt begleitet hatten, aus dem Stuttgarter Zug geeilt und hatte dem verdutzten Automobil-Chauffeur mit wenigen Worten klipp und klar die Anweisung gegeben, sofort seinen Platz zu räumen, denn er, der Kapitän persönlich, würde nun als Wagenlenker fungieren, Unter keinen Umständen hatte Bernhard Lau es sich nehmen lassen wollen, seinem verehrten Grafen in dessen düsterster Stunde zur Seite zu stehen. Er würde Zeppelins Austro-Daimler eigenhändig an das gewünschte Ziel steuern. Niemand sonst. Ehrensache!

Im Gegensatz zu ihren sonstigen Gepflogenheiten entbot er seinen Passagieren keinen militärischen Gruß, sondern nickte lediglich knapp, als das Ehepaar Zeppelin das Fahrzeug erreichte.

Der Graf stutzte, als er den Luftschiffkapitän, der doch eben noch mit ihm im selben Zug gesessen hatte, jetzt am Wagen stehen sah. »Lau – du bist schon hier?«

»Natürlich. Es ist mir ein Bedürfnis, Sie eigenhändig zum Hotel chauffieren zu dürfen. Bitte sehr, Exzellenz! Steigen Sie ein.«

In Freude wie in Leid vereint, so musste es sein. Bernhard Lau spürte, wie sich ein trockener Kloß in seiner Kehle auszubreiten begann. Rasch schloss er die Wagentür hinter seinen beiden Fahrgästen und kletterte auf den Fahrersitz. Dann legte er den Gang ein und brauste mit zügigem Tempo davon, verfolgt von den traurigen Blicken der teilnahmsvollen Friedrichshafener Bürger.

Erschöpft lehnte sich Zeppelin in die Rückbank und atmete langsam aus, während er gleichzeitig nach der Hand seiner Ehefrau tastete. Ganz allmählich schien sich endlich die Anspannung zu lösen, die ihn während der gesamten Zugfahrt von Stuttgart bis nach Friedrichshafen wie ein eiskalter Schraubstock gefangen gehalten hatte.

Er wandte seinen Kopf auf die rechte Seite und bedachte Isabella von Zeppelin mit einem Blick, wie sie ihn in ihrer beinahe 40-jährigen Ehe bei ihrem Mann noch niemals gesehen hatte. »Es ist aus, Bella! Alles, schlichtweg alles, ist aus. Am liebsten würde ich mich in einer Höhle verstecken oder weit weg, bis nach Italien fahren, um nichts mehr sehen und hören zu müssen. Nur fort von hier! Ganz weit weg!«

Sachte erwiderte sie den Druck seiner Hand und schenkte ihm ein mitfühlendes Lächeln. »Ach Ferdi. Wenn das so einfach wäre. Wegfahren. Ich glaube, du solltest erst einmal eine Nacht darüber schlafen, bevor du irgendwelche Entscheidungen triffst. Es war einfach zu viel, was in den vergangenen Tagen auf dich eingestürmt ist. Du bist es doch, der immer sagt, man solle die Dinge in Ruhe abwägen und von allen Seiten betrachten, bevor man ein Urteil abgibt.«

»Ein Urteil abgibt …«, echote der alte Mann bitter und nahm sie aus hoffnungslosen Augen in sein Visier. »Allerliebste Bella! Da gibt es nichts mehr abzuwägen und zu beurteilen. Ich bin schlichtweg am Ende. Sowohl was meinen Ruf betrifft, als auch finanziell. Vor allem finanziell. Meine Geldmittel sind restlos aufgebraucht. Ich werde am Wochenende noch nicht einmal mehr meinen Arbeitern ihren Lohn zahlen können. Geschweige denn mein Zimmer hier im »Buchhorner Hof«. Es ist vorbei, Bella. Der Luftschifftraum ist ausgeträumt. Endgültig.« Er atmete schwer und schüttelte dabei langsam seinen Kopf. »Am liebsten würde ich wirklich davonfahren und alles hinter mir lassen. Einfach nur nichts und niemanden mehr sehen müssen.«

Es brach Isabella von Zeppelin beinahe das Herz, diese bitteren Sätze hören zu müssen. Ausgerechnet aus dem Mund jenes Mannes, der doch schon so viele Schicksalsschläge unbeschadet überwunden hatte und der unbeeindruckt vom hämischen Gespött der Massen – als »Narr vom Bodensee« hatten sie ihn sogar verhöhnt – beharrlich seinen Weg weiter gegangen war. Mehr als einmal hatte es auch geheißen, der »Luftgraf« sei am Ende. Aber immer wieder hatte er den Lästermäulern das Gegenteil bewiesen und eisern durchgehalten – obwohl er finanziell tatsächlich mehr als nur einmal kurz vor dem Ruin gestanden hatte. Einhundert Mal gefallen – einhundert und ein Mal wieder aufgestanden. Wie der sprichwörtliche Phönix aus der Asche – bis zu jener triumphalen Fahrt seines Luftschiffs am 1. Juli diesen Jahres, die als »Schweizer Fahrt« für

Schlagzeilen in der ganzen Welt gesorgt hatte. Und jetzt dieser fürchterlicher Zustand, aus dem es scheinbar kein Entrinnen für ihn gab! Das durfte doch nicht sein! Das konnte sie nicht zulassen. Irgendwie musste es Bella gelingen, ihren Ehemann aufzumuntern. Auf andere Gedanken bringen.

»Ferdi. Das mit dem Wegfahren wird nicht so einfach werden …«, begann sie vorsichtig und ließ den zweiten Teil ihres Satzes bewusst offen.

Eine Zeitlang schien es fast so, als habe er gar nicht zugehört. Dann erst runzelte er irritiert seine Stirn. »Wieso nicht? Worauf willst du hinaus?«

»Nun ja«, scheinbar gleichmütig zuckte sie mit den Schultern. »Immerhin haben wir ja übermorgen unseren 39. Hochzeitstag.«

Der Graf verzog schmerzlich das Gesicht. »Das auch noch! Das wird der traurigste Hochzeitstag, den wir jemals zusammen erleben mussten. Und das nach all den Jahren! Umso mehr ein Grund, die Dinge hinter uns zu lassen.«

»Und was willst du den Leuten in Emmishofen am Freitag dann sagen? Die freuen sich doch schon seit Tagen auf unseren Empfang, zu dem wir sie schließlich offiziell eingeladen haben. Das ganze Dorf. Wir sollten sie nicht enttäuschen.«

»Nicht enttäuschen«, schnaufte Zeppelin. »Mir steht der Sinn im Augenblick wahrlich nicht zum Feiern und zu mehr oder minder belanglosen Zwiegesprächen. Mich plagen wahrlich andere Sorgen. Muss das denn wirklich sein, Bella?«

»Ja, das muss sein, Ferdi«, bekräftigte die Gräfin mit fester Stimme. »Wir sind es den lieben Menschen wirklich schuldig. Denke doch nur daran, was für ein tolles Fest sie dir aus Anlass deines 70. Geburtstags kürzlich ausgerichtet haben. Die Lieder, die Gedichte, die Huldigungen, das grandiose Feuerwerk – all das!«

»Damals gab es ja auch noch einen guten Grund zum Feiern. Mein Luftschiff hatte seine Feuertaufe kurz davor glänzend bestanden – dieses Mal jedoch liegt es zerstört am Boden. Was soll es denn da noch zu feiern geben?«

»Immerhin unseren Hochzeitstag«, beharrte Isabella auf ihrem Standpunkt. »Und das ist ja wohl auch ein Grund! Jetzt erst recht wirst du allen zeigen, dass sich ein Graf Zeppelin niemals unterkriegen lässt – und mögen die Umstände noch so widrig sein. Du wirst Haltung beweisen! Haltung und Würde. Wie es sich für einen Grafen Zeppelin geziemt!«

Ihr Mann musterte sie mit einem erstaunten Blick. »Das sagst ausgerechnet du …«

»Ja! Das sage ausgerechnet ich!« erwiderte sie streng. »Und im übrigen bist es nicht du allein, dem am heutigen Tag ein Unglück widerfahren ist. Gerade vorhin, als ich schon am Bahnhof auf dich gewartet habe, kam die telegrafische Nachricht, dass in Donaueschingen ein Brand fürchterlich gewütet hat. Nahezu die ganze Stadt soll ein Raub der Flammen geworden sein.«

»Die armen Menschen! Weiß man schon etwas über die Ursache für das Feuer?«

»Es war offenbar ein Gewittersturm …«

» … genau wie in Echterdingen! Was für ein schlimmer Katastrophentag, dieser 5. August!«

»Umso dankbarer kannst du unserem Herrgott dafür sein, dass bei dem Unglück in Echterdingen niemand zu Tode gekommen ist!«

»Das hätte gerade noch gefehlt! Allein wenn ich daran denke, wird mir eiskalt.«

»Siehst du! Es hätte also noch viel schlimmer kommen können.« Ungewohnt energisch behielt Isabella weiter die Initiative. »Du hast schließlich schon ganz andere Klippen gemeistert. Bedenke doch nur, dass dich noch vor zehn Jahren fast kein einziger Ingenieur unterstützen wollte, als du Finanziers für das lenkbare Luftschiff gesucht hast, das leichter ist, als Luft! Und dann diese unglaubliche Begeisterung, die du ausgelöst hast, als du ihnen bewiesen hast, dass es funktioniert. Die Menschen jubeln dir zu, sie ver-

ehren dich, Du darfst sie nicht enttäuschen. Du darfst jetzt nicht aufgeben – nicht so kurz vor dem Ziel!«
»Wie soll das denn gehen, Bella?! Ich weiß nicht …«
»Aber ich! Ich bin fest an deiner Seite! Und von mir aus können wir unsere ganze Habe verpfänden, meinetwegen sogar Schloss Girsberg, denn ich bin mir sicher: eines Tages wirst du endgültig triumphieren!«
Ferdinand von Zeppelin vermeinte, nicht richtig gehört zu haben. »Du … du willst wirklich alles hergeben? Alles auf eine Karte setzen?!«
»Ja, das will ich! Wie ich es mit meinem Erbe schon einmal getan habe, damals, als niemand mehr an dich glauben wollte. Hast du das denn schon vergessen, Ferdi?«
»Nein, natürlich nicht!« Als habe ihn plötzlich eine neue Kraft durchströmt, straffte der alte Graf seinen Rücken und ballte entschlossen die Hände zu Fäusten. »Du hast ja recht, Bella! Und wenn du mir dermaßen entschlossen beistehst und mit mir zusammen diesen steinigen Weg beschreiten willst, dann kann ich ja gar nicht anders. Wir werden es noch einmal versuchen. Auch wenn es sicher schwierig werden wird.«
»Einfach wäre ja auch langweilig, nicht wahr, Ferdi?« lächelte Isabella erleichtert über die sichtbare Verwandlung in der Gemütslage ihres Mannes. »Aber gemeinsam werden wir es schon schaffen!«
»Nun denn!« Unternehmungslustig reckte er sein Kinn in die Höhe und nahm dann ihren Fahrer ins Visier. »Lau! Hören Sie. Wir fahren jetzt erst einmal nach Manzell zur Luftschiffhalle, das gehört sich einfach so und erst dann in den »Buchhorner Hof«. Verstanden?«
»Das war mir doch ohnehin klar, Exzellenz«, grinste Bernhard Lau und atmete erleichtert durch. Ja, da war er in ersten Ansätzen wieder zu hören gewesen, der ebenso unternehmungslustige, wie entscheidungsfreudige und fürsorgliche Graf Zeppelin. So wie sie ihn alle kannten und verehrten. »Auf nach Manzell also!«

Eine gute Viertelstunde später sollte sich ihr Kalkül als falsch erweisen, denn in Manzell hatten sie bis auf einen einsamen Wachtposten niemanden antreffen können – die riesige Luftschiffhalle und das weiträumige Areal präsentierten sich ihnen in der Dunkelheit wie ausgestorben. Gleich nach Bekanntwerden der Katastrophennachricht hätten die Arbeiter das Gelände geradezu fluchtartig verlassen, um sich in Friedrichshafen mit den neuesten Nachrichten versorgen zu lassen, erklärte ihnen der Wächter.
»Gut: dann fahren wir jetzt am besten direkt zum »Buchhorner Hof«, nicht wahr Exzellenz?« erkundigte sich Lau sicherheitshalber, während er den Wagen bereits in Richtung auf das traditionelle Quartier des Grafen lenkte. »Wahrscheinlich warten dort schon alle auf Ihre Ankunft.«

Dieses Mal lag der Luftschiffkapitän mit seiner Vermutung richtig. Zeppelin traute seinen Augen nicht, als er nach der erfolglosen Stippvisite in Manzell an der Seite seiner Ehefrau die Eingangshalle des Hotels betrat: nicht nur, dass ihm hier die gesamte Belegschaft der Luftschiffwerft zusammen mit den Hotelbediensteten und vielen hundert Friedrichshafener Bürgern einen geradezu euphorischen Empfang bereitete – die »Hurra« und »Hoch« Rufe schienen gar kein Ende nehmen zu wollen – sie hatten noch eine ganz andere Überraschung für ihn parat: vor der Rezeption stapelten sich die Waschkörbe der Hotelwäscherei. »Was sollen denn die Waschkörbe hier?« brummelte er irritiert.
»Das ist die Post, die uns seit dem frühen Abend aus allen Teilen des Reiches erreicht hat«, sorgte der Hoteldirektor, dessen Gesicht vor Aufregung und Anspannung tiefrot erglühte, für die rasche Aufklärung. »Schauen Sie nur, Exzellenz: das sind alles Telegramme, in denen wildfremde Menschen dem »tapferen Grafen Zeppelin« ihre tief empfundene Anteilnahme aussprechen! Wenn das so weiter geht, dann gehen uns bald die Waschkörbe aus!«
»Und lesen Sie einmal, Exzellenz, was die Leute da schrei-

ben!« Auch Lau hatte sich von der Aufregung des Hoteldirektors anstecken lassen und nun eine Handvoll der Telegramme in seine Hand genommen. »Es steht überall dasselbe drin: die Menschen wollen unbedingt, dass Sie weitermachen. Unglaublich, aber beinahe jedes Telegramm enthält sogar eine konkrete Spendenzusage! Hundert Mark, hier fünfzig, wieder einhundert Mark und hier, das ist ja kaum zu glauben, will Ihnen ein Mann aus Frankfurt gleich tausend Mark spenden. Er bittet darum, eine Bankverbindung genannt zu bekommen, damit er die Überweisung unverzüglich vornehmen kann. Es ist atemberaubend!« Mit dem Taschentuch wischte sich Lau über seine inzwischen schweißnasse Stirn. »Das … das sind ja …«

»… das dürften in der Summe Spendenzusagen über mindestens eine halbe Million Mark sein – dabei sind das hier nur die Telegramme, die unser Büro und das Hotel in einem Zeitraum von knapp drei Stunden erreicht haben«, konstatierte Zeppelins kaufmännischer Leiter Ernst Uhland, der sich inzwischen zu der Gruppe gesellt hatte, mit bebender Stimme. »Wenn ich bedenke, wie viele Menschen in Deutschland ja noch gar nicht über die Ereignisse des heutigen Tages informiert sein dürften – ganz ungeachtet der Tatsache, dass viele ihre Spendenbereitschaft wohl lieber in brieflicher Form ausdrücken werden … Also da kommen mit absoluter Sicherheit noch einmal Summen zustande, die weit über die Millionengrenze hinaus schießen werden.«

Der alte Graf vermeinte, sich verhört zu haben und musterte den Mann, der doch ansonsten niemals zu Übertreibungen neigte, erstaunt. »Uhland! Sie reden hier von Millionen …«

»Es sind auch Millionen, Exzellenz«, beharrte der Buchhalter hartnäckig auf seiner Schätzung. »Wie gesagt: M i l l i o n e n«, dehnte er den Begriff absichtlich in die Länge. »Es wird nicht bei einer einzigen bleiben, da bin ich mir ganz sicher. Ein neuer Anfang ist gemacht: es kann also

weiter gehen. Zumindest in finanzieller Hinsicht …« setzte Uhland mit einem forschenden Blick auf den Grafen noch hinzu. »Und wie gesagt: es ist erst der Anfang. Denn in einem der Telegramme, das uns aus Berliner Regierungskreisen erreicht hat, ist sogar bereits die Rede von einer Lotterie zugunsten des Luftschiffbaus. Jetzt endlich wollen sie Ihnen eine solche deutschlandweite Lotterie genehmigen, auf die Sie doch schon so lange vergeblich gewartet haben! Und nicht nur das, Exzellenz: sie sollten nur einmal die Zeitungen lesen, die in ihren Extrablättern das ganze deutsche Volk bereits zu Geldspenden aufgerufen haben. Einige dieser Zeitungstexte sind zu unserer Information gleich direkt nach Manzell durchtelegraphiert worden. Eine regelrechte Welle der Anteilnahme ist über uns hereingebrochen. Das ganze deutsche Volk steht hinter Ihnen, Exzellenz!«
Mit zitternden Händen griff sich Zeppelin wahllos einige der Telegramme aus dem vor ihm auf dem Rezeptionstresen stehenden Waschkorb heraus und setzte sich seinen Zwicker auf die Nasenspitze, um den Inhalt dieser Depeschen mit eigenen Augen zu studieren. Es dauerte nicht lange, bis er die Hände wieder sinken ließ und seine Ehefrau mit einem entgeisterten Gesichtsausdruck bedachte.
»Das … das ist in der Tat unglaublich, Bella. Was die Menschen da schreiben und wie sie mir aus allen Teilen von Deutschland ihre Anteilnahme ausdrücken und mich zum Durchhalten auffordern. Da schau nur: sie teilen mir mit, dass ich keinesfalls aufgeben soll. Dass sie zuversichtlich an den Erfolg der Luftschiffe glauben. Dass auch seine Majestät der Kaiser jetzt nicht mehr zögern darf, sondern dass er den Luftschiffbau unter allen Umständen finanziell unterstützen muss. Oder hier: ein Vater schreibt mir von seinem Sohn, der sogar sein Sparschwein geschlachtet hat und mir sein ganzes gespartes Geld schenken möchte!«
»Und hier, Exzellenz: eine Depesche vom Hof in Stuttgart. Seine Majestät, König Wilhelm II. versichert Sie seiner vollen Loyalität und Unterstützung. Mit allen ihm zur Verfü-

gung stehenden Kräften will er sich dafür einsetzen, dass die Produktion von Luftschiffen unverzüglich wieder aufgenommen wird. Noch in diesem Jahr möchte er ein neues Luftschiff, »LZ 5«, am Himmel über dem Bodensee sehen, lässt er Ihnen kabeln. Vom König bis zum kleinsten Arbeiter: alle, wirklich alle wollen, dass Sie weitermachen, Exzellenz! Lesen Sie doch nur diese rührenden Texte! Da ist kein einziger dabei, der etwas anderes ausdrückt, als Mitgefühl und Unterstützung.« Gleich mit beiden Händen griff Uhland nun in den Waschkorb und präsentierte Zeppelin eine Spendenzusage nach der anderen.

»Es ist unfassbar! All diese lieben Menschen!« Es war ein unglaubliches Wechselbad der Gefühle, dem sich der 70-jährige Mann an diesem Schicksalstag des 5. August 1908 ausgesetzt sah. Tränen der Rührung rannen über seine Wangen, bahnten sich ihren Weg durch den eisgrauen Schnurrbart, über das Kinn bis auf den Boden der Eingangshalle des »Buchhorner Hof«. Tränen, deren sich der Graf nicht im Geringsten schämte. »Was für großartige Gesten! Alle wollen mir helfen.«

Isabella von Zeppelin drückte innig die Hand ihres Mannes und fixierte ernst seine tränenfeuchten Augen. »Du wirst also noch einmal beginnen, nicht wahr, Ferdi?«

Nur einen ganz kurzen Moment lang, in dem er fest seine Lippen aufeinander presste, schien Zeppelin unschlüssig, dann nickte er entschlossen. »Ja, ich denke, ich werde noch einmal neu beginnen müssen. Das bin ich den Leuten wohl schlichtweg schuldig. Jetzt erst recht. Ja, doch: Wir werden wieder kommen ...«

»... wie der Phönix aus der Asche!« durchbrach der Jubelruf von Luftschiffkapitän Lau nun lautstark Zeppelins Antwort. »Jawohl: wir werden wieder kommen. Ein dreifaches Hoch auf unsere Exzellenz, den tapferen Grafen Zeppelin. Er lebe Hoch – Hoch – Hoch!«

Das hundertfache Echo aus den Kehlen der begeisterten Zeugen dieses wahrhaft historischen Moments der triumphalen Wiederauferstehung eines Traumes, der noch ge-

rade eben scheinbar für immer zu Grabe getragen worden war, brachte sogar die schweren Lüster der kristallenen Deckenleuchten in der Hotelhalle zum Klirren.
Bernhard Lau sollte mit seiner euphorischen Prophezeiung recht behalten: innerhalb von nur wenigen Stunden begann an diesem ereignisdurchtränkten 5. August des Jahres 1908 tatsächlich eine neue Ära der Luftschiffe. Rückblickend betrachtet erwies sich ausgerechnet das verheerende Flammeninferno des LZ 4 in Echterdingen sogar als wahrer Glücksfall. Unglaublich – aber eine Tatsache. In einem beispiellosen Triumphzug sollten die Luftschiffe des Grafen Zeppelin seit diesem schicksalhaften Tag nicht nur den Himmel über dem Bodensee erobern, sondern die Herzen der Menschen in ganz Deutschland. Selbst der Kaiser sah sich angesichts dieser Begeisterungsstürme gezwungen, seine bisherige schroffe Distanz zu dem »Narren vom Bodensee« zähneknirschend zu überdenken.

Aus den Augenwinkeln bemerkte Isabella von Zeppelin die Blässe, die sich plötzlich über das tränennasse Antlitz ihres Mannes breitete. Und jetzt noch dieses seltsame Flackern der Augenlider. Eindeutig. Das waren die ersten Anzeichen eines beginnenden Schwächeanfalls! Geistesgegenwärtig packte sie seinen Oberarm und winkte mit der freien Hand gleichzeitig einen der Kellner zu sich heran. »Ein Glas Wasser. Aber rasch bitte.« Es war einfach zu viel gewesen, was seit den frühen Morgenstunden auf ihren immerhin schon 70 Jahre alten Ehemann eingestürmt war. Viel zu viel. Diese extreme Mixtur aus Euphorie, Katastrophe, dem sicher geglaubten Ende, der darauf folgenden totalen Depression und nun diese ersten Anzeichen eines triumphalen Neuanfangs. Ein einziges Wechselbad der Gefühle, das auch einem wesentlich jüngeren Menschen schwer zu schaffen gemacht hätte. »Komm jetzt bitte mit und lass uns rasch auf unser Zimmer gehen«, flüsterte sie ihm ins Ohr. »Es ist genug für heute.«
Der Graf griff mit zitternden Händen nach dem Wasser-

glas, das ihm der Ober auf einem Silbertablett servierte und trank es in einem Zug leer, dann schenkte er seiner Frau ein dankbares Lächeln. »Das hat gut getan. Und du hast recht: für heute ist es wirklich genug!« Er räusperte sich kurz und hob die rechte Hand, um die aufgeregte, kunterbunt durcheinander diskutierende Menschenansammlung zum Schweigen zu bringen. »Meine sehr verehrten Damen und Herren. Ich möchte mich noch einmal bei Ihnen allen für Ihre Anteilnahme und Unterstützung ganz herzlich bedanken. Aber nun haben Sie sicherlich Verständnis dafür, dass ich müde bin und ein bisschen zur Ruhe kommen will. Gute Nacht.«
Er tastete nach Isabellas rechter Hand, die er fest umschlossen hielt, während sie den Empfangsbereich des Hotels verließen – begleitet von den euphorischen Hochrufen seiner Arbeiter und der Friedrichshafener Bürger.

Trotz aller Erschöpfung fanden die beiden Eheleute in dieser Nacht nur wenig Schlaf. Viel zu heftig waren sie noch aufgewühlt von den Ereignissen dieses Tages. Es erschien Ferdinand von Zeppelin geradezu unwirklich, wenn er wieder und wieder an die vergangenen Stunden zurückdachte: erst die triumphale Luftfahrt von Friedrichshafen bis nach Mainz, bei der Hunderttausende dem Luftschiff und seiner Besatzung zugejubelt hatten, dann die geglückte Außenlandung des LZ 4 bei Echterdingen auf festem Boden. Im Anschluss daran dieser niemals für möglich gehaltene Massenauflauf der Menschen aus ganz Stuttgart und seiner Umgebung, die »ihren Grafen« als Volkshelden hatten hochleben lassen. Ein Volksheld, der nur wenige Stunden später um Fassung ringend vor den rauchenden Trümmern seiner Existenz hatte stehen müssen!
»Wenn ich mir vorstelle, die Feuersbrunst hätte dich womöglich in der Gondel überrascht … Nicht auszudenken!« Schaudernd schmiegte sich Isabella an den Oberkörper ihres Mannes. »Um Haaresbreite hätte ich dich für immer verloren, Ferdi. Was für ein entsetzlicher Gedanke …«

»Ach Bella, du übertreibst. Ich habe mich heute zu keiner Sekunde in Lebensgefahr befunden. Und bei diesem Unglück, so katastrophal es für mich persönlich auch ist, handelt es sich dennoch lediglich um eine geradezu schicksalshafte Verkettung ganz besonders widriger Umstände. Aber niemals, hörst du, niemals hat Lebensgefahr für mich bestanden.«

»Das sagst du jetzt so leicht dahin …« ließ sich Bella nicht so ohne weiteres beruhigen. »Es ist jedenfalls eine unerträgliche Vorstellung für mich als deine Ehefrau, wenn ich daran denke, was alles hätte passieren können. Mag sein, dass du schon seit deinen jugendlichen Abenteuern in Amerika gewohnt bist, der Gefahr ganz anders ins Auge zu schauen, als ich das kann …«

»Aber meine liebe Bella!« Trotz aller Erschöpfung zuckte für Sekundenbruchteile ein amüsiertes Lächeln über die müden Gesichtszüge des alten Grafen. »Was haben denn meine Erlebnisse im amerikanischen Bürgerkrieg mit der Brandkatastrophe von Echterdingen zu tun? Nun beruhige dich aber bitte.« Zärtlich strich er mit seiner immer noch leicht zitternden rechten Hand über ihr grau gewordenes Haar. »So fürchterlich sich das Unglück für mein Unternehmen und meine Planungen zweifelsohne darstellt, so glimpflich ist es im Grunde genommen doch ausgegangen. Niemand ist zu Tode gekommen, und Gott sei Dank hat auch kein Mensch bleibende Verletzungen erlitten – dazuhin scheinen die Dinge inzwischen ja eine ganz gewaltige Eigendynamik zu entwickeln. Allein, wenn ich an die Summen denke, die uns der Uhland vorhin genannt hat. Wenn das tatsächlich so zutrifft, dann wäre die finanzielle Zukunft bereits gesichert und es könnte wieder weiter gehen mit den Luftschiffen. Das alles … es ist mir beinahe, als befände ich mich in einem völlig irrealen Traumzustand. Was für ein Tag: Erst ganz oben, dann ganz unten – um schließlich an ein und demselben Tag für meinen Lebenstraum mehr bewegt zu haben, als in hundert anstrengenden Wochen zuvor«, rekapitulierte er noch einmal staunend.

»Das ist tatsächlich mit Worten kaum zu beschreiben: jetzt sind noch nicht einmal zwölf Stunden seit der Katastrophe von Echterdingen vergangen und du befindest dich schon wieder ganz oben. Höher denn je«, ergänzte Isabella und schüttelte dabei verwundert ihren Kopf.

»Es ist ein Wunder, anders kann man es nicht nennen«, flüsterte Zeppelin mit belegter Stimme. »Ich möchte im übrigen meinen Entschluss dir gegenüber noch einmal bekräftigen: du hattest recht, wir sollten morgen wirklich zusammen nach Girsberg fahren. Schließlich ist es ja unser Hochzeitstag. Ich muss allerdings zunächst noch im Büro und in der Halle in Manzell kurz nach dem Rechten sehen. Aber dann, morgen Nachmittag spätestens, können wir meinetwegen gerne aufbrechen ...«

»Versprochen?«

»Fest versprochen! Wenngleich ich wahrscheinlich höchstens einen Tag werde bleiben können – aber immerhin, das sind wir den lieben Menschen in Emmishofen in der Tat schuldig. Da hast du schon recht. Ich bin auch ehrlich gespannt, was sie diesmal für uns vorbereitet haben.«

»Wie schön!« Seufzend atmete Isabella aus.

»Wir dürfen dem Herrgott wahrhaft dankbar sein: für unser Leben – und für unsere wunderbare Zweisamkeit, die uns schon so viele herrliche Stunden beschert hat. Wann wäre der Zeitpunkt dafür geeigneter, wenn nicht am Ende dieses Tages?«

Er drückte seiner Ehefrau einen innigen Kuss auf die Wange, dann ließ er seinen Kopf langsam auf das Federkissen zurücksinken und schloss erschöpft die Augen. Wenige Augenblicke später war er endlich in einen erholsamen Schlaf gefallen. Es war der Einstieg in eine Traumreise, die ihn tief in die eigene Vergangenheit zurück führen sollte: bis zu seinen ersten Erinnerungen.

Wer hätte am 8. Juli 1838 bei der Geburt des Ferdinand Adolf Heinrich August von Zeppelin schon zu denken gewagt, wie spektakulär sich der Lebensweg des zweitgeborenen Kindes einer Adelsfamilie in den Diensten des württembergischen Königshauses gestalten würde? Rückblickend betrachtet, war es zunächst ja eine eher durchschnittliche Karriere gewesen, die den gut situierten Knaben, der nach dem viel zu frühen Tod der Mutter seine geliebte Bodenseeheimat hatte verlassen müssen, erst nach Ludwigsburg zum Militär und dann durch die halbe Welt führte, bis er den Militärdienst im Alter von 51 Jahren hatte quittieren müssen. Zwangsweise – aufgrund einer preußischen Intrige. Eine bittere Erfahrung, doch im Nachhinein dürfte sie entscheidend dafür gewesen sein, dass er seinen Traum vom Prinzip »leichter als Luft«, die Vision von in den Himmel schwebenden Luftschiffen, verwirklichen konnte. Wie später noch so häufig in seinem Leben hatte ausgerechnet das scheinbare Ende jenen staunenswerten Neubeginn markiert, der aus dem weithin unbekannten Provinzadeligen Ferdinand Graf Zeppelin schließlich den weltbekannten Luftschiffpionier und Volkshelden Zeppelin erwachsen ließ. Ein wahres Märchen! Die Krönung eines langen und ereignisreichen Lebens …

*

Allein schon Zeppelins Geburtsort, die Konstanzer Dominikanerinsel, hatte über die Jahre hinweg immer wieder für ein amüsiertes Schmunzeln bei seinen Gesprächspartnern gesorgt. Und auch wenn es keiner ihm gegenüber jemals direkt ausgesprochen hatte, war ihm schon bewusst, welche Verbindung die Leute in Gedanken knüpften – vor allem diejenigen, bei denen er (zumeist vergeblich) um eine finanzielle Unterstützung für den Luftschiffbau vorstellig geworden war. Dass es sich bei den Dominikanern um Bettelmönche handelte, war ja allgemein bekannt. Und ehrlich gesagt, oft genug hatte er sich auch kaum anders als ein lästiger Bittsteller gefühlt, wenn sie ihm wieder einmal mit brüsken Worten die Tür vor der Nase zugeschlagen hatten und jegliche Beteiligung an dem »Zeppelinschen Himmelfahrtskommando« kategorisch verweigerten.

Dabei war das Dominikanerkloster, das der gleichnamigen Insel unmittelbar am Bodenseeufer den Namen gegeben hatte, schon ein halbes Jahrhundert vor Zeppelins Geburt auf Anordnung von Kaiser Joseph II., einem entschiedenen Gegner des Bettelordens, aufgehoben worden und zunächst pachtweise, später durch Kauf, in den Besitz der Familie Macaire übergegangen. Die Macaires, eine wohlhabende Genfer Tuchfabrikanten- und Bankiersfamilie, waren im Jahr 1785 vor den politischen Unruhen in ihrer Heimat geflohen. Seitdem betrieb man hier in den alten Klostergebäuden der Dominikanerinsel, die von den Konstanzern deshalb von nun an auch »Genferinsel« oder »Macair'sche Insel« genannt wurde, eine recht einträgliche »Indienne« – Baumwollmanufaktur, der einige Jahre später die Gründung des Bankhauses »Macaire & Compagnie« folgen sollte.

Bei den Macaires handelte es sich um Ferdinands Urgroßeltern mütterlicherseits, denn Amelie Macaire, die Enkelin des Firmengründers, hatte als 18-jährige im Jahr 1834 Friedrich Jerome Graf von Zeppelin geheiratet. Das war der Grund für diesen doch recht bemerkenswerten Geburtsort auf der Dominikanerinsel, bei dem es sich im übrigen auch noch um ziemlich geschichtsträchtigen Boden handelte, worauf der Graf im Familienkreis immer wieder gerne und mit einem leichten Schmunzeln auf den Lippen verwies. Denn schon Karl der Große, so hieß es, habe sich hier aufgehalten und auch Heinrich Suso, einer der großen deutschen Mystiker des späten Mittelalters, war einer der Mönche im Dominikanerkloster gewesen. Nicht zu vergessen der unglückliche Jan Hus, der während des Konstanzer Konzils in den Jahren 1414 und 1415 im Klosterkerker gefangen gehalten wurde. Im krassen Kontrast zu den Leiden des böhmischen Reformators standen knapp einhundert Jahre danach die prächtigen Feste des späteren Kaisers Maximilian I., die er beim Reichstag 1507 auf der Insel ausrichten ließ. Wahrlich kein uninteressantes Fleckchen Erde, das Ferdinand von Zeppelin Zeit seines Lebens immer wieder gerne besuchte.

Ebenso gerne wie seinen, eine gute Viertelstunde von Konstanz gelegenen Sommersitz, Schloss Girsberg bei Emmishofen, das Landgut, in dem er eine überaus glückliche Kindheit hatte verbringen dürfen. Zwei Jahre nach seiner Geburt war Schloss Girsberg der Familie Zeppelin an Weihnachten 1840 von Amelies Vater David Macaire geschenkt worden – womit sich in gewisser Hinsicht ein Kreis wieder schloss, denn die Familie Macaire hatte gut drei Jahrzehnte zuvor Girsberg dank der tatkräftigen Mithilfe von Ferdinands Großvater väterlicherseits, dem württembergischen Minister Ferdinand Ludwig von Zeppelin, ersteigern können.

Bei diesem Landschlösschen handelte es sich um eine Besitzung des ehemaligen Klosters Zwiefalten, die im Zuge der Säkularisierung an Württemberg gefallen war. Seit dieser Zeit pflegten die beiden Familien einen freundschaft-

lichen Kontakt. Ob es daran lag, dass Großvater Ferdinand Ludwig zuvor als württembergischer Gesandter in Paris fungiert hatte und seitdem der französischen Sprache und Kultur sehr zugetan war, oder weil die Zeppelins genauso wie die Macaires von auswärts kamen? Schwer zu sagen: jedenfalls gab es seitdem bei den zahlreichen Begegnungen reichlich Gelegenheit, sich gegenseitig näher kennenzulernen, was dann ja auch zur Heirat von Amelie Macaire und Friedrich Jerome von Zeppelin führte.
Ja, die Zeppelins waren kein einheimisches Adelsgeschlecht, sondern stammten ursprünglich aus Mecklenburg. Erst Ende des 18. Jahrhunderts war Großvater Ferdinand Ludwig von Zepelin, der damals nur ein »p« in seinem Familiennamen führte, nach Süddeutschland gekommen, hatte sich in die Dienste des Hauses Württemberg gestellt und als Diplomat eine beachtliche Karriere gemacht. Seit dieser Zeit fühlte sich die Familie Zeppelin auf das Engste mit Württemberg verbunden. Im Zuge der Königserhebung des bisherigen Kurfürsten Friedrich I. von Württemberg war Ferdinand Ludwig von Zepelin aus Dank für sein Verhandlungsgeschick bei der »napoleonischen Flurbereinigung« der deutschen Landkarte vom neuen König in den Grafenstand erhoben worden. Wohl zur besseren Unterscheidung von den norddeutschen Verwandten schrieb er sich fortan mit doppeltem »P«: Graf von Zeppelin. Und genau diese Schreibweise sollte wenige Jahrzehnte später durch seinen Enkel Ferdinand unauslöschlich in die Deutsche Geschichte eingehen.

Während Ferdinands Großvater also höchste Ämter am württembergischen Königshof bekleidete, sollte sein Vater Friedrich Jerome als eines von sieben Kindern des Ministers zunächst am hohenzollerischen Fürstenhof in Sigmaringen für die Diplomatie geschult werden und brachte es hier immerhin bis in den Rang eines Hofmarschalls. Doch der eher den schöngeistigen Dingen des Lebens zugewandte Mann, der gerne Gedichte verfasste und

Geige spielte, hatte sich auf dem manchmal allzu glatten Parkett der Politik niemals zurecht gefunden, ebenso wenig, wie er sich mit seiner jungen Gemahlin Amelie in Sigmaringen zuhause fühlte. Das war der Grund, weshalb er bereits im Alter von 30 Jahren den Dienst bei den Hohenzollern quittierte und mit der Familie nach Konstanz zog, um künftig eine Tätigkeit in der Baumwollfabrik der Macaires zu übernehmen. Doch auch für diese Arbeit entwickelte er keine sonderliche Begeisterung. Viel mehr interessierten ihn die Verwaltung der Landwirtschaft auf dem Landgut Girsberg und die Pflege der prächtigen Blumenbeete dort. Das war der Grund, weshalb ihm sein Schwiegervater an Weihnachten 1840 dank der großzügigen Schenkung von Girsberg ermöglichte, sich aus der Baumwollproduktion zurückzuziehen und fortan als Privatier mit gerade einmal 33 Lebensjahren seinen eigentlichen Leidenschaften zu frönen. Es war ein schlauer Schachzug des weitsichtigen David Macaire, denn in Girsberg blühte der Schwiegersohn sichtlich auf: er erwies sich als sparsamer Sachwalter des schönen Landgutes bei Kreuzlingen und zudem als fürsorglicher, liebevoller Ehemann und Familienvater an der Seite seiner über alles geliebten Amelie, einer temperamentvollen, fröhlichen Frau, die mit ihrer offenen Art der gerne gesehene Mittelpunkt jeder Gesellschaft war. Drei Kinder gingen aus dieser Ehe hervor: die 1836 geborene Tochter Eugenie, der zwei Jahre später ihr Bruder Ferdinand folgte, und im Jahr 1842 komplettierte Eberhard schließlich das Dreigestirn. Bis in ihr hohes Alter wurden »Ely«, »Ferdi« und »Ebi« nicht müde, zu beteuern, was für eine sorgenfreie, glückliche Kindheit sie in und um Girsberg hatten erleben dürfen. Es war ein Band, das die drei Geschwister für ihr ganzes Leben fest zusammen schweißte.

Besonders schöne Stunden verlebte die Familie bei ihren zahlreichen freundschaftlichen Kontakten mit den Bewohnern des nicht allzu weit entfernten Schlösschens Arenen-

berg, das einer berühmten französischen Exilantenfamilie als Wohnsitz diente. Die im Jahr 1837 verstorbene Hortense Beauharnais hatte sich dorthin zurückgezogen, die Stieftochter Napoleons und Mutter des 1808 geborenen Louis Napoleon, der hier am Untersee aufgewachsen war und den der 30 Jahre jüngere Ferdinand bei seinen zahlreichen Besuchen dort schon beinahe als eine Art Onkel betrachtete. Sogar zur Hochzeitsfeier von Ferdinands Eltern in Konstanz war die Familie Beauharnais eingeladen gewesen und damals mit Freuden erschienen – allen voran Louis Napoleon, der ein völlig akzentfreies Deutsch beherrschte. Die vertrauensvollen Bande zwischen Girsberg und Arenenberg waren seitdem noch enger geknüpft und ließen tatsächlich beinahe schon auf eine nahe Verwandtschaft schließen, so selbstverständlich war der Umgangston, den sie untereinander praktizierten. Dass Louis Napoleon im Jahr 1848 dann überraschend Präsident von Frankreich werden würde und vier Jahre später sogar als Kaiser Napoleon III. den Thron besteigen sollte, das hätte zu diesen Zeiten freilich noch keiner von ihnen für möglich gehalten – noch nicht einmal die greise Fürstin Amalie Zephyrine von Hohenzollern, die einst während der französischen Revolution Hortenses Leben gerettet hatte und die sich ganz besonders für einen Wiedereintritt der Familie Napoleon auf die Weltbühne begeistern konnte. Neben all dieser beinahe schon zwangsläufigen Politisiererei kam bei den Treffen der Zeppelins freilich das Gesellige nie zu kurz – ganz zu schweigen von den herrlichen Festmenüs, bei denen sich die französischen Köche den deutschen Kollegen als bei weitem überlegen zeigten.
Auch die Kinder genossen diese Ausflüge in eine für sie auf eigenartige Weise exotisch anmutende Welt in vollen Zügen: kein Wunder, denn schließlich durften sie sich bei ihren Gastgebern als genauso turbulenter, wie hoch willkommener Mittelpunkt des Interesses fühlen und agieren. Vor allem Ferdinand mit seinem blonden Lockenkopf eroberte sich die Herzen der Franzosen und auch der übri-

gen Verwandtschaft wie im Sturm – und egal, was der Bub an Lausbubenstreichen auch immer fabrizieren mochte: dem »Herzkäfer«, ihrem lieben »Knöpfleschwab« mit seinem herrlichen schwäbischen Dialekt und den himmelblauen Augen konnte niemand lange gram sein. Erst recht nicht die älteren Damen, wenn er ihnen zur Wiedergutmachung mit unschuldigem Augenaufschlag womöglich von ihm selbst in seinem eigenen kleinen Gärtchen angebaute Karotten, Erbsen oder Rettiche anbot.

Auf die Idee mit den selbstverantwortlich erzeugten Feldfrüchten seiner Kinder war der Vater gekommen, dem es ein Herzensanliegen war, ihnen von Anfang an den Respekt vor der Natur genauso selbstverständlich beizubringen, wie das Wissen um das Wachsen und Gedeihen. Die Praxis hatte auf Girsberg den eindeutigen Vorrang vor der Theorie. Aus diesem Grund dauerte es recht lange, bis Ferdinand mit dem Thema Schule konfrontiert wurde. Als Abkömmlinge einer Grafenfamilie genossen die Geschwister ohnehin den Vorteil, nicht die normale Dorfschule in Emmishofen besuchen zu müssen. Ab und zu – nicht öfter als zweimal in der Woche – kam der Lehrer aus Emmishofen auf das Landgut, um den Kindern die ersten Kenntnisse im Lesen und im Schreiben beizubringen. Viel wichtiger als das theoretische Lernen schien dem Mann freilich, seine Schüler in der Kunst des Armbrustschießens zu unterweisen, mit ihnen Schwerter und Schilde zu bauen, wozu man wunderschöne Rittergeschichten erzählen konnte. Keiner seiner Zöglinge mochte sich jemals darüber beschweren …

Der erste leichte Schatten schob sich im Verlauf des Jahres 1848 in diese glücklichen Tage der Kindheit. Immer wieder mussten die erschrockenen Geschwister nun erleben, wie unvermittelte Schwächeanfälle ihre geliebte Mutter heimsuchten, denen oft eine tagelange Bettruhe folgte. Und trotz aller fürsorglichen Pflege, die ihr tief besorgter Ehemann organisierte, der ihr in solchen Phasen nicht von der

Seite wich, erholte sie sich nur unzureichend. Besorgniserregend war auch der ständige Husten, der den geschwächten Körper der jungen Frau in heftigen Attacken heimsuchte. Und keiner der zahlreich konsultierten Ärzte schien die rätselhafte Krankheit wirklich lindern, geschweige denn heilen zu können. Ob es wohl stimmte, was die Angestellten heimlich tuschelten, wenn sie sich miteinander über den Zustand der gnädigen Frau unterhielten? Tuberkulose! Wie ein finsteres Menetekel lastete diese Vermutung seitdem über der Familie, ohne dass einer von ihnen den schrecklichen Begriff auch nur in den Mund zu nehmen gedachte. Auch wenn es ihnen an milden Sommertagen manchmal so schien, als würde die Mutter allmählich wieder zu Kräften kommen: der nächste Rückschlag ließ nicht lange auf sich warten.
Vielleicht war das der Grund, weshalb der Vater beschloss, seinen Kindern nun einen richtigen Hauslehrer zu besorgen. Ferdinand war ja mittlerweile immerhin schon zehn Jahre alt, die Ely zwölf Jahre und der Ebi zwar erst sechs, aber schaden konnte es auch dem jüngsten Zeppelinspross ja keinesfalls, auch am Hausunterricht teilzunehmen. Und so übernahm also ein gutmütiger, freundlicher Mensch namens Kurz aus Ratzenried im Allgäu die verantwortungsvolle Aufgabe, den Geschwistern Zeppelin die notwendigen Fertigkeiten im Lesen, Schreiben und Rechnen beizubringen. So richtig wollte es dem jungen Mann freilich nicht gelingen, sich bei seinen ziemlich munteren Eleven den nötigen Respekt zu verschaffen. Ganz im Gegenteil: es dauerte nicht lange, und der arme Kurz sah sich seinerseits als eine Art Hanswurst der Zeppelinkinder auf dem Boden der Tatsachen. Keine anderthalb Jahre später war es nach einem wunderlichen Malheur schon wieder vorbei mit der Ära des Hauslehrers Kurz. Der hatte nämlich eines Tages seinen Schüler Ferdinand darum gebeten, doch auch einmal auf dessen Pony reiten zu dürfen, einem bekanntermaßen störrischen Tier, das lediglich von Ferdinand zu bändigen war, der sich schon früh als guter und

geschickter Reiter erwies. Im krassen Gegensatz zum guten Herrn Kurz. Und so kam es, wie es hatte kommen müssen: ausgerechnet beim Besuch eines Töpfermarktes in Konstanz begann das Pony plötzlich zu bocken, um anschließend in wildem Galopp mitsamt seinem verzweifelten Reiter mitten durch die Verkaufsstände zu jagen. Die Bescherung in Form von zahlreichen zerbrochenen Schüsseln und Töpfen war beträchtlich – beinahe so schlimm wie das Hohngelächter seiner mitleidlosen Schüler, das dem armen Kurz noch lange in den Ohren dröhnte. Den ersten Hauslehrer hatten sie damit erfolgreich überwunden – denn nach Bekanntwerden dieser peinlichen Episode mochte der Vater Zeppelin die Dienste des Mannes aus Ratzenried nicht länger in Anspruch nehmen.

Ein neuer Hauslehrer musste also her – und zwar einer, der von vornherein mit wesentlich mehr Autorität und Durchsetzungskraft ausgestattet war, als der so kläglich gescheiterte Kurz.

Nach einiger Suche war Friedrich von Zeppelin fündig geworden: Robert Moser hieß der Neue, ein 24-jähriger Pfarrvikar, der seine Aufgabe im Sommer des Jahre 1850 übernahm. Geprägt von seiner Herkunft aus einer pietistischen Pfarrersfamilie, agierte Moser zwar deutlich strenger als sein Vorgänger, erwies sich aber dennoch als ideale Respektsperson und Wissensvermittler für seine beiden, nunmehr zwölf und achtjährigen Eleven, die er auf besonderen Wunsch ihres Vaters vor allem in Mathematik, Naturwissenschaften, Botanik, Mineralogie und Literatur unterrichten und ihnen dazu die Fähigkeit zu selbständigem Lernen beibringen sollte. Zum großen Bedauern ihrer Brüder durfte die 14-jährige Ely nun nur noch selten am Unterricht teilnehmen, denn für seine Tochter hatte der Vater inzwischen eine eigene Gouvernante engagiert, die Eugenie allmählich auf ihre späteren Pflichten als Ehefrau und Mutter in einem adeligen Haushalt vorzubreiten hatte. Leider konnte ja die Mutter diese Aufgabe nicht selbst übernehmen, da sich die früher so lebensfrohe und vor Tatkraft sprühende Amelie von Zeppelin von der schlimmen Krankheit mehr und mehr ans Bett gefesselt sah.

Für ihre Kinder war es ein deprimierendes Erleben, hilflos mit ansehen zu müssen, wie ihre Mama von Tag zu Tag schwächer zu werden schien und wie die Verzweiflung beim Vater wuchs, der alles Menschenmögliche unternahm, um die Gesundheit seiner geliebten Ehefrau trotz der mehr und mehr schwindenden Hoffnung doch wiederherstellen zu können. Molkenkuren in Appenzell, der Einsatz von Blutegeln und Schröpfköpfen, Kräutertinkturen, Limonade aus Weinstein sowie die regelmäßige Verabreichung von Schildkrötensuppe (was bei den Kindern allein durch die Namensnennung schon einen Würgereiz auslöste) – es half alles nichts: Amelie von Zeppelin kam einfach nicht mehr zu Kräften.

Kein Wunder, dass es im Unterricht mit dem neuen Hauslehrer anfänglich nicht ohne Reibereien abging, wenn den beiden Schülern nach einem traurigen Besuch am Krankenbett ihrer Mutter der Sinn absolut nicht nach Rechnen oder dem Auswendiglernen von Gedichten stand, worauf der strenge Moser zur Strafe eine zusätzliche Schulstunde über seine widerspenstigen Eleven verhängte. Mehr als einmal hatte Ferdinand probiert, in einem scheinbar günstigen Moment rasch durch die Tür zu schlüpfen, war aber von seinem aufmerksamen Lehrer jedes Mal gerade noch am Rockzipfel erwischt worden. Mit Fußtritten und Fäusten versuchte der Junge, sich aus dem Griff zu winden – es war vergeblich: Moser hielt ihn mit fester Hand gepackt und zerrte den verzweifelt zappelnden Ferdinand zurück auf seinen Stuhl, wo ihm zur Strafe nun eine weitere Stunde verordnet wurde, mitsamt einem Eintrag ins Schultagebuch »Ferdinand war unartig und hatte sogar die Frechheit, seinen Lehrer zu hauen«. Solche Notizen blieben nicht ohne Wirkung, denn einmal in der Woche ließ sich der Vater das Schultagebuch vorlegen, um sich genau über die Lernfortschritte der Söhne und den behandelten Unterrichtsstoff zu informieren. Wenn es dann in weiteren Eintragungen noch hieß »Ferdinand verweigert das Lernen« oder erschwerend gar »Ferdinand ist stockdumm«, dann hing der Haussegen logischerweise schief. Zum guten Glück nie für längere Zeit, denn weitere Strafen zu verhängen, wie beispielsweise ein striktes Ausgehverbot am Wochenende, das brachte ihr sensibler Vater einfach nicht übers Herz.

Und siehe da: was Ferdinand und Eberhard zunächst nicht für möglich gehalten hätten, setzte schon nach wenigen Wochen ein. Alle drei, der Hauslehrer und seine Schüler, entwickelten eine vertrauensvolle Zuneigung zueinander – bei aller pietistischen Strenge, die Robert Moser in den insgesamt vier Jahren seiner Tätigkeit niemals ablegte. Aber vielleicht war es ja gerade diese klare Richtungsweisung, die der protestantische Pfarrvikar seinen Schützlingen immer mitgab, die ihre Wirkung auf die Buben nicht verfehlte. Disziplin, Verantwortung, Fleiß, Güte, Ehrlichkeit und Echtheit – diese Grundsätze sollten sie Zeit ihres Lebens begleiten.

Dieser erstaunlichen Entwicklung war es vielleicht auch zu verdanken, dass sie das Unglück, das nun über ihr junges Leben herein brach, besser zu verkraften vermochten, als wenn sie niemanden gehabt hätten, der ihnen in dieser schlimmen Zeit mit seinem festen Glauben Halt und Orientierung geben konnte.

Im Herbst 1851 hatte sich der Gesundheitszustand ihrer Mutter noch einmal drastisch verschlechtert, trotz all jener vom zunehmend verzweifelnden Friedrich von Zeppelin hinzugezogenen Ärzte, deren Behandlungen freilich außer horrenden Rechnungen nicht das geringste Ergebnis zeitigten. Ganz offenkundig war das schiere Gegenteil der Fall: weder die Schildkrötensuppe noch irgendwelche Kräuteressenzen konnten dem zunehmenden körperlichen Verfall Einhalt gebieten, sondern schienen ihn eher noch zu beschleunigen. Der Vater entschloss sich nun zu einem dramatischen Schritt: er würde Schloss Girsberg vorübergehend verlassen und die Söhne zusammen mit dem Hauslehrer zum Onkel Moritz Macaire nach Konstanz auf die Dominikanerinsel schicken, während er selbst mit seiner sterbenskranken Ehefrau und der Tochter Eugenie in einer berühmten Klinik in Montpellier nach dem letzten Strohhalm greifen wollte, um Amelies Leben doch noch zu retten.

Aber selbst wenn diese Behandlungen hätten helfen können: im Fall der Amelie von Zeppelin kam jede Hilfe zu spät. Am 15. Mai 1852 beendete der Tod ihr jahrelanges Siechtum – nur 36 Lebensjahre waren ihr vergönnt gewesen!

Eine Katastrophe – für alle Familienangehörigen. Kein Wunder, dass Ferdinand am 8. Juli, nur wenige Wochen nach dem Begräbnis der Mutter, absolut nicht der Sinn danach stand, seinen 14. Geburtstag in irgendeiner Weise zu feiern. Ganz im Gegenteil: an diesem Tag verkündete er der über alle Maßen erstaunten Familie seinen feierlichen Beschluss, Missionar zu werden. Erst nach mehrwöchigen, teilweise heftigen Debatten mit seinem Vater, rückte er von diesem Vorhaben wieder ab. Ob es an der Zeit lag, die bekanntlich alle Wunden heilt, oder an der Einsicht, vielleicht doch lieber jeden Menschen nach seiner eigenen Facon glücklich werden zu lassen – eventuell auch wegen Ebi, der auf den Verlust der Mutter zunehmend aggressiver reagierte und dringend den verständnisvollen Beistand seines großen Bruders benötigte. Vermutlich spielten all diese Gründe eine Rolle bei Ferdinands Entscheidung, doch lieber kein Missionar werden zu wollen, sondern einfach ein aufrechter und geradliniger Mensch, in welchem Beruf auch immer.

Doch der viel zu frühe Tod der Amelie von Zeppelin brachte der Familie noch eine weitere gravierende Konsequenz: denn so intensiv sich der sensible Friedrich von Zeppelin in den folgenden Monaten auch um die Rückkehr zu einer gewissen familiären Normalität bemühte, er hielt es in Girsberg einfach nicht mehr aus – viel zu viele

Erinnerungen an seine Amelie belasteten den Blick auf die Zimmer, das Gebäude und den Garten. Und so beschloss er, Schloss Girsberg bis auf weiteres den Rücken zu kehren, um an einem anderen Ort hoffentlich zur Ruhe zu kommen. Folglich würde er zusammen mit Eugenie, die ihm den Haushalt führen sollte, in seinen Geburtsort Stuttgart ziehen – während für die beiden Söhne in Begleitung von Moser im benachbarten Cannstatt übergangsweise eine Wohnung gefunden wurde. Ferdinand besuchte hier die oberste Klasse der Realschule, Eberhard wurde in das Gymnasium aufgenommen. Nachdem die Eingewöhnungszeit in Cannstatt ziemlich reibungslos über die Bühne gegangen war, trennten sich nun die verschiedenen Lebenswege ein weiteres Mal: Robert Moser hatte seine Aufgabe erfüllt und kehrte in den Dienst der evangelischen Landeskirche zurück, Eberhard sollte die nächsten Jahre im Gymnasium verbleiben, während Ferdinand nun die Polytechnische Schule in Stuttgart besuchte und auf Verlangen des Vaters im Haushalt des Stuttgarter Stadtdekans Mehl unterkam – natürlich gegen gute Bezahlung. Wieder ein schmerzlicher Trennungsstrich durch die Familie, den die beiden Brüder dadurch abmilderten, dass sie auch weiterhin engen Kontakt zueinander hielten – so weit sich das zeitlich eben einrichten ließ.

Es war nicht unbedingt Ferdinands sehnlichster Wunsch gewesen, nach zwei Semestern auf der Polytechnischen Schule an die württembergische Kriegsschule nach Ludwigsburg zu wechseln, die dem »General-Quartiermeisterstab« unterstellt war. Viel lieber hätte er sein Wissen weiter in den naturwissenschaftlichen Disziplinen ergänzt, in Biologie, Physik und Chemie – Fächer, die ihm großes Vergnügen bereiteten. Aber sein Vater hatte anders entschieden und seinen ältesten Sohn für eine militärische Laufbahn auserkoren, während Eberhard später Rechtswissenschaften studieren sollte. Nach Ansicht von Zeppelin senior war das eine hervorragende Kombination, »wenn

einer in der Familie beim Militär ist und sich der andere in juristischen Dingen auskennt«.
Bis auf den Reitunterricht – er war ja schon immer ein guter und begeisterter Reiter gewesen – erwies sich die Ausbildung für den 17-jährigen Ferdinand als Tortur. Sich den ganzen Tag über, ja die ganze Woche, in eine Art Käfig gesteckt zu wissen, in der überstrenge Instruktoren meinten, sie müssten ihren Kadetten nicht nur den militärischen Drill, sondern auch die schulischen Inhalte mit besonders großer Lautstärke in die Gesichter brüllen, das waren verstörende Erfahrungen, wie sie der junge Zeppelin bisher noch niemals in seinem Leben hatte machen müssen.

Zum Glück blieben wenigstens die Sonntage zur freien Verfügung der Kadetten. Und so nutzte Zeppelin, der sich in der Enge einer Stadt »wie in einen Käfig« eingesperrt fühlte und sein geliebtes Girsberg samt der herrlich-sanften Bodenseelandschaft schmerzlich vermisste, diese Zeit zu ausgedehnten Reitausflügen in die Natur rund um Stuttgart: ein wunderbarer Ausgleich zum trostlosen Unterricht in der Kadettenanstalt. Erst recht in den Ferienzeiten hielt den Kadetten in Stuttgart nichts mehr: bereits am nächsten Tag konnte man Ferdinand bei ausgedehnten Wanderungen in und um Girsberg wiedersehen – besonders ausgelassen war seine Stimmung, wenn sein Bruder Gelegenheit fand, ihn zu begleiten. Der Vater selbst war mehr und mehr zum Eigenbrötler geworden – wahrscheinlich würde er den Tod seiner geliebten Ehefrau niemals verwinden können, immerhin hatte er es irgendwann dann doch geschafft, wieder auf sein Schlösschen am Bodensee zurückzukehren, wo er als Verwalter des Landguts und passionierter Jäger seine eigenen Wege ging.
Erstaunlicherweise hatte sich Ferdinand im Lauf der Zeit doch noch an das Militär und den zunächst von ihm als so erschreckend empfundenen Umgangston gewöhnt. Die Ausbildung konnte der 20-jährige erfolgreich abschließen

und trat am 20. September des Jahres 1858 im Rang eines Leutnants in das 8. Württembergische Infanterieregiment in Stuttgart ein – freilich mit einem klaren Kalkül, das auch bestens aufging. Denn bereits einen Monat nach seiner Aufnahme in das Offizierskorps gelang es ihm, sich für ein Studium an der Universität Tübingen beurlauben zu lassen. Hier belegte er neben Geschichte und Nationalökonomie vor allem die Fächer Chemie und mechanische Technologie, das interessierte ihn am allermeisten – vor allem der immer wichtiger werdende Maschinenbau. Eine wahrhaft faszinierende Zeit. Zu seinem großen Leidwesen währte sie nicht allzu lange: denn nach knapp anderthalb Semestern sah sich Ferdinand gezwungen, die Universität zu verlassen und zum Militärdienst zurück zu kehren. Im Mai 1859 war der französisch-österreichisch-italienische Krieg ausgebrochen – und wegen ihrer Bündnisverpflichtungen mit Österreich hatte sich auch die württembergische Armee auf ein eventuelles Eingreifen in die Kampfhandlungen vorzubereiten. Aufgrund seines naturwissenschaftlich geprägten Studiums wurde der junge Leutnant Zeppelin zum Ingenieurkorps nach Ulm abkommandiert. Nur drei Monate später, nach der überraschend klaren und demütigenden Niederlage der Österreicher, war der Krieg schon wieder beendet, doch Zeppelins Hoffnung, das unterbrochene Studium in Tübingen jetzt zügig fortsetzen zu können, erwies sich zu seiner großen Enttäuschung als reine Wunschvorstellung. Er wurde zwar wieder aus Ulm versetzt, aber eben leider nicht an die Universität, sondern in die Ingenieurabteilung des General-Quartiermeisterstabs nach Ludwigsburg. Schon wieder Ludwigsburg! Und was sollte er denn beim Ingenieurskorps?! Mit noch nicht einmal zwei Semestern im Rücken! Doch es half alles nichts: als Soldat hatte er den Befehlen seiner Vorgesetzten Folge zu leisten. Zumindest eine gewissen Zeitlang würde er hier zubringen müssen – eine Zeit, in der als Ausgleich und zum Trost die Kontaktpflege mit den Geschwistern wieder einmal besonders wichtig war. Auch wenn es zunächst so schien, als sei ein weiterer Schatten auf ihr Geschwisterglück gefallen. Denn im Sommer 1859 hatte Eugenie geheiratet! Die arme Ely, die sich so lange und vehement gegen den von ihrem Vater aufgedrängten Heiratskandidaten zur Wehr gesetzt hatte. Und nun war es also doch zur Hochzeit der 23-jährigen Ely mit dem 32 Jahre alten Baron Wilhelm von Gemmingen gekommen. Ausgerechnet von Gemmingen, den sie noch vor wenigen Wochen hinter vorgehaltener Hand abfällig als »faden Juristen« bezeichnet hatte. Der einzige in der Familie, dem die Freude über diese Verbindung ins Gesicht geschrieben stand, war ihr Vater. Weder Ferdinand, noch Ebi und schon gar nicht die Braut mochten an diesem Tag gute Miene zum für ihr Empfinden eher bösen Spiel machen. Es war keinem von ihnen zum Fröhlichsein zumute. Aber wider alles Erwarten sollte Elys Ehe äußerst harmonisch verlaufen. Bis zu ihrem Tod war sie 51 Jahre lang mit »ihrem« Wilhelm verheiratet, der als Jurist später eine recht wichtige Aufgabe im Luftschiffunternehmen seines Schwagers übernehmen konnte.

Und Ferdinand? Nachdem die Schwester Ely, die ihren beiden Brüdern in gewisser Weise oft als Muttersatz zur Seite gestanden war, nun also ihre eigene Familie hatte, vermisste er seine allzu früh verstorbene liebe Mutter umso schmerzlicher. Aber sollte er im Alter von 21 Jahren etwa schon selbst eine feste Bindung eingehen? Nein, das erschien ihm noch viel zu früh, zumal sich seine Ansprüche im Hinblick auf eine geeignete Heiratskandidatin voll und ganz am Vorbild seiner Mutter orientierten, wie er seinem Tagebuch anvertraute, in dem er die Eigenschaften der Amelie von Zeppelin für die Erinnerung späterer Jahre festhielt. »Wer sie kannte, rühmte ihre zarte weibliche Anmut und Güte und daneben ihren lebhaften, launigen Geist. Sie galt auch als eine Schönheit. Aber sie war frei von jeder Spur von Koketterie und gab sich immer natürlich«. Es waren hohe Hürden, die er damit aufbaute und keine der jungen Damen, die er bislang kennen gelernt hatte,

konnte sich mit einem derartig makellosen Vorbild auch nur im Ansatz messen lassen. Allenfalls seine Ely – aber die war ja nun selbst verheiratet.
Es war die Zeit, in der es Ferdinand nun mehr und mehr aus der Ludwigsburger Enge heraus drängte – weg von diesem unsäglich eintönigen, ewig gleichen Tagesablauf beim Militär. Hinaus in die weite Welt, um den Horizont zu erweitern, neue Länder und Menschen kennenzulernen, und ja: durchaus auch andere Militärstrategien. Vor allem die technische Seite des Militärwesens barg ja durchaus interessante Betätigungsfelder. Mit Beharrlichkeit verfolgte er von nun an dieses Ziel, auch wenn noch geraume Zeit ins Land gehen musste, bis seine Bemühungen von Erfolg gekrönt waren. Beinahe zwei Jahre hatte es gedauert, bis sich Ferdinands Vorgesetzte endlich davon überzeugen ließen, wie wichtig eine Vervollkommnung seiner technischen Kenntnisse durch militärische Studienreisen in Europa für die Armee doch werden könnte – gerade in einer Zeit, in der schon zu erahnen war, wie machtvoll sich die Technik in die bisherigen militärischen Strategien hinein schieben würde und völlig neue Anforderungen im Hinblick auf Taktik und Kriegsführung an den Generalstab stellte.
Seine Studienreisen führten den jungen Offizier kreuz und quer durch Europa: von Wien über Venedig, Verona und Genua nach Marseille und schließlich im Herbst 1861 nach Paris, eine Stadt, deren Pracht und Lebendigkeit ihm beinahe den Atem raubten. Durch die Vermittlung des württembergischen Gesandten gelang es ihm sogar, die Einladung zu einer Audienz bei Kaiser Napoleon III. zu erhalten, der mit seiner Familie gerade auf Schloss Compiègne weilte, der alten Merowingerresidenz in der Picardie, die er schon vor vielen Jahren zu seiner Herbstresidenz erkoren hatte.
Mit klopfendem Herzen, aber äußerlich ruhig und gelassen, erwartete der junge Leutnant im Vorraum des Audienzzimmers die Aufforderung des Hofmarschalls, sich zum Kaiser zu begeben. Dann öffneten sich wie von Geis-

terhand die beiden hohen Flügeltüren, während eine laute, feierliche Stimme deklamierte: »Majestät! Seine Exzellenz Leutnant Ferdinand Graf von Zeppelin bittet, Eurer Majestät seine Aufwartung machen zu dürfen!«

Was dann freilich geschah, damit hätte er noch nicht einmal im kühnsten Traum gerechnet: Vom Kaiser der Franzosen in dessen Schloss im allerbesten Deutsch begrüßt zu werden. Und dann auch noch mit diesem Satz! »Mon dieu! Welche Verwandlung! Der Ferdinand! Mein lieber Knöpfleschwab aus Emmishofen!«

Augenblicklich schoss Ferdinand die Schamesröte ins Gesicht, während sich die zahlreichen Hofbediensteten ein verwundertes Grinsen nicht verkneifen konnten.

Natürlich war auch dem Kaiser die peinliche Verlegenheit des jungen Mannes nicht entgangen, den er als seinen lieben »Knöpfleschwab« tituliert hatte. Ein verständnisvolles Lächeln huschte über seine Miene, während er fröhlich in die Hände klatschte und ganz bewusst in der deutschen Sprache, die er ja perfekt beherrschte, fortfuhr. »Wie schön, Sie wiederzusehen, mein lieber F..., Graf Zeppelin«, korrigierte er sich gerade noch rechtzeitig. »Was die Zeit doch an Veränderungen mit sich bringt, nicht wahr?«

Zeppelin nickte eifrig, dankbar für die verständnisvolle, rasche Reaktion des Kaisers. »Allerdings, Majestät. Ich ... ich...« Krampfhaft suchte er nach den richtigen Worten, die ihm in seiner nervösen Anspannung aber einfach nicht in den Sinn kommen mochten.

Und wieder war es Louis Napoleon, der die richtige Tonlage fand, um das Gespräch in weniger formelle Bahnen zu lenken. »Es ist ja in der Tat schon atemberaubend, was sich in den vergangenen Jahren ereignet hat: aus dem Spross einer französischen Exilantenfamilie, der sogar die Schweizer Staatsbürgerschaft zuerkannt bekommen hatte, formell besitze ich sie im übrigen immer noch, wird der Kaiser Napoleon III. Und der kleine Ferdinand, der Liebling und Herzkäfer aller älteren Damen am ganzen Bodensee, ganz gleich, ob französischer oder deutscher Abstam-

mung, entpuppt sich nun vor mir als zackiger junger Infanterieleutnant des Königs von Württemberg.«
Langsam und würdevoll erhob sich der Kaiser von seinem Thronsessel und deutete mit dem ausgestreckten Arm nach draußen. »Kommen Sie, mein lieber Zeppelin. Ich möchte Sie gerne meiner Gemahlin, der Kaiserin vorstellen und dann müssen Sie mir unbedingt erzählen, wie die Dinge zuhause am Untersee gerade stehen, denn ich selbst habe zum meinem größten Leidwesen schon lange nicht mehr in Arenenberg sein können. Und wie Ihre Zukunftspläne aussehen, das möchte ich natürlich auch von Ihnen wissen, lieber Graf. Womöglich interessieren Sie sich ja für einen Eintritt in die französische Armee? Sie wären mir und meinen Offizieren gerne willkommen.«
Ein Übertritt in das französische Heer kam für Ferdinand natürlich nicht in Frage, so verlockend das kaiserliche Angebot für einen ehrgeizigen, jungen Offizier wie Zeppelin auch lauten mochte. Der herzliche Gesprächston, mit dem ihn Napoleon III. willkommen geheißen hatte, sorgte dafür, dass seine anfängliche Verlegenheit bald überwunden war, zumal auch die Kaiserin Eugenie selbst ihrem Besucher vom Bodensee mit ausgesuchter Höflichkeit und Wärme gegenübertrat. Von dem angeblich tiefen Zerwürfnis, das schon seit Jahren von der Ehe des Kaiserpaars kolportiert wurde, war zumindest an diesem Tag nicht das Geringste zu spüren. Überhaupt die gesamte Atmosphäre während seines Aufenthalts am kaiserlichen Hof und wie man ihm als deutschem Offizier begegnete: sie entsprach ganz und gar nicht dem Zerrbild, das die Zeitungen in der Heimat und die Instruktoren des Generalstabs vom angeblich so hochmütigen und brandgefährlichen Nachbarn auf der anderen Seite des Rheins seit Jahren mit wachsender Schärfe zeichneten. Zumindest er, Leutnant Ferdinand von Zeppelin, hatte die Franzosen ganz anders wahrgenommen.
Eine hochinteressante Erfahrung, die Zeppelin zum lebenslangen Grundsatz werden sollte: wann immer mög-

lich, sich mit seinen eigenen Augen ein Bild von den Dingen zu machen und sich nicht auf Dritte zu verlassen, die ja meistens ihre eigenen Interessen verfolgten.

Nach einem weiteren Aufenthalt in Paris ging es im Frühjahr 1862 dann wieder zurück nach Ludwigsburg, zum guten Glück aber nur für kurze Zeit. Immerhin erhielt er hier zunächst seine Beförderung zum Oberleutnant, bevor ihm die Herren im General-Quartiermeisterstab eine weitere ausgedehnte Studienreise genehmigten. Offenbar waren seine Berichte über die militärischen Fortschritte in anderen europäischen Armeen, sowie die neuesten Erkenntnisse im Artilleriewesen und im Festungsbau, die er in Oberitalien und vor allem auch in Paris notiert hatte, durchaus auf Interesse gestoßen. Wenige Monate später durfte er sich also neuerlich auf Reisen begeben, die ihn dieses Mal nach Belgien, Dänemark und England führten. Sowohl die Hauptstadt London, als auch die Verwaltung des riesigen Empire hatten es ihm angetan, so dass er den spontanen Beschluss fasste, unbedingt und so rasch wie möglich Englisch zu lernen, um sich wesentlich intensiver mit dem britischen Heerwesen beschäftigen zu können. Denn immerhin handelte es sich bei England ja um das Mutterland der Industrialisierung, aus dem in den vergangenen Jahrzehnten nahezu aller technische Fortschritt hervorgegangen war und das im Vergleich mit den deutschen Staaten noch immer in unerreichbarer Ferne schien.
So war aus dem jungen Mann, der sich in seiner Anfangszeit beim Militär alles andere als wohl gefühlt hatte und der das blutige »Kriegshandwerk« als recht abstoßend empfunden hatte, im Lauf der Zeit – zunächst noch ganz unbewusst – ein strategisch denkender Militärtechniker geworden, der sich zwar niemals mit dem genauso engen wie sturen militärischen Alltagsbetrieb würde anfreunden können, der sich dafür aber mit wachsender Faszination den neuen Techniken bei der Kriegsführung zuwandte. Sein ganz besonderes Interesse richtet sich nun auf das

große Land am anderen Ende des Atlantik: die Vereinigten Staaten von Amerika, die er unbedingt noch bereisen wollte, zumal in diesem riesigen Land inzwischen ein Bürgerkrieg ausgebrochen war, der von den Armeen der Nord- und der Südstaaten, wie man hörte, mit erbitterter Gewalt geführt wurde. Die Tatsache, dass in den beiden Armeen auch zahlreiche europäische Offiziere eine wichtige Rolle spielten, machte die Angelegenheit für Zeppelin nur noch interessanter. Offenbar schienen die Herrschaften im württembergischen Heereskommando diese Ansicht aber leider nicht zu teilen: eine neuerliche, wieder monatelange Studienfahrt mochten sie ihrem reiselustigen Oberleutnant nicht mehr genehmigen, so dass Ferdinand nur die Möglichkeit blieb, sich mit einem Beurlaubungsgesuch direkt an König Wilhelm I. zu wenden, das ihm der greise Monarch dann auch tatsächlich bewilligte.

Übrigens sehr zum Leidwesen seines sensiblen Vaters, der ihn in Briefen gleich mehrfach geradezu flehentlich beschworen hatte, nicht nach Amerika zu reisen. Und so sehr es Ferdinand auch in die USA drängte, so wenig mochte er gegen den ausdrücklichen Willen des Vaters handeln oder diesem womöglich schweren Kummer bereiten. Nichts schlimmer als das! Dessen Wohlergehen galt es zu schützen und so fügte sich Ferdinand schweren Herzens in sein Los, die Pläne für eine Amerikareise wieder aufzugeben. Er mochte seinem Vater deswegen auch keinerlei Vorhaltungen machen, denn Friedrich von Zeppelin argumentierte ja lediglich aus Sorge um das Wohlergehen seines ältesten Sohnes heraus. Einzig seiner Schwester Ely schüttete er sein Herz aus – und womöglich war es die Überzeugungskraft der einfühlsamen Ely, mit der sie während mehrerer Gespräche in ihrem Vater ganz allmählich die Überzeugung reifen ließ, wenn es sich nun einmal um den Herzenswunsch seines Sohnes handele, habe er mit seinen eigenen Sorgen und Bedenken zurückzustehen. »Dieses Opfer glaube ich, nicht annehmen zu dürfen, auch muss ich mich von jeder bitteren Beimischung eines Vorwurfs reinhalten, Wünsche durchkreuzt zu haben, die du für deine Zukunft ersprießlich hältst.« Das war das entscheidende Signal zum Aufbruch: das Abenteuer Amerika konnte beginnen!

Am 30. April 1863 schiffte sich der von seinem König beurlaubte Oberleutnant Ferdinand Graf Zeppelin auf einem Amerikadampfer ein und trat von Liverpool aus die große Reise an, um als militärischer Beobachter den Sezessionskrieg zu verfolgen.
Schon der Beginn der Reise verlief erfolgreich. Kaum war er in Washington eingetroffen, erhielt er dank der Vermittlung des preußischen Gesandten, auf den er mit seinem offenen, freundlichen Wesen einen günstigen Eindruck gemacht hatte, sogar eine Audienz bei Präsident Abraham Lincoln – und sah sich bei diesem Anlass erstmals ganz direkt mit den augenfälligen Unterschieden zwischen den Gepflogenheiten auf dem Alten Kontinent und denjenigen von Amerika konfrontiert. Denn während sich der noch nicht ganz 25-jährige Zeppelin für den Besuch beim höchsten Repräsentanten des amerikanischen Staates natürlich mit Gehrock und Zylinder besonders fein herausgeputzt hatte, erwies sich Lincoln mitsamt seinem ganzen Umfeld als an solchen äußerlichen Dingen überhaupt nicht interessiert. Ganz im krassen Gegensatz zum üblichen Pomp und Prunk der europäischen Monarchen saß da eine große, hagere Gestalt mit langem Bart und ungepflegten Haaren hinter dem Schreibtisch, die sich als Präsident Lincoln entpuppte, ihren verblüfften Besucher ganz ungezwungen begrüßte und sich freundlich mit ihm unterhielt. Das Erstaunen setzte sich fort, als während der kurzen Unterredung dann auch noch der Privatsekretär des Präsidenten erschien und sich einfach auf den Schreibtisch setzte, während seine in Mokassins steckenden Füße weit aus der Hose herausragten und die ganze Zeit über lässig hin- und herbaumelten.
Das war ja … Ferdinand verschlug es beinahe die Sprache,

doch es blieb ihm nicht viel Zeit zum Staunen, denn nach wenigen Minuten war die Audienz bereits wieder beendet. Trotzdem war es ein voller Erfolg gewesen, denn Lincoln hatte ihn nicht nur mit warmen Worten willkommen geheißen, sondern ihm auch einen eigenhändig unterschriebenen Pass ausstellen lassen, ein Empfehlungsschreiben, das dem jungen Deutschen die völlige Bewegungsfreiheit bei den Armeen der Nordstaaten ermöglichte. Dann hatte er seinem Gast noch viel Erfolg bei dessen militärischen Studien gewünscht – und schon war die Unterredung vorbei. So jovial und hilfsbereit sich der Präsident ihm gegenüber auch gegeben hatte, waren in Lincolns Auftrag zuvor freilich eingehende Erkundigungen über den ahnungslosen Grafen Zeppelin eingezogen worden. Das war die zweite wichtige Erkenntnis, die er aus dieser Begegnung gewinnen konnte: in Amerika ging es im alltäglichen Umgang zwar höchst unkonventionell und leger vonstatten, doch sollte man sich vom ersten Eindruck keinesfalls blenden lassen. Selbst der so überaus freundliche Lincoln hatte also zunächst einmal der Vorsicht den Vorrang gegeben.

Immerhin: dank des von Lincoln unterschriebenen Ausweises stand der Erkundungsreise mitten hinein in die Kampfhandlungen des amerikanischen Bürgerkriegs nun nichts mehr im Wege. Inzwischen hatte er sich auch ein gutes Reitpferd besorgen können, mit dem er sich auf einem Dampfer einschiffte, der ihn den Potomacfluss hinunter zum Hauptquartier der Nordstaatenarmee bringen sollte. Gleich bei seiner Ankunft erlebte Ferdinand eine weitere Überraschung, denn von einer strikten militärischen Ordnung konnte zwischen den kunterbunt durcheinandergewürfelten Zelten keine Rede sein. Nun gut, schließlich handelte es sich ja auch um eine Freiwilligenarmee und nicht um ein Heer, dessen Soldaten und Offiziere in jahrelangem Drill geschult waren. Und der Generalstabschef Butterfield entpuppte sich als ein Mann, der im zivilen Leben als Postmeister fungierte und die erste Postlinie an die amerikanische Westküste nach San Fran-

cisco eingerichtet hatte. Ein Transportexperte! Was konnte man bei diesem Hintergrund an ausgeklügelter Militärtaktik auch Großartiges erwarten?
Dem Gast aus Württemberg wurde ein ebenso freundlicher und unkomplizierter Empfang wie im Weißen Haus zuteil, wobei sich der General schon bei der Begrüßung weniger für dessen berufliche Stationen interessierte, als vielmehr für das neuartige Dosenbarometer, das Zeppelin vor einiger Zeit in London erworben hatte. Butterfield äußerte den spontanen Wunsch, es einmal ausleihen zu können, um zu überprüfen, wie zuverlässig und mit wie vielen Stunden Vorlaufzeit man damit wohl eine Wetteränderung vorhersagen könne. Für militärische Aktionen könne eine solche detaillierte Kenntnis von besonderem Vorteil sein. Die ersten Versuche verliefen höchst vielsprechend, was für Ferdinand von Zeppelin freilich den Verlust des Barometers mit sich brachte, denn der General dachte gar nicht mehr daran, das gute Stück wieder an seinen Besitzer zurück zu geben. Mehrfach hatte er den Amerikaner an das geliehene Barometer zu erinnern versucht – eine überaus peinliche Situation. Und als er an seinem Abreisetag nun vehementer auf die Rückgabe drängte, da war der General einfach in seinem Zelt verschwunden, um heimlich auf der Rückseite das Weite zu suchen – samt Barometer!
Es musste nun also leider ohne das schöne Messinstrument weiter gehen – schade, aber eben nicht zu ändern. Immer näher kam er beim Besuch der verschiedenen Heeresabteilungen nun den Kampfhandlungen an der Frontlinie, wie nahe, das wurde ihm schließlich im Kugelhagel bewusst, als sie um ein Haar in einen Hinterhalt der Südstaatenarmee geraten wären, der sie nur in wildem Galopp entkommen konnten.
Zu gerne wäre Zeppelin auch eine Zeitlang Gast auf der anderen Seite der Front gewesen, er besaß dafür sogar ein Empfehlungsschreiben der Nichte des Südstaatengenerals Lee, die er bei einem Aufenthalt in Philadelphia kennen gelernt hatte, doch ein direkter Frontwechsel erschien ihm

wenig ratsam. Viel zu groß war die Gefahr, von der einen oder der anderen Seite – womöglich gar von beiden – als Verräter unter Feuer genommen oder am nächsten Baum aufgeknüpft zu werden.
Und überhaupt: nach allem, was er in diesen Tagen und Wochen an Beobachtungen hatte machen können, schien es ihm auch auf der Südstaatenseite nicht minder chaotisch und ohne klare Strategie vonstatten zu gehen wie bei der Nordstaatenarmee. Weder hier noch dort schien man über einen klar definierten Plan zu verfügen, um dem Feind entscheidend zu begegnen, ein paar überfallartige, aus der Gunst des Augenblicks heraus begonnene Reiterattacken, damit war das taktische Pulver auch bereits verschossen.
Neue, womöglich gar nutzbringende, Erkenntnisse waren also kaum mehr zu erwarten und so beschloss Ferdinand, seinen Horizont dann lieber auf einem anderen Gebiet zu erweitern, indem er sich einer Expedition anschloss, bei der zwei Russen mit Hilfe von zwei indianischen Helfern den Mississippi erkunden wollten und womöglich gar bis zu den noch unentdeckten Quellen des riesigen Stromes vorzustoßen gedachten. Voller Begeisterung hatte er das Angebot angenommen, den Geheimnissen des amerikanischen Kontinents auf die Spur zu kommen – und wenn sie das Quellgebiet auch niemals erreichten, so war es alles in allem doch ein herrliches Abenteuer für den 25-jährigen unternehmungslustigen Zeppelin gewesen, das er zeitlebens weder vergessen würde, noch hätte missen wollen. Durst, Hunger, Hitze, Kälte und zahlreiche gefährliche Begegnungen mit wilden Tieren: das Leben in der Wildnis erwies sich als gewaltige Herausforderung, die selbst einem jungen Soldaten mehr an Durchhaltevermögen abverlangte, als man ihm das jemals während seiner Militärausbildung hatte beibringen können. Allein das Schlafen unter freiem Himmel: so ungewohnt und unbequem es in den ersten Nächten auch gewesen war, in denen er kein Auge hatte schließen können, so schwer fiel ihm hinterher die

Umstellung in einem richtigen Bett, das sich zu allem Übel auch noch in einer stickigen Schlafkammer befand!
Von dieser Warte aus betrachtet hatten sich die Strapazen der Expedition also durchaus gelohnt: als beste Schule für sämtliche Anforderungen, die das Leben noch für ihn bereit halten würde. Seit seiner Reise zu den Quellen des Mississippi konnte einen Ferdinand von Zeppelin nichts mehr aus der Bahn werfen. Gar nichts!
Ausgestattet mit einem neuen Erfahrungsschatz kehrte er wieder zur Nordstaatenarmee zurück – im Grund genommen nur noch, um sich von seinen freundlichen Gastgebern zu verabschieden. Doch ausgerechnet jetzt, zu einem Zeitpunkt, an dem er keinerlei Erwartungen über irgendwelche militärischen Erkenntnisgewinne mehr hegen mochte, wurde er zum begeisterten Zeugen einer faszinierenden Operation. Um die Bewegungen hinter den feindlichen Linien besser beobachten zu können, hatten einige findige Köpfe Heißluftballons in den Himmel steigen lassen. Einige von Ihnen waren zwar vom Feind abgeschossen worden, anderen jedoch war es mit geschickten Manövern aber tatsächlich gelungen, den Gegner auszuspionieren. Eine wunderbare Idee! Besser konnte man militärische Aufklärung ja gar nicht betreiben! Anstatt auf dem Landweg in irgendwelche Hinterhalte zu geraten, boten die Ballone einen grandiosen Überblick über die tatsächliche Lage an der Front – und auch, wie es im Hinterland beispielsweise mit der Versorgung aussah. Womöglich könnte man diese Spionageballone auch mit zielsicheren Schützen ausstatten und somit den Feind aus der Luft in die Bredouille bringen!
Am 19. August 1863 gelang es dem von dieser Technik vollkommen begeisterten Zeppelin, selbst in einem solchen Ballon mit aufsteigen zu dürfen und sich einen Überblick zu verschaffen. Es war gigantisch! Seine kühnsten Erwartungen wurden übertroffen. Und egal, wie viele Salven man auf die Insassen im Ballonkorb von unten auch abfeuerte: sie befanden sich in viel zu großer Höhe, um ernst-

haft in Gefahr zu geraten – und schafften es schließlich auch, wieder sicher hinter der eigenen Frontlinie zu landen.

Dieses Erlebnis würde er für alle Zeiten im Gedächtnis bewahren. Ach – von wegen im Gedächtnis! In seinem Herzen! Nun hatte sich sein Besuch in Amerika also doch noch gelohnt – auch in militärtechnischer Hinsicht. Selbst wenn diese Ballone natürlich viel zu abhängig von den Winden agierten und durch ihre fehlende Lenkbarkeit viele Gefahren für die Besatzung mit sich brachten: es war und blieb eine faszinierende neue Möglichkeit der Spionage, wenn nicht gar der Kriegsführung im Allgemeinen, die sich dem staunenden Zeppelin plötzlich eröffnet hatte. Er würde die Dinge im Auge behalten müssen – und nach Möglichkeiten sinnen, wie man einen solchen Ballon vielleicht doch in die gewünschte Richtung lenken konnte. Noch war es nicht so weit, um damit einen offiziellen Vorstoß beim Generalstab zu machen, denn noch würden die alten Herrschaften, die bekanntlich zäh an ihren althergebrachten Strategien festhielten, den Jungspund bestenfalls auslachen – aber eines Tages … vielleicht … und mochte dieser Tag auch noch so fern scheinen: der Tag würde kommen. Der Tag, an dem ein lenkbarer Ballon in den Himmel steigen würde. Daran glaubte er, Ferdinand von Zeppelin, seit diesem 19. August 1863. Und zwar felsenfest.

Nach seiner Rückkehr aus Amerika Ende November 1863 war an die Fortsetzung seiner Träume tatsächlich nicht zu denken. Die älteren Herren im General-Quartiermeisterstab nahmen seinen Rapport über die militärischen Besonderheiten im Sezessionskrieg zwar mit einigem Interesse zur Kenntnis, doch im Nachhinein schien es Zeppelin, dass seine Vorgesetzten eher an einem unterhaltsamen Vormittag interessiert gewesen waren, als sich wirklich ernsthaft mit Überlegungen im Hinblick auf neue Erkundungsmöglichkeiten hinter den feindlichen Linien auseinandersetzen zu wollen. Und der alte König Wilhelm,

der ihm doch vor einem guten halben Jahr in so großzügiger Weise die Beurlaubung vom Militärdienst überhaupt erst ermöglicht hatte, kämpfte mit seinen über 80 Lebensjahren längst mehr mit den Gebrechen des Alters, als dass er sich mit den unkonventionellen Vorschlägen eines blutjungen Offiziers beschäftigen mochte – und konnte.
Somit bestimmte fortan ein ziemlich ödes Dasein beim württembergischen Militär seine Tage und Wochen. Auch im Rang eines Oberleutnants hatte sich an den Gegebenheiten nicht das Geringste geändert: weder der überzogene Drill, dem sich die einfachen Soldaten ausgesetzt sahen, noch die Eintönigkeit, die im Tagesablauf der Offiziere vorherrschte. Weder an den üblichen Saufgelagen, noch an den Prahlereien der Weiberhelden mochte er sich beteiligen, jedenfalls nicht mehr, als es unbedingt sein musste, um nicht als arrogant und unnahbar an den Pranger gestellt zu werden.
Spätestens mit der Amerikareise waren seine Welt und damit auch der Horizont des Grafen Zeppelin endgültig so viel größer geworden, dass er seine jetzige Situation nur noch als beengend und einschnürend empfand. Es fehlte ihm die Luft zum Atmen. Wie sehr vermisste er die unendliche Weite und die Freiheit, die er auf dem amerikanischen Kontinent aus vollem Herzen hatte genießen können! Vielleicht hätte er doch in den Staaten bleiben und das Angebot des einen Generals annehmen sollen, künftig als sein Adjudant zu fungieren. Er hätte damals nur noch in die bereits offen dargebotene Rechte einschlagen müssen. Dank seiner exzellenten Ausbildung wäre ihm eine glänzende Militärkarriere in der Nordstaatenarmee auf alle Fälle sicher gewesen. Aber er hatte die großzügige Offerte ausgeschlagen und war ins Königreich Württemberg zurückgekehrt. Eine wichtige Rolle bei dieser Entscheidung spielte seine Familie. Vor allem der Vater, dem es das Herz gebrochen hätte, wenn sein ältester Sohn in Amerika geblieben wäre. Aber auch Ely und Ebi … es wäre einfach nicht gut gewesen, die Geschwister alleine zurück zu las-

sen. Gerade auch Ebi, der den jähen Verlust ihrer geliebten Mutter immer noch nicht so richtig verkraftet hatte und der den Beistand seines älteren Bruders nur allzu gerne in Anspruch nahm. Das waren nun einmal die Tatsachen. Und so blieb ihm gar nichts anderes übrig, als sich in der Heimat zu arrangieren und die alltäglichen Zumutungen, die der Militärdienst mit sich brachte, geduldig zu ertragen. Den Dienst einfach zu quittieren, das kam für einen Grafen Zeppelin keinesfalls in Frage. Dazu war sein Pflichtbewusstsein viel zu ausgeprägt und auch der Respekt vor der Familientradition. Schließlich leisteten die Mitglieder seiner Familie dem Haus Württemberg schon seit Jahrzehnten treue Dienste. Und so sollte es auch bleiben. Irgendwann würde ihn der König schon mit den richtigen Aufgaben betrauen. Im Grunde genommen war es nur eine Frage der Zeit, bis es so weit war. Er musste sich halt noch etwas in Geduld üben. Auch so eine Tugend, deren Beherrschung man erst einmal unter Beweis zu stellen hatte, bevor man nach Höherem strebte. Das erwarteten sie am Hof einfach. So ätzend langweilig das für den Oberleutnant Zeppelin auch sein mochte. Aber schließlich zählte er erst 25 Lebensjahre. Da würden sich noch manche Türen öffnen …

Am 25. Juni 1864 war König Wilhelm gestorben – nach einer segensreichen Regierungszeit von 48 Jahren! Ein Monarch, der nicht nur als der »Landwirt auf dem Königsthron« in die württembergische Geschichte eingehen sollte, sondern auch als der umsichtig agierende Landesvater, der seinem bitter armen, rückständigen Land unter anderem auch mit dem Bau der Eisenbahn von Heilbronn über Stuttgart bis nach Friedrichshafen behutsam den Weg in eine industrielle Zukunft gewiesen hatte. Von den Tagen der napoleonischen Kriege über die politischen Verwerfungen der 1848er Jahre bis an die Schwelle einer neuen Zeit. Und wie der König, der sein Ende nahen fühlte, am Fenster von Schloss Rosenstein stehend, nach einem letzten Blick auf Cannstatt die bittere Erkenntnis formulierte: »Es tut doch weh, von einem so schönen und guten Lande scheiden zu müssen!« – das hatte seine Landeskinder bis ins Mark erschüttert. Eine Epoche war zu Ende gegangen.

Als neuer König bestieg nun Kronprinz Karl den württembergischen Thron – und sorgte gleich zu Beginn seiner Regierungszeit für gehörige Turbulenzen, indem er die bisherigen Minister seines Vaters samt dem Ministerpräsidenten unverzüglich durch eine neue Riege ersetzte. Im Zuge dieser tiefgreifenden Veränderungen in Verwaltung und Armee öffnete sich auch für Ferdinand die Tür zu einem weiteren Karriereschritt: im April 1865 berief ihn König Karl in seine Adjudantur. Eine Beförderung, die ebenfalls für einiges Aufsehen sorgte, denn schließlich genossen die insgesamt fünf Adjudanten, die von einem Oberst angeführt wurden, das besondere Vertrauen des Königs und berieten ihn maßgeblich bei politischen und militärischen Entscheidungen. Und der noch nicht einmal 27 Jahre alte Graf Zeppelin gehörte von nun an zu diesem ausgesuchten Zirkel!
Von einem Tag auf den anderen durchströmte ihn plötzlich eine neue Kraft. Nach all den zähen Tagen, Wochen und Monaten in Ludwigsburg. Endlich wieder Luft zum Atmen! Ein weltläufiger, offener Kreis, in den ihn König Karl wohl ganz bewusst aufgenommen hatte – sicherlich nicht nur wegen der engen, vertrauensvollen Bindungen der Zeppelins an Württemberg, sondern wohl in erster Linie wegen seiner vielfältigen ausländischen Erfahrungen, die dem König besonders wichtig schienen. Vor allen Dingen jetzt, in dieser überaus kritischen Zeit, in der die Preußen unter Führung Bismarcks begierig darauf lauerten, endgültig die Führungsrolle in Gesamtdeutschland zu übernehmen, die sie ja schon seit Jahren immer ungenierter beanspruchten. Zudem rüstete sich der Preuße längst zum Kampf gegen das geschwächte Österreich – eine militärische Auseinandersetzung schien zunehmend unver-

meidlich. Für das kleine Württemberg bedeutete dies, beständig auf der Hut sein zu müssen, um nicht zwischen den Mühlsteinen der beiden Großmächte zerrieben zu werden.

Was sein neues Amt, so reizvoll es auch sein mochte, für Ferdinand besonders diffizil erscheinen ließ, das waren die privaten Neigungen des Königs Karl, der eine intime Beziehung ausgerechnet mit seinem Generaladjudanten Oberst Wilhelm Freiherr von Spitzemberg pflegte, Zeppelins direktem Vorgesetzten. Ein weiterer solcher Kontakt bestand mit Richard Jackson, dem Sekretär des Konsulats der Vereinigten Staaten. Als habe man weiß Gott keine anderen – politischen Sorgen – hatten die Adjudanten des Königs mehr als genug damit zu tun, den Gerüchten, die sich aus diesen Bekanntschaften beinahe zwangsläufig ergaben, regelmäßig und mit aller gebotenen Entschiedenheit gegenüber zu treten. Wahrhaft keine leichte Aufgabe – und eine höchst unangenehme noch dazu.

Nicht nur in dienstlicher Hinsicht war es eine schwierige Zeit für den jungen Offizier – auch privat hatte Ferdinand eine schwere Krise zu meistern. Denn sein Werben um die Hand einer liebreizenden Cousine, deren anmutiges Äußeres und zartes Wesen seine Gefühle über Wochen und Monate in heftigste Wallungen versetzt hatte, war vergeblich gewesen. Nicht nur, dass sich das Fräulein im Gegensatz zu seinen früheren Besuchen ihm gegenüber plötzlich wortkarg und spröde verhielt, ja schon eine beinahe schroffe Abwehrhaltung an den Tag legte, seitdem er ihr etwas deutlichere Avancen gemacht hatte, auch die Mutter der jungen Frau zeigte sich von Ferdinands Heiratsabsichten alles andere als begeistert. Kaum hatte er, wie es sich gehörte, der Tante gegenüber seine Hochzeitspläne zaghaft angedeutet, da gab sie ihm auch schon mit unmissverständlichen Worten zu verstehen, dass eine solche Verbindung niemals zustande kommen könne. Denn ihr verstorbener Ehemann habe in seinem Testament vorsorglich sein

Veto gegen eine Ehe seiner Tochter mit einem engen Verwandten eingelegt. Und diese Verfügung treffe im Fall von Cousin und Cousine ja eindeutig zu. Ferdinand vermeinte, der Boden unter seinen Füßen sei plötzlich ins Wanken geraten. Ein Blitz aus heiterem Himmel! Niemals hatte er mit einer solchen Entwicklung gerechnet. All sein Denken und Fühlen war doch wie selbstverständlich auf diese Verbindung ausgerichtet gewesen! Kummer und Schmerz bestimmten sein Denken. Unfähig zu irgendeinem anderen Gedanken als jenem an die schmachvolle Zurückweisung zog er sich tagelang in seine Kammer zurück, um den gewaltig schweren Schlag zu verarbeiten, der ihn so gänzlich unvorbereitet getroffen hatte. Es war ja nicht nur das väterliche Veto, das ihm zu schaffen machte, sondern auch die eindeutig ablehnende Verhaltensweise, mit der ihm die Angebetete bei den letzten Besuchen gegenüber getreten war. Mit einem Schlag war das Leben öde und bitter geworden. Eine dunkle Leere verbreitete sich in seinem Kopf. Noch nicht einmal Ely sah sich dazu imstande, den Liebeskummer ihres untröstlichen Bruders zu lindern. Es dauerte Wochen, bis er wieder ansprechbar war und sich auf Gespräche einließ. Aber Ferdinands Gemüt war tief verletzt. Auf Jahre hinaus sollte er noch wegen seiner verschmähten Liebe leiden. Umso mehr stürzte er sich nun auf seine Aufgaben als Adjudant des Königs und militärischer Berater.

In der schwelenden Auseinandersetzung mit Preußen war es inzwischen genau so gekommen, wie es wohl zwangsläufig hatte kommen müssen: mit Akribie und Raffinesse hatte Bismarck in zahlreichen Geheimverhandlungen die notwendigen Bündnisse geschlossen, um schließlich gegen den Deutschen Bund unter der Führung Österreichs losschlagen zu können. Im Juni 1866 hatte Preußen den Krieg vom Zaun gebrochen. Württemberg, als Verbündeter Österreichs, befand sich jetzt im Kriegszustand! Ferdinand von Zeppelin, im März zum Hauptmann befördert, war zum Führungsstab der württembergischen Felddivision abkommandiert worden und musste in seiner neuen Funktion mit wachsender Besorgnis registrieren, wie schlecht es im Hinblick auf Taktik und Moral um die württembergischen Truppen stand. Ganz im Gegensatz zu den Preußen, die eine Schlacht nach der anderen für sich entscheiden konnten. Nur vier Wochen nach Kriegsausbruch, am 3. Juli 1866, hatte die österreichische Armee bei Königgrätz in Böhmen eine verheerende Niederlage erlitten – im Grunde genommen war der Krieg damit bereits beendet. Doch auch die folgenden Gefechte sollten sich für die hoffnungslos unterlegenen Württemberger noch als fatal genug erweisen.

Der junge Graf Zeppelin, der das Unheil schon mehrere Tage zuvor unaufhaltsam auf seine Truppen zukommen sah, hatte mit dem Mut der Verzweiflung noch versucht, die Verteidigungsreihen zu organisieren, als es am 14. Juli nach dem Gefecht bei Aschaffenburg zu einem überstürzten Rückzug kam, bei dem die Preußen bereits einen Keil zwischen die Hessen und die mit ihnen verbündeten Württemberger getrieben hatten, in dem sie die Mainbrücken unter ihre Kontrolle brachten. Es blieb ihm nur noch eine Möglichkeit, um die Verbündeten über die Lage zu informieren: er musste den direkten Weg wählen: den Weg durch den Main. Und das nach einem brütend heißen Sommertag, an dem er schon stundenlang im Sattel gesessen hatte. Aber was tun? Es gab keine andere Möglichkeit! In voller Uniform, den hohen Reitstiefeln und zusätzlich mit dem schweren Säbel am Gürtel, sprang der Hauptmann mit dem Mut der Verzweiflung einfach in den Fluss und versuchte, den Main zu durchschwimmen. Auf halber Länge schwanden ihm die Kräfte. Was tun? Wie konnte es ihm noch gelingen, das rettende Ufer zu erreichen? Vielleicht waren es die Erfahrungen aus seinem Mississippiabenteuer, die ihn trotz aller aufsteigenden Panik ruhig und gefasst nach einer Überlebensmöglichkeit fahnden ließ. Ja! Das war es! Seine letzte Chance! Ausatmen. Sich langsam auf den Grund des Flusses sinken lassen, der Gott sei Dank an dieser Stelle im Sommer nicht allzu tief war. Noch einmal ausatmen. Den Grund erreichen – und sich dann mit aller Kraft abstoßen. Vorwärts kommen. An die Oberfläche gelangen. Tief einatmen und Luft in die Lungen lassen. Dann wieder ausatmen. Auf den Grund sinken. Sich wieder abstoßen. Ein tollkühnes Manöver, das ihm, so unwahrscheinlich es sich in der Nachschau auch anhören mochte, tatsächlich mit knapper Not das Leben rettete. Die ernüchternde Erkenntnis folgte freilich auf dem Fuß: die Verbündeten waren in wilder Panik längst auf und davon gejagt – direkt in die Hände der Preußen! Und um nicht selbst in Gefangenschaft zu geraten, blieb Ferdinand nur eine Möglichkeit: dieselbe Strecke wieder zurück zu schwimmen. Ein gewaltiges Risiko für Leib und Leben. Aber auch dieses Manöver konnte er noch zu einem guten Ende bringen. Die Nachricht vom tollkühnen Husarenstreich des Hauptmanns Zeppelin machte rasch die Runde unter den Soldaten – und selbst wenn der Ausgang des Krieges längst besiegelt schien, so diente sein mutiges Beispiel immerhin dazu, die Moral der Männer wenigstens nicht gänzlich sinken zu lassen. Zumal dem ersten noch ein zweites Kabinettstück folgen sollte.

Es war zehn Tage später, am 24. Juli 1866, während der Schlacht bei Tauberbischofsheim:
Kurz vor Beginn der entscheidenden Kampfhandlungen entdeckten die Preußen in den gegenüberliegenden Weinbergen einen württembergischen Offizier, der sich – offenbar nach einem Erkundungsritt – auf dem Weg zurück zu seiner Einheit befand. Der Mann – allem Anschein nach ein Hauptmann – befand sich in Schussdistanz. Unverzüglich gab der preußische Oberst seinen Leuten den Feuerbefehl, doch so knapp die Kugeln an dem gegnerischen Offizier auch vorüber fegten, der Mann blieb ruhig auf seinem Pferd sitzen und zeigte nicht die geringsten Anzei-

chen von Panik. Was für eine Nervenstärke! Einen solchen tapferen Soldaten durfte man doch nicht einfach abknallen! »Feuer einstellen!« kommandierte der Preuße und tippte sich respektvoll an den Hut. Was für ein mutiger Mann! Lange nach Kriegsende sollten sich die beiden Männer wieder begegnen – der Name des württembergischen Offiziers lautete Ferdinand Graf Zeppelin!

Womöglich hatte es sich bei dem kühnen Mutbeweis in Wirklichkeit jedoch eher um den Mut der Verzweiflung gehandelt, denn nach wie vor litt Ferdinand gewaltig unter seiner verschmähten Liebe zu der Cousine, die sein Werben vor einem Jahr so brüsk zurückgewiesen hatte. Kurz vor Beginn der Kampfhandlungen, in deren Verlauf man als Soldat immer damit rechnen musste, sein Leben zu verlieren, hatte er sich den ganzen Kummer in einem letzten verzweifelten Brief von der Seele geschrieben. Dieser Brief war an seine Cousine adressiert und sollte ihr erst nach Ferdinands Tod auf dem Schlachtfeld überbracht werden.
»Meine Teure!
Ich habe Dein Bild mit mir in mein Soldatengrab genommen. Es ist der Schmerz meines Lebens gewesen, dass ich Dich nicht besitzen durfte. Möchte Dir diese Versicherung den Glauben stärken an die hohen und liebenswürdigen Eigenschaften, mit denen Dich der Schöpfer so reich ausgestattet hat; möchte sie Dir Vertrauen erwecken zur Treue in der Liebe und Hingebung der Männer. Meine letzte Bitte an Dich ist, wenn ein Anderer kommen sollte, um Dein Herz zu werben, weise ihn nicht ungeprüft von Dir; Dein Prüfen sei ernst und gewissenhaft (wie könnte es bei Dir anders sein), aber lasse dabei der Stimme des reinen weiblichen Herzens ihre Berechtigung! Verzeihe vorstehende Lehre dem Toten, der Dich um ein liebevolles Andenken bittet.«
Er faltete das Schreiben sorgfältig zusammen und verschloss es mit seinem Siegel, dann steckte er es in seinen Tornister. Nach seinem Tod würden die Kameraden den

Brief dort finden und an die geliebte Cousine weiterleiten. Der letzte Gruß eines verschmähten Liebenden, dessen Seelenqualen nun durch den Tod ihr Ende gefunden hätten.

Doch selbst dieser überragende Mutbeweis des jungen Grafen, mit dem er sich die Hochachtung des Gegners erworben hatte, konnte den weiteren Kriegsverlauf natürlich in keinerlei Weise beeinflussen. Die Dinge hatten längst ihren unabänderlichen Lauf genommen, auch in der Gegend um Tauberbischofsheim, wo die württembergische Armee von den Preußen in geradezu demütigender Überlegenheit geschlagen wurde. Am Ende hatte Preußen damit freilich nicht nur dieses Gefecht gewonnen, sondern den gesamten Krieg. Am 1. August 1866 sah sich König Karl gezwungen, den von Preußen diktierten Waffenstillstand zu unterzeichnen. Es war das Ende des Deutschen Bundes. Preußen war am Ziel und übernahm nun tatsächlich die Rolle der gesamtdeutschen Führungsmacht – zumal jetzt alle ehemaligen Bundesgenossen, wenn auch zunächst noch geheim, in einem Schutz- und Trutzbündnis gezwungenermaßen die Führungsrolle Preußens anerkannten – im Kriegsfalle fiel Preußen damit der militärische Oberbefehl über die vereinigten Bundestruppen zu. Der Krieg war verloren, aller Heldenmut des Hauptmanns Zeppelin vergeblich gewesen, die von ihm so sehr verachteten Preußen hatten das Heft des Handelns in die Hand bekommen.

Im Laufe der kommenden Monate sollte sich seine Einstellung den Preußen gegenüber freilich ändern. Denn selbst wenn ihm der barsche Kasernenhofton, mit dem sie einem grundsätzlich gegenüberzutreten pflegten, niemals behagen würde, eines stand für Ferdinand ganz und gar außer Frage: Preußen war – dank des überragenden Politikers Bismarck – tatsächlich der am besten organisierte Staat in Deutschland. Man hatte eine klare Vorstellung von seinen Zielen, verfügte über eine glänzend aufgestellte Armee mit den besten Generälen und durch zahlreiche, klug eingefädelte Freundschafts- und Beistandsabkommen waren die preußischen Interessen in ganz Europa bestens abgesichert. Keine Frage: Preußen hatte die Führungsrolle vollkommen zurecht übernehmen können. So schwer Ferdinand dieses Eingeständnis auch fallen mochte, so wenig durfte er seine Augen vor diesen Tatsachen verschließen. Es schien ihm angesichts dieser Analyse vielmehr dringend geboten, umfassend dafür Sorge zu tragen, dass sein geliebtes Königreich Württemberg nicht weiter ins politische Hintertreffen geriet, wie es seit der bitteren Niederlage anno 1866 ohnehin schon der Fall war. Sowohl die Armee wie auch die württembergische Politik benötigten dringend eine klare Ausrichtung. Aber der König schien sich alles andere als sicher, welchen Ratgebern er folgen sollte: denjenigen, die sich wie sein Adjudant Graf Zeppelin ins Unvermeidliche schickten, und die Führungsrolle Preußens akzeptierten, um in diesem neuen Bund das Beste für Württemberg herauszuholen – oder den anderen, die auf die Gründung eines eigenen, süddeutschen Staatenbundes drängten. Natürlich spielten dabei die grundverschiedenen innenpolitischen Standpunkte eine entscheidende Rolle, denn während in Württemberg bekanntlich ein eher liberaler Wind wehte, blies es den preußischen Untertanen eiskalt ins Angesicht. Niemals durfte es in Württemberg so weit kommen. Das war Zeppelins Position – andererseits stellte sich dabei die Frage, wie dieser württembergische Stil zu verteidigen war: in offener Auflehnung gegen die Preußen, was neuerliche (und im übrigen hoffnungslose) militärische Auseinandersetzungen zur Folge hätte – oder besser mit den Waffen einer geschickten Diplomatie, die freilich mit einer klaren Wegweisung des Königs ausgestattet sein musste. Und genau daran haperte es – gewaltig sogar.

Um solche Fragen über die Zukunft Württembergs in aller Ausführlichkeit zu besprechen, stand König Karl der Kreis seiner Adjudanten zur Verfügung. Doch monatelang kam es zu keiner Zusammenkunft. Erst im Februar 1868, nach quälenden Monaten der Orientierungslosigkeit, hatte der König seinen Hauptmann Zeppelin, um dessen persönliche Meinung zur künftigen Politiklinie gebeten. Erstaunlicherweise im Einzelgespräch und nicht in der Runde mit den anderen Beratern, wo man nach Ferdinands Überzeugung eigentlich breiter hätte diskutieren können. Aber nun denn: Wenn der König offenbar nur an seiner Einschätzung interessiert war, dann sollte er diese auch bekommen. Ehrlich, direkt und unbekümmert, ganz so, wie es seiner freien Erziehung am Bodensee entsprach, offenbarte der 29 Jahre junge Adjudant des Königs seine Grundeinstellung und die Analyse der derzeitigen Lage. Ohne Umschweife ging er mit den gegenwärtigen Ministern der Regierung hart ins Gericht, die er als wankelmütig und nur an ihren eigenen Interessen orientiert skizzierte. Auch auf die zahlreichen diplomatischen Verwerfungen mit Preußen und den anderen deutschen Staaten, zu denen es in den vergangenen Monaten gekommen war, kam er zu sprechen. Unverkennbar war Württemberg dadurch in eine Vertrauenskrise geschlittert, außenpolitisch genauso wie im Verhältnis zwischen Regierung, Königshaus und Bürgern. Sogar den Fortbestand der Monarchie bezeichnete Zeppelin als gefährdet, sollten nicht bald die geeigneten Maßnahmen eingeleitet werden, die er vor dem zunehmend sprachlos gewordenen König Karl ebenfalls ausbreitete. Aber Ferdinand, der inzwischen so richtig in Fahrt geraten war und sich nach den geradezu als körperlich qualvoll erlebten, lähmenden Monaten einer orientierungslosen Politik endlich mit seinen Vorschlägen gefragt sah, bekam in seiner überbordenden Begeisterung vom Erschrecken des Monarchen nicht das Geringste mit. Und so war er wie vom Donner gerührt, als er schließlich zum Ende gekommen war und erwartungsvoll in das versteinerte Gesicht des Königs blickte. Dieser Blick sprach mehr als tausend Worte! Alles war verloren! In seiner grenzenlosen Naivität hatte er zielsicher genau die falschen Worte gewählt und beim König ganz andere Empfindungen ausgelöst, als er das beabsichtigt hatte. Seine Mission war gescheitert, noch bevor sie richtig begonnen hatte. Mit einer kühlen Geste bedeutete der König seinem zutiefst schockierten Adjudanten, er möge sich unverzüglich zurückziehen.

Keine Stunde später überschlugen sich die Ereignisse, ohne dass die eine Seite freilich von den Aktivitäten der anderen wusste. Sofort nach der Unterredung mit Zeppelin hatte der völlig verstörte König Karl nach Oberst Spitzemberg rufen lassen und angesichts der schonungslosen Analyse über die wahren Zustände in seinem Land davon gesprochen, er trage sich mit dem Gedanken, als Monarch abzudanken. So sehr hatten ihn Zeppelins ungeschminkte Schilderungen getroffen. Es bedurfte einiger Überredungskraft durch den Obersten und engen Gefährten, um Karl von diesem Vorhaben wieder abzubringen. Am Ende dieses Tages stand freilich noch eine weitere Konsequenz: die Adjudantenkarriere des Grafen Ferdinand von Zeppelin war damit beendet!

Darüber war sich auch Ferdinand sofort im Klaren und so verfasste er nach der unglücklichen Unterredung ein Schreiben, in dem er um seine sofortige Enthebung vom Adjudantendienst bat und um die gleichzeitige Rückversetzung in die Armee. Eine hoffnungsvolle Laufbahn war unvermittelt an ihr jähes Ende gestoßen!

Am 14. März 1868 entsprach der König dem Gesuch und versetzte ihn zurück in den General-Quartiermeisterstab. Erstaunlicherweise wurde ihm in derselben Urkunde dennoch das Recht verliehen, Titel und Uniform eines königlichen Adjudanten weiter zu tragen. Eine erstaunliche Auszeichnung, zumal vor diesem Hintergrund! Ob König Karl eventuell also doch gespürt hatte, dass sich der Graf Zeppelin, bei aller Unbotmäßigkeit seines Auftritts, nicht von persönlichem Kalkül, sondern tatsächlich von ehrlicher Sorge um den Fortbestand der Monarchie und des Landes

Württemberg hatte leiten lassen? Beinahe schien es so. Anders ließ sich diese besondere Ehre, die ihm zuteil wurde, eigentlich nicht erklären. Ein kleiner Hoffnungsschimmer in der Düsternis – wie noch so oft im Leben des Ferdinand von Zeppelin.

Dieses klare Zeichen, dass er die Gunst seines Königs wohl nicht restlos verwirkt hatte, ließ ihn den Mut fassen, ein weiteres Gesuch an das Kriegsministerium zu richten. Denn die Rückkehr in den eintönigen Schreibtischdienst im General-Quartiermeisterstab schien dem Hauptmann Zeppelin nicht sehr verlockend. Viel sinnvoller wäre es doch, dies auch im wohlverstandenen württembergischen Interesse, seine bisher erlangten militärischen Kenntnisse weiter zu vervollkommnen und sich sechs Monate lang in Berlin beim Großen Generalstab über das preußische Heereswesen zu informieren. Dies auch vor dem Hintergrund, dass zu Jahresbeginn die preußischen Militärvorschriften auch in der württembergischen Armee eingeführt worden waren. Da konnte es keinesfalls schaden, sich an Ort und Stelle ein Bild von den dortigen Gepflogenheiten zu verschaffen. Auch diesem Gesuch wurde entsprochen und so ging es schon im April 1868 für Ferdinand nach Berlin. Bis zu seiner Rückkehr wäre dann hoffentlich einiges Gras über die königliche Mißstimmung
gewachsen, das zumindest war die eine Hoffnung, die er fest im Herzen bewegte.
Die andere betraf seinen ganz privaten Lebensbereich. Denn es war etwas mit ihm geschehen, das er gar nicht mehr für möglich gehalten hätte. Er hatte nicht mehr daran glauben wollen, nach seiner großen Liebesenttäuschung – die freilich schon beinahe drei Jahre zurück lag. Isabella Freiin von Wolff hieß die junge Dame, die er bereits vor zwei Jahren flüchtig kennen gelernt hatte und die ihm von Anfang an sympathisch gewesen war. Sympathisch. Mehr nicht. Sie stammte aus einer schwerreichen Familie, die in Livland begütert war und dort das zu

Schloss Altschwanenburg gehörende Rittergut bewirtschaftete.

Ab und zu war man sich in dieser Zeit bereits das ein oder andere Mal begegnet, zumal die Familie vorübergehend nach Heidelberg gezogen war, um den in ihrer Heimat ausgebrochenen kriegerischen Unruhen zu entfliehen. Zumindest so lange, bis sich die Lage dort wieder beruhigt hätte. Mittlerweile hatten die von Wolffs nun aber im Westen von Berlin ein Haus gebaut, die so genannte »Villa Livonia«, wo sich der Großteil der Familie auf Dauer einrichten wollte, während sich der Vater nach dem Ende der Unruhen in Livland wieder mehr nach Altschwanenburg zurück orientierte, wo er die Verwaltung der einträglichen Besitzungen in seine Hände nahm.

Vor allem die jungen Damen mochten lieber dem neuen Haus mit seinem großen, wunderschönen Garten den Vorzug geben, dessen Lage direkt in der preußischen Hauptstadt im Vergleich mit einem abgelegenen Landgut natürlich einen weiteren Vorteil darstellte. Das traf sich gut, zumal Ferdinand ja ebenfalls in Berlin stationiert war. Seine inzwischen recht häufigen Aufwartungen bei den von Wolffs waren über Kontakte seines Bruders Eberhard zustande gekommen, den seit einiger Zeit amouröse Bande mit der Familie vereinten. Ebi hatte sich in Isabellas Cousine Sonja verliebt und ging mit dieser am 7. August 1868 auch tatsächlich die Ehe ein. Wie hatte sich der kleine Bruder, dem wieder einmal der Schalk im Nacken saß, anlässlich seiner Hochzeit augenzwinkernd ausgedrückt?

»Na Ferdi, schau sie dir doch einmal an, dieses wunderhübsche Fräulein von Wolff.«

Ferdinand hatte nicht gleich begriffen. Verwundert nahm er sein Gegenüber ins Visier. »Wieso Fräulein von Wolff? Und wieso ich? Sie ist doch schließlich erst gerade eben deine Frau geworden? Eine Gräfin von Zeppelin!«

»Ich meinte ja auch die andere – die möglicherweise zweite Gräfin von Zeppelin. Diejenige, die noch als Fräulein von Wolff neben meiner Frau steht. Ihre anmutige Cousine Isabella. Das wäre doch die Richtige für dich. Und wie ich schon oft beobachten durfte, versteht ihr euch ja auch ganz gut. Nicht wahr?«

Augenblicklich schoss die Schamröte in Ferdinands Gesicht. »Also Ebi! Ich muss doch sehr bitten! Lass den Blödsinn bitte bleiben!«

Doch Eberhard gab so schnell noch keine Ruhe – wie es eben seine Art war. »Jetzt habe dich doch nicht so, Ferdi. Es ist doch wirklich eine ganz reizende Person, die Isabella. Und du mit deinen immerhin 30 Lebensjahren dürftest ganz allmählich durchaus an eine Eheschließung denken. Wenn schon ich als dein vier Jahre jüngerer Bruder an dir vorbei gezogen bin …«

Das für Ferdinand so eigentümlich unangenehme Gespräch war bald darauf beendet gewesen – aber dennoch …

Zwangsläufig traf man seit Ebis Heirat nun häufiger mit der Familie von Wolff zusammen – und oftmals waren dann auch Isabella und Ferdinand mit von der Partie.

Und mit einem Mal begann Ferdinand wieder ganz eigenartige Gefühle in seinem tiefsten Innern zu verspüren. Genau dieselben schwerelosen Empfindungen, die er vor so langer Zeit während seiner ersten Liebe schon einmal hatte erleben dürfen. Schon allein die Vorfreude, demnächst das Fräulein Isabella wiedersehen zu können, ließ sein Herz schneller schlagen.

Aber ob sie wirklich die Richtige für ihn war? Und vor allen Dingen: ob sie ihn – im Fall des Falles – auch wirklich erhören würde? Zumal … ihre Familie über ein deutlich größeres Vermögen verfügte, als die sicherlich nicht gerade armen Zeppelins, die aber in dieser Hinsicht mit den Edelleuten Wolff keinesfalls mithalten konnten.

In seiner Seelenqual, die dieser bangen Frage folgte, gab es niemanden, dem er sich wirklich anvertrauen und um Rat fragen mochte. Noch nicht einmal seine liebe Schwester Ely. Es konnte nur sein Tagebuch sein, dem gegenüber er diese bangen Fragen und Gedanken offenbaren konnte –

und in dem er sich mit einem fiktiven Brief an seine Mutter vielleicht die nötige Klärung seiner so unvermittelt wieder durcheinander geratenen Gefühlswelt verschaffen konnte: »Sieh segnend auf mich herab, verklärte Mutter! Lass deinen reinen, edlen Geist mich durchdrängen und wache über mir zu dieser Zeit, wo auch ich daran denke, um die Liebe eines Mädchens zu werben! Möchte die Seele derer, die ich auserkoren habe, der deinigen ähnlich sein, möge ihr derselbe, unentweihte Duft anhängen!«
Und tatsächlich: allein das Niederschreiben seiner Empfindungen schien ihm die erhoffte Klarheit zu verschaffen. Ja, sie war es! Isabella Freiin von Wolff! Er würde um ihre Gunst werben und eines hoffentlich nicht allzu fernen Tages sogar um ihre Hand anhalten. Ja, doch. So sollte es geschehen.
Er war wieder verliebt! In ein wunderschönes, anmutiges Fräulein. Ein edles Geschöpf – seiner Mutter würdig. Was für ein herrliches Gefühl. Was für ein wunderschönes Leben!
Mitten hinein in diese Phase seines neu aufkeimenden Liebesglücks schoben sich freilich dunkle Wolken in Form der drohenden Rückkehr nach Stuttgart, denn seine Abordnung in den preußischen Generalstab galt bekanntlich nur für die Dauer von sechs Monaten. Es war sogar sein eigener Vorschlag gewesen. Und somit drohte nun der Abschied von Berlin – das Adieu an seine Herzdame Isabella von Wolff – verbunden womöglich mit dem jähen Ende seiner noch im Aufblühen begriffenen Liebe!
Es war folglich ein schwerer Gang, den er an einem nebelverhangenen Tag Anfang November anzutreten hatte, um sich von Isabella und ihrer Familie zu verabschieden. Tausend bange Gedanken jagten durch seinen Kopf, als er den Salon betrat, in dem ihn Isabella und ihre Mutter ein letztes Mal empfingen. Trotz aller Sorge um den Fortbestand der zarten Bande galt es jedoch, eine selbstbewusste, unbekümmerte Haltung an den Tag zu legen, um dann gegen Ende ihres Gesprächs der Hoffnung Ausdruck zu verlei-

hen, man möge sich möglichst bald einmal wiedersehen – sei es in Berlin oder in Stuttgart. Zum Abschied deklamierte Ferdinand sogar noch einen selbstverfassten Reim: »In Freud' und Scherz, in Leid und Schmerz, Dein Sein und Herz gedenk an Ferdi Z.« Während Isabellas Mutter aufgrund der zugegebenermaßen etwas holprigen Lyrik in ein fröhliches Gelächter ausbrach, schienen die Worte bei der eigentlichen Adressatin ihre Wirkung jedoch gänzlich zu verfehlen. Lediglich der Wunsch auf eine hoffentlich gute Heimreise kam über ihre Lippen, verbunden mit einem knappen Abschiedsgruß.

Was hatte er nur falsch gemacht? Den ganzen Tag über kam Ferdinand aus dem Grübeln nicht mehr heraus. War er mit seinem kecken Reim etwa zu weit gegangen? Hatte er sie damit womöglich zu sehr bedrängt? Oder empfand Isabella tatsächlich keinerlei Bedauern über seinen Abschied? Hatte er sich in seiner ungestümen Verliebtheit schlichtweg über Isabellas Zuneigung ihm gegenüber getäuscht und ihre immer freundlichen Gespräche falsch gedeutet? Wurden seine Gefühle von seiner Angebetenen also womöglich gar nicht erwidert? Würde er wieder eine Zurückweisung erfahren müssen? Oder handelte es sich bei Isabellas Verhalten während der Verabschiedung nur um eine Form der Selbstbeherrschung, mit der sie den Abschiedsschmerz hinter einem eher neutralen Auftreten versteckt hatte? Hoffentlich war letzteres der Fall!

Und dennoch: die kommenden Monate würden fürchterlich werden, denn wie sollte es ihm von Stuttgart aus gelingen, sich über Isabellas wahre Empfindungen Klarheit zu verschaffen. Es war eine vertrackte Situation – aus der es scheinbar keinen Ausweg gab.

Doch unvermittelt trat, buchstäblich in letzter Minute, eine glückliche Wendung ein. Ausgerechnet einem preußischen General hatte er das zu verdanken. Und zwar nicht irgendeinem Offizier, sondern dem Chef des Generalstabs persönlich, also dem Freiherrn von Moltke, der sich in einem Zeugnis an das württembergische Kriegsministerium höchst angetan über das militärische Geschick des Hauptmanns Zeppelin geäußert hatte und sich für dessen weiteren Verbleib in Berlin aussprach. Dieses Lob aus allerhöchstem Munde verfehlte seine Wirkung nicht: Ferdinand erhielt die sofortige Kommandierung zum 1. Garde-Dragoner-Regiment und konnte damit seinen Aufenthalt in Berlin verlängern. Voller Erleichterung las er das Schreiben ein zweites und sogar noch ein drittes Mal: es war ihm, als habe eine unsichtbare gute Fee seine Wünsche erfüllt. Besser hätte er es gar nicht treffen können. Er würde seiner Isabella also auch weiterhin die Aufwartung machen können und hoffentlich bald ihr Herz gewinnen – falls es ihm nicht schon gelungen war. Die Zukunft war plötzlich wieder golden!

Aber kaum dass sich das Schicksal so gnädig mit Ferdinand gezeigt hatte, sah er sich mit einer ganz besonders diffizilen Anforderung konfrontiert. Denn nur wenige Wochen nach seiner Abkommandierung zu den Garde-Dragonern war ihm ein persönliches Schreiben von König Karl übermittelt worden, in dem dieser den Wunsch äußerte, der Hauptmann Zeppelin möge künftig als Erzieher des württembergischen Thronfolgers Prinz Wilhelm fungieren und diesen in Potsdam auf den preußischen Militärdienst vorbereiten. Erzieher des Kronprinzen! Ausgerechnet er, ein Mann im Alter von 30 Jahren sollte sich darauf einlassen, den 20-jährigen Neffen des kinderlos gebliebenen Königs unter seine Fittiche zu nehmen! Ohne jede Erfahrung in dieser Hinsicht – und das bei einem Altersunterschied von gerade einmal zehn Jahren! Erschwerend kamen noch die Charaktereigenschaften des jungen Mannes dazu, von dem man wusste, wie verächtlich er sich ganz ungeniert mit drastischen Worten in aller Öffentlichkeit über die Zustände in Württemberg ausgelassen hatte. Sogar der unglaubliche Satz, er zöge es vor, »außerhalb des Landes zu leben und von der zweifelhaften Ehre der Königskrone verschont zu werden« sei gleich mehrmals gefallen, wie verschiedene Zeugen glaubhaft versicherten. Und nun

sollte ausgerechnet er, der junge Graf Zeppelin, dem künftigen König von Württemberg die nötigen Manieren beibringen! Ein Himmelfahrtskommando!
Zwar würde es ihm auch diese neue dienstliche Verwendung ermöglichen, hier in Berlin beziehungsweise im nahen Potsdam zu verbleiben, andererseits jedoch waren die Gefahren, die sich mit dieser wahren Herkulesaufgabe verbanden, beträchtlich. Ein – durchaus nicht unwahrscheinliches – Scheitern würde mit absoluter Sicherheit das Ende seiner Militärkarriere bedeuten. Andererseits: bedeutete es nicht einen gewaltigen Vertrauensbeweis, wenn ihn sein König offenbar für fähig hielt, dieses verantwortungsvolle Amt zu übernehmen, das auch im Hinblick auf die Zukunft des Landes von enormer Bedeutung war? Und das alles nach den heftigen Irritationen, die er vor einem Dreivierteljahr bei dem so folgenschweren Gespräch mit König Karl ausgelöst hatte! Gut möglich, dass manches seiner Argumente eventuell doch seine Wirkung beim König gezeitigt hatte. Und dennoch … es war und blieb ein hoch riskantes Unterfangen. Einen Mann auf sein königliches Amt vorzubereiten, der doch nicht das geringste Interesse daran zeigte, König zu werden. Der sogar einmal von einem traurigen Geschick gesprochen hatte. Denn die Bitte des Königs einfach zurückweisen? Die Konsequenzen eines solchen Handelns konnte er sich lebhaft ausmalen! Es war zum Haareraufen, denn was er auch tat, im Grunde genommen konnte er nur scheitern!
Immerhin gelang es ihm, einige Wochen Bedenkzeit gewährt zu bekommen, um den Kronprinzen wider Willen im persönlichen Gespräch näher kennenzulernen. Der Eindruck, den ihre Zusammenkunft Mitte November 1868 auf Zeppelin machte, war verheerend. War die Stimmung des Thronfolgers seinem mutmaßlich künftigen Erzieher gegenüber zunächst ziemlich gereizt, so verwandelte sie sich schon bald in eine resignative Traurigkeit. Überall wolle er leben, nur nicht in Württemberg, bekannte Wilhelm und stellte dann sogar die Herrschaftsberechtigung

des Königs grundsätzlich in Frage, in dem er argumentierte, kein Mensch sei »durch seine Geburt allein berufen, über andere Menschen zu herrschen.« Das war ja … Hochverrat. Kaum zu fassen, was er da hören musste. Konnte es tatsächlich sein, dass der künftige König von Württemberg, immerhin ein gesunder und kräftiger Mann von 20 Jahren, in dessen Adern das Blut eines stolzen Fürstenhauses zirkulierte, ohne jedweden Funken von Begeisterung die herrliche Aufgabe übernehmen mochte, zu der ihn doch Gott selbst berufen hatte! Es war unfassbar! Ausgerechnet ein solcher Mensch sollte eines Tages den württembergischen Königsthron besteigen?! Ein lahmer, orientierungsloser Romantiker ohne jeden Antrieb!

Nein und nochmals nein! Das konnte, beziehungsweise das durfte einfach nicht sein!

In seinem brodelnden Ärger nach der seltsamen Unterredung, der sich beinahe ins Uferlose steigerte, fasste Ferdinand einen grimmigen Entschluss: er würde diese Herkulesaufgabe übernehmen. Jetzt erst recht! Es hatte einzig und allein das Interesse des Landes und des Königshauses zu gelten, dem seine Vorfahren schon treu gedient hatten. Er würde also die intensivsten Anstrengungen unternehmen, um dem jungen Mann, der sich in so unverantwortlicher Gleichgültigkeit seiner Pflicht zu entziehen versuchte, die nötigen Flötentöne beizubringen. Ja, das würde er! Bei aller Skepsis, er musste dieses Wagnis schlichtweg eingehen. Und so wurde aus dem 30 Jahre alten Hauptmann Ferdinand Graf Zeppelin im zeitigen Frühjahr des Jahres 1869 der Erzieher eines mittlerweile 21-jährigen jungen Mannes: des Kronprinzen Wilhelm von Württemberg.

Das gute halbe Jahr, in dem sich die beiden Männer nun mehr oder minder freiwillig in Potsdam zusammengeführt sahen, stand zunächst unter einem alles andere als guten Stern. Das war ja voraus zu sehen gewesen. Aber dass sich der Prinz derart antriebslos einfach in sein Schneckenhaus zurückziehen würde, wenn ihm sein Erzieher auch nur die geringste Aufgabe stellte, das war selbst für Zeppelin eine

Überraschung, die mehr und mehr in fassungsloses Staunen mündete. Noch nicht einmal, wenn er seinen Zögling mit harschen Worten herausforderte oder ihn lautstark zur Rede stellte, mochte der Prinz eine dementsprechende Trotzreaktion zeigen – so wie das doch ganz selbstverständlich gewesen wäre. Wieder und wieder beklagte er sein Schicksal, das ihn in diese missliche Situation gebracht habe, eine Ausbildung zu erhalten, um die er niemals gebeten habe. Dazu bekräftigte er zum wiederholten Mal seinen festen Willen, auf gar keinen Fall König werden zu wollen, so lange, bis seinem Erzieher (nicht zum erstenmal in dieser Woche) der sprichwörtliche Kragen platzte und er dem Prinzen wütend ins erschrockene Antlitz fauchte: »Ich hoffe, dass Sie dann auch im entscheidenden Moment den nötigen Mut finden werden, um offen und ehrlich zu bekennen: Ich will nicht König werden. Ich glaube nämlich nicht, dass Sie den Mut und die Kraft dazu aufbringen werden. Denn eine solche Aussage wird mit enormen Widerwärtigkeiten verbunden sein, die ein Charakter, wie der Ihre, sich niemals auf seine bequemen Schultern laden mag! Führen Sie das württembergische Volk nicht länger am Nasenring mit sich herum. Sagen Sie es endlich offen und vor aller Welt, dass Sie nicht daran denken, König werden zu wollen – oder schweigen Sie! Ein für allemal!« Krachend hieb er seine Faust auf die Schreibtischplatte. »Verdammt noch einmal!«
Minutenlang herrschte betroffenes Schweigen. Der schwer atmende Ferdinand hatte mit seinem heftigen Wutausbruch all das zur Explosion gebracht, was ihm schon seit Wochen auf der Seele lastete, mochten diese verbalen Ausfälle gegen ein Mitglied des Königshauses nun auch seine sofortige Entlassung bedeuten – egal! Aber auch der junge, lethargische Mann schien zum ersten Mal, seitdem er den Grafen Zeppelin an die Seite gestellt bekommen hatte, eine Botschaft seines Erziehers verstanden zu haben. Aschfahl stand er da, mit tief zu Boden gesenktem Kopf und hängenden Schultern. Das übliche, traurige Bild, wie man es

nicht anders von ihm gewohnt war. Und doch schien die drastische Brandrede etwas in ihm ausgelöst zu haben. Langsam richtete er seinen Blick auf den immer noch wutroten Zeppelin und musterte ihn aus ernsten Augen. »Ich danke Ihnen sehr, Exzellenz. Ich glaube, ich habe begriffen, was Sie mir sagen wollten!« Er schluckte schwer, zögerte kurz, schien noch eine Anmerkung machen zu wollen, dann jedoch wandte er sich um und verließ den Raum, dessen Tür er sachte hinter sich ins Schloss zog.
Seit diesem Tag hatte sich Entscheidendes verändert. Der Respekt, mit dem man sich nunmehr begegnete, war gegenseitig – und der junge Mann erwies sich mit einem Mal als wissbegierig, interessiert und absolut nicht dermaßen antriebslos, wie er sich aus reinem Trotz bislang gegeben hatte. Ja, es entstand sogar eine Art von Freundschaft zwischen den beiden im Grunde doch so ungleichen jungen Männern. Die Mission des Kronprinzenerziehers Hauptmann von Zeppelin war also nicht gescheitert. Ganz im Gegenteil sogar. Mit einiger Zufriedenheit durfte er für sich diese stolze Bilanz ziehen, als sich ihre Wege nach einem halben Jahr wieder trennten, da Ferdinand nunmehr zurück nach Stuttgart kommandiert worden war.

Das hatte seinen Grund im ganz privaten Glück, das er endlich hatte finden dürfen. Am 7. August 1869 konnte er seine geliebte Isabella in Berlin endlich vor den Traualtar führen. Bellas Bruder Heinrich hatte es sich nicht nehmen lassen, die Hochzeitsfeier zu organisieren – und er hatte es an nichts mangeln lassen, so groß war die Freude, die in beiden Familien über die Verbindung der beiden vorherrschte. Ganz im Stil des in Livland üblichen, bombastischen Rahmens, den man bei solchen Ereignissen an den Tag zu legen pflegte. »Ich weiß ja, dass du solchen prunkvollen und in der Tat nicht ganz billigen Feierlichkeiten eigentlich sehr kritisch gegenüber stehst, aber da musst du nun ausnahmsweise einmal über deinen Schatten springen, mein lieber Schwager«, hatte ihm Heinrich grinsend bedeutet, als Ferdinand schmerzlich das Gesicht verzog, nachdem er ihn darüber in Kenntnis gesetzt hatte, wie üppig die Hochzeitsfeier ausfallen sollte. »Und außerdem ist es ja ein Geschenk meiner Familie an Euch als Brautpaar, es belastet also deinen eigenen Etat nicht im Geringsten, du geiziger Schwabe!«

»Als wenn es mir nur darum ginge«, grummelte der ob dieser Worte leicht verstimmte Bräutigam. »Ich bin eben anders erzogen, als ihr. Im Schwäbischen wird sparsam gehaushaltet und es liegt einfach auch nicht in unserer Natur, das Geld mit vollen Händen zum Fenster hinauszuwerfen. Alle übertriebene Prahlerei ist unsereinem ein Dorn im Auge. Aber nun gut: wenn du unbedingt meinst, die Feier so gestalten zu müssen, dann tu es. Du bist schließlich der Organisator. Ich möchte dir da auch gar nicht mehr hinein reden. Ich möchte halt nur, dass du auch meine Haltung zu diesen Dingen respektierst. Du musst sie deswegen ja nicht teilen.«

Dankbar drückte Isabella die Hand ihres künftigen Ehemanns. Nur allzu sehr war sie sich darüber im Klaren, welche Überwindung ihren Ferdi dieses Zugeständnis tatsächlich gekostet hatte. Grundsätzlich bei jedem seiner Besuche auf dem Wolffschen Familiengut in Livland hatte sich Ferdinand höchst befremdet über die Umgangsformen geäußert, die dort im täglichen Umgang mit den Bauern und Hausbediensteten an der Tagesordnung waren. Während Isabella, die in diesem Klima aufgewachsen war, natürlich nichts Schlechtes daran finden konnte, wenn ihr einer der Angestellten die Hand küsste oder vor ihr auf die Knie sank, zeigte sich ihr Ferdi über diesen von den Wolffs ganz bewusst gepflegten Standesdünkel tief betroffen, beinahe schon schockiert. »Das ist keinesfalls dieselbe Art von Umgang, die wir zuhause am Bodensee mit unseren Angestellten pflegen. Und es ist auch nicht die Art, die ich pflegen möchte – das muss ich dir einfach in aller Offenheit gestehen. Die Leibeigenschaft ist schließlich schon vor einigen Jahrzehnten abgeschafft worden – Gott sei Dank übrigens! Ich habe von frühester Kindheit an gelernt, allen Menschen respektvoll gegenüberzutreten, ob Bauer oder Edelmann – was freilich nicht bedeutet, dass ich vergesse, welcher Klasse ich angehöre. Ich sehe unseren Stand jedoch nicht nur als Gnade, sondern auch als Verpflichtung, sich den anderen Menschen gegenüber anständig und gerecht zu verhalten. Eine Autorität hat man oder man hat sie nicht. Dazu braucht es dieses Von-oben-Herab-Getue aber wahrlich nicht.«

Nach dem ersten kurzen Erstaunen über diese deutlichen Worte ihres Verlobten hatte Isabella nachdenklich genickt. »Ich denke, du hast recht Ferdi. Das braucht es wirklich nicht. Es ist ja auch eine Eigenart, die nur hier in Preußen von den Rittergutsbesitzern gepflegt wird. Aber wir beiden«, jetzt schenkte sie ihm ihr strahlendstes Lächeln, »wir werden auf Schloss Girsberg andere Wege gehen. Dazu bin ich gerne bereit. Hauptsache ist, dass ich dich, mein geliebter Männi, an meiner Seite weiß. Alles andere ist zweitrangig!«

Und so machte nun eben auch ihr Ferdinand gute Miene zum letztlich doch gar nicht so bösen Spiel. Die beiden konnten ihr wahrhaft prunkvolles Hochzeitsfest, das Heinrich mit großer Umsicht organisiert hatte, tatsächlich in vollen Zügen genießen – genauso wie das bei der riesigen Zahl an Festgästen der Fall war, die allesamt ausgelassen und fröhlich bis in die frühen Morgenstunden feierten. Anschließend hieß es für Ferdinand und Isabella, von Berlin Abschied zu nehmen. Die Flitterwochen, wie künftig auch die Sommermonate, gedachten sie auf Schloss Girsberg zu verbringen, das Ferdinand im kommenden Jahr in seinen alleinigen Besitz erhielt, während Bruder Ebi das Dominikanerkloster in Konstanz als vorgezogenes Familienerbe zugesprochen bekam.

Der Empfang, den die Bediensteten von Girsberg und die Bürger von Emmishofen dem neuvermählten Paar bereiteten, fiel so überaus herzlich aus, dass es Isabella gleich

von Anfang an gar nicht schwer fiel, sich sofort auf dem Landgut der Familie Zeppelin wohl zu
fühlen, das nun auch zu ihrer neuen Heimat geworden war. Als ihr Bruder Heinrich sie dann auch noch mit zwei riesigen, eisernen Schwänen als Einzugsgeschenk überraschte, die dem vertrauten Schwanenbrunnen von Schloss Alt-Livland nachgestaltet waren, da war ihr junges Glück auf Girsberg vollkommen.
In der idyllischen Kulisse nahe der Schweizer Berge konnte das frisch vermählte Ehepaar nun in aller Ruhe erst einmal abwarten, welche weiteren Pläne das Militärkommando für Ferdinand wohl entwerfen würde. Seine, seit der erfolgreichen Arbeit mit dem nun gar nicht mehr so widerborstigen württembergischen Thronfolger, unbestreitbaren Verdienste um das Königshaus würden dabei sicherlich eine gewichtige Berücksichtigung finden. Und so gingen die beiden in den folgenden Wochen voll zuversichtlicher Gelassenheit schließlich auch daran, mit tatkräftiger Unterstützung von Bellas Mutter die neue Wohnung in der Stuttgarter Königsstraße einzurichten, die sie bewohnen wollten, während Ferdinand seinen Dienst entweder im Kriegsministerium oder beim Generalstab verrichten würde.

Inzwischen waren am Horizont über Europa jedoch dunkle Wolken aufgezogen: spätestens bei Jahresbeginn 1870 war ihnen klar geworden, dass es sich nur noch um eine Frage der Zeit handeln konnte, wann zwischen Deutschland und Frankreich der Krieg ausbrechen würde.
»Und dann, Ferdi, wirst du unter Lebensgefahr in den Krieg ziehen müssen und ich werde alleine in Stuttgart zurückbleiben und vor Sorge um dich zergehen! Nicht auszudenken, wenn meinem geliebten Männi etwas zustoßen würde!«
»Mach dir keine Sorgen, Bella. Ich kann schon gut auf mich aufpassen. Und außerdem: so weit ist es noch lange nicht. Wenn die Franzosen schlau sind, werden sie sich

nicht auf dieses Spiel einlassen, das Bismarck doch so offensichtlich mit seinen Beistandsbündnissen überall in Europa gerade bezweckt«, versuchte Ferdinand, seine Ehefrau in einem bewusst gelassenen Tonfall zu beruhigen. »Und außerdem mache ich mir um deine Gesundheit wesentlich größere Gedanken, als um die Franzosen«, fügte er mit einem sorgenvollen Blick auf seine zarte junge Frau noch hinzu. In den vergangenen Tagen hatte sie immer wieder über Schwindelgefühle und Mattigkeit geklagt – woraus die zaghafte Hoffnung erwachsen war, sie würde womöglich ein Kind unter dem Herzen tragen. Doch der Arzt hatte ihre Vorfreude auf das bevor stehende Mutterglück rasch gedämpft und vielmehr von einer allgemeinen Schwäche gesprochen, deren Ursache womöglich im Stuttgarter Stadtklima zu finden sei, dessen stickige Schwüle ja in den Sommermonaten vielen Menschen zu schaffen mache. Seitdem kümmerte sich ihr Mann in geradezu rührender Art und Weise um ihr Wohlbefinden, in dem er sie nahezu täglich mit neuen Erkenntnissen über kräftigende Heilmittel aus dem Bereich der Homöopathie bekannt machte, die er während seiner normalen Dienstzeit durch intensive Lektüre verschiedener Werke zur Heilkunde in der großen Bibliothek des Ministeriums gewonnen hatte. Natürlich entgingen ihm die spöttischen Mienen nicht, mit denen die Offizierskameraden sein plötzliches Interesse für die Medizin kommentierten. Für besondere Verständnislosigkeit sorgte dabei die Tatsache, dass es sich bei den Abhandlungen zu allem Überfluss auch noch um alternative, in den Augen der anderen also völlig nutzlose, Heilmethoden handelte. Doch diese Ignoranz ließ den Hauptmann Zeppelin völlig kalt: schließlich wusste er sich bei seiner Hinwendung zur Homöopathie durchaus in Übereinstimmung mit den höchsten Kreisen am württembergischen Hof. Und vor allen Dingen: es ging um seine geliebte Bella und um die Förderung ihrer fragilen Gesundheit. Um sonst nichts.

»Und wenn doch?« ließ sich die besorgte Bella jedoch nicht so ohne weiteres von ihrem eigentlichen Thema abbringen.

»Wie, wenn doch?«

»Wenn die Franzosen den Preußen dennoch den Krieg erklären?«

»Dann bin ich als Offizier im General-Quartiermeisterstab einer der Ersten, die von einer solchen Entwicklung erfahren werden.«

»Versprichst du mir, es mir dann auch zu sagen – und mich nicht in einer trügerischen Sicherheit zu wiegen?«

»Ja, Bella. Das verspreche ich dir.«

Mitte Juli 1870 musste er sein Versprechen einlösen. Seit gut einer Woche hielten sie sich zusammen mit einem Großteil der Familie von Wolff wieder zur Sommerfrische in Girsberg auf. Am Morgen des 17. Juli hatten sie nach dem Sonntagsgottesdienst einen kleinen Spaziergang in der Nähe von Emmishofen gemacht, als Ferdinand plötzlich nach der Hand seiner Ehefrau griff und diese ganz fest drückte. »Bella, ich muss dir etwas sagen …«

Allein schon seine Tonlage ließ Bella erschaudern. Schlagartig wurde ihr bewusst, weshalb der Ferdi heute morgen am Frühstückstisch, ja eigentlich schon seit dem gestrigen Abend, so merkwürdig still und in sich gekehrt gewesen war. Es hing also doch mit der Depesche zusammen, die ihm gestern ein Bote überbracht hatte. Sie würde jetzt ganz tapfer sein müssen und sich keine Schwäche anmerken lassen. Schließlich war sie die Frau eines Offiziers. Dennoch konnte sie ein leichtes Zittern ihrer Stimme nicht unterdrücken. »Ich kann es mir schon denken. Es ist also so weit. Nicht wahr, Ferdi?«

»Ja, es ist so weit«, nickte er langsam. »König Wilhelm von Preußen wird noch am heutigen Freitag die Mobilmachung für den Norddeutschen Bund erklären, und auch unserem König Karl wird aus diesem Grund nichts anderes übrig bleiben, als dasselbe zu tun und gleichzeitig die

württembergischen Truppen unter den Oberbefehl der Preußen zu stellen. Genauso wie die Bayern und die Badener. Jetzt, wo es gegen Frankreich geht, müssen alle vorherigen Aversionen vergessen sein. Wir Deutschen müssen nun alle zusammen halten.«
»Aber besteht nicht doch noch wenigstens ein kleines Fünkchen Hoffnung, dass es nicht zum Krieg kommen wird? Es handelt sich ja schließlich erst um die Mobilmachung. Vielleicht lässt sich Kaiser Napoleon III. allein durch dieses Zeichen so sehr beeindrucken, dass er es nicht zum Äußersten kommen lassen wird …«
Um Ferdinands Mundwinkel spielte ein verständnisvolles Lächeln. »Ach, liebste Bella. Das denkst du dir so schön aus … Die Wirklichkeit ist jedoch eine ganz andere. Der preußische Ministerpräsident Bismarck hat den Kaiser der Franzosen über Monate hinweg durch seine diplomatischen Schachzüge so sehr in die Enge getrieben, dass Napoleon III. gar nichts anderes übrig bleibt, als auf diese gezielten Provokationen hin Preußen den Krieg zu erklären. Ganz Frankreich fordert das mittlerweile von ihm. Dazu wähnen sich die Franzosen ohnehin in der Rolle des Überlegenen. Sie halten ihre Armee für unschlagbar. Nun denn: sie werden ihr blaues Wunder erleben, denn mit der Einigkeit aller Deutschen Länder dürften sie nicht gerechnet haben.«
»Du meine Güte!« entfuhr Bella nun doch ein besorgter Ausruf. »Dann musst du also in den Krieg ziehen und dich in Lebensgefahr begeben! Mein armer Männi! Was soll ich nur machen, wenn dir etwas zustösst?!«
»Es wird schon alles gut gehen. Schließlich bin ich ja, wie du weißt, auch ein guter Reiter«, versuchte er, die Sorgen seiner Ehefrau zu dämpfen. »Mir wird so schnell kein Franzose hinterher kommen«. Nur anderthalb Wochen später sollte sich seine Prophezeiung tatsächlich bewahrheiten …
»Aber nun komm. Wir sollten jetzt deine Eltern von der neuen Entwicklung in Kenntnis setzen und dann müssen

wir nach Stuttgart aufbrechen. Ich denke nämlich, dass ich bereits morgen den Befehl zum Einrücken bekommen werde.«

In Stuttgart herrschte am späten Sonntagnachmittag eine angespannte Stimmung. Es gab kein anderes Thema mehr in der Stadt, als die Mobilmachung und den wahrscheinlich gewordenen Krieg. Überall auf den Straßen sahen sie Soldatcn, dic sich cilig in dic Kasernen begaben. Selbst Bella, die trotz aller stichhaltigen Argumente ihres Mannes bis zu ihrer Ankunft in der württembergischen Hauptstadt immer noch gehofft hatte, eine militärische Konfrontation würde sich in letzter Minute doch noch vermeiden lassen, musste sich angesichts dieser Beobachtungen eingestehen, dass diese Hoffnung vergeblich gewesen war. Die Maschinerie des Krieges war bereits ins Laufen gekommen und würde sich nicht mehr stoppen lassen.

Vier Tage später erklärte Kaiser Napoleon III. Preußen den Krieg – und damit ganz Deutschland, denn sämtliche deutschen Bundesstaaten hatten sich tatsächlich unter den Oberbefehl des Königs Wilhelm und seines Generalstabs gestellt. Dieser Krieg sollte später als der »Deutsch – Französische Krieg« in die Geschichte eingehen.

Früh um 6 Uhr am Morgen des 22. Juli 1870 hieß es für Bella und Ferdinand, auf dem Stuttgarter Güterbahnhof Abschied voneinander zu nehmen. Abschied auf unbestimmte Zeit. »Denn wie lange dieser Krieg dauern wird, das weiß niemand zu sagen. Ich hoffe, nicht allzu lange. Aber die Stärke der Franzosen ist nicht zu unterschätzen. Ich für meinen Teil werde jedenfalls alles daran setzen, dass er so früh wie möglich zu Ende ist.«

»Es wäre mir lieber, du würdest sagen, das du auf dich Acht gibst, Ferdi.« Auch wenn sie sich an diesem Morgen doch eigentlich wieder fest vorgenommen hatte, einen solchen Satz keinesfalls zu formulieren: er war ihr einfach aus dem Mund gesprudelt. Vor lauter Sorge um das Wohlergehen ihres geliebten Mannes hatte Isabella es nicht geschafft,

ihm die tapfere Offiziersfrau vorzugaukeln, die in Pflichtgefühl unerschütterlich an seiner Seite stand.
»Ach, meine liebste Bella. Das versteht sich doch von selbst! Wenn du für mich betest und immer fest auf meine glückliche Heimkehr vertraust, dann wird es unser Herrgott schon richten. Adieu, geliebte Bella!« Er drückte ihr einen letzten innigen Kuss auf die Wange, dann straffte er seinen Rücken, wandte sich um und bestieg den für die Offiziere reservierten Waggon des Militärzuges, der sich bald darauf ruckelnd in Bewegung setzte, verfolgt von den tränennassen Augen vieler hundert Ehefrauen. Nicht alle von ihnen würden ihre Männer wiedersehen.
Es war schon eine eigentümliche Ironie der Geschichte, die sich der Hauptmann der württembergischen Kavallerie Ferdinand von Zeppelin vor Augen hielt, während sich der Zug unaufhaltsam seinem Bestimmungsort, dem Rhein bei Karlsruhe näherte, wo man unter dem Kommando des badischen Generalstabs die erste Frontlinie aufbauen würde. Ausgerechnet gegen seinen früher doch so sehr bewunderten »Onkel Louis« zog er nun in den Kampf, Louis aus Arenenberg, den jetzigen Kaiser der Franzosen, der ihn überdies als blutjungen Offizier in seinem Schloss so überaus zuvorkommend empfangen hatte... Doch solche Sentimentalitäten durften keine Rolle mehr spielen. Nun ging es um das große Ganze. Um Württemberg und um Deutschland. Gegen die Franzosen. Und das alles unter dem Oberkommando der Preußen, dem ehemaligen Gegner, gegen den er vor exakt vier Jahren in den Krieg gezogen war. So schnell konnten sich in der großen Politik die Gegebenheiten ändern – mitsamt den Frontlinien.

Bereits am Tag nach seinem Eintreffen erhielt Zeppelin vom badischen Generalstabschef die Order, einen Aufklärungsritt hinter die feindlichen Linien zu unternehmen, um sich einen wichtigen Eindruck vom taktischen Vorgehen des Gegners verschaffen zu können. Am 24. Juli, einem Sonntag, um 7 Uhr morgens ritt die Patrouille vom linksrheinischen Hagenbach aus ab und hielt in Richtung Süden auf Lauterburg zu, da man von dort am ehesten einen Angriff der Franzosen vermutete. Zu Zeppelins großem Verdruss hatte man seinen Spähtrupp mit elf Leuten ausgestattet (vier Offiziere und sieben Dragoner), obwohl er sich tags zuvor ausdrücklich nur einen Offizier und drei Soldaten ausbedungen hatte. Gute Pferde seien ihm wichtiger, als viele Begleiter, hatte er argumentiert – und wurde mit seinen Wünschen von den Badenern nicht nur in dieser Hinsicht, sondern auch in Bezug auf die Pferde, einfach übergangen.

Immerhin: Zunächst verlief alles nach Plan. Unvermittelt waren sie vor der völlig verdutzten Brückenwache am Grenzfluss Lauter aufgetaucht und hatten den Posten einfach überritten, Im gestreckten Galopp jagten sie nun nach Lauterburg hinein, wo sich ein Großteil der Menschen gerade beim Gottesdienst befand. In einer Blitzaktion zerstörten Zeppelin und seine Männer den Telegraphen der kleinen Stadt und schnitten sicherheitshalber auch noch die Drähte durch. Damit war, zumindest für eine gewisse Zeit, verhindert, dass eventuelle Meldungen über eine deutsche Aufklärungspatrouille im Elsass zur französischen Armee durchdringen konnten. Keiner der Einwohner setzte sich gegen den Überfall zur Wehr, alles blieb friedlich. Selbst die beiden örtlichen Gendarmen wagten es nicht, einzugreifen. Die grimmigen Mienen der Feinde und die Entschlossenheit, mit der sie vorgingen, ließen es ihnen ratsam erscheinen, den Dingen besser ihren Lauf zu lassen. Und kurz darauf war der Spuk ja auch schon wieder vorbei.

Es mochte keine Viertelstunde verstrichen sein, als der deutsche Offizier und seine Männer ihren tollkühnen Plan bereits ausgeführt hatten und schon wieder auf ihren Pferden saßen. »Los geht's! Mir nach!« Energisch drückte Zeppelin seinem Tier die Sporen in die Weichen und galoppierte los. In zügigem Tempo durchmaßen sie das Gebiet zwischen dem Flüsschen Lauter und dem Hagenauer

Forst, wo sie tatsächlich erste Kavalleriebewegungen der Franzosen ausmachen konnten. Eine aufschlussreiche Beobachtung, genauso wie die Erkenntnis, dass vom Gegner anscheinend planmäßig Gendarmen, die von ein bis zwei Reitern begleitet wurden, durch die Dörfer streiften, um sich bei der Bevölkerung ausgiebig nach irgendwelchen besonderen Vorkommnissen zu erkundigen.
Fatalerweise hatte sich in der Zwischenzeit Zeppelins Pferd verletzt und blutete stark, so stark, dass ihm sogar die Fortsetzung der Patrouille gefährdet schien. Er brauchte unbedingt ein neues Pferd. Und so entschlossen sich die Späher zu ihrem nächsten Überraschungsangriff. So gefährlich dieses Unterfangen auch sein mochte. In der Nähe des Ortes Croettwiller machten sie einen Gendarmen aus, der lediglich von einem einzigen, dazu nur mäßig bewaffneten Soldaten begleitet wurde. Gedacht – getan: Ehe sich die ahnungslosen Männer darüber im Klaren sein konnten, was gerade mit ihnen geschah, waren die Deutschen bereits aus dem Unterholz heraus gebrochen, hatten die beiden von ihren Pferden geworfen und gefesselt. Der Coup war gelungen. Womit der Kavalleriehauptmann Zeppelin nun über ein neues, wenngleich auch nicht sonderlich leistungsfähiges Reittier verfügte. Doch schon nach wenigen Kilometern erwies sich das erbeutete Pferd als so schlecht, dass er sich schließlich gezwungen sah, es ausgerechnet mit ihrem Packpferd einzutauschen. Eine missliche Situation, aber es blieb ihm zunächst keine Wahl. Denn einen neuerlichen Überfall mochten sie nicht riskieren. Das würde die Franzosen endgültig auf ihre Spur bringen und den Fortgang der Patrouille ernsthaft gefährden.
Während Zeppelin mit dem Gros seiner Späher nun zunächst den Weg westlich auf das elsässische Woerth einschlug, der sie danach weiter bis zu den Vogesen führen sollte, schickte er drei seiner Leute zurück, um den Generalstab mit den ersten Erkenntnissen seines Erkundungsritts zu versorgen.
Als der Abend dämmerte, schlugen die verbliebenen neun

Männer mitten im Wald ihr Nachtlager auf. In dieser Nacht fand Ferdinand von Zeppelin trotz seiner Müdigkeit und der vorangegangenen Anstrengungen nur wenig Schlaf. Denn kaum hatte er sich in seine Decke gehüllt und auf den von Wurzeln durchzogenen Waldboden gelegt, waren sie vor seinem geistigen Auge aufgetaucht: die Bilder von damals, im amerikanischen Bürgerkrieg. Nicht nur die Erinnerung von seinen abenteuerlichen Begegnungen mit Bären und anderen wilden Tieren im Quellgebiet des Mississippi. Nein, vielmehr schob sich ein ganz anderes Bild wieder und wieder in seinen Kopf. Das war die Sache mit den Spionageballonen. Es war ja damals um genau dieselbe Anforderung gegangen, die auch seinem Auftrag zugrunde lag: das Ausspionieren des Gegners hinter den feindlichen Linien. Sich Erkenntnisse über dessen Truppenstärke und Stossrichtung zu verschaffen. Wertvolle Informationen, mit deren Hilfe man den Feind in einem Überraschungsangriff überrumpeln konnte. Ein solcher Spähballon hätte ihnen den beschwerlichen Ritt von heute ersparen können – und erst recht die lästigen Pferdewechsel. Wenngleich da natürlich die Sache mit der Windrichtung war. Der Wind wehte bekanntlich zumeist aus westlicher Richtung. Momentan zwar eher schwach, aber es war eben dennoch die falsche Richtung. Wenn sie also über einen solchen Spionageballon verfügt hätten (was ohnehin nicht der Fall war), dann hätte dieser folglich gar nicht abheben können. Beziehungsweise wäre er eben nur ins Inland geschwebt, daran hätte auch kein Manövrieren in größere Höhen etwas ändern können. Ein sinnloses Unterfangen also. Und dennoch: es musste doch Mittel und Wege geben, diesem Nachteil mit einer ausgefeilten technischen Lösung zu begegnen. Aber welche? Ja, wenn man über einen Antrieb verfügte, ähnlich dem einer Dampfmaschine. Die dann, genau wie bei den Schiffen, eine Schraube bewegen konnte, mit dem sich das Schiff in die gewünschte Richtung steuern ließ. Ja, schon … Aber die monströsen Dampfmaschinen waren natürlich viel zu schwer. Die Idee, so verlockend sie im ersten Moment auch scheinen mochte, war und blieb zunächst einmal Zukunftsmusik. Er sollte den Gedanken dennoch nicht aufgeben. Sondern ihn dann, wenn dieser Krieg – hoffentlich siegreich – vorüber war, mit den Ingenieuren vom Technischen Korps einmal ganz intensiv diskutieren. Jetzt freilich musste er dieses Thema rasch aus dem Kopf bekommen und sich ganz auf die Gegenwart konzentrieren. Die momentane Situation, in der sie sich befanden, war gefährlich genug. Allein dieses Biwak hier, mitten im Feindesland. Da galt es, beständig auf der Hut zu sein, um nicht von einem der gegnerischen Suchtrupps, die inzwischen sicherlich schon längst nach ihnen fahndeten, überrumpelt zu werden. Apropos: es konnte sicherlich nichts schaden, einmal den Posten zu kontrollieren, der gerade Wache hielt. Nicht, dass der Mann womöglich eingeschlafen war.

Gleich bei Tagesanbruch ging es weiter in Richtung Woerth. Schon bald war zu erkennen, dass die Truppenbewegungen deutlich zugenommen hatten. Wie leicht konnte man auf eine französische Einheit treffen! Keinesfalls durften sie jetzt noch die größeren Wege benutzen. Das bedeutete anstrengende Umwege, die teilweise mitten durch das Unterholz führten. Und das stundenlang! Zu allem Übel brachte sie der Zickzackkurs, den sie zwangsläufig einschlagen mussten, ihrem eigentlichen Ziel kaum näher. Ein kurzer Blick auf die Karte bestätigte Zeppelins Vermutung. Und das trotz der vielen Stunden, die sie in der schwülen Sommerhitze schon unterwegs waren. Die Uniform klebte inzwischen förmlich an ihren schweißnassen Körpern. Doch das war längst nicht das schlimmste. Zeppelins Sorge galt den Pferden. Vor allem seinem Tier, das zusehends matter wurde und vor lauter Erschöpfung immer wieder ins Stolpern geriet! Das Pferd benötigte dringend eine Rast – und ganz besonders brauchte es Wasser. In der Ferne erblickte er ein größeres Gehöft. Kein Mensch war weit und

breit zu sehen. Keine Reiter, keine Patrouillen. Das könnte folglich passen.
»Dort werden wir Rast machen. Ich denke, dort sind wir sicher. Denn selbst wenn uns jemand entdeckt haben sollte und Meldung gemacht hat, dauert es mehr als eine Stunde, bis der Feind da sein kann. In weniger als einer Stunde sind wir aber längst wieder weg. Und falls eine kleinere Einheit zufällig vorbei kommen sollte: gegen die acht Mann, aus der sie nach unserer bisherigen Beobachtung maximal bestehen, können wir uns erfolgreich zur Wehr setzen. Also Männer: dort drüben wird gerastet!«
Kurze Zeit später hatten sie das stattliche Gehöft, den sogenannten »Schirlenhof«, erreicht, dessen Bewohner sich den gegnerischen Soldaten gegenüber friedlich verhielten. Ohne jegliche Diskussion wurden Futter und Wasser für die Pferde herbei geschafft, während man im Wirtshaus rasch ein Essen für die hungrigen Männer auftrug. Schon stand eine Schüssel mit dampfenden Kartoffeln auf dem Tisch. Dazu wurden gekochte Eier und Sauermilch serviert. Voller Freude griffen sie zu den Gabeln als urplötzlich ein Alarmschrei ertönte. »Raus!« Kaum hatte der Wachtposten seinen Warnruf ausgestoßen, da brach es auch schon über sie herein. Nicht nur eine, sondern gleich mehrere feindliche Reiterabteilungen jagten durch das Gehöft – ganz offenkundig waren sie ihnen schon länger auf der Fährte gewesen und nutzten jetzt die Rastpause der Deutschen im Schirlenhof zum Überraschungsangriff aus. Fatalerweise waren die Franzosen bestens bewaffnet. Schon fielen die ersten Schüsse.
Zeppelin und seine Männer erwiderten das Feuer. Irgendwie musste es ihnen gelingen, ihre Pferde zu erreichen, die dem Wirtshaus gegenüber an der Scheune standen. Es handelte sich zwar nur um eine Entfernung von zehn Schritt, aber sie mussten dazu über den offenen Hof, der vom Gegner umzingelt war. Allein wenn sie versuchten, aus der Eingangstür zu spähen, knallten bereits die Schüsse. »Wir schaffen es nicht nach vorne!« brüllte Zeppelin

durch den Kugelhagel. »Winsloe! Kommen Sie zurück! Winsloe!« Doch sein Befehl kam zu spät. Von einer Kugel tödlich getroffen, sackte der Leutnant in sich zusammen. Es war der erste Tote in diesem Krieg.
»Wir müssen den vorderen Hauseingang sichern und dann versuchen, nach hinten heraus zu kommen! Es ist die einzige Möglichkeit. Feuert, sobald sich vorne etwas bewegt. Ich werde versuchen, am hinteren Eingang die Lage zu erkunden.«
Er stürzte zur Hintertür und spähte vorsichtig hinaus. Die Luft schien rein zu sein. Noch waren hier keine Soldaten auszumachen. Nur wenige Meter vom Eingang entfernt stand eine Bauersfrau und hielt ein französisches Kavalleriepferd am Zügel. Das war die Gelegenheit, die sie unbedingt beim Schopfe packen mussten. Der einzig mögliche Fluchtweg, wollten sie nicht in Gefangenschaft geraten. Es musste ganz rasch gehen. »Rückzug! Nach hinten! Sofort!«
Obwohl die ganze Aktion innerhalb von Sekunden ablief, schien es Zeppelin wie eine halbe Ewigkeit. Während sich seine Männer von der Vordertür zurück zogen und dabei beständig weiter nach draußen in den Hof feuerten, überstürzten sich jetzt auch auf der Rückseite die Ereignisse. Gerade hatten die Ersten von ihnen den Ausgang erreicht, da tauchten auch schon die Franzosen auf. »Halt! Stehenbleiben! Waffen niederlegen! Ergebt Euch!«
Jetzt half nur noch kaltblütiges Handeln. Mit einem kühnen Satz stürzte sich Zeppelin ins Freie und schwang sich in den Sattel des Pferdes. Während die überrumpelte Bauersfrau einen Schreckenslaut ausstieß, stieß er dem nicht minder erschrockenen Pferd hart die Sporen in die Weichen und galoppierte davon, verfolgt von den wütenden Schusssalven der Franzosen. Gott sei Dank traf keine der Kugeln ins Ziel. Und Gott sei Dank war das Pferd in einer guten Verfassung. Während er weiter im Galopp über die Ebene jagte und danach trachtete, so schnell wie möglich das Waldstück zu erreichen, das sich am Horizont vor ihm abzeichnete, konnte er bei einem ersten hastigen Rück-

blick erkennen, dass nun auch die gegnerischen Reiter die Verfolgung aufgenommen hatten. Doch sein Vorsprung war groß genug und so erreichte er schließlich den Wald, ohne dass es seinen Häschern gelungen wäre, ihm auch nur einen Meter näher zu kommen. Hier im Unterholz würden sie seine Spur bald verlieren. Er war gerettet. Zumindest fürs Erste.
Auf alle Fälle musste er danach trachten, eine noch größere Distanz zwischen sich und dem Schirlenhof bringen. Denn die Suchtrupps würden bald aus allen Himmelsrichtungen auf das Waldstück zujagen. Einige Zeit später erreichte er das Ende des Waldes. Am Waldsaum zügelte Zeppelin sein Pferd, um sich erst einmal einen vorsichtigen Überblick über das Gelände zu verschaffen. Sein gutes Glück, denn nur wenige Meter entfernt von ihm preschten plötzlich mehrere französische Gendarmen an ihm vorbei, ohne ihn zu bemerken. Auch in der Ferne waren Berittene zu erkennen, die ganz eindeutig auf den Wald zuhielten. Sie schienen sich aber auf den Waldrand zu konzentrieren, anstatt das Gehölz sorgfältig zu durchkämmen. Offenbar rechneten sie damit, dass er versuchen würde, so rasch wie möglich weiter nach Westen zu gelangen. Das hatte er zunächst ja auch vorgehabt. Aber damit würde er über kurz oder lang in ihre Hände fallen. Also würde er genau das Gegenteil von dem machen, was die Franzosen vermuteten. Am besten, er blieb in ihrer unmittelbaren Nähe und zog sich nun doch wieder in den Wald zurück, aus dem sie seinen Ausbruch erwarteten. Natürlich war es ein waghalsiges Manöver, in unmittelbarer Nähe des Feindes zu bleiben. Ein einziges erschrockenes Wiehern seines Pferdes, ein knackender Ast, ein zufällig vorbei streifender gegnerischer Soldat … Aber es blieb ihm gar nichts anderes übrig, als dieses Risiko einzugehen. Ruhe bewahren. Auf der Hut bleiben. Wenn er es schaffte, ein paar Stunden unentdeckt zu bleiben, würden sie davon ausgehen, dass er ihnen entkommen war. Niemand würde ihn dann mehr in dem Waldstück vermuten.

Sein Kalkül ging auf. Einige Stunden später zogen auch die letzten Patrouillen ab. Der deutsche Offizier war ihnen entkommen. Wenn sie wüssten, wie nahe er ihnen in Wahrheit die ganze Zeit über gewesen war …

Natürlich war die Gefahr noch längst nicht gebannt. Denn bei der überstürzten Flucht vom Schirlenhof hatte er auch seine Karten zurück lassen müssen. Ausgerechnet in dieser Situation, wo er unbedingt jede Straße, jeden Pfad und jede Siedlung vermeiden musste und einzig auf sein Gespür hoffen konnte, das ihn sicher über die Grenze bringen würde. Ein nahezu hoffnungsloses Unterfangen, zumal der Weg durch Dornengestrüpp und Unterholz in einer ihm völlig unbekannten Gegend ganz besonders beschwerlich war.

Aber wieder kamen Ferdinand von Zeppelin die Erfahrungen, die er damals in der amerikanischen Wildnis gemacht hatte, nun durchaus zugute. Zu allem Übel war auch noch ein Gewitter aufgezogen und es begann zu schütten, wie aus Kübeln. Dazu brach die Nacht herein. Im letzten Licht des Tages entdeckte der todmüde Offizier eine einsam im Wald gelegene Hütte. Es handelte sich aber um eine ständig bewohnte Behausung, das war deutlich zu erkennen. Sollte er das Wagnis dennoch eingehen?

Da war nicht viel zu überlegen, denn was blieb ihm schon anderes übrig! Völlig durchnässt und am Ende seiner Kräfte. Er brauchte unbedingt ein Dach über dem Kopf – und ein Feuer, um die nassen Sachen zu trocknen. Also musste er es riskieren.

Das Glück war ihm hold. Denn der einzige Bewohner der Holzhütte erwies sich als Quäker, der schon seit langer Zeit in der Weltabgeschiedenheit seiner Behausung seinem Glauben diente und von den politischen Zuspitzungen der vergangenen Monate nicht die geringste Kenntnis besaß. Und selbst wenn: es hätte ihn nicht interessiert. Denn der Mann beschäftigte sich längst nicht mehr mit irgendwelchen irdischen Fragestellungen und nahm den bedürftigen Fremdling somit in aller Barmherzigkeit gerne für diese Nacht bei sich auf.

Einigermaßen gestärkt und mit wieder trockener Kleidung konnte Zeppelin bei Tagesanbruch sein Abenteuer also fortsetzen. Das Gelände erwies sich freilich als zunehmend steil und schwierig. Die Orientierung fiel ihm zunehmend schwerer, so dass er sich gezwungen sah, ein Stück weit trotz aller Entdeckungsgefahr die offizielle Straße zu benutzen. Mit viel Glück gelangte er schließlich in die Nähe des Dorfes Hirschthal, also offensichtlich schon auf deutsches Territorium. Befand er sich also schon in Sicherheit? Eher nicht. Denn die Lage in diesen ersten Kriegstagen war genauso verworren und unübersichtlich, wie der Grenzverlauf. Genau deswegen war er ja auf den Erkundungsritt geschickt worden. Er tat folglich gut daran, sich nicht allzu früh der trügerischen Hoffnung hinzugeben, er habe es bereits geschafft.

Die bei Zeppelins plötzlichem Auftauchen bis ins Mark erschrockenen Bauern, die auf den Feldern gerade mit dem Unkrauthacken beschäftigt waren, bestätigten allein schon durch ihr Verhalten seine düsteren Ahnungen. Keiner von ihnen wollte dem deutschen Offizier eine Auskunft geben, wie dieser abseits der Straße möglichst rasch die deutschen Linien erreichen könne. Das sei ohnehin ein nahezu unmögliches Unterfangen, denn überall in der Gegend seien inzwischen die Franzosen auch schon hier auf deutschem Gebiet heimlich in Stellung gegangen und hätten ihre Posten aufgebaut. Mehr mochten die Bauern nicht sagen. Selbst auf sein energisches Nachhaken blieben sie stumm – manche von ihnen ließen sogar einfach die Hacke fallen und suchten rasch das Weite. Man wolle da lieber »in nichts mit den Franzosen hineinkommen«, rief einer der Bauern noch hastig, bevor auch er sich umwandte und den anderen hinterher hastete. Das war ja nicht zu fassen! In seiner plötzlich aufsteigenden Wut packte Zeppelin einen ungefähr 14-jährigen Burschen, der die Szene mit weit offenem Mund verfolgt hatte, unsanft beim Kragen und zog ihn hart zu sich heran. »Du sagst mir jetzt augenblicklich, wohin ich reiten muss, um

die deutschen Linien zu erreichen, hast du mich verstanden, Kerl?« donnerte er dem zitternden Knaben ins aschfahle Gesicht. »Du kennst doch die Wege hier, nicht wahr?«
»Ja, schon«, stotterte der. »Es … es ist aber nicht ganz einfach zu beschreiben …«
»Dann kommst du jetzt einfach mit mir mit!« Und bevor der Junge begreifen konnte, wie ihm geschah, sah er sich auch schon von einer kräftigen Hand direkt neben den Offizier auf das Reitpferd gesetzt.
»Also: in welche Richtung müssen wir gehen?«
»Dort … dort hinüber. In Richtung Nothweiler. Da sind noch am wenigsten Franzosen.«
»Aber wir können nicht die normale Straße nehmen, dass dir das klar ist?«
»Ja, sicherlich … Zu Befehl …Herr … Herr General«, stotterte der am ganzen Leib zitternde Junge. »Ich kenne mich im Wald da drüben auch ganz gut aus. Den Weg dort werden die Franzosen nicht kennen.«
»Also, in diese Richtung! Und wehe dir, du führst mich trotzdem den Franzosen in die Hände! Im übrigen bin ich Hauptmann und kein General, das müssten sie dir in der Schule doch längst beigebracht haben«, schmunzelte Zeppelin trotz aller Gefahr, in der er gerade steckte.
»Zu Befehl, Herr General … Herr Hauptmann, meine ich!«
»Wie heißt du eigentlich, Junge?«
»Ja … Ja … Jakob«, stotterte der Bub, der vor lauter Aufregung kaum noch sprechen konnte.
»So, so, der Jakob bist du also«, wiederholte Zeppelin in einem deutlich milderen Tonfall, um den armen Kerl ein bisschen zu beruhigen. Der Junge konnte ja wirklich nichts dafür, dass die Erwachsenen alle davon gerannt waren und er als einzig übrig Gebliebener nun den Wegweiser machen musste. »Das ist ein schöner Name. Mein Name ist übrigens Ferdinand.«
»Das … das ist auch ein schöner Name, Herr Gen … ich

meine, Herr Hauptmann. Jetzt müssen wir uns nach links wenden.«
Sein Pfadfinder erwies sich in der Tat als idealer und umsichtiger Führer. Ohne den Stellungen der Franzosen auch nur ein einziges Mal gefährlich nahe zu kommen, kamen sie vorwärts. Kurz vor Nothweiler räusperte sich der Junge.
»Ja, was ist? Was willst du mir sagen?«
»Also, falls ihr Pferd vielleicht Durst haben sollte, Herr Hauptmann. Dort drüben kenne ich einen Brunnen ... Da könnten Sie es tränken ... Wenn Sie wollen, Herr Hauptmann.«
»Das ist eine prima Idee! Du scheinst mir ja ein wahrer Glücksgriff zu sein.«
Wenig später war das Pferd getränkt und auch der Reiter hatte seinen Durst stillen können. Mit frischer Kraft konnten sie sich also auf das letzte Wegstück begeben. »Ich finde mich von jetzt an alleine zurecht. Du kannst also wieder heimgehen. Und vielen Dank für deine Hilfe, Jakob«, verabschiedete sich Zeppelin mit einem innigen Handschlag von dem klugen Burschen. »Und du sollst das auch nicht umsonst gemacht haben: als Lohn für deine Mühe bekommst du von mir jetzt einen Gulden geschenkt.«
Freudestrahlend nahm der Bub das Geldstück entgegen und bedankte sich herzlich. »Vielen Dank Herr Hauptmann. Möge Ihnen ein langes und ruhmreiches Leben beschieden sein. Danke sehr, vielen, vielen Dank!«
»Schließe mich lieber in dein nächstes Nachtgebet mit ein.« Zeppelin bedachte ihn mit einem warmen Lächeln. »Der Krieg hat ja gerade erst begonnen. Da kann noch viel passieren. Es dürfte also durchaus nicht schaden, wenn ich weiß, dass jemand für mich gebetet hat.«
»Das werde ich ganz sicher machen, Herr Hauptmann«, versprach der Junge feierlich. »Und eines Tages hoffe ich, Sie wiederzusehen. Dann als großen und berühmten General!«
»Wiedersehen! Das dürfte eher unwahrscheinlich sein«, lachte Zeppelin. »Aber nun gut! Ich würde mich auch freu-

en. Und nun Adieu, Jakob!« Er schnalzte mit der Zunge und setzte sein Pferd mit einem kurzen Druck der Oberschenkel in Bewegung. Bald schon hatten sich die beiden aus den Augen verloren.
Der Junge sollte recht behalten: noch einmal im Leben würden sie sich wieder sehen. Viele Jahre später. Zu einem Zeitpunkt, an dem aus dem Grafen Zeppelin tatsächlich längst ein weltberühmter Mann geworden war.

Dank der umsichtigen Wegweisung des Jungen aus Hirschthal schaffte es Ferdinand, ohne weitere Zwischenfälle am 26. Juli seine Einheit wieder zu erreichen. Als einziger aus der Patrouille, die vor zwei Tagen noch aus insgesamt zwölf Mann bestanden hatte. Einer war tot, die anderen, bis auf ihren Anführer Hauptmann Zeppelin, befanden sich in französischer Gefangenschaft.
Auch auf Seiten der Franzosen hatte ein Unteroffizier sein Leben lassen müssen. Diesen beiden ersten Opfern würden bald schon viele weitere folgen.
Es war ein bedrückendes Gefühl, alleine zurückkommen zu müssen. Zumal als verantwortlicher Offizier, der sämtliche ihm anvertrauten Männer verloren hatte. Auch wenn sein detaillierter Bericht über die Truppenkonzentration der Franzosen ganz sicher wertvolle Erkenntnisse beinhaltete, mit deren Hilfe der badische Oberstleutnant den Vormarsch seiner Einheiten nun zielgenau planen konnte, verspürte er dennoch eine eigentümliche Hilflosigkeit in sich, die noch durch die Tatsache gesteigert wurde, dass ihn der württembergische Generalstab nicht ebenfalls zu einer offiziellen Berichterstattung zitierte. Noch nicht einmal eine schriftliche Stellungnahme forderten sie von ihm an!
Dabei hatte sich die Kunde vom kühnen Husarenritt des jungen württembergischen Offiziers in Windeseile im ganzen Land verbreitet: mit großen Schlagzeilen berichteten die Zeitungen an mehreren Tagen über die Heldentaten des Grafen Zeppelin hinter den feindlichen Linien. Und obgleich sich in diesen Artikeln Dichtung und Wahrheit in

geradezu abenteuerlicher Art und Weise durcheinander mischten, war der Name Ferdinand Graf von Zeppelin von nun an in aller Munde. Der 32-jährige Hauptmann der Kavallerie war zum ersten Helden des Krieges von 1870 avanciert! Eine Berühmtheit!
Voller Stolz berichtete ihm Bella in ihren Briefen über die enthusiastischen Zeitungsartikel und über die begeisterten Kommentare, die sie tagtäglich als Ehefrau des Kriegshelden Graf Zeppelin entgegennehmen durfte.

Die Realität sah für den »Helden« freilich ganz anders aus. Egal, wie prächtig die Lorbeerkränze auch sein mochten, die ihm die Zeitungen (mit tatkräftiger Hilfe durch das Kriegsministerium) auch flochten, sowohl beim badischen Generalstab, als auch beim preußischen Verbindungsoffizier in Durlach, stieß Zeppelins Erkundungsritt auf schroffe Ablehnung. »Sie haben zwar einen soldatischen Mutbeweis ohnegleichen abgeliefert, der ja momentan in ganz Deutschland seine Runde macht und sich damit quasi zum Kriegshelden hochstilisiert«, deklamierte der preußische Oberst mit schneidender Stimme, »aber dennoch handelt es sich bei diesem Unternehmen in Wahrheit um eine militärstrategische Dummheit ohnegleichen, bei der Sie mit Ihrer tollkühnen Dreistigkeit nicht nur sich selbst, sondern auch andere Menschenleben leichtsinnig aufs Spiel gesetzt haben! Gesetzt den Fall, man hätte Sie dingfest machen können, was bekanntlich nur mit knappster Not vermieden werden konnte: sämtliche geheimen Informationen, die Sie bei sich getragen haben, wären damit in die Hände des Feindes gefallen. Bei Tageslicht betrachtet war ihre angebliche Heldentat, für die Sie nun landauf – landab gefeiert werden, alles andere, als ein Ruhmesblatt. Solche Alleingänge sind wir in der preußischen Armee nicht gewohnt, Zeppelin. Merken Sie sich das! Ein für allemal! Auch General von Moltke lässt sein tiefstes Befremden über Ihre tolldreiste Eigenmächtigkeiten ausrichten. Er habe eigentlich ein besonne-

neres Vorgehen von Ihnen erwartet. Sie können jetzt wegtreten, Zeppelin!«
Wie vom Donner gerührt war Zeppelin nach dieser überscharfen Zurechtweisung – die dazu offenkundig mit voller Absicht vor den Ohren zahlreicher anderer Offiziere erfolgt war – in seine Kammer zurückgekehrt. Die eigentümliche Vorahnung, die ihn bereits in dieser Stunde düster zu beschleichen begann, sollte sich in den kommenden Wochen tatsächlich bewahrheiten. Seine militärische Karriere war zu einem abrupten Stillstand gekommen. Und das gleich bei Kriegsbeginn! Aller Popularität zum Trotz, die der Name Graf Zeppelin seitdem im Volk genoss. Aber bekanntlich ist das Gedächtnis der Menschen kurz und bald schon gab es andere Helden zu feiern und die nächsten Siege zu bejubeln. Das Verhältnis zu den Preußen hatte einen heftigen Riss bekommen, der sich Zeit seines Lebens auch nie mehr kitten ließ. Ganz im Gegenteil sogar.
Zu allem Überfluss wurden alle seine Begleiter, die mit ihm am Schirlenhofritt teilgenommen hatten, für ihre Tapferkeit mit dem Eisernen Kreuz ausgezeichnet. Durchweg alle – bis auf einen: Ferdinand von Zeppelin ging leer aus. Was das zu bedeuten hatte, ließ sich unschwer beurteilen. Dass man ihm in diesem Krieg noch größere Kommandos anvertrauen würde, eine solche Hoffnung konnte er nach dieser neuerlichen Demütigung endgültig begraben. Da war nichts mehr zu machen. Es blieb ihm also nichts anderes übrig, als ohne jedes Aufbegehren einfach seine soldatische Pflicht zu erfüllen und sich damit der Stellung eines württembergischen Kavallerieoffiziers als würdig zu erweisen.

Keine sechs Wochen nach seinem Teufelsritt kam es bereits zu jener Schlacht, die den Kriegsverlauf entscheidend beeinflusste. Am 1. und 2. September 1870 prallten bei Sedan die beiden Armeen aufeinander – die Schlacht endete nicht nur mit einer demoralisierenden Kapitulation der französischen Truppen, sondern auch mit der Gefangennahme von Kaiser Napoleon III. Und kaum hatte die schockierende Kunde von der Kapitulation Paris erreicht, da erklärten die Franzosen den Kaiser für abgesetzt und riefen die Republik aus, die sich sofort zum weiteren Kampf gegen die Deutschen rüstete. Kaiserin Eugenie floh bei Nacht und Nebel nach England.

Auch Ferdinand von Zeppelin hatte an den Kämpfen teilgenommen und das erbitterte Ringen unverletzt überstanden. Niemals hätten sie damit gerechnet, dermaßen rasch eine kriegsentscheidende Schlacht zu gewinnen! Und überdies noch den Kaiser der Franzosen gefangen zu setzen. Im Gefühl des überbordenden Siegestaumels, der alle deutschen Soldaten in Sedan gleichermaßen erfasst hatte, schrieb er einen in seinem ersten Teil euphorischen Brief nach Hause, der in seiner Fortsetzung aber die zwiespältigen Gefühle nicht unterdrücken mochte, die ihn kurz nach dem Triumph beschlichen haben: »Es ist ein Großes, den größten Tag des Jahrhunderts miterlebt zu haben! Fühle mit mir die Eindrücke! Ich ritt zur Höhe, wo der König von Preußen stand. Die sinkende Sonne sandte ihre letzten Strahlen herauf. Unten lag die malerische Feste, drinnen dicht gedrängt die zertrümmerte Armee Frankreichs, in weiten Kreisen ringsumher die deutschen Heere, ausbrechend in unendlichen Jubel: »Der Kaiser ist gefangen!«. Musikchöre fallen ein und die Batterien schreiben mit donnernden Salven Weltgeschichte nieder: Deutschlands Größe! – Den anderen Morgen, liebe Frau, da habe ich Gottes Strafgericht gesehen, da saß der niedergeschmetterte Imperator vor einem Häuschen und dabei standen gewaltige Gestalten, preußische Gardekürassiere: mehr zu Napoleons III. Schutz, als zu seiner Bewachung. Gottes Wege sind wunderbar!«

Nach dem Sieg bei Sedan erfasste eine nationale Begeisterungswelle die Menschen in ganz Deutschland, selbst in Bayern und in Württemberg, wo man sich bei Kriegsausbruch doch nur zähneknirschend »unter das preußische

Joch« begeben hatte. Überall war jetzt nur noch die Rede von Deutschland.
In Württemberg folgten rasch die zwangsläufigen Konsequenzen aus diesen Ereignissen. Anfang Oktober 1870 zog sich König Karl nach Friedrichshafen zurück, im November würde Württemberg als letztes deutsches Land dem Norddeutschen Bund beitreten und damit besiegeln, was im Grunde genommen schon seit Kriegsbeginn als Tatsache galt: Württemberg hatte sich endgültig unter Preußens Führung gestellt und in der Regierung war man sich der Tatsache wohl bewusst, »dass der Preußenkönig zum Deutschen Kaiser gekrönt werden wird, wenn wir erst Paris erobert haben – was ja bekanntlich nur noch eine Frage der Zeit ist.«
Sie konnten es kaum noch erwarten, endlich die französische Hauptstadt einzunehmen. Dazu mussten jedoch erst einmal die in aller Hast neu formierten französischen Truppen in die Knie gezwungen werden, die jetzt nicht mehr im Namen des Kaisers Napoleon, sondern im Namen der Republik auf Schritt und Tritt dem Vormarsch der Deutschen einen erbitterten Widerstand entgegen setzten und sich schließlich mit dem Mut der Verzweiflung in Paris verschanzten. Am 19. September war die Stadt vollständig von den deutschen Truppen umzingelt worden. »Da kommt keine Maus mehr heraus – und bald wird ihnen auch das Essen ausgehen, dann müssen sie kapitulieren. Das ist lediglich eine Frage der Zeit, wir brauchen nur noch abzuwarten. Bevor der Winter kommt, werden wir wieder zuhause sein!« Diese Ansicht hatte sich unter den Soldaten inzwischen zur sicheren Gewissheit verfestigt.

Auch Isabella von Zeppelin hegte solche Hoffnungen, wurde von ihrem Ehemann jedoch mit der skeptischen Anmerkung auf den Boden der Tatsachen zurück geholt, der Krieg könne seiner Meinung nach genauso drei Wochen wie noch drei Monate dauern – wirklich seriös ließe es sich einfach nicht genauer voraussagen. Denn der Widerstand der Franzosen bei der Verteidigung ihrer Hauptstadt fiel wesentlich härter aus, als es die siegestrunkenen Deutschen vermuteten. Mit dem Mut der Verzweiflung setzten sich die Pariser Bürger zur Wehr. Und außerdem war da ja noch die Sache mit den Ballonen!

Die Belagerer vermeinten, ihren Augen nicht trauen zu können, als am 7. Oktober erstmals zwei mit Gas gefüllte Ballone kurz hintereinander über der eingekesselten Stadt aufstiegen. Und an den Ballons waren große Körbe befestigt, in denen sich Menschen befanden! »Sie wollen fliehen! Schießt sie ab!« Doch im wahrsten Sinn des Wortes in Windeseile hatten die eigenartigen Himmelsgefährte eine Höhe erreicht, in der sie keine Kugel mehr in Gefahr bringen konnte. Auch die Windrichtung passte exakt: »Der Wind trägt sie genau dorthin, wo wir keine Truppen stehen haben. Und sie sind so schnell, dass eine Verfolgung unmöglich ist!« Es dauerte nicht lange und die Ballone waren am Horizont den Blicken der ungläubig staunenden Deutschen entschwunden.

Ferdinand von Zeppelin war einer dieser staunenden Beobachter. Was er hier zu sehen bekam, das war sozusagen die Fortentwicklung der Spähballons, die er seinerzeit schon im amerikanischen Sezessionskrieg bewundert hatte. Denn in diesem Fall hatten die Franzosen die riesigen Gaskugeln zur Flucht von Menschen benutzt. Höchstwahrscheinlich handelte es sich bei den Insassen nämlich nicht um Spione – was hätten die angesichts des eng gezogenen Rings um ihre Hauptstadt auch an neuen Erkenntnissen gewinnen können, sondern vielmehr um Militärstrategen, deren Aufgabe es war, die versprengten französischen Truppen neu zusammen zu stellen und dann gegen die Angreifer neuerlich in Front zu bringen. Mehr als 60 Mal stiegen solche Ballone während der Belagerung von Paris in den Himmel. Auf deutlich mehr als 200 Menschen schätzte Zeppelin die Zahl derjenigen, denen auf diese Weise die Flucht aus Paris gelang. Aber nicht nur Menschen beförderten die Ballone aus der Stadt, sondern auch eine Unzahl von Depeschen und sogar Brieftauben, die einen regelmäßigen Kontakt zwischen der allmählich neu formierten französischen Armee und den Eingekesselten aufrecht erhalten sollten. Diese Erkenntnisse hatten sie anhand der fünf Ballone gewinnen können, die aufgrund von plötzlich veränderten Windverhältnissen innerhalb der deutschen Linien zu Boden gegangen waren. Eine Möglichkeit, den Ballon in die gewünschte Richtung zu lenken, war ja nicht vorhanden. Ein klares Manko – und dennoch ... wieder blitzte in ihm der Gedanke auf, diese Technik eines Tages weiter zu verfolgen. Denn die Möglichkeiten, die diese Ballons für eine moderne Kriegsführung eröffneten, schienen ihm noch längst nicht ausgereizt. Weder im Hinblick auf die fehlende Steuerung, noch auf die Frage, inwieweit sich Bomben im Ballonkorb mitführen ließen, die man über den Köpfen der Feinde abwerfen könnte. Doch zunächst musste er erst einmal auch noch die restlichen Kriegstage unversehrt überstehen, um danach vom König hoffentlich ein Kommando übertragen zu bekommen, das seinen Erfahrungen und seinem Dienstalter entsprach.

Die Belagerung von Paris dauerte tatsächlich viel länger, als es die meisten für möglich gehalten hatten. Mit dem Mut der Verzweiflung setzten sich die Bürger der französischen Hauptstadt zur Wehr. Ferdinand von Zeppelin hatte mit seiner pessimistischen Einschätzung recht behalten. Sehr zu Isabellas Leidwesen, die ihren Ehemann auf das Schmerzlichste vermisste und sich vor Sorge um seine Gesundheit verzehrte.

Erst am 28. Januar 1871 wurde die französische Hauptstadt endgültig in die Knie gezwungen. Zehn Tage zuvor war Ferdinand im Spiegelsaal von Versailles bereits Zeuge eines Ereignisses geworden, das einerseits in die deutsche Geschichte eingehen sollte und andererseits durch die absichtlich provozierende Art und Weise dieses Geschehens als ein ganz besonders schmerzhafter Stachel im französischen Gedächtnis niemals vergessen werden würde: die Kaiserproklamation des preußischen Königs Wilhelm. Der Jubel unter den Anwesenden schien kein Ende nehmen zu wollen: die Deutschen hatten endlich wieder einen Kaiser. Und das Reich würde unter der Führung von Kaiser Wilhelm damit zu alter Macht, Größe und Bedeutung zurückfinden. In dieser Überzeugung waren sich alle einig. Beinahe alle …

Denn trotz aller Begeisterung, die auch ihn angesichts der Tatsache erfasste, das Reich endlich wieder stark und vereint zu sehen, mischte sich für den württembergischen Hauptmann ein ziemlich bitterer Beigeschmack in den nationalen Jubel: allein die Art und Weise, wie sich die Preußen rücksichtslos in die Führungsrolle über die anderen deutschen Staaten hinein gedrängt hatten und deren Zustimmung zur Kaisererhebung des Preußenkönigs geradezu erpresst hatten, ließ ihn düster in die weitere Zukunft blicken. Die Preußen würden auch künftig ihre Führungsrolle rücksichtslos wahrnehmen – ohne sich um die Belange der kleineren deutschen Staaten sonderlich zu scheren. Ausgerechnet sein Württemberg dürfte dabei einer dieser Staaten sein. Das hing natürlich auch mit den Mentalitätsunterschieden der beiden Volksgruppen zusammen, denn bekannterweise trug man als Schwabe sein Herz ja nicht unbedingt auf der Zunge. »Es fehlt uns einfach die Gabe, sich leicht mitzuteilen«, schrieb er seiner Bella in einem ausführlichen Brief nach Stuttgart, weshalb besonders die wortgewandten Rheinländer und die Preußen den Württembergern mit einem teilweise unerträglichen Dünkel von oben herab gegenüber träten, gerade so, als ob sie schon allein ihrer Sprache wegen den Schwaben überlegen seien. »Wir haben daher die doppelte Erscheinung, dass der Preuße sich dünkt, ein besserer Mann zu sein als der Württemberger, während sich dieser teils verletzt fühlt und schmollt, teils seine Vorzüge bewundernd vergisst und sich dem Bewunderten dienend hingibt. Das Vor-

handensein dieses Zustandes ist leider keine unbegründete Annahme!«
Doch es war nun einmal Fakt: die Preußen hatten die Führungsrolle übernommen – und würden sie sich auch nicht mehr aus den Händen reißen lassen. So blieb ihm nur, sich in das Unvermeidliche zu fügen und gleichzeitig sorgsam darauf zu achten, dass sein geliebtes Württemberg nicht gänzlich unter die preußischen Räder kommen würde.

Immerhin: der Krieg war nun zu Ende – und auch, wenn es wegen des immer wieder aufflackernden Widerstands in Paris noch einige Wochen dauern sollte, bis der offizielle Friedensvertrag zustande kam. Und so wurde es schließlich Juni, bis Ferdinand mit seiner Einheit nach Stuttgart zurück kehren und seine überglückliche Isabella wieder in die Arme schließen konnte.

*

In Württemberg galt der Hauptmann Zeppelin seit seinem berühmten Schirlenhofritt nach wie vor als Volksheld, während eine aussichtsreiche Militärkarriere unter dem preußischen Oberkommando ausgerechnet wegen dieses Rittes eher skeptisch beurteilt wurde. Von dieser Warte aus betrachtet durfte die Familie zufrieden sein, als er im Januar 1872 seine Abkommandierung an das in Straßburg stationierte 15. Schleswig-Holsteinische Ulanenregiment erhielt, dessen 5. Schwadron er künftig befehligen würde – unter Beibehaltung seines Adjudantenstatus beim König von Württemberg. So zogen Ferdinand und Isabella also nach Straßburg, wo sie die folgenden Jahre verbrachten. Es war eine weithin unbeschwerte Zeit für das junge Ehepaar, die freilich immer wieder von Ferdinands Sorge über die schwache Gesundheit seiner geliebten Bella bestimmt wurde, mit der er aus diesem Grund auch ausgiebige Reisen zur Stärkung ihrer Kräfte unternahm und sich in den Sommermonaten auf Schloss Girsberg in geradezu rührender Weise um sie kümmerte. Bellas Sorgen waren ganz anderer Art: nun waren sie schon seit mehreren Jahren verheiratet, doch Nachwuchs wollte und wollte sich einfach nicht einstellen. Es war zum Verzweifeln! Freilich wollte sie ihrem Ferdi von diesem Kummer, der sie plagte, nicht berichten. Sie mochte ihn nicht noch zusätzlich mit weiteren Befindlichkeiten beunruhigen, zumal er im zeitigen Frühjahr des Jahres 1874 einen schlimmen Unfall erlitt, der ihn wochenlang auf das Krankenlager warf.
Am 18. März war es passiert. Am Morgen gegen 8 Uhr war Ferdinand mit seinen Männern auf einem Fuchshengst zu einem Ausritt aufgebrochen. Das Pferd erwies sich als äußerst widerspenstig, so dass sogar Zeppelin als vorzüglicher Reiter alle Hände voll zu tun hatte, um das Tier unter Kontrolle zu halten. Und dennoch: plötzlich war es gesche-

hen. Unvermittelt stieg der Hengst dreimal hintereinander in die Höhe, buckelte und stürzte mitsamt seinem Reiter hart auf den Boden. Der Sattel zerbrach und während das panisch gewordene Pferd wieder auf die Beine zu kommen versuchte, wälzte es sich dabei über Ferdinands rechten Schenkel, den es dabei übel zerquetschte.
Doch trotz seiner schweren Verletzung, zu der sich durch den Sturz noch Hautabschürfungen und Blessuren am ganzen Körper gesellten, mochte der Hauptmann Zeppelin, der sich vor Schmerzen kaum noch bewegen konnte, vor seinen Leuten nicht so einfach klein beigeben. »Setzt mich wieder auf das Pferd. Ich muss ihm zeigen, wer hier das Kommando hat!« presste er zwischen zusammen gebissenen Zähnen hervor. Wenig später hatten sie ihn hinauf gehievt und es gelang ihm tatsächlich, trotz der höllischen Qualen, die ihn peinigten, im langsamen Schritt auf dem Rücken des Pferdes nach Hause zurück zu kehren. Auch das Absitzen gelang ihm nur mit Hilfe seiner Männer, wie stark die Schmerzen dabei waren, das konnte man an seinem Gesichtsausdruck unschwer ablesen. Doch er hatte vor seinen Leuten Haltung bewiesen – so, wie das seiner Überzeugung nach von einem Offizier der Kavallerie erwartet werden durfte. Aber das war noch nicht alles: keinesfalls mochte er nämlich seiner Isabella in der verdreckten Uniform gegenüber treten. Unbedingt musste zuvor noch der andere Rock aus dem Schlafzimmerschrank geholt werden. Von den eigentümlichen Klagelauten aufgeschreckt, die während dieser Prozedur durch das Haus drangen, näherte sich Bella dem Schlafzimmer, dessen Türe sich gerade eben öffnete. »Oh mein Gott, Ferdi! Wie siehst du denn nur aus?! Was um Himmels Willen ist mit dir geschehen?!«
Der von Kopf bis Fuß mit blauen Flecken übersäte Zeppelin schwankte bedrohlich und schaffte es gerade noch, krampfhaft die Türklinke zu umklammern, um nicht auf den Boden zu stürzen.
»Bella«, flüsterte er mit schwacher Stimme. »Ich … ich

bin … vom Pferd gestürzt … das heißt … das Pferd … der Fuchs … der Fuchs hat mich … hat mich unter sich …«

»Jetzt erst einmal langsam. Das kannst du mir nachher erzählen. Komm mit. Gib mir deine Hand und stütze dich mit der anderen auf meine Schulter«, fackelte Bella trotz ihres Schreckens nicht lange. »Du musst dich sofort aufs Bett legen und dann werden wir den Arzt holen. Er muss dich sofort untersuchen. Nicht, dass du noch innere Verletzungen hast!« Noch während sie den Satz aussprach, sandte sie bereits ein Stoßgebet zum Himmel. Alles, nur keine inneren Verletzungen! Das wäre fürchterlich.

Quälend verstrich die Zeit, bis endlich der Arzt eintraf, nach dem sie den Kutscher geschickt hatte. Und noch einmal so lange währte die seelische Tortur, bis der Mediziner all seine Untersuchungen bei dem Patienten sorgfältig zu Ende geführt hatte. Endlich packte er die Instrumente zusammen, hob seinen Kopf und bedachte Isabella von Zeppelin mit einem ernsten Blick. »Ihr Ehemann hat ein unwahrscheinliches Glück gehabt. Es ist weder etwas gebrochen, noch kann ich irgendwelche inneren Verletzungen feststellen. Er hat sich zwar respektable Verstauchungen und Blutergüsse zugezogen, die ihm in den nächsten Tagen sicherlich heftige Schmerzen bereiten werden, doch immerhin kann ich eventuelle Spätfolgen so gut wie sicher ausschließen. Voraussetzung ist freilich, dass er eine strenge Bettruhe einhält und dass die Verletzungen, insbesondere diejenige an seiner linken Hand und am rechten Schenkel und am Fuß, ständig gekühlt werden. Sollten sich die Schwellungen am Schenkel und am Fuß wider Erwarten dennoch verschlimmern, oder sollte der Patient plötzlich Fieber bekommen, so alarmieren sie mich bitte sofort. Ansonsten, ich sage es noch einmal, hilft nur eine strenge Bettruhe – auch wegen der Gehirnerschütterung, mit der natürlich ebenfalls nicht zu spaßen ist.«

Zum guten Glück blieb das Fieber aus. Sieben Tage lang sah sich Ferdinand ans Bett gefesselt, während Bella die

Verletzungen mit Eis und Kompressen behandelte, so wie es der Arzt verordnet hatte.
»Wenigstens ist der Ebi inzwischen wieder gesund. Unser Haus ist ja inzwischen beinahe ein Lazarett geworden«, unternahm Ferdinand am Tag, an dem sich sein Bruder Eberhard von ihnen verabschiedet hatte, den Versuch eines gequälten Lächelns.
»Eine Sorge weniger«, nickte Bella ernst. »Typhus ist ja wirklich eine ernste Angelegenheit. Das hätte durchaus schlimm enden können. Und zum guten Glück haben wir uns nicht angesteckt, obwohl uns der Doktor dringend geraten hat, den Ebi wegen der Ansteckungsgefahr in ein Krankenhaus zu bringen.«
Vor sechs Wochen war Ferdinands Bruder zu einer kurzen Stippvisite bei ihnen in Straßburg vorbei gekommen. Doch bereits am Tag nach seiner Ankunft war er schwer an Typhus erkrankt und wurde seitdem von Bella, die eine Verlegung ihres Schwagers ins Krankenhaus kategorisch ablehnte, in Zusammenarbeit mit ihren Hausbediensteten umsichtig gepflegt. Erst nach diesen vielen Wochen war er wieder genesen.
»Eigentlich hätte ich den Ebi gerne schon noch ein paar Tage bei uns behalten, denn er erscheint mir immer noch ziemlich geschwächt. Aber wenn sich einer von euch Zeppelins erst einmal etwas in den Kopf gesetzt hat, dann kannst du ja reden, was du willst: da lässt sich keiner mehr umstimmen. Und der Ebi hat halt gemeint, er müsse sich jetzt unbedingt und ganz dringend wieder auf seine Bankgeschäfte konzentrieren. Da war nichts mehr zu machen.«
»Recht hat er, mein kleiner Bruder«, murmelte Ferdinand, während er sich bemühte, sein linkes Bein aus eigener Kraft leicht anzuheben. Das Experiment mündete in einem qualvollen Stöhnen. »Es geht noch immer nicht«, presste er mühsam hervor. »Das … das ist allmählich ja zum Verzweifeln …«
Bella sandte einen verzweifelten Blick zur Decke. »Ich sage es ja: diese Zeppelins und ihre Ungeduld! Der Arzt hat uns

doch gesagt, es wird geraume Zeit dauern, bis du wieder einigermaßen schmerzfrei auf deinen eigenen Beinen stehen kannst. Jetzt übe dich halt einmal ein bisschen in Geduld und danke lieber unserem Herrgott, dass er dich vor schlimmeren Folgen bewahrt hat. Dieser Unfall hätte ja auch ganz anders ausgehen können!«

Schicksalsergeben schloss Zeppelin die Augen. Bella hatte ja recht: erzwingen konnte er seine Genesung nicht. Er musste einfach der Zeit ihren Lauf lassen und sich zur Ruhe zwingen – so ätzend es auch sein mochte.

Weitere sieben Tage gingen ins Land und noch immer verspürte der Patient heftige Schmerzen, sobald er das Bein auch nur im Geringsten belastete. »So kann das nicht weiter gehen. Es muss doch irgendwann eine Besserung eintreten! Da stimmt doch irgendetwas nicht.«

Auch Bella machte sich inzwischen wieder Sorgen. Sie nickte entschlossen: »Am besten, ich schicke nochmals nach dem Arzt. Der soll dich noch einmal ganz genau unter die Lupe nehmen.«

Am Nachmittag war der Arzt erschienen und hatte die Verletzung nun mit Schröpfköpfen behandelt: eine äußerst schmerzhafte Prozedur, an deren Ende sich jedoch tatsächlich eine Besserung einstellte. Offenbar hatte der Blutverlust geholfen, die Schwellung zu beseitigen. Jedenfalls ging es seitdem sichtbar mit der Genesung voran.

Einige Tage später fühlte sich Ferdinand sogar bereits wieder so weit hergestellt, dass er beschloss, mit Bella eine Theateraufführung zu besuchen. Doch kaum waren sie von der Vorstellung nach Hause zurück gekehrt, da klagte er über Schwäche und Übelkeit.

»Dann hast du dir also doch zu viel zugemutet, mein lieber Männi. Ich hätte mich gar nicht erst darauf einlassen sollen«, bemerkte Bella kopfschüttelnd.

»Nein, nein. Ich glaube nicht, dass es an dem Sturz mit dem Pferd liegt. Es ist dieses Mal eher so, dass ich plötzlich auch fürchterliche Halsschmerzen habe. Ich kann kaum noch schlucken, dazu wird mir abwechselnd heiß und kalt.«

Bella brauchte ihre Hand nur ganz kurz an Ferdinands Stirn zu halten: »Ferdi! Du hast ja ein furchtbar hohes Fieber! Du musst sofort ins Bett! Ich schicke nach dem Arzt!«
»Nicht schon wieder der Arzt«, krächzte der Kranke schwach, war aber zu einer weiteren Gegenrede nicht mehr in der Lage.
»Dieses Mal ist es eine ganz besonders heftige Halsentzündung«, diagnostizierte der Arzt. »Machen Sie sich also keine Sorgen, aber Ihr Mann braucht wieder eine ganz besonders strenge Bettruhe, um gesund zu werden. Ich komme morgen früh gleich noch einmal vorbei, um nach ihm zu schauen.«
Allein die Tatsache, dass der Arzt ohne ihr weiteres Zutun von sich aus für den nächsten Morgen seinen nochmaligen Besuch ankündigte, hätte Bella stutzig machen müssen. Aber dieser Gedanke kam ihr erst viele Tage später. Zunächst überlagerte die neuerliche Sorge um die Gesundheit ihres geliebten Männi alle anderen Gedanken. Vor allen Dingen auch deshalb, weil die Halsschmerzen von Stunde zu Stunde schlimmer wurden und sich trotz der Eisbeutel, die sie zur Kühlung einsetzte, einfach keine Besserung einstellen wollte. Auch das Schlucken war ihm kaum noch möglich! Es wurde eine schlimme Nacht – für beide Eheleute.
Erst viele Tage später war das Fieber wieder so weit gesunken, dass ihm der Arzt gestattete, das Bett für einige Minuten zu verlassen. Auch die Schwellung der Mandeln war abgeklungen. »Doch bedenken Sie bitte, Herr Hauptmann: Ihr Körper ist von der Diphtherie noch stark geschwächt. Keinesfalls dürfen Sie sich irgendeiner Belastung aussetzen, ansonsten werden Sie einen üblen Rückschlag erleiden. Mit dieser Krankheit ist absolut nicht zu spaßen – gerade auch im Hinblick auf mögliche, durchaus gravierende Spätfolgen.«
Da war es also plötzlich heraus: Diphtherie!
Entsetzt schlug Bella die Hand vor den Mund. »Diphtherie! Aber davon haben Sie mir doch gar nichts gesagt!«

»Ich dachte mir, es sei besser, Sie nicht zusätzlich zu beunruhigen, gnädige Frau.« Der Arzt zuckte in einer Verständnis heischenden Geste mit den Schultern. »Was hätte es schon bewirkt, wenn Sie es gewusst hätten? Schlimmstenfalls wären Sie mir vor lauter Sorge womöglich in Ohnmacht gefallen. Aber nun sind Sie ja über meine Diagnose im Bilde. Und ich möchte Ihnen noch einmal dringend ans Herz legen, meinen Rat zur äußersten Schonung des Patienten ganz genau zu befolgen. Wie gesagt, mit der Diphtherie ist überhaupt nicht zu spaßen.«

Bella hatte die Botschaft verstanden. Über mehrere Wochen dauerte die Zeit der Rekonvaleszenz. Tage, in denen Bella strikt darauf achtete, dass sich ihr Ferdi nur ja nicht zuviel zumutete. All seinen Protesten zum Trotz, in dieser Hinsicht ließ die ansonsten so sanftmütige Bella nicht mit sich verhandeln. »Jetzt bist ausnahmsweise einmal du es und nicht ich, dessen Gesundheit angeschlagen ist. Dann verhalte du dich jetzt aber auch genauso, wie ich ansonsten deine Anweisungen ja ebenfalls zu befolgen pflege.«

Immerhin sorgte Bella dafür, dass ihr Ehemann während seiner ihm so fürchterlich lästigen Erholungszeit zumindest über ausreichend Lesestoff verfügte. Daran sollte es ihm nicht mangeln. Die Abhandlungen über technische Fortschritte und Erfindungen interessierten ihn ganz besonders. Also würde sie ihn hauptsächlich mit solchen Druckerzeugnissen bei Laune halten.

Eines Tages entdeckte der ganz allmählich wieder Genesende in dem Stapel, den ihm Bella auf den Nachttisch gelegte hatte, unter der Überschrift »Weltpost und Luftschifffahrt« einen gedruckten Vortrag des preußischen Generalpostmeisters Heinrich von Stephan, der sich ausführlich mit den Vorzügen eines Brieftransportes mittels gasgefüllten Ballonen durch die Luft beschäftigte. Schlagartig war es schon nach den ersten Zeilen mit der quälenden Langeweile vorbei. »Das ist ja hochinteressant!« Begeistert klatschte er in die Hände und richtete sich ruckartig auf, was augenblicklich einen qualvollen Schmerzensschrei zur

Folge hatte: in seiner plötzlichen Euphorie hatte er schlichtweg vergessen, sich wegen der schweren Prellungen, die immer noch nicht vollständig abgeheilt waren, langsam und vorsichtig zu bewegen.
Augenblicklich war Bella zur Stelle, die den Schmerzenslaut nebendran im Wohnzimmer vernommen hatte und sich sorgenvoll über ihren schwer atmenden Mann beugte.
»Ferdi! Um Himmels Willen! Was ist denn passiert?«
Ferdinand winkte kraftlos ab. »Es … es ist nichts … Ich … ich hab mich nur falsch bewegt … du liebe Güte: das tut aber immer noch ordentlich weh!« keuchte er und verzog sein Gesicht zu einer schmerzvollen Grimasse.
»Deswegen sage ich dir doch die ganze Zeit, dass du vorsichtig sein und dich noch schonen sollst!« erwiderte Bella kopfschüttelnd und stemmte dabei vorwurfsvoll ihre Hände in die Hüften. »Was ist es denn, das dich derart in Wallung gebracht hat?«
»Es ist dieser Text hier«, deutete ihr Ehemann mit einer Kopfbewegung zu der mittlerweile auf dem Boden liegenden Abhandlung, die ihm bei seiner Schmerzattacke aus den Händen gefallen war.
»Briefe mit Ballonen zu befördern … was ist denn das für eine seltsame Idee«, murmelte Bella stirnrunzelnd, während sie die Blätter vom Boden aufsammelte.
»Das ist nicht seltsam, das ist interessant und folgerichtig«, widersprach Ferdinand postwendend. »Es ist genau die Idee, die ich schon selber mehrfach in mir bewegt habe. Ich bin bisher nur noch nicht dazu gekommen, diesen Gedanken in aller Ausführlichkeit weiter zu verfolgen. Du weißt doch, dass ich dir erzählt habe, wie sie schon im Sezessionskrieg solche Ballone zu Erkundungszwecken genutzt haben. Und dann habe ich es ja ebenfalls mit eigenen Augen sehen können, wie man im Herbst 1870 Menschen und Briefe aus dem belagerten Paris gebracht hat. Eine absolut faszinierende Angelegenheit. Die Post würde damit um ein vielfaches schneller an ihren Bestimmungsort gelangen können, wenn man sie über den Himmel schicken

würde. Und erst die militärischen Einsatzmöglichkeiten: wenn wir den Feind mit einem Mal vom Himmel aus bekämpfen könnten. Damit öffnen sich völlig neue Perspektiven. Die Krux dabei ist bisher eben nur, dass diese Ballone nicht lenkbar sind. Denn wenn der Wind dreht, dann schwebt der Ballon in genau die falsche Richtung. Darin liegt das Problem.«

»Und du meinst, es sei einem Menschen möglich, in der Luft gegen die Kräfte der Natur zu bestehen?«

»Man muss nur wollen und daran glauben, dann kann es gelingen«, nickte Ferdinand ernst. »Auch, wenn uns all das momentan noch kühn und unerreichbar erscheinen mag. Im Generalstab wollen sie sowieso nichts davon wissen, ich habe mir dort bei jeder meiner Eingaben grundsätzlich eine Abfuhr geholt. Und das nur, weil sie ja mit eigenen Augen seinerzeit erlebt haben, dass die aus Paris aufgestiegenen Ballone nicht lenkbar waren und manche mitsamt ihren Insassen direkt in unsere Arme geweht worden sind. Und an eine Lenkbarkeit wollen sie einfach nicht glauben. Das werde niemals möglich sein, argumentieren sie. Ich denke aber schon, dass uns eines nicht allzu fernen Tages findige Köpfe die Lösung dieses Problems präsentieren werden. Möglicherweise muss man, um diese Anforderung bewältigen zu können, zunächst alles noch einmal grundsätzlich überdenken. Beispielsweise bin ich im Zweifel darüber, ob der Ballon in seiner bisherigen Form wirklich als lenkbares Objekt geeignet ist. Vielleicht sollte er gar nicht rund sein, sondern langgestreckt – bei aller Problematik, die das im Hinblick auf die Ausdehnung des Gases womöglich mit sich bringt. Aber andererseits würde er damit weniger Angriffsfläche für die Winde bieten und womöglich wäre es auch besser, wenn man die Hülle zusätzlich noch versteifen würde …« sinnierte er.

»Ich sehe schon: du hast also jetzt endlich den richtigen Lesestoff gefunden«, lächelte Bella zufrieden und drückte ihrem Ferdinand die Seiten, die sie inzwischen wieder in die richtige Reihenfolge gebracht hatte, in seine Hände.

Zumindest für die nächsten Stunden brauchte sie folglich nicht zu befürchten, dass es ihrem Ehemann in irgendeiner Form langweilig werden würde. Technische Neuerungen interessierten ihn bekanntlich schon immer – und über die gasgefüllten Ballone, mit der die Verteidiger von Paris über den Köpfen der deutschen Soldaten in die Freiheit entschwebt waren, hatte er sich mehr als einmal begeistert geäußert, wenn er im Freundeskreis von seinen Kriegserlebnissen berichtete.
Sachte zog sie die Tür zum Wohnzimmer hinter sich ins Schloss – aber das bemerkte ihr Ferdinand gar nicht mehr, so intensiv hatte er sich bereits in seine neue Lektüre vertieft. Es war ein faszinierender Lesestoff, der ihn auch in den folgenden Tagen in seinen Bann schlug. Und wenn dann endlich diese lästige, durch die Diphtherie bedingte Mattigkeit vorüber wäre, dann würde er versuchen, die Thematik mit seinen eigenen Gedanken weiterzuspinnen.
Am 25. April 1874 war es so weit: an diesem Tag hatten sich seine Überlegungen nach der Lektüre weiterer Schriften über Atmosphäre, Gase und mancherlei Flugexperimente – angefangen bei den alten Griechen – sowie einer intensiven Nachdenkphase nun zu ersten, einigermaßen konkreten Vorstellungen verdichtet. So notierte der ganz allmählich wieder genesende Zeppelin in einem ersten Tagebucheintrag seinen Gedanken, in absehbarer Zeit eine Skizze für einen lenkbaren Ballon zu entwerfen – und dieses »Luftschiff« in hoffentlich nicht allzu ferner Zukunft womöglich auch bauen zu können. Es sollte tatsächlich eher die Form eines Schiffes besitzen, keinesfalls schien ihm die bisherige Ballonform ideal. Ein starres Schiff, das dank der Befüllung seiner verschiedenen Gaszellen mit Wasserstoffgas leichter als Luft sein würde – und damit in den Himmel steigen könnte! Ein ziemlich großes Schiff, denn es sollte ja imstande sein, Lasten zu tragen und Menschen zu befördern: »Die Erhebung wird dann erreicht durch das Angehen der Maschine, welche das Fahrzeug gewissermaßen auf die nach aufwärts gestellten Flügel treibt.

In der gewollten Höhe angelangt, werden die Flügel weniger steil gestellt, so dass das Luftschiff in der horizontalen Ebene bleibt.« Mit einem zufriedenen Nicken legte er den Federkiel beiseite und las das Geschriebene noch einmal sorgfältig durch. Es waren keinerlei unlogische Schlussfolgerungen enthalten. Wie einfach sich das doch anhörte! Wäre da nicht die alles entscheidende Frage, wo sich ein solcher Antrieb finden lassen konnte, mit dessen Hilfe man das Luftschiff bewegen könnte. Eventuell waren es diese Gasmotoren, wie sie mittlerweile in Deutz unter der Leitung des neuen Technischen Direktors Gottlieb Daimler höchst erfolgreich gebaut wurden? Eher nein: diese Gasmotoren waren viel zu schwer, und erst recht die monströsen Tanks, die für ihren Betrieb benötigt wurden … Es musste folglich etwas anderes geben. Aber was? Man würde absolutes technisches Neuland betreten müssen. So viel stand für ihn fest. Und ganz abgesehen von dieser Frage würde sich automatisch ein ganz anderes Problem auftun: die Kosten. Die Geldmittel, die man für die Herstellung eines solchen Luftschiffs einkalkulieren musste, dürften enorm sein. Ganz zu schweigen von den Rückschlägen, die es ganz sicher geben würde. Welcher Financier würde dazu bereit sein, sich auf ein derart riskantes Unternehmen einzulassen? Fragen über Fragen … und trotz alledem: eine faszinierende Herausforderung, die es auf alle Fälle im Auge zu behalten galt.

Zwischenzeitlich bestimmten allerdings wieder ganz andere Themen den Tagesablauf des Ferdinand von Zeppelin. Denn als seine Gesundheit endlich wieder hergestellt war, wurde er zum Major befördert und aus Straßburg abkommandiert. »Meine neue Wirkungsstätte wird nun das 2. Württembergische Dragonerregiment sein«, erklärte er seiner Ehefrau stolz und drückte ihr einen liebevollen Kuss auf die Wange. »Schon wieder ein Umzug. Und schon wieder ein Haushalt, den ich neu zu organisieren habe«, seufzte Bella. »Aber das ist wohl das Schicksal einer Offiziersfamilie. Immerhin hast du aber einen bedeutenden

Schritt auf der Karriereleiter machen können und dafür nehme ich alle Mühsal gerne in Kauf. Hauptsache, meinem lieben Männi geht es gut!« schenkte sie ihm ein strahlendes Lächeln. »Wenn ich doch nur endlich ein Kind unter dem Herzen tragen könnte, dann wäre unser kleines Glück vollkommen …«

»Das wird sich schon noch ergeben, Bella. Du darfst dir da keine Gedanken machen. Glaube nur zuversichtlich daran. Wir haben schließlich noch Zeit. Du bist doch erst 28 Jahre jung …«

»… ein Alter, in dem meine Jugendfreundinnen schon drei oder gar vier Kinder bekommen haben«, erwiderte sie mit hörbar belegter Stimme. »Aber du hast schon recht: ich werde mich einfach in Geduld üben und jetzt erst einmal ein schönes Haus für uns suchen, in dem wir uns so richtig wohl fühlen können …«

»… natürlich eines, in dem es auch genügend Platz für ein großes Kinderzimmer gibt«, zwinkerte ihr Ferdinand lächelnd zu.

»Was ich noch gerne wüsste, Ferdi: mein Bruder hat sich doch kürzlich in seinem Brief an uns über das Schneiderlein von Ulm lustig gemacht und über die Tatsache, dass du ja auch dem Fliegen verfallen seiest und somit nun in genau der richtigen Stadt angekommen wärest. Sag, hat es dieses Schneiderlein denn tatsächlich gegeben. Ich dachte bisher eigentlich immer, das sei nur eine erfundene Geschichte – so wie die mit dem Ulmer Spatz.«

Um Ferdinands Mundwinkel spielte ein amüsiertes Lächeln. »Ach, der liebe Heinrich. Ist halt immer zu ein wenig Spott aufgelegt, nur weil er meine Begeisterung für die Eroberung des Himmels nicht teilen mag. Mag dein Bruder aber getrost skeptisch bleiben, ich hingegen glaube fest daran, dass wir eines Tages auch mit Fluggeräten in den Himmel steigen können. So wie das der Schneider von Ulm getan hat, auch wenn er bei seinem Sturz mit dem Flugapparat in die Donau zur tragischen Berühmtheit und zum Gespött des ganzen Landes geworden ist. Das hatte

der arme Mann, er hieß übrigens Berblinger, nun wahrlich nicht verdient gehabt. Aber das ist wohl zu allen Zeiten das Schicksal von Visionären gewesen. Von Menschen, die ihrer Zeit in Wahrheit voraus waren. All zu weit …« fügte er mit einem ernsten Unterton noch hinzu.
»Ich hoffe sehr, dass dir ein solches Schicksal erspart bleiben möge«, erwiderte Bella. »Nicht, dass du mit deinen Luftschiffplänen als zweiter Schneider von Ulm in die Geschichte eingehst, so wie das mein Bruder ja offenbar andeuten wollte.«
»Ach was«, winkte Zeppelin lässig ab. »Ich werde künftig ganz andere Sorgen haben, als mich um eine Verfeinerung meiner Luftschiffskizzen kümmern zu können. Jetzt gilt es erst einmal, mich als Kommandeur zu bewähren und meine Leute zu guten Soldaten auszubilden.«

In der Tat standen in den folgenden Monaten ganz andere Themen im Vordergrund: neben Ferdinands neuer dienstlicher Verpflichtung war das vor allem Bellas vergebliche Suche nach einem geeigneten Domizil in Ulm gewesen. Keines der angebotenen Objekte – sei es zur Miete oder zum Kauf – hatte ihr zugesagt und so hatten die beiden Eheleute eines Tages den Beschluss gefasst, dann eben ein Haus neu zu bauen. Was den Vorteil mit sich brachte, dass es ganz nach Bellas Wünschen geplant werden konnte. Zwischenzeitlich musste man sich eben mit einem Behelfsquartier im ehemaligen Kloster Wiblingen begnügen, mit allen Beeinträchtigungen, die ein solches Provisorium zwangsläufig mit sich brachte. Doch für diese Unannehmlichkeiten entschädigte sie die Aussicht auf den baldigen Bezug ihrer eigenen vier Wände, zumal sie nach den neuesten technischen Standards bauen würden, um die sich naturgemäß Ferdinand von Zeppelin mit großer Begeisterung kümmerte.

Das »Haus am Berg«, wie sie es nannten, wurde folglich mit allen technischen Details ausgestattet, die man sich nur denken konnte: angefangen vom Blitzableiter, zu einer ganz neuartigen Umluftheizung bis hin zu einem Telefonapparat, einem der ersten in der ganzen Stadt, der die Besucher der Zeppelins infolgedessen regelmäßig ins Staunen geraten ließ. Komplettiert wurde die Haushaltung von einem kleinen Stall, der neben dem hübschen Etablissement errichtet wurde, und in dem die fünf Hühner zusammen mit dem prächtigen Hahn, die Isabella erworben hatte, regelmäßig bei Sonnenaufgang dafür sorgten, dass die Bewohner des Hauses schon früh aus den Federn kamen.

Dank der umsichtigen Planung des renommierten Stuttgarter Architekten Emil Tafel, der Zeppelin von verschiedenen Seiten wärmstens empfohlen worden war, entstand ein nicht nur technisch, sondern auch optisch äußerst ansprechendes Haus, das sie erstaunlicherweise schon am 31. Oktober 1874 einweihen konnten. Ferdinand hatte zunächst ein kleines Gebet gesprochen und dann konnte die fröhliche Feier beginnen, zu der sie als ausgeprägte Familienmenschen, ihre Eltern, alle Geschwister, sowie deren Ehepartner und Kinder eingeladen hatten.

Der Umzug nach Ulm war damit vollzogen und nichts schien einem Leben der Zeppelins in Glück und Zufriedenheit mehr im Wege zu stehen.

Zumal sich Ferdinand als höchst beliebter Vorgesetzter erwies, dessen Leute ihn wegen seiner freundlichen und offenen Haltung, die er selbst dem rangniedrigsten Soldaten gegenüber an den Tag zu legen pflegte, geradezu verehrten. Diese Umgangsformen, die ihn so deutlich von den meisten Offizieren unterschieden, nicht nur von den bekannt schroffen Preußen, sondern sogar von den Württembergern, bildeten für Zeppelin freilich eine schiere Selbstverständlichkeit. Nichts war ihm mehr zuwider, als lautes Gebrüll oder absichtliches Erniedrigen der ihm anvertrauten Soldaten. Vor allen Dingen ein Erlebnis, das er ganz bewusst sogar in seinen Aufzeichnungen festhielt, hatte ihn geradezu in seinen Grundfesten erschüttert: »Wenn es mir zum Beispiel in diesen Tagen vorgekommen ist, dass ein im Oktober eingestellter Mann auf meine Anrede am ganzen Körper zittert und auf meine Frage, ob er denn vor mir Angst habe, antwortet: »Zu Befehl, Exzellenz!«, so klagt der Mann seine Lehrer gewaltig an – und zwar des Mangels an Verständnis für die richtige Art der Ausbildung.«

Gerade nach diesem Vorfall schien es ihm also umso wichtiger, ein klares Zeichen zu setzen, dass es auch eine andere Möglichkeit des Umgangs miteinander gab. Ein Zeichen, das den Offizierskameraden genauso gelten durfte, wie den einfachen Dienstgraden, getreu seinem Grundsatz: »Ich habe als Offizier in Wahrheit keinen Grund, mich für besser zu halten, als der Geringsten Einen!«. Ein Fazit, das bei den Kameraden so gut wie gar kein Verständnis fand. Und dennoch mussten sie zu ihrem Erstaunen erleben, wie sich Zeppelins Einheit bei Exerzierübungen auch ohne lautstark heraus gebrüllte Kommandos in exakt die gewünschte Richtung bewegte. Den Männern des Majors von Zeppelin genügte bereits eine leichte Handbewegung ihres Kommandeurs, um dessen Befehle auf der Stelle auszuführen.

Alles hätte so gut sein können – wenn da nur nicht die wachsenden Gesundheitsprobleme gewesen wären, die nun aber weniger Isabella, als vielmehr ihren Ehemann betrafen. Ob es sich um Spätfolgen des Sturzes oder gar der gleich danach ausgebrochenen Diphtherie handeln mochte? Kein Arzt vermochte es zu sagen. Auch die homöopathischen Medikamente entfalteten oft nicht die gewünschte Wirkung, einzig die Sommeraufenthalte auf Schloss Girsberg schienen Balsam für den geschwächten Körper ihres doch erst 40 Jahren alten Ehemannes zu sein, mit dessen militärischer Karriere es nicht so recht voran gehen wollte. Und das angesichts seiner umfassenden technischen Kenntnisse und der internationalen Erfahrungen, die er doch schon in jungen Jahren hatte sammeln können. Dahinter steckten sicherlich die Preußen, die ihm sein angeblich tollkühnes Verhalten beim Schirlenhof anscheinend immer noch nicht vergessen hatten. Das war natürlich eine zusätzliche psychische Belastung, die er seiner Bella gegenüber niemals ins Spiel bringen würde. Bella plagten bekanntlich eigene Sorgen, denn noch immer war sie nicht schwanger geworden. Wann endlich würden sie ein Kind bekommen? Von Monat zu Monat zehrte ihre Kinderlosigkeit stärker an Bellas Nerven. Umso wichtiger war für sie aus diesem Grund das harmonische Verhältnis, das die beiden Eheleute untereinander pflegten – eine viel innigere und liebevollere Partnerschaft war das, als bei den anderen Ehepaaren in ihrer näheren Bekanntschaft. Besonders innig genossen Bella und Ferdi zudem ihre ausgedehnten »Wallfahrten« in die herrliche Umgebung des Bodensees. Zwei- bis dreimal während einer solchen Sommerfrische führte der Weg des Ehepaars Zeppelin auch ins Schloss nach Friedrichshafen, wo sich König Karl samt Gefolge aufhielt – und zu Ferdinands besonders großer Freude manchmal auch der Thronfolger, mit dem er sich seit ihrer gemeinsamen Zeit in Berlin ja auf das prächtigste verstand.

Als besondere Höhepunkte während Ferdinands Aufenthalt »in der alten Heimat« galten zudem die Tage, in denen seine Schwester Ely mit ihrer Familie zu Besuch nach Girsberg kam. Gleich nach Elys Ankunft fuhr man gemeinsam nach Konstanz, um dort den »kleinen Bruder« Eberhard zu besuchen, der mittlerweile aus dem Bankhaus Macaire ausgeschieden war. Ebi beschäftigte sich inzwischen mit dem Umbau der verwaisten Gebäude des ehemaligen Dominikanerklosters, wo die Macair'sche Tuchfabrikation aus Kostengründen längst eingestellt worden war. Jetzt sollte hier ein Hotel entstehen. »Jahr für Jahr kommen immer mehr Besucher an den Bodensee und verlangen nach einer standesgemäßen Unterkunft, die hier bislang jedoch kaum zu finden ist. Da müsste sich ein Hotel der gehobenen Kategorie doch als eine wahre Goldgrube erweisen«, erläuterte Ebi seine Pläne, weshalb er aus dem Geburtsort der Geschwister das »Insel Hotel« entstehen

lassen wollte. »Und natürlich muss dabei ein modernes, luxuriöses Haus entstehen, das sich aber dennoch würdevoll und wie selbstverständlich in die grandiose Kulisse des Bodensees und des Alpenpanoramas einfügen soll.« Um diesen hohen Ansprüchen gerecht werden zu können, bedurfte es eines hervorragenden Architekten, der sich mit seinem technischen Wissen auf der Höhe der Zeit befand. Der Mann war rasch gefunden, denn es handelte sich um genau denselben überragenden Baumeister, der auch schon das »Haus am Berg« der Zeppelins in Ulm entworfen hatte: Professor Emil Tafel. Dankbar hatte Eberhard die Empfehlung seines Bruders aufgegriffen und wurde von dem Architekten nicht enttäuscht, ganz im Gegenteil sogar. Voller Stolz führte Ebi seine Geschwister grundsätzlich bei jedem ihrer Aufenthalte in Schloss Girsberg durch die Baustelle des neuen »Insel Hotels« – und platzte natürlich beinahe vor Glückseligkeit, als er das nagelneue Hotel bereits am 15. April 1875 im Beisein von Ferdi und Ely unter großer Anteilnahme der Öffentlichkeit feierlich einweihen konnte.
Auch Ferdinand genoss diesen Tag in vollen Zügen. Das Datum, an dem sein Geburtsort in ein prachtvolles Hotel verwandelt worden war. Dank der Tatkraft und dem Geschick seines immerzu freundlich – umtriebigen »kleinen« Bruders. Herrlich! In solchen Stunden schienen seine gesundheitlichen Probleme wie weggeblasen – und auch die liebe Bella wirkte auf ihn so, als habe sie für einige Zeit die Sorgen wegen ihrer eventuellen Kinderlosigkeit vergessen können.

Endlich! Am 28. November 1879 war das Glück der Zeppelins vollkommen: frühmorgens um sechs Uhr hatte Bella ein Kind zur Welt gebracht. Ein Mädchen. »Was für ein wunderschönes Kind!« Dankbar fielen sich die beiden Eheleute nach der komplikationslos überstandenen Geburt in die Arme. »Nun sind wir endlich eine richtige Familie!«

»Hast du dich nun schon entschieden, wie unser Kind genau heißen soll«, erkundigte sich der stolze Vater. »Jetzt, nachdem es ein Mädchen geworden ist?«
»Ich denke, das entscheiden wir beide zusammen, nicht wahr?« schenkte ihm Bella ihr strahlendstes Lächeln. »Bist du eigentlich nicht enttäuscht, dass es kein Junge geworden ist? Kein stolzer Bub, der eines Tages als Offizier in die Fußstapfen seines Vaters hätte treten können?«
»Niemals! Wie kommst du denn nur auf so etwas, Bella?!« brach es aus Zeppelin spontan heraus. »Hauptsache unser Kind ist gesund und es wird ein guter Mensch aus ihm. Das ist doch das Allerwichtigste im Leben. Das ist alles, was zählt.«
»Dann werden wir dafür Sorge tragen, dass sich aus unserem kleinen Mädchen ein solcher Mensch auch wirklich entwickeln kann«, strahlte Bella.
»Und wie soll es nun also heißen, unser liebes Töchterlein?« insistierte Ferdinand ein weiteres Mal.
»So, wie wir es bereits miteinander besprochen haben, finde ich. Helene Amalie. Das ist doch ein wunderschöner Name, findest du nicht auch?«
»Doch, das finde ich auch …« lächelte der frisch gebackene Vater selig.
In diesem Augenblick wurde die Tür des Schlafzimmers vorsichtig geöffnet und die Hebamme, die das Neugeborene behutsam in den Armen trug, betrat den Raum. »Wollen Sie ihr kleines Töchterlein vielleicht einmal selbst halten, Herr Graf?«
Zeppelin machte spontan eine erschrockene Abwehrbewegung. »Ich?! Aber … ich … ich weiß ja gar nicht, wie das geht …« stotterte der von einem solchen Ansinnen völlig überrumpelte Mann. »Nicht dass ich womöglich etwas falsch mache …«
»Da kann man nicht viel falsch machen. Sie müssen es nur gut festhalten, dann kann gar nichts passieren. Kommen Sie einmal. Hier … hier haben Sie Ihre liebe kleine Tochter.«

Ehe er sich's versah, hatte ihm die Hebamme den Säugling in den Arm gelegt und seine andere Hand um das Köpfchen des Wickelkindes geführt. Es war ein unbeschreibliches Gefühl. »So klein … und so zart. Unser liebes Kind. Unsere liebe Hella … unser Ein und Alles!«
Es glitzerte feucht in seinen Augen, als er einen zarten Kuss auf die rosige Wange des winzigen Geschöpfes hauchte. »Unsere liebe Hella. Was für ein herrlicher Tag – und was für ein unbeschreiblicher Schatz, den du uns heute geschenkt hast, meine geliebte Bella!«
Wenig später verabschiedete sich der überglückliche Vater von seiner Ehefrau und dem friedlich schlafenden Kind, um den Hausangestellten die frohe Nachricht zu bestätigen und ihnen zur Feier des Tages einen guten Schluck Wein zu spendieren.
Noch lange blickte Bella zur Schlafzimmertür, die ihr Ehemann sachte hinter sich geschlossen hatte. Tränen schossen in ihre Augen. Tränen des Glücks und der Rührung. Was war das doch für ein wunderschöner Anblick gewesen. Ihr Ferdi mit dem süßen neugeborenen Kind in seinen Armen. Ihrer lieben kleinen Hella. Ein Kind war ihnen geschenkt worden. All ihr Hoffen und Sehnen hatte nun ein gutes Ende gefunden. Der 28. November 1879: Es war ein Datum des Glücks und der Dankbarkeit. Wie sich die Welt doch von einem Tag auf den anderen verwandeln konnte! Wie herrlich! Man konnte dem lieben Herrgott nicht genug danken, für diese Gnade, die er ihr mit der kleinen Hella erwiesen hatte. Mitten in ihrem innigen Dankgebet fiel die über alle Maßen glückliche Isabella von Zeppelin in einen erschöpften, tiefen Schlaf.

Nicht nur über dem privaten Glück des Ehepaars Zeppelin strahlte seit der Geburt ihrer Hella die Sonne: auch in beruflicher Hinsicht entwickelten sich die Dinge für Ferdinand zum Positiven. So wurde er am 30. Juli 1882 zum Kommandeur des 1. Württembergischen Ulanenregiments »König Karl« in Ulm ernannt und erhielt anderthalb Jahre später dann auch seine Beförderung zum Oberst. Diese Aufgabe erledigte er – wie nicht anders erwartet worden war – zur völligen Zufriedenheit des Generalstabs und vor allem auch des königlichen Hauses. Man hätte beinahe meinen können, dass es vor Jahren dieses gravierende Missverständnis mit König Karl gar nie gegeben hätte. Das Verhältnis blieb intakt, auch wenn sich der König zu Zeppelins Enttäuschung für technische Neuerungen nach wie vor eher mäßig interessiert zeigte. Nach der Lektüre eines Zeitungsartikels über die Experimente der französischen Offiziere Renard und Krebs mit einem lenkbaren Ballon, der von einem Elektromotor angetrieben wurde, hatte Zeppelin seine alten Aufzeichnungen sofort wieder hervorgeholt. Wenn man dem Artikel Glauben schenken durfte, dann hatten es die Franzosen in diesem Herbst tatsächlich geschafft, ihren Gasballon »La France« zu einem von ihnen vorher festgelegten Ziel zu steuern! Mit anderen Worten: sie hatten genau das erreicht, was bislang als unmöglich gegolten hatte. Ausgerechnet die Franzosen hatten damit das Zeitalter der lenkbaren Luftschiffe eingeläutet und sich einen enormen Vorsprung vor den Deutschen verschafft. Denn während die deutschen Stellen bislang sämtlichen Anregungen von Zeppelin und anderen weiter voraus blickenden Offizieren zur Entwicklung eines lenkbaren Luftschiffs die kalte Schulter zeigten, waren die Franzosen nicht untätig geblieben Wie leicht konnte dieser Vorsprung im Hinblick auf künftige militärische Auseinandersetzungen zum kriegsentscheidenden Nachteil geraten?!

Nun gut: seine intensiven Recherchen, die er in den folgenden Tagen zu diesem Thema anstellte, brachten schließlich einige Erkenntnisse an den Tag, die manche Schlagzeile über den Erfolg der »La France« in einem wesentlich glanzloseren Licht erscheinen ließen, denn die Durchschnittsgeschwindigkeit des Gasballons hatte nur 5,5 Meter in der Sekunde betragen, also 19,8 Stundenkilometer. Und das wiederum bedeutete: wenn es an diesem Tag nicht absolut windstill gewesen wäre, hätte der Ballon keine Chance gehabt, sich gegen die Windrichtung zu behaupten. Der Luftwiderstand wäre viel zu groß gewesen und die Leistung des Motors erheblich zu schwach. Außerdem, so konnte er in Erfahrung bringen, war der Rundflug nur von ganz kurzer Dauer gewesen, dazu ganz ohne einen nennenswerten Transport von Lasten. Fazit: Auch der Elektroantrieb schien folglich nicht für die Luftfahrt geeignet – zumindest noch nicht. Und dennoch konnte man es drehen und wenden wie man wollte: Die »La France« hatte unter Zeugen diesen Rundflug geschafft, wie kurz er in Wahrheit auch ausgefallen sein mochte. Trotz all dieser Unzulänglichkeiten war damit der Beweis erbracht, dass der Betrieb von lenkbaren Luftschiffen alles andere als ein Hirngespinst bleiben würde.

Grund genug also für Ferdinand von Zeppelin, um sich nur wenige Tage später in einem weiteren Schreiben an den König zu wenden, in dem er dem Monarchen mitteilte, dass er die feste Absicht habe, über kurz oder lang ebenfalls ein Luftschiff zu bauen. Es musste doch gelingen, dem König Karl zu verdeutlichen, wie groß inzwischen die Gefahr war, dass die Franzosen einen uneinholbaren Vorsprung in der Luftfahrt bekommen würden. Was gerade aus militärstrategischer Sicht unbedingt zu vermeiden war. Folglich müsste sich König Karl dieses Mal doch relativ rasch von der Notwendigkeit eines deutschen Luftschiffs überzeugen lassen! Zeppelins Hoffnung trog, denn der König, der schon seit einiger Zeit seine Amtsgeschäfte immer lustloser und ohne jede Eigeninitiative erledigte, mochte auch dieser Initiative, die ihm doch immerhin von einem seiner Adjudanten, also einer höchst vertrauenswürdigen Person, unterbreitet wurde, wieder einmal kein sonderliches Interesse entgegen bringen. Jedenfalls blieb die von Zeppelin erhoffte Reaktion komplett aus: zu seinem großen Bedauern kam es noch nicht einmal zu einer Einladung, der württembergischen Regierung seine Pläne

für einen lenkbaren Ballon persönlich und umfassend zu erläutern.
Auf anderen Gebieten schien man seine Gedanken dafür umso mehr zu schätzen. Oberst Ferdinand von Zeppelin erfreute sich nämlich nicht nur des königlichen Wohlwollens, sondern er galt auch der württembergischen Regierung als besonnener Ratgeber, dessen Lagebeurteilung vor wichtigen innenpolitischen Entscheidungen regelmäßig eingeholt wurde. Genau diese Wertschätzung wurde ihm unversehens zum Problem. Denn angesichts der nach wie vor recht krisenanfälligen Beziehung zwischen Preußen und dem Königreich Württemberg, das sich gerade in militärischen Belangen in einem ständigen Abwehrkampf gegen die anmaßenden Alleinvertretungsansprüche der Preußen befand, bedurfte es unbedingt eines kenntnisreichen und fähigen Militärbevollmächtigten bei der württembergischen Gesandtschaft in Berlin. Der Mann war rasch gefunden: kein anderer, als der Oberst von Zeppelin eigne sich für diese diffizile Aufgabe – und so wurde Zeppelin im September 1885 also nach Berlin versetzt. So ehrenvoll dieser Vertrauensbeweis auch sein mochte, so mäßig war Ferdinands Begeisterung, sein Regiment verlassen zu müssen und nun das diplomatische Parkett mit all seinen Tücken und Fallstricken zu betreten. Aber wenn es das Interesse des Landes nun einmal verlangte, dann hatte er sich zu fügen und seine eigenen Befindlichkeiten hinten an zu stellen. Immerhin bot sein neuer Verwendungsort Berlin für Bella den Vorteil, ihre Familie wieder häufiger sehen zu können.
Und nach einigen Jahren der treuen Pflichterfüllung würde man ihm den Wunsch nicht abschlagen können, endlich wieder ein militärisches Kommando zu übernehmen.
Nur ein Jahr später wähnte er sich bereits am Ziel, als er die erfreuliche Nachricht entgegennehmen konnte, man habe ihn zum Kommandeur der 2. Württembergischen Kavalleriebrigade in Ulm ernannt. »Das ist ja wunderbar! Dann

geht es also endlich wieder zurück zu meiner Truppe. Ich kann es nämlich drehen und wenden, wie ich will, Bella: in aller erster Linie fühle ich mich nun einmal als Soldat. Und auf die Rückkehr in unser schönes Haus freue ich mich auch ganz besonders!«

Die Freude beruhte auf Gegenseitigkeit. Denn kaum war die Nachricht von der bevorstehenden Rückkehr Zeppelins in die Stadt an der Donau gelangt, da erhielt er auch schon einen ganzen Stapel von Briefen, in denen die Kameraden, Freunde und viele Bürger von Ulm ihrer Begeisterung darüber Ausdruck gaben, ihn schon in Bälde wiedersehen zu dürfen. Die Freude war jedoch nur von kurzer Dauer, denn während er damit beschäftigt war, sich auf seine neue Aufgabe vorzubereiten, verstarb überraschend der württembergische Gesandte in Berlin. Und der Einzige, dem die Regierung zutraute, diese Lücke auszufüllen, war – zumindest vorübergehend – niemand anderer als Graf Zeppelin. »Nun ja, im Interesse des Landes bleibt mir keine Wahl – und es ist ja auch nur eine kurze Zeit des Übergangs. Ein paar Monate hin oder her, das muss ich wohl oder übel in Kauf nehmen«, fügte er sich voller Ernüchterung ins Unvermeidliche.

Es kam freilich noch schlimmer: im Frühjahr 1887 wurde ihm von der württembergischen Regierung das förmliche Angebot unterbreitet, den Posten des Gesandten in Berlin im Rang eines Ministers nun ganz offiziell zu übernehmen. Eine Anfrage, die ihm arge Seelenqualen verursachte. Natürlich handelte es sich um eine ehrenvolle Würdigung seiner Person und seiner bislang geleisteten Dienste. Aber … im Grunde seines Herzens fühlte er sich nicht wohl in der Diplomatie. Weshalb konnte er nicht einfach sein Kommando übernehmen und als Offizier seinen Pflichten nachkommen? Nach einer wochenlangen Bedenkzeit und vielen Unterredungen mit der Regierung, die einfach keine Alternative zu Zeppelin erkennen mochte, willigte er schließlich unter der Bedingung ein, eines (hoffentlich nicht allzu fernen) Tages als Brigadekommandeur wieder in den Militärdienst eintreten zu können. Schweren Herzens, »denn immerhin bin ich jetzt schon 49 Jahre alt. Wenn ich irgendwann noch eine Verwendung als kommandierender General erreichen will, bleibt mir nicht mehr viel Zeit dafür«, resümierte er achselzuckend und bedachte Bella dabei mit einem ernsten Blick. »Maximal zwei Jahre werde ich dieses Amt bekleiden, danach ist aber endgültig Schluss. Das haben sie mir fest versprochen in der Regierung – und wenn sie vor Ablauf dieser Frist einen geeigneten Mann finden, dann werde ich schon früher meinen Abschied aus Berlin nehmen dürfen. Woran ich freilich nicht glaube. Sie werden mich hier behalten, bis zum Schluss, also mindestens bis in den Herbst 1889. Darüber müssen wir uns im klaren sein, Bella. Noch einmal zwei Jahre in der preußischen Hauptstadt! Umso wichtiger werden mir die Aufenthalte in unserer herrlichen Sommerfrische in Girsberg sein – und das Zusammensein mit dir, meine liebe Frau und mit unserer kleinen Hella!«

»Ganz meine Meinung, liebster Männi!« lächelte Bella und drückte ihrem Mann einen innigen Kuss auf die Wange. »Und jetzt schauen wir, ob dich unsere Köchin mit einem deiner Lieblingsessen wenigstens ein kleines bisschen mit den Umständen wieder versöhnen kann. Was meinst du? Ob es ihr wohl gelingen wird?«

»Kommt ganz darauf an, was sie auf dem Herd stehen hat«, brummelte Ferdinand.

Bella schnupperte vorsichtig in Richtung Küche. »Also, wenn ich nicht ganz falsch liege, dann sind das saure Nierle. Das wäre doch was Feines, nicht wahr?«

»Und ob das etwas Feines ist«, strahlte der Genießer nun plötzlich mit der Sonne um die Wette. »Saure Nierle mit Bratkartoffeln – etwas Besseres kann ich mir kaum vorstellen!«

»Und das kann man sogar in Berlin kochen, wenn man das richtige Rezept dafür hat. Also dann: marsch mit dir ins Esszimmer!«

So sehr er sich auch nach Ulm und zu einer anderen Verwendung zurück sehnte, so viel Zeit blieb Ferdinand von Zeppelin während seiner ungeliebten Tätigkeit als württembergischer Gesandter in Berlin, um sich wieder intensiver mit der Technik von lenkbaren Gasballonen und deren militärstrategischen Vorteilen zu beschäftigen. Das wäre ihm als Regimentskommandeur von der zeitlichen Beanspruchung her nicht möglich gewesen. Insofern hatte jedes Ding seine zwei Seiten. Im Lauf des Jahres 1887 fertigte er schließlich eine Denkschrift über die »Notwendigkeit der Lenkballone« an, die er an König Karl persönlich abschickte, um den König ein weiteres Mal mit eindringlichen Beschreibungen darüber zu informieren, welche entscheidenden Vorteile der Besitz von Luftschiffen bei der Kriegsführung bieten konnte. Doch zu seiner großen Enttäuschung stieß seine Analyse auch jetzt auf keinerlei positives Echo. Und als er sich im darauf folgenden Jahr mit seiner Anregung an das preußische Militär wandte (irgendwann musste doch jemand im Deutschen Reich begreifen, welche einmaligen Chancen diese neuartige Technik eröffnen konnte!), stieß er auf genau dasselbe, in seinen Augen völlig unfassbare, Desinteresse. Zunächst einmal müsse, so beschied ihn ein Offizier namens Tschudi in einem kühl gehaltenen Schreiben, ein leichter Antriebsmotor erfunden sein, der den Gasballon mit seinem Gewicht nicht über Gebühr belaste. Und nachdem sich die Elektromotoren der Franzosen auf Dauer als nicht sonderlich geeignet erwiesen hätten, käme dafür ja wohl nur ein Explosionsmotor in Frage. Doch ein solcher sei, was das erforderliche Gewicht beträfe, weit und breit nicht in Sicht.

»Was ist das nur für ein fürchterlicher Ignorant?!« Wutentbrannt donnerte Zeppelin das Schreiben auf die Tischplatte. »Hat der Kerl denn noch nie etwas von Gottlieb Daimler und seinem Reitwagen gehört, in den sie schon vor über zwei Jahren einen leichten, schnelllaufenden Motor eingebaut haben? Oder von Benz mit seiner dreirädrigen Motorkutsche? Die Technik ist doch längst vorhanden – und sogar schon entscheidend verbessert worden. Diese Motoren bringen inzwischen deutlich mehr als eine Pferdestärke an Leistung hervor!« So einfach würde er sich von dem arroganten Preußen nicht abspeisen lassen. Nicht, ohne dem Herrn einmal persönlich die Meinung gesagt zu haben. Zum guten Glück verfügte Zeppelin als württembergischer Gesandter über die entsprechenden Kontakte zu den höchsten preußischen Stellen und so gelang es ihm dank der Vermittlung des stellvertretenden Generalstabschefs Alfred von Schlieffen, ein Zusammentreffen mit Tschudi zu vereinbaren. Schön! Der Kerl würde sein blaues Wunder erleben!

Das Gegenteil war der Fall! Nicht Tschudi, sondern sein württembergischer Kontrahent sollte den Raum als Geschlagener verlassen. Zeppelin, der gerade eben drauf und dran gewesen war, den Preußen über die Tatsache ins Bild zu setzen, dass man sowohl in Württemberg wie auch in Baden über geniale Erfinder verfügte, die längst mit ihren leichten und bemerkenswert leistungsfähigen Benzinmotoren zwei-, drei- und sogar vierrädrige Fahrzeuge bewegten, wurde mitten im schönsten Redeschwall von seinem Gegenüber recht rüde unterbrochen. »Exzellenz, das alles ist mir selbstverständlich auch bekannt. Sie erzählen mir nichts Neues. Der Herr Daimler aus Cannstatt hat uns schon vor beinahe drei Jahren seinen Motor andienen wollen, um damit einen Ballon zu steuern. Doch unsere Verwaltung hat abgelehnt. Aus guten Gründen, wie ich meine.«

Zeppelin vermeinte, sich verhört zu haben. »Habe ich Sie richtig verstanden? Der Herr Daimler hat Ihnen schon 1885 seinen Motor für die Zwecke der Luftfahrt angeboten – und Sie haben einfach abgelehnt?! Das … das ist ja unfassbar …«

Dem anderen schien das fassungslose Erstaunen seines Gesprächspartners sichtlich Freude zu bereiten, doch davon bekam der völlig verdatterte Zeppelin nicht das geringste

mit. »Ja, so ist es!« reckte Tschudi sein Kinn stolz in die Höhe. »Ich war damals zwar persönlich nicht damit betraut, hätte die Anfrage aber ganz genauso entschieden.«
»Aber ... aber selbst wenn man damals diesen Fehler gemacht hat: inzwischen ist doch längst bewiesen, dass diese Motoren leicht und vor allem leistungsfähig sind. Es gibt bekanntlich schon einige Dutzend Fahrzeuge, die von solchen Explosionsmotoren angetrieben werden. Das war doch genau die Argumentation, mit der Sie mein Schreiben abschlägig beschieden haben: die Motoren seien zu schwer, haben sie argumentiert. Dabei wussten Sie längst, dass es solche Motoren gibt. Das verstehe ich nicht. Beim besten Willen nicht!« Verdrossen schüttelte Zeppelin den Kopf und war vor lauter Aufregung drauf und dran, die Contenance zu verlieren.
»Selbst wenn diese Motoren inzwischen einiges an Gewicht verloren haben, so sind sie dennoch noch längst nicht leistungsfähig genug, um einen Ballon gegen die Windrichtung zu bewegen. Bedenken Sie doch den enormen Luftwiderstand. Solche Motoren gibt es nicht, die in der Lage sind, diesen Widerstand zu überwinden.«
So! Jetzt wurde also plötzlich mit dem Luftwiderstand argumentiert – dazu noch mit absolut falschen Zahlen! Aber es war nichts zu machen. Selbst die geduldige Darlegung seiner Berechnungsart, zu der sich der innerlich bebende Zeppelin mit Mühe zwang, konnte den starrköpfigen Preußen nicht überzeugen. »Es tut mir leid, aber das sehe ich anders als Sie, Exzellenz. Der Luftwiderstand ist in Wahrheit viel höher, als Sie annehmen. Viel zu groß für die Motoren, die bisher entwickelt worden sind. Es wird noch geraume Zeit dauern, bis die Technik in dieser Beziehung so weit ist – falls es den Konstrukteuren überhaupt gelingen sollte, woran ich im übrigen ernsthafte Zweifel hege.« Damit hatte die Unterredung ihr Ende gefunden.
Noch nicht einmal einen richtigen Blick hatte der unverschämte Kerl auf seine Berechnungen geworfen, sondern einfach irgendwelche Behauptungen in den Raum gestellt.

Erst waren es die Motoren gewesen, dann plötzlich wollte man die Probleme beim Luftwiderstand gesehen haben. Die reine Willkür! Sie wollten sich einfach nicht auf Zeppelins Vorschläge einlassen. Das war das bittere Fazit, zu dem er gelangt war, als er in einer Mischung aus Wut und Niedergeschlagenheit die Türklinke der württembergischen Gesandtschaft niederdrückte.

Seit dieser niederschmetternden Unterredung mit dem bornierten preußischen Offizier waren nur wenige Wochen ins Land gegangen, als Ferdinand von Zeppelin im Sommer des Jahres 1888 bei der mittäglichen Zeitungslektüre im Salon von Schloss Girsberg das Blatt vor Überraschung beinahe aus der Hand fiel. Das … das war ja … sensationell, was hier zu lesen stand! Vor einigen Tagen war ein mit einem Verbrennungsmotor betriebenes Luftschiff von Cannstatt aus in die Höhe gestiegen und beinahe zehn Kilometer bis nach Aldingen am Neckar gelangt, wo es auf einer Wiese ohne Komplikationen gelandet war. Es handele sich dabei, schrieb der Berichterstatter, um die erste Luftfahrt überhaupt, die je mit Hilfe eines Verbrennungsmotors geglückt war, noch dazu gegen die Windrichtung.

Als Konstrukteur des mit Wasserstoff befüllten Luftschiffs wurde der Leipziger Buchhändler Hermann Wölfert genannt, während es sich bei dem todesmutigen Lenker um einen Mechaniker namens Knabe gehandelt haben sollte. Und der Motor, der das Luftschiff angetrieben hatte, der stammte, wie nicht anders zu vermuten war, natürlich aus Gottlieb Daimlers Werkstatt am Cannstatter Seelberg.

Ein wahrhaft epochemachendes Ereignis hatte an diesem 10. August 1888 stattgefunden. Ein Tag, der in die Geschichte der Menschheit eingehen würde. Darüber gab es für Ferdinand von Zeppelin nicht den geringsten Zweifel. Wie gerne wäre er bei dieser Pioniertat dabei gewesen. Hätte er auch nur im Entferntesten geahnt, welche Vorbereitungen in Cannstatt in aller Heimlichkeit getätigt wur-

den, er wäre sofort aufgebrochen, um persönlich Augenzeuge dieser Heldentat sein zu können.
Anscheinend hatte es schon bei der Produktion des Wasserstoffgases für die riesige Ballonhülle gewaltige Probleme gegeben. Nur mit knapper Not hatten es Wölferts Leute geschafft, die dafür notwendigen Ausgangsmaterialen Schwefelsäure und Zinkspäne zu besorgen, um diese ungeheuren Mengen an Wasserstoff überhaupt herstellen zu können, ohne den sich die Luftzigarre niemals vom Boden des Fabrikhofes auf dem Seelberg in den Himmel heben würde. Sämtliche Drogerien in Cannstatt und Umgebung hatten sie leergekauft. Die Gaserzeugungsmaschinen waren auf Hochtouren gelaufen – dennoch schien die Wasserstoffmenge nicht zu reichen. Erst als sich der gewichtige Wölfert schweren Herzens dazu entschlossen hatte, nicht selbst, sondern seinen wesentlich leichteren Monteur Knabe in den unterhalb der Ballonhülle angebrachten Gitterkäfig steigen zu lassen, konnte das waghalsige Experiment beginnen.
Und alles war gut gegangen. Mit knapper Not war das Luftschiff am Fabrikschornstein auf dem Seelberg vorbei geschrammt, ohne dass sich sein hochexplosiver Inhalt entzündet hatte – und dann … dann hatte Knabe den entscheidenden Hebel betätigt, wodurch der verlässlich arbeitende Benzinmotor die am Heck des Käfigs angebrachte Luftschraube in Bewegung setzte – und das Luftschiff unter den Blicken der jubelnden Beobachter gegen den Wind langsam in Richtung auf den Burgholzhof davon schwebte.
»Bella! Da! Lies nur!« Aufgeregt schwenkte er die Zeitungsseite in seinen Händen, deren Inhalt ihren ansonsten so ruhigen und gelassenen Ferdinand derart in Wallung gebracht hatte.
»Wie soll ich da etwas lesen können, wenn du mir mit der Zeitung ständig vor der Nase herumfuchtelst«, lachte Bella kopfschüttelnd. »Jetzt sag halt schon: worum geht es denn?« »Es ist die erste Fahrt eines Luftschiffs mit ei-

nem Explosionsmotor! Phantastisch! Ein lenkbares Luftschiff. Es ist genau die Technik, an deren Machbarkeit ich schon immer geglaubt habe! Weißt du noch, wie oft man mir mit schroffer Ablehnung, manchmal sogar mit Häme begegnet ist, wenn ich vorgeschlagen habe, die Planung solcher Luftschiffe voran zu treiben? Erst im vergangenen Jahr haben sie mir ja wieder ganz besonders schroff die kalte Schulter gezeigt, als ich den Bau des Luftschiffs für Deutschlands Sicherheit gefordert habe! Als Phantasten haben sie mich hinter meinem Rücken verspottet und noch nicht im Traum daran gedacht, auf meine Vorschläge einzugehen. Keinen Finger haben sie dafür krumm gemacht. Ausgerechnet in dieser Frage sind sie sich leider alle einig – ob in Stuttgart oder in Berlin. Es ist ein Jammer! Aber nun … nun haben wir doch den Beweis: es geht tatsächlich mit dem lenkbaren Luftschiff! Es funktioniert!«

Im Laufe seiner Schilderung war Zeppelin vom Sessel aufgesprungen. Seine Augen leuchteten vor Begeisterung.

»Die Sache ist atemberaubend! Das ist genau die Technik, die wir brauchen, wenn wir auch künftig mit unserer Armee Kriege gewinnen wollen. Wer diese Technik besitzt, wird siegen – wer sie nicht hat, der wird untergehen. Das müssen sie doch jetzt endlich begreifen. Ich werde nun keine Ruhe mehr geben, bis sie im Kriegsministerium auf meine Vorschläge eingehen, und mich zu Versuchszwecken unser eigenes deutsches Luftschiff bauen lassen.«

»Aber wieso denn du, Ferdi? Lass das doch diese Leute machen, die das Experiment in Cannstatt jetzt so überzeugend geschafft haben.«

»Das wird nicht reichen. Erstens handelt es sich um Zivilisten, auf die eine Militärverwaltung grundsätzlich sowieso gar nicht hört. Und dann … dann gibt es da meiner Meinung nach auch durchaus noch Verbesserungsmöglichkeiten im Vergleich mit dem Modell des Herrn Wölfert. Ein starres Gerippe für die Hülle erscheint mir jedenfalls wesentlich geeigneter, um dem Luftwiderstand zu

begegnen, als eine weiche Ballonhülle, wie sie der Wölfert verwendet hat. Ich würde dann eher innerhalb des Schiffes verschiedene Gaszellen unterbringen – und zwar ist dafür, nach allem, was ich gelesen habe, ein chinesischer Seidenstoff am besten geeignet, denn diesen vermag das Gas so gut wie gar nicht zu durchdringen. Das ist zwar eine durchaus kostspielige Angelegenheit, aber es dürfte sich unter dem Strich schon auszahlen. Ja, ich denke, der Weg ist nun klar und deutlich vorgezeichnet …« Nachdenklich strich er sich über seinen grauen Schnurrbart.
»… und das bedeutet?« Es war eine rein rhetorische Frage, die Bella ihrem Ehemann schmunzelnd stellte, denn sie war sich nur allzu genau darüber im Klaren, wohin die Reise gehen würde.
Ferdinand musterte seine Frau mit einem bedeutungsvollen Blick. »Das bedeutet, dass ich die Sache nun auf alle Fälle angehen werde – und wenn sie sich im Generalstab immer noch nicht dazu durchringen können, mir die erforderlichen Mittel und Leute zur Verfügung zu stellen, dann werde ich es notfalls eben im Alleingang versuchen. Ich werde schon die notwendigen Mittel zusammenbekommen, um es zu schaffen. Aber spätestens seit dem heutigen Tag gilt für mich: ich muss die Sache mit dem Luftschiff vorantreiben – und zwar je schneller, desto besser. Und irgendwann, Bella, irgendwann werde ich sie auch zu einem guten Abschluss bringen können. Ich habe viel zu lange gewartet.«
»Aber mein lieber Ferdi, bedenke doch bitte: du bist jetzt 50 Jahre alt. In einem solchen Alter, da fängt man doch nichts Neues mehr an …«
Über Zeppelins Gesicht huschte ein schelmisches Grinsen. »Ach Bella, du weißt doch: innerlich fühle ich mich wie 40. Jung genug, um einer neuen Herausforderung zuversichtlich zu begegnen.«
Kopfschüttelnd beäugte Bella ihren Ehemann. »Mein Männi, wie er leibt und lebt. Ein echter schwäbischer Dickschädel eben. Muss noch in einem gesetzten Alter, in dem

andere Männer allmählich an den Ruhestand denken, unbedingt etwas Neues wagen.«
»Ja, das muss wohl so sein, sonst wäre das Leben doch langweilig«, lächelte Ferdinand. »Also dann: auf zu neuen Taten! Und eines Tages, da wirst du stolz auf mich sein können!«
»Das bin ich doch ohnehin schon. Aber gut: ich bin gespannt, ob dir dein kühnes Vorhaben gelingen wird! Von meiner Seite aus sollst du jedenfalls aller Unterstützung gewiss sein, die du dir nur denken kannst.«
Nach dem Ende seiner Sommerfrische am Bodensee, während der sich Zeppelin nun mit sichtlicher Begeisterung sämtliche Informationen verschaffte, die er über das Wölfertsche Luftschiff in die Hände bekommen konnte, sollten freilich wiederum mehrere Jahre ins Land gehen, bis es zu überraschenden Ereignissen kam, die ihm endlich eine intensivere Beschäftigung mit seinem Lieblingsthema ermöglichten. Auch wenn die Umstände, die dazu führten, alles andere als angenehm waren.

Nach einiger Zeit der Ungewissheit hatte er am 12. Januar 1890 endlich seinen definitiven Abschied als württembergischer Gesandter in Berlin nehmen können und wartete nun voller Ungeduld darauf, im April wieder ein militärisches Kommando übertragen zu bekommen. Aller Voraussicht nach wollte man ihn mit der 30. Kavalleriebrigade in Saarburg betrauen – ein erster Wermutstropfen, der sich in seine Karriereplanung mischte, denn dabei handelte es sich nicht, wie insgeheim von ihm erhofft, um eine württembergische, sondern um eine preußische Einheit. Schon wieder diese Preußen!
Die Wartezeit bis zur Übernahme des neuen Kommandos würde er auf Geheiß des Königs in Berlin überbrücken, während der er im Auftrag des württembergischen Kriegsministeriums eine Denkschrift ausarbeitete, die eine Analyse der derzeitigen Verhältnisse in Württemberg genauso beinhalten sollte, wie eine Standortbestimmung des Kö-

nigreichs im Hinblick auf das mehr und mehr übermächtig scheinende Preußen. Es war ein ähnlicher Auftrag, wie damals, als er in jungen Jahren dem König auf dessen Wunsch hin eine ungeschönte Lagebeschreibung des Landes geliefert hatte. Aber über diese neuerliche Brisanz des alten Themas mochte er sich gar nicht erst irgendwelche Gedanken machen: mit Feuereifer stürzte sich Ferdinand auf die neue Arbeit, in deren Verlauf er sich all den Ärger und die Frustrationen von der Seele schrieb, die ihn im tagtäglichen Umgang mit den Preußen plagten – und das schon seit Jahrzehnten.

Er verfasste im wahrsten Sinn des Wortes eine denkwürdige Schrift. Sowohl was ihren Inhalt betraf, als auch im Hinblick auf die fatalen Konsequenzen, mit denen ihr Verfasser anschließend zu kämpfen hatte. Ganz besonders wurmte ihn schon seit den Zeiten der Reichsgründung 1871 beispielsweise die Tatsache, dass die württembergische Armee direkt unter dem preußischen Oberkommando stand, was vor allem in Personalfragen für ständigen Ärger sorgte. Denn Württemberg war in dieser Hinsicht nachweislich eindeutig ins Hintertreffen geraten, was in der Praxis dazu führte, dass die wichtigen Kommandeursstellen inzwischen nahezu vollständig von preußischen Offizieren eingenommen wurden. Noch nicht einmal den Willen von König Karl mochte der arrogante preußische Generalstab dabei respektieren! Sie schienen den König nur mehr als ihren Handlanger zu betrachten, den General aber als den Bestimmenden für die Geschicke der württembergischen Offiziere: »Diese werden dadurch zu ängstlicher Unterwürfigkeit unter den Kommandierenden General erzogen und ihrem König entfremdet!« schrieb er wortwörtlich in seine bittere Analyse hinein. Folgerichtig erschien es Ferdinand von Zeppelin als seine Pflicht und Schuldigkeit, in seinem Fazit eindringlich vor der Gefahr einer Schwächung des württembergischen Königtums zu warnen. Eine Abhilfe dieses keinesfalls länger hinnehm-

baren Missstandes könne nur mit der unverzüglichen Schaffung einer den Preußen gleichberechtigten Personalstelle erreicht werden. Eine unerhörte Forderung! Auch der erfahrene Zeppelin musste sich der Tragweite seiner Formulierungen in diesem Schriftstück durchaus bewusst sein, die in der württembergischen Regierung im selben Maße für Erstaunen wie insgeheim für so manches schmunzelnde Kopfnicken sorgten, während es in Berlin zwangsläufig einen Riesenärger geben musste, bei dem gewaltig viel diplomatisches Porzellan zu Bruch gehen würde. Und dieser Ärger ließ in der Tat nicht lange auf sich warten. Zwar hatte die Regierung in Stuttgart noch versucht, die Brisanz der Analyse dadurch herunter zu spielen, dass man die Denkschrift einfach als eine persönliche Meinungsäußerung des Grafen Zeppelin deklarierte, doch das Unheil nahm dennoch unverzüglich seinen Lauf. Selbst dem seit anderthalb Jahren regierenden Kaiser Wilhelm II. war die Analyse über den Preußischen Generalstab zugespielt worden. Mit wachsendem Unwillen schrieb der Kaiser seine Notizen an den Rand, die in der Schlussbemerkung gipfelten: »Bin sehr erstaunt über die hier zu Tage tretenden partikularistischen Ideen!«
Es war das Ende der Militärkarriere des Ferdinand Graf von Zeppelin – ein Ende, das nahezu zeitgleich mit der Entlassung des Reichskanzlers Bismarck erfolgte, mit dem sich der neue Kaiser schon seit seinem Amtsantritt im Juni 1888 in einem dauernden Konflikt befand: nur wenige Monate nach dem erzwungenen Abgang des Fürsten Bismarck sah sich nun also auch Zeppelin veranlasst, im Dezember 1890 sein Abschiedsgesuch bei der Armee einzureichen. Natürlich war man bei den Preußen sorgsam darauf bedacht gewesen, auf die Denkschrift keinesfalls direkt zu reagieren und sich damit womöglich eine Blöße zu geben. Der Plan, um den unbotmäßigen Zeppelin zur Räson zu bringen, war viel durchtriebener und wurde in aller Stille ausgearbeitet. Bei den Herbstmanövern in diesem Jahr würde man es diesem Kerl dann schon zeigen!

Genauso geschah es: das Urteil über Zeppelins Fähigkeiten als Kommandeur einer Kavalleriedivision fiel vernichtend aus. Es habe sich erweisen, dass der Mann schlichtweg nicht dazu fähig sei, eine Division zu führen. Zeppelin, so wurde ihm unmissverständlich mitgeteilt, brauche nach dem jämmerlichen Bild, das er während der Herbstmanöver abgegeben habe, nicht darauf zu hoffen, jemals ein solches Kommando übertragen zu bekommen. Eine Blamage! Selbst wenn jedem – auch seinen direkten Vorgesetzten – nur allzu deutlich bewusst war, in welche Falle man Zeppelin hatte tappen lassen, sein Ruf in der Armee war damit für alle Zeiten ruiniert. Es blieb ihm nur noch der Abschied.
Offiziell wurde ihm immerhin gestattet, als Grund für seine Demission die Folgen eines in Wahrheit harmlosen Reitunfalls vom Frühjahr anzugeben, der ihn auf Dauer dienstunfähig gemacht habe, doch das änderte nichts an den bitteren Tatsachen: nach 35 Dienstjahren beim Militär war Schluss! Weder das Bedauern des Generalfeldmarschalls von Moltke, der bei Zeppelins Abschiedsbesuch sogar anmerkte: »So, so, Sie gehen? Schade, ein so tüchtiger Offizier!«, noch die Beförderung zum General der Kavallerie im Ruhestand durch den mitfühlenden württembergischen König konnte über den Schmerz hinweghelfen, den ihm die fürchterliche Demütigung bei den Herbstmanövern noch wochenlang bereitete.
»Aber Ferdi«, versuchte Isabella kurz nach der Ankunft auf Schloss Girsberg ein Gespräch mit ihrem nach wie vor niedergeschlagenen Ehemann zu beginnen. »Du hast beim Verfassen deiner Denkschrift doch wissen müssen, welche Reaktionen sie auslösen wird. Nach so vielen Jahren in Berlin musste dir doch klar sein, dass die Preußen sich eine solche Analyse – und vor allen Dingen derartige Schlussfolgerungen – niemals bieten lassen würden! Das war ja sonnenklar.«
Fast schien es ihr, als habe er ihre Worte gar nicht wahrgenommen. Still und in sich gekehrt kauerte er in dem gro-

ßen Ledersessel des Salons. Es verging geraume Zeit, bis er langsam den Kopf hob und seine Bella aus ernsten Augen musterte. In einer hilflosen Geste hob er die Schultern und ließ sie wieder sinken, »Ach Bella …« krächzte er rau. »Natürlich war mir klar, dass es zu einer Reaktion kommen würde. Ansonsten wäre meine Denkschrift ja sinnlos und noch nicht einmal das Papier wert gewesen, auf das sie geschrieben ist. Aber … und das ist das Entscheidende: ich hatte ehrlich gehofft, dass ich damit eine Diskussion auslösen kann, die auch von Seiten der württembergischen Regierung ernsthaft geführt werden sollte. Ganz zu schweigen vom Königshaus, in dessen wohlverstandenem Interesse ich ja versucht habe, zu agieren. Doch nichts dergleichen ist geschehen …«
Bella nickte mitfühlend. »Ja, das war schon eine bittere Erfahrung. Dass unser König Karl nicht von sich aus die Initiative ergreifen würde, das war ja eigentlich klar. So gut kennen wir ihn schließlich. Der hat schlichtweg keine Lust mehr, aktiv irgendwelche Staatsgeschäfte zu betreiben – und der Prinz Wilhelm darf bei offiziellen Anlässen in Vertretung des Königs zwar repräsentieren, aber keine Entscheidungen treffen. Dass aber auch die württembergische Regierung in dieser Hinsicht nicht im mindesten aktiv wird, nachdem du ihr doch das Feld bereitet hattest, das ist schon erstaunlich. Genauso erstaunlich, wie enttäuschend, da muss ich dir beipflichten.«
»Und genau damit hatte ich nicht gerechnet. Dass meine Schlussfolgerungen in Berlin nicht eben einen freudigen Widerhall finden würden, das war mir ja klar. Aber dass man sich in Stuttgart ohne Widerrede von den Preußen bestimmen lässt – auch was meine Person angeht – damit habe ich wirklich nicht gerechnet. Und das Schlimmste dabei ist ja, mit welch schlangengleicher Raffinesse die Preußen dabei vorgegangen sind und meinen Ruf als Soldat zerstört haben. Daran kann auch kein Generalstitel mehr etwas ändern, so dankbar ich die wohlwollende Geste natürlich registriere, die mir König Karl damit zum

Ausdruck hat bringen wollen. Aber nun … sehe ich mich ganz plötzlich im Alter von 52 Jahren in den Ruhestand versetzt – und das noch unter wahrhaft ehrenrührigen Bedingungen.«

»Du solltest es nicht gar so düster sehen, Ferdi. In Württemberg sind sie auf deiner Seite – auch wenn sich die Regierung sicherlich nicht gerade heldenhaft verhalten hat – und die Leute hier nehmen dich sowieso ganz anders wahr. Als einen General im Ruhestand. Und als einen noch recht jungen Mann dazu, dem das Leben nach wie vor offen steht und der eine liebende Frau und dazu noch eine wunderbare Tochter an seiner Seite weiß. Du hättest es wahrhaft schlechter treffen können. Männi«, schenkte Bella ihrem Mann ein strahlendes Lächeln.

In Zeppelins Augen begann es feucht zu glitzern. »Du hast ja recht, meine liebe Bella. Ich darf nicht undankbar sein und mich nicht von den Preußen derart herunter ziehen lassen. Obwohl mich diese perfide Demütigung beim Herbstmanöver nach wie vor gewaltig wurmt … Aber es stimmt: ich habe eine liebe Frau und eine nicht minder liebenswerte kleine Tochter, dazu einen schönen Besitz hier in dieser herrlichen Bodenseelandschaft. Was will ich also mehr?! Ich habe tatsächlich keinerlei Anlass, niedergeschlagen zu sein. Ganz im Gegenteil sogar.«

»Und außerdem, auch das sollten wir nicht vergessen, hast du nun mehr Zeit, dich um die Sache mit den Luftschiffen zu kümmern.«

»Das sagst ausgerechnet du, wo dich doch immer leise Zweifel bewegt haben, wenn ich über die Ballone und die Luftschiffe geredet habe?!«

»Ja, das sage ausgerechnet ich«, bekräftigte Bella mit fester Stimme. »Mache es jetzt. Denn jetzt hast du nach deinem Ausscheiden aus dem aktiven Dienst die Zeit und die Gelegenheit dazu – finanzielle Sorgen müssen wir uns gottlob ja auch nicht machen.«

»Nun denn, wenn es also wirklich dein Wunsch ist«, schmunzelte Ferdinand, »dann werde ich deinem Wunsch

natürlich gerne nachkommen und mich am besten wohl gleich einmal ans Werk machen.«
»Heute wird daraus wohl nichts mehr werden«, deutete Bella zur Tür des Salons, durch die gerade ihre elfjährige Tochter Helene herein geschlüpft war und ihren Vater nun leicht am Ellbogen anstupste.
»Papa, kommst du mit mir spielen?«
Ein strahlendes Lächeln huschte über Zeppelins Gesicht. »Ja sicher, meine liebe kleine Hella. Ich komme gleich, ich muss nur noch rasch deiner Mama einen kleinen Kuss geben.« Damit erhob er sich rasch aus dem Sessel und drückte seiner Ehefrau einen innigen Kuss auf die Stirn. »Danke Bella, dass du in den letzten Wochen so nachsichtig mit mir altem Griesgram gewesen bist – und du hast ja recht mit dem, was du gerade gesagt hast: ich sollte diese ganze leidige Angelegenheit als Chance betrachten. Als einmalige Gelegenheit, denn endlich habe ich nun die Zeit, meinen schon so lange gehegten Ideen gründlich nach gehen zu können – und dann habe ich dazu auch noch das große Glück, genügend Zeit für unseren kleinen Liebling aufzubringen. Das ist wirklich etwas Wunderbares. So – und nun, meine liebe Hella«, er streckte seinen rechten Arm weit aus, »jetzt gib mir deine Hand und dann gehen wir zusammen hinüber ins Kinderzimmer. Was wollen wir denn eigentlich spielen?«
»Mit den Puppen natürlich!«
»Mit den Puppen«, rollte der glückliche Papa schicksalsergeben mit den Augen. »Na klar, womit denn sonst: mit den Puppen natürlich!«
Lächelnd betrachtete Bella, wie die beiden Hand in Hand den Salon verließen. Ihr Ferdi schien sich wieder gefangen zu haben. So unbeschwert hatte er schon seit vielen Tagen nicht mehr auf sie gewirkt. Auf den Vorschlag mit den Luftschiffen hätte sie eigentlich schon viel früher kommen können … aber gut. Endlich war die Depression vorbei – endlich hatte er wieder eine Aufgabe! Und was für eine!

Mit Feuereifer stürzte sich Ferdinand von Zeppelin seit Beginn des Jahres 1891 auf seine neue Aufgabe: die Entwicklung eines lenkbaren Luftschiffs. Alle Niedergeschlagenheit war wie weggewischt – auch wenn ihn die Erinnerung an das schmachvolle Herbstmanöver noch so manches Mal ganz unvermittelt wie ein Blitz aus heiterem Himmel traf. Zum Glück versetzte es ihm nur einen kurzen Stich in die Magengrube, dann war es schon wieder vorbei. Denn die technischen Anforderungen an die Luftschiffe bedurften schließlich seiner ganzen Konzentration. Und zeitgleich musste er daran gehen, mögliche Auftraggeber zu gewinnen. Eine Erkenntnis war ihm dabei rasch deutlich geworden: den Bau von Luftschiffen würde er ohne die Unterstützung des preußischen Militärs kaum bewerkstelligen können. Viel schöner wäre es natürlich, wenn es auch in Württemberg Unterstützer gäbe. Aber bei aller Verbundenheit mit König Karl: der Monarch ließ sich partout nicht für die Luftfahrt begeistern. Und selbst von Seiten der württembergischen Regierung wurde keinerlei Bereitschaft signalisiert, sich einmal intensiver mit den Vorschlägen des Grafen befassen zu wollen. Es war ein ewiger Kreislauf: niemand mochte sich ernsthaft mit seinen Vorschlägen auseinandersetzen, keiner der zuständigen Beamten hielt die Sache mit dem Luftschiffen für wirklich durchführbar.
Allein die gewaltigen Dimensionen seines Fluggerätes schienen das Vorstellungsvermögen seiner Gesprächspartner bei weitem zu überfordern. »Ein über einhundert Meter langes und mehr als zehn Meter breites Luftgefährt wollen Sie bauen, Exzellenz?! Wie soll denn ein solches tonnenschweres Ungetüm jemals in den Himmel steigen können? Das ist ein Ding der Unmöglichkeit!«
»Nein, ganz im Gegenteil sogar: bei diesen Ausmaßen handelt es sich schlichtweg um eine Notwendigkeit«, begegnete der Graf solchen Vorhaltungen genauso beharrlich wie energisch. »Es ist sogar eine im Grunde genommen ganz einfache Rechnung: wenn sie mehrere Personen und

dazu noch eine gewisse Nutzlast über den Himmel transportieren wollen – ob es sich dabei nun um Post, militärisches Gerät oder Waren handelt – dann benötigen sie für den Auftrieb des Flugkörpers einen Stoff in seinem Inneren, der leichter ist, als Luft. Wasserstoffgas beispielsweise. Wenn ich nun die Auftriebseigenschaften dieses Gases in Relation zu dem Gewicht der zu transportierenden Lasten stelle – dazu kommt dann noch das Gewicht der Motoren und der Konstruktion als solcher – dann ergibt sich aus diesen Berechnungen zwangsläufig die Größe des Luftschiffes. Das alles hat folglich mit jener Gigantomanie, die man mir dabei unterstellen will, nicht das Geringste zu tun. Es ist vielmehr eine physikalische Notwendigkeit!«

Allein am verständnislosen Gesichtsausdruck des jeweiligen Gegenübers sah sich Ferdinand von Zeppelin jedoch nicht nur mit Skepsis konfrontiert, sondern mit einer völligen naturwissenschaftlichen Ahnungslosigkeit, die selbst seine logische Argumentation nicht hatte überwinden können. Die eine Hälfte seiner Gesprächspartner verfügte schlichtweg über keinerlei physikalische Grundkenntnisse und die andere Hälfte … mochte ihm – aus welchen Gründen auch immer – einfach keinen Glauben schenken!

Schlimmer noch: die meisten hielten ihn für verrückt. Für einen Fall fürs Irrenhaus. Den Narren vom Bodensee hatten sie ihn in Stuttgart genannt. Es war in der Tat zum Verrücktwerden! Denn wie sollte er die Verantwortlichen in Militär und Politik von der Machbarkeit seiner Vorschläge überzeugen können, wenn sie ihm noch nicht einmal die Möglichkeit geben wollten, seine Pläne vorzustellen. Aber ohne das Wohlwollen der obersten Stellen würde man ihm auch keine Experten zur Seite stellen, mit denen er die Konstruktion eines ersten Luftschiffes beginnen konnte. Von den gewaltigen Summen, die dafür aufzubringen waren, ganz zu schweigen!

Der Narr vom Bodensee!

In Württemberg schienen die Türen wie vernagelt – selbst bei der Daimler-Motorengesellschaft hatte man wenig

Neigung gezeigt, Zeppelins Vorschlag von einer gemeinsamen Konstruktion eines lenkbaren Luftschiffes aufzugreifen. Noch nicht einmal die DMG! Wo es doch niemand anders als Gottlieb Daimler gewesen war, der vor drei Jahren das Wölfertsche Luftschiff mit einem seiner Verbrennungsmotoren ausgerüstet und damit Geschichte geschrieben hatte. Klar, Daimler selbst war nach dem Tod seiner Ehefrau in eine persönliche Krise geraten und hatte inzwischen fatalerweise Investoren in seine Firma aufgenommen, die mittlerweile ausgerechnet ihm und Maybach diktierten, was sie zu konstruieren hätten – und was nicht! Die Erfinder des Explosionsmotors: nur noch Befehlsempfänger in ihrer Firma! Und dieser Aufsichtsratsvorsitzende der DMG, der Rottweiler Pulverfabrikant Duttenhofer, hatte Zeppelins Vorschlägen kühl die Schulter gezeigt. Mehr als die ernüchternde Empfehlung, auf seine eigenen Kosten den Stuttgarter Ingenieur Groß beratend mit in die Luftschiff-Planung einzubinden, war bei dem Gespräch nicht heraus gekommen. Auf eigene Kosten. Auf eigenes Risiko. Auf eigene Verantwortung. Was immer er auch an Initiativen unternommen hatte: er war keinen Millimeter voran gekommen. Zumindest nicht in Württemberg. Da hatten sie noch im vergangenen Jahr in Ulm den höchsten Kirchturm der Christenheit vollendet und dieses Ereignis gebührend gefeiert – als herausragendes Zeichen dafür, was menschliches Genie und Beharrungsvermögen an Großem zu leisten imstande waren – und dieselben Leute, die sich zu diesen euphorischen Gesängen aufgeschwungen hatten, verweigerten ihm nun jegliche Unterstützung bei einer neuen, ebenso kühnen und genauso machbaren Herausforderung. Wirklich: es war zum Haareraufen! Aber aufgeben? Nein! Niemals!

Und so blieb ihm also gar keine andere Wahl: zwangsläufig sah sich Ferdinand von Zeppelin gezwungen, auch nach dem schmachvollen Ende seiner Militärlaufbahn einen engen Kontakt zur militärischen Führung in Preußen zu pflegen. Ausgerechnet die Preußen! Aber die Sache der

Luftschiffe war wichtiger, als irgendwelche persönliche Eitelkeiten.

Am besten, so schien es ihm, sollte er sich ganz direkt an den erst seit wenigen Monaten amtierenden neuen Generalstabschef Alfred von Schlieffen wenden, mit dem er während seiner Berliner Zeit einige gute Gespräche hatte führen können. Ja – genau so würde er es machen. Und damit keiner auf die Idee kommen konnte, es handele sich bei seinen Luftschiffplänen lediglich um haltlose theoretische Spinnereien eines übergeschnappten ehemaligen Soldaten, würde er die Pläne für ein lenkbares Luftschiff, die er aufgrund seiner intensiven Berechnungen und Skizzen in den vergangenen Monaten erarbeitet hatte, gleich zum Patent anmelden. Ein längliches, starres Gerüst aus Metall, bespannt mit Stoff und innen in dem Luftschiff dann die einzelnen, mit Wasserstoffgas gefüllten Zellen, die den nötigen Auftrieb herstellen würden – während außen am Gerüst die Vorrichtungen für die Besatzung, die Motoren und Luftschrauben angebracht werden konnten: die Konstruktion schien perfekt. Vor allem die Idee mit den verschiedenen, voneinander unabhängigen Gaszellen war bestechend – und musste doch hoffentlich auch den anderen einleuchten. Sowohl den Herren im Patentamt, wie auch den Fachleuten beim preußischen Militär!

So musste man es angehen. Pflichtgemäß würde er zuvor natürlich die württembergische Regierung von seiner Initiative beim preußischen Generalstab in Kenntnis setzen. Dann im Juni 1891 die Patentanmeldung, gleich im Anschluss daran der Brief an Schlieffen, in dem er den Generalstabschef bat, einen fachkundigen Offizier nach Stuttgart zu schicken, dem er gerne seine Berechnungen zur ausführlichen Besprechung und Prüfung vorlegen wolle. Und dann hieß es erst einmal abwarten. Realistischerweise standen seine Chancen bestenfalls bei 50 Prozent, dass sein Schreiben bei Schlieffen den erhofften Widerhall finden würde.

Doch das Wunder geschah! Postwendend erfolgte von

Schlieffens Antwort: er würde ihm den erbetenen Fachmann schicken. Ungläubig rieb sich Zeppelin die Augen und las das Schreiben ein zweites Mal sorgfältig durch. Kein Zweifel: er hatte Schlieffen überzeugen können.
Und es sollte sich bei dem Experten um den Hauptmann Georg von Tschudi handeln, einen jungen, noch nicht einmal 30 Jahre alten Offizier, der einen ausgezeichneten Ruf als versierter Techniker besaß. Das war der Durchbruch! Denn wenn er dem Mann erst einmal hier in Stuttgart in aller Ausführlichkeit seine Pläne, Skizzen und Berechnungen erläutern konnte, dann war es beinahe unmöglich, dass die Entscheidung zu seinen Ungunsten ausfiele.
In knapp drei Wochen würde Tschudi eintreffen. Bis dahin blieb folglich Zeit genug, um alles perfekt vorzubereiten. Da kam ihm das für kommende Woche geplante Treffen mit dem Augsburger Ballonfabrikanten Riedinger, zusammen mit den Ballonfahrern Parseval und Sigsfeld gerade recht, um noch einmal in aller Ausführlichkeit über den geeigneten Stoff für die Hülle des Luftschiffs, den möglichen Reibungsverlust durch den Luftwiderstand, die Leistungsfähigkeit der neuen Motoren, die Auftriebsfähigkeit des Wasserstoffgases samt der Bezugsquellen von möglichst reinem Gas zu sprechen.
Das Ergebnis dieses Gesprächs war … eine einzige Katastrophe! Voller Zuversicht war Zeppelin mit diesen angesehenen Experten zusammengetroffen und musste dann zu seiner wachsenden Verzweiflung mit anhören, wie einer nach dem anderen all seine Pläne, Annahmen und Berechnungen kategorisch verwarf. Ja, schlimmer noch: alle drei rieten ihm dringend davon ab, das Projekt eines lenkbaren Luftschiffs auf dieser Basis anzugehen. Der Luftwiderstand seines Flugkörpers müsse um ein vielfaches höher angenommen werden, als es der Graf bislang in seine Berechnungen habe einfließen lassen. Kein Motor der Welt und sei er noch so monströs (und damit viel zu schwer!) würde die dafür erforderliche Leistung aufbringen können – weder heute, noch morgen. Noch

nicht einmal übermorgen! Keiner dieser ausgewiesenen Fachleute mochte sich vorstellen, dass aufgrund der physikalischen Gegebenheiten jemals ein Luftschiff mit einer nennenswerten Nutzlast gegen die Windrichtung ankommen könnte. Wenn überhaupt, dann sei die Luftfahrt eines Tages überhaupt nur mit einem motorgetriebenen Flugzeug möglich. Das Prinzip »Schwerer als Luft« sei demjenigen »Leichter als Luft« eindeutig überlegen – so seltsam diese Argumentation aufs erste Hinhören vielleicht auch klingen möge.

Was für ein fürchterlicher Abend! Niedergeschlagen und am Ende seiner Hoffnungen machte sich der Graf auf den Rückweg in sein Stuttgarter Domizil, wo er eine schlaflose Nacht verbrachte. Das Aus für die Idee der lenkbaren Luftschiffe! Was für eine ernüchternde Erkenntnis! Aber daran gab es wohl nichts zu deuteln, denn wenn sich gleich drei Experten, zumal Persönlichkeiten, die sich im Gegensatz zu den meisten anderen Zeitgenossen sehr offen mit Zeppelins Luftschiffideen beschäftigt hatten, die Machbarkeit der lenkbaren Starrluftschiffe verneinten – und dieses Urteil ohne den geringsten Zweifel sowohl mit ihrer umfangreichen Erfahrung als Ballonfahrer, wie auch durch nachvollziehbare Berechnungen, stichhaltig begründen konnten, blieb ihm gar nichts anderes übrig, als dieses ernüchternde Fazit zur Kenntnis zu nehmen. Es handelte sich schlichtweg um Tatsachen, die er, das verlangte schon seine Offiziersehre, mit Fassung akzeptieren musste. Und genau das machte er: ohne lange zu fackeln zog Ferdinand von Zeppelin gleich am darauf folgenden Morgen seinen Patentantrag für ein lenkbares Luftschiff zurück. Und auch dem Hauptmann Tschudi würde er demnächst abschreiben. Denn unter den gegebenen Umständen machte dessen Besuch nun ja keinerlei Sinn mehr! Der Narr vom Bodensee war mit seinem Luftschiff hart auf dem Boden der Wirklichkeit gelandet.

Alles war Aus! Der Traum eines Lebens – an einem einzigen Abend zerplatzt!

Doch Ferdinand von Zeppelin wäre nicht er selbst gewesen, wenn er sich so ohne weiteres in dieses jähe Ende hätte fügen wollen. Bald meldeten sich tief in seinem Innersten die ersten, noch ganz zaghaften Zweifel. Da musste es doch noch etwas geben … Konnte es wirklich sein? Wenn womöglich eines der Rechenexempel von einer falschen Annahme ausgegangen war? Was dann? Sollte er sich nicht besser doch noch einmal mit der Materie befassen? Punkt für Punkt? Durfte er so einfach akzeptieren, dass innerhalb von wenigen Stunden ein jahrzehntelanger Traum einfach ausgeträumt war? Und jetzt … jetzt gesellte sich der Beharrungswille eines Grafen Zeppelin, der später als eine seiner herausragenden Charaktereigenschaften gelten sollte, ganz allmählich zu seinen Fragen und Zweifeln. Es brauchten keine 24 Stunden mehr zu vergehen, und schon war die Ernüchterung überwunden: Zeppelin nahm seine Berechnungen ein weiteres Mal zur Hand, er überflog die Notizen mit den möglichen Reibungswiderständen, die Zahlen zum Auftrieb des Gases, die Größenverhältnisse des Luftschiffs, die Skizzen zur Form des Flugkörpers, wie er möglichst wenig Luftwiderstand bieten konnte, die neuesten Berichte über die nächste Generation der Verbrennungsmotoren, die leistungsfähiger und vor allen Dingen viel leichter waren, als die ganzen bisherigen Konstruktionen.
Na also! Es war ihm, als durchzucke seinen Körper plötzlich ein eiskalter Wasserstrahl. »Das ist es doch! Riedinger und die anderen haben unrecht! Mit diesen Motoren und mit der neuen Berechnung sieht die Sache ganz anders aus. Es muss funktionieren – und: es wird funktionieren! Ich werde dem Tschudi nicht abschreiben. Er wird kommen und staunen!«
Er würde die Sache also nicht abblasen. Tschudi konnte zum vereinbarten Termin erscheinen. Und er würde dem Preußenhauptmann den Beweis liefern, dass die starren, lenkbaren Luftschiffe kein Traum eines hoffnungslosen Phantasten waren. Sondern dass sie sich verwirklichen lie-

ßen. Dumm nur, dass der Brief an das Patentamt schon abgeschickt war. Obwohl … aufgrund der neuen Berechnungen würde sowieso eine neue Patenteinreichung notwendig werden. Wenn sich jetzt noch die Sache mit den Luftschrauben perfektionieren ließe, mit denen er sich in den vergangenen Tagen beschäftigt hatte, bevor ihm die folgenreiche Unterredung mit Riedinger, Parseval und Sigsfeld dazwischen gekommen war.
Natürlich!

Bis zu Tschudis Ankunft in Stuttgart waren noch gut zwei Wochen Zeit. Lange genug, um die verschiedenen Formen von Luftschrauben einer ausführlichen Prüfung in der Praxis zu unterziehen. Am besten auf dem Bodensee, direkt in der vertrauten Heimat. Und vielleicht ließe sich ja der Herr Daimler persönlich dazu gewinnen, ein Boot mit einem seiner Motoren zu bestücken. Das Wetter versprach für die nächsten Tage allem Anschein nach eine stabile Hochdrucklage. Und wenn er Gottlieb Daimler, der, wie man aus Cannstatt hörte, momentan schon wieder in neue Auseinandersetzungen mit seinem Investor Duttenhofer verstrickt war, das Angebot machte, zusammen mit einem seiner Söhne im Konstanzer Inselhotel zu übernachten – Ebi würde sicherlich ein besonders schönes Zimmer zur Verfügung stellen – dann dürfte es durchaus im Bereich des Möglichen liegen, dass der berühmte Konstrukteur bei der Erprobung sogar mit von der Partie sein würde. Zumal ihm ja die Luftschifffahrt bekanntermaßen schon länger am Herzen lag. Zeppelin hatte Glück: Gottlieb Daimler, dem nichts Besseres widerfahren konnte, als Cannstatt und den nervtötenden Auseinandersetzungen mit Duttenhofer eine Zeitlang den Rücken zu kehren, willigte auf der Stelle ein, als Zeppelin ihm persönlich den Vorschlag unterbreitete, ein paar schöne Tage am Bodensee zu verbringen. Dabei könne man die ideale Form und Anbringungsweise von Luftschrauben erproben, die der neue Daimlermotor antreiben sollte.

Das Wetter hielt, so dass den Versuchen nichts mehr im Wege stand. Bald war der Daimlermotor standsicher in das von Zeppelins Bruder Eberhard bereitgestellte Holzboot eingebaut, dazu wurden zwei mächtige Windräder montiert, die das Boot vorwärts trieben. Je nach Anstellwinkel und Art der Propeller unterschied sich die zu erzielende Geschwindigkeit deutlich – eine hochinteressante Studie, die damit auch erste Rückschlüsse auf die Anforderungen an die Leistungsfähigkeit der Motoren zuließ, die das spätere Luftschiff in den Himmel steigen lassen sollten. So problemlos verliefen die Fahrversuche, dass Zeppelin den Vorschlag wagte, die Luftschraubenboote doch einmal dem Prinzen Wilhelm von Württemberg vorzuführen, der gerade zur Sommerfrische in Friedrichshafen weilte. Während der alte Daimler skeptisch den Kopf wiegte, klatschte sein 20-jähriger Sohn Adolf begeistert in die Hände. »Aber ja! Das ist eine prima Idee! Vater: das wäre doch toll, wenn wir unmittelbar vor dem künftigen König auf dem Bodensee vorbei paradieren könnten!«

»Na, also ich weiß nicht so recht«, zauderte sein Vater und schien eher geneigt, auf die Vorführung verzichten zu wollen.

»Sie brauchen sich da wirklich keine Gedanken zu machen, Herr Daimler«, bemühte sich Zeppelin, die Bedenken des Konstrukteurs zu zerstreuen. »Ich kenne den Prinzen Wilhelm schon sehr lange und durchaus auch sehr gut. Ich hatte nämlich eine Zeitlang die Ehre, als sein Erzieher fungieren zu dürfen ...« fügte er lächelnd noch hinzu. »Wir sind uns seit damals beinahe freundschaftlich verbunden – und der Prinz ist sowieso ein netter, umkomplizierter Mensch: Sie brauchen also nicht zu befürchten, irgendwelche höfische Etikette zu verletzen. Und außerdem ist Prinz Wilhelm sehr an technischen Neuerungen interessiert. Sie würden ihm also eine richtige Freude bereiten mit dieser Vorführung.«

»Ja, wenn das so ist ...«

Der Kronprinz zeigte sich, wie nicht anders zu erwarten,

von Zeppelins Vorschlag spontan begeistert. Schon am darauffolgenden Tag brausten die drei in der Bucht von Manzell, unweit von Friedrichshafen und dem Schloss, mit ihrem von den großen Windflügeln angetriebenen Boot vor dem ausgelassen winkenden und applaudierenden Prinzen Wilhelm vorbei.

Zufrieden saßen sie am Abend im Salon des Inselhotels zusammen und ließen die vergangenen Stunden noch einmal Revue passieren. »Das hat ja alles wirklich hervorragend geklappt. Haben Sie gesehen, wie beeindruckt der Kronprinz gewesen ist – und wie heftig er mit seinen Armen gewedelt hat«, schmunzelte Adolf Daimler.

»Ja, sicher. Ich denke, wir haben da einen guten Eindruck bei unserem künftigen König hinterlassen können«, nickte Zeppelin. »Und im übrigen: diese Bucht von Manzell scheint mir eine ideale Stelle zu sein, um hier eines hoffentlich nicht mehr allzu fernen Tages die ersten Luftschiffe aufsteigen und landen zu lassen. So glatt und ruhig, wie die Wasserfläche hier gewesen ist, dazu noch einigermaßen windgeschützt …« Nachdenklich strich er sich über seinen Schnurrbart.

»Verzeihen Sie, Exzellenz«, unterbrach Daimler die Gedankengänge des Grafen. »Aber bevor wir jetzt den dritten Schritt vor dem ersten tun, würde mich eher interessieren, zu welchem Urteil Sie im Hinblick auf Form und Anstellwinkel der Luftschrauben gelangt sind. Ich gehe zwar schon davon aus, dass wir dieselben Schlussfolgerungen gezogen haben – aber dennoch würde mich, ganz unabhängig davon, auch noch Ihre Begründung interessieren.«

»Sie haben recht, Herr Daimler. Ich habe mich in meiner Begeisterung schon wieder zu weit in die Zukunft tragen lassen. In der Gegenwart gibt es aber mehr als genug Fragen, die auf eine Antwort warten. Mich würde nämlich auch etwas interessieren …«

»… nur heraus mit der Sprache!«

»Wann wir wohl damit rechnen können, dass die bisherigen Motoren womöglich über die doppelte Leistungskraft verfügen, wie heute. Und ob Sie glauben, dass es gelingen wird, dennoch das Gewicht zu reduzieren.«

Bevor Daimler zu einer Antwort ansetzen konnte, fügte Zeppelin noch hinzu: »Im übrigen war es mir eine ganz besondere Ehre und ein großes Vergnügen, diese Erprobungen mit Ihnen durchführen zu dürfen, sehr verehrter Herr Daimler. Sehr gerne würde ich auch weiterhin im Luftschiffbau eng mit Ihnen und Ihrer Firma kooperieren – zumal wir ja beide auch überzeugte Württemberger sind. Die Schwaben müssen schließlich zusammenhalten!«

Zu seinem Erschrecken bemerkte Zeppelin, wie bei diesen arglos formulierten Worten schlagartig ein Schatten über Daimlers Gesicht huschte. »Von mir aus ginge das herzlich gerne. Und Sie haben ja auch recht. Wenn da nur nicht dieser Duttenhofer wäre, der es allmählich schafft, mir die ganze Freude an der Arbeit zu vergällen …«

»Das darf man nicht zulassen«, entfuhr es Zeppelin ganz spontan. »Ein Mann, wie Sie, der sich solche Verdienste erworben hat! Ich werde dem Herrn Duttenhofer nochmals schreiben und ihm von unseren Erfolgen im Beisein des Kronprinzen berichten. Da kann er doch eigentlich gar nicht mehr anders, als die Zusammenarbeit zu intensivieren …«

»Wenn Sie wüssten, Exzellenz. Der Kerl ist zu allem fähig. Andererseits wird er schon neugierig sein und sich die Chance nicht entgehen lassen wollen, womöglich bei dieser neuen Technik seinen Fuß in der Tür zu haben. Aber wehe, die erhoffte Rendite stellt sich nicht augenblicklich ein: dann wird er Sie so schnell wieder fallen lassen, wie die berühmte heiße Kartoffel!«

»Ich werde ihm schreiben und dabei auch an seine vaterländische Ehre appellieren«, setzte der Graf einen Schlusspunkt unter diesen Teil der Unterredung. »Und nun, meine sehr verehrten Herren, darf ich sie im Namen meines Bruders zu Tisch bitten. Dieses Abendessen haben wir uns wirklich verdient.«

Wenige Tage später kam es zu dem erwarteten Besuch des Hauptmanns Tschudi aus Berlin. Dessen Urteil über die Flugfähigkeit der Luftschiffe fiel, wie nicht anders zu erwarten, pessimistisch aus. Aber das konnte den Grafen Zeppelin nach all den Wechselbädern der Gefühle, die er in den vergangenen Wochen durchlebt und durchlitten hatte, nicht mehr aus der Bahn werfen. Er hatte die Witterung endgültig wieder aufgenommen – spätestens seit den erfolgreichen Luftschraubenversuchen vor den Augen des begeisterten Kronprinzen. Diese Spur würde er nicht mehr verlieren. Mochte kommen, was da kommen wollte. Er, Ferdinand Graf von Zeppelin, würde nicht eher ruhen, bis sich das erste, nach seinen Plänen konstruierte lenkbare Luftschiff über dem Bodensee in den Himmel hob.
Ja, über dem Bodensee. Natürlich. Wo sonst? Um ein Gelände in Berlin brauchte er sich nach der Unterredung mit Tschudi jedenfalls nicht mehr bemühen. Weshalb auch in die Ferne schweifen … Denn gerade die Bucht von Manzell, in der sie während der Erprobungsfahrten mit Gottlieb Daimler so gute Erfahrungen gemacht hatten, bot sich doch förmlich für seine Zwecke an. Er würde den Standort im Auge behalten. Zumal eine Wasserfläche für die ersten Starts und Landungen wesentlich geeigneter sein dürfte, als der harte Erdboden. Die ersten Weichen waren gestellt …
Am 6. Oktober 1891 war König Karl von Württemberg verstorben. Als neuer Regent bestieg Kronprinz Wilhelm als König Wilhelm II. den Thron. Auch in dieser Hinsicht begann eine neue Ära. Denn Zeppelins früherer Zögling zeigte sich viel aufgeschlossener für die Idee der Luftschiffe, als dies bei seinem Onkel jemals der Fall gewesen war. Mehr noch: König Wilhelm II. sollte über viele Jahre hinweg einer der wichtigsten politischen und finanziellen Wegbereiter der künftigen »Zeppeline« werden.

Kein Hindernis schien inzwischen den Betätigungsdrang Zeppelins noch stoppen zu können. Noch nicht einmal die neuerlichen Schwierigkeiten, die ihm – wie von Daimler im Juli prophezeit – dessen Großinvestor Duttenhofer bereitete. Auch diesen Stier würde er nun bei den Hörnern packen – und zwar ganz direkt, mit offenen Worten, so, wie es ihm schon von jeher am liebsten war. Und so erreichte den Aufsichtsratsvorsitzenden der DMG in Cannstatt im Dezember 1891 ein Schreiben, dessen Inhalt es an Deutlichkeit nicht mangeln ließ. Man durfte den Herrn auch schon einmal an seiner nationalen Ehre packen, denn schließlich war er einer der Männer, die in diesem Jahr den »Allgemeinen Deutschen Verband« gegründet hatten, wo er stolz als Vorstandsmitglied dieser Vereinigung fungierte, deren Zweck bekanntlich die Förderung von Deutschlands Stolz und Größe in der Welt sein sollte.

»Sehr geehrter Herr Duttenhofer,

Sie haben anscheinend jetzt weniger Vertrauen, als zu der Zeit, da ich mit Ihnen zuerst über mein Projekt gesprochen habe. Das überrascht mich nicht. Sie sind von dem allgemeinen abfälligen Urteil über die Luftschiffprojekte berührt worden, von den Berichten, wonach hunderte von hochbegabten Technikern daran gescheitert sind und Millionen verloren haben. Wie sollte nun gerade der Graf Zeppelin das Problem gelöst haben?

Ich habe es gelöst: nicht mit mehr Wissen, als meine Konkurrenten, sondern durch die nüchterne Denkarbeit eines von der Natur mit praktischem Sinn ausgestatteten, ernsten Mannes und durch die Verwertung der neuesten anwendbaren Erfindungen.

Auf Sie hatte ich die Hoffnung gesetzt, dass Sie mir wenigstens auf den Weg helfen würden, um ein Werk durchführen zu können, mit dem ich unserem deutschen Vaterlande einen keinesfalls zu unterschätzenden Vorteil schaffen würde.

Nicht um meinetwillen, sondern um Deutschlands willen bitte ich Sie dringend, sich die Sache noch einmal anzusehen, ehe Sie meinem Projekt vielleicht den Todesstoß geben.«

Das war direkt! Gerade bei einem derart national gesinnten Mann wie Duttenhofer mussten diese Argumente doch verfangen!
Sollte man meinen … doch Duttenhofer ließ sich nicht mehr von seiner Einschätzung abbringen: von dieser Seite war also weder Geld noch eine sonstige Unterstützung, beispielsweise durch beratende Ingenieure der DMG zu erwarten. Als würde es dem schwerreichen Pulverfabrikanten etwas ausmachen, sich mit einigen zehntausend Mark bei Zeppelin zu engagieren! Nun denn: wieder um eine ärgerliche Erfahrung reicher! Trotzdem würde er sich keinen Zentimeter mehr von seinem Weg abbringen lassen: ob mit Unterstützung der deutschen Industrie und des Militärs, oder ohne deren Hilfe. Notfalls eben auf eigene Faust und mit seinen eigenen finanziellen Mitteln. Zum Glück entstammte er einem nicht unvermögenden Haus und auch Bella hatte einiges Vermögen mit in die Ehe gebracht: seine Finanzen waren also gut geordnet. Auch dass Bella ihm gegenüber mehrfach unaufgefordert betonte, er möge sich wegen der respektablen Summen bitte keine Gedanken machen, die der Bau eines Luftschiffs wohl verschlingen würde, war hilfreich. »Wir können auch mit etwas weniger Grundbesitz noch ganz gut leben: wenn es hart auf hart kommt, dann verkaufen wir eben das eine oder andere Stück Land. Du musst wirklich nicht befürchten, dass ich dir eines Tages vorhalten werde, du hättest das Vermögen unserer Familie geschmälert. Meinen Segen hast du, Ferdi. Mir ist es nämlich viel wichtiger, dass es dir gut geht und dass du all deine Konzentration auf die Verwirklichung deiner kühnen Pläne richten kannst.« Wie gut diese Worte doch klangen!
Mit neuem Mut ging Ferdinand ans Werk – und handelte auch in personeller Hinsicht konsequent. Er kündigte die Zusammenarbeit mit dem beratenden Ingenieur, den ihm Duttenhofer einst empfohlen hatte, unverzüglich auf und engagierte mit dem Ingenieur Theodor Kober wenig später einen tüchtigen, erst 27 Jahre alten Mann. Der gebürtige

Stuttgarter Kober war ihm vom Ballonhersteller Riedinger persönlich empfohlen worden: »Er ist trotz seines noch beinahe jugendlichen Lebensalters einer meiner besten Leute, gerade auch was die Materialforschung und die Lastenberechnung angeht, ein hervorragender Experte. Wenn Sie also wirklich meinen, ihr Unterfangen trotz all unserer Bedenken weiter vorantreiben zu wollen, dann sollten Sie sich der Mitarbeit von Kober versichern, Exzellenz. Ich denke, er ist sowieso der einzige, der ihre Begeisterung für die Luftschiffe uneingeschränkt teilen wird – außerdem kann er ihnen vor allen Dingen bei der Auswahl des Materials wichtige Dienste leisten. Und wenn Ihr Projekt eines Tages womöglich dennoch scheitern wird – was ich Ihnen freilich nicht wünschen möchte – dann kann der Kober gerne zu mir zurück kommen. Denn die Erfahrungen, die er bei dem Versuch, Luftschiffe zu bauen, sammeln wird, die werden ganz sicher wertvoll sein. Egal, wie die ganze Angelegenheit auch immer enden wird. Ich wünsche Ihnen jedenfalls alles Gute, Exzellenz.«
Eine überaus großzügige Geste des Augsburger Fabrikanten, der sich in seinem jungen Ingenieur nicht getäuscht hatte. Begeistert willigte Kober in das Angebot des Grafen ein und wurde somit der erste offizielle Mitarbeiter des Zeppelinschen Luftschiffbaus. Mit Feuer und Flamme stürzte er sich gleich an seinem ersten Arbeitstag, dem 1. Mai 1892, auf seine neue Aufgabe, die in umfangreichen Erprobungen der verschiedensten Materialien bestand. Die leichtesten, gleichzeitig stabilsten Metalle und Legierungen zu finden, die besten und verlässlichsten Gewinde, Triebräder und Schrauben: es war eine Herkulesaufgabe. Doch nur, wenn sie es schafften, am Ende tatsächlich das Beste vom Besten miteinander zu verbinden, hatten die Luftschiffe eine Chance zur Verwirklichung, Denn die Kräfte, denen ihr Luftfahrzeug standhalten musste, waren enorm – und sie griffen aus jeder Himmelsrichtung an. Schon gleich bei ihren ersten Gesprächen, in denen der Graf und sein junger Mitarbeiter noch einmal alle bishe-

rigen Skizzen und Pläne komplett in Frage gestellt und bis ins Detail diskutiert hatten, war beiden klar geworden: Zeppelins Ansicht war absolut richtig, dass sich nur ein Luftschiff, das über ein starres Gerippe verfügte, auf Dauer erfolgreich gegen den Wind stemmen und lenken ließe.
»Diese Grundidee müssen wir unbedingt weiter verfolgen, Exzellenz. Das sehe ich ganz genau so, wie Sie. Denn unser Schiff muss schon wegen dem Luftwiderstand eindeutig eine zylindrische Form haben. Dazu kommen diese gewaltig schweren Motoren, die ja irgendwo befestigt werden müssen, dazu die Gaszellen im Innern… es gibt folglich gar keinen anderen Weg, als die Hülle mit einem starren, aber möglichst leichten und dennoch tragfähigen Gerippe zu versteifen. Das müsste doch eigentlich jeder einigermaßen versierte Techniker sofort begreifen.«
»Sie sagen es, Kober«, pflichtete ihm Zeppelin bei. »Aber weiß der Himmel, warum: man will mir in dieser Argumentation einfach nicht folgen.«
Auf Kobers Gesicht entfaltete sich ein breites Grinsen. »Umso besser, Exzellenz. Dann sind es eben Sie, Exzellenz, der bald den alleinigen Ruhm genießen darf, der großen Luftzigarre zum Durchbruch am Himmel verholfen zu haben!«
Zeppelin stutzte und legte seine Stirn in kritische Falten, während er seinen Mitarbeiter mit einem durchdringenden Blick fixierte. »Wie haben Sie gerade gesagt? Luftzigarre?«
Der junge Mann zuckte verlegen mit den Schultern. »Nun ja, ich habe das nicht despektierlich gemeint. Es … es ist halt nur so, dass die Zylinderform des Luftschiffes ja irgendwie schon an eine Zigarre erinnert. Eine riesige halt.«
»Eine Luftzigarre«, schmunzelte Zeppelin und lehnte sich auf seinem Stuhl zurück. »Nun ja: eigentlich ist es mir ja ganz egal, wie es die Menschen nennen werden. Hauptsache unser Luftschiff wird aufsteigen. Das ist doch das Wichtigste von allem, nicht wahr Kober?«

»Es wird aufsteigen, Exzellenz. Davon bin ich überzeugt. Und zwar einhundertprozentig!«

Theodor Kober sollte recht behalten. Auch wenn noch mehr als acht lange Jahre verstreichen mussten, bis es endlich so weit war.

Mit hoher Konzentration ging es in den folgenden Wochen an die weitere Arbeit. Mit besonderer Spannung erwartete der Graf nun die Sommermonate am Bodensee, in denen die Familie Zeppelin dann wieder ihre Sommerfrische auf Schloss Girsberg genießen würde, denn mit Gottlieb Daimler hatte er vereinbart, dass sie auch in diesem Sommer auf dem See wieder verschiedene Luftschrauben und einen neuen Motor erproben würden.
Dieses Mal kam Daimler in Begleitung seines ältesten Sohnes Paul nach Konstanz und bezog wieder, wie im vergangenen Jahr, sein Quartier im Inselhotel bei Eberhard von Zeppelin.
Gleich zu Beginn ihres Aufenthaltes erlebten die Daimlers eine stürmische Bootsfahrt, denn ohne auf die Warnungen des Hoteliers zu hören, der sie vor einem unmittelbar bevorstehenden Wetterumschwung gewarnt hatte, stachen die beiden vom Anlegeplatz des Inselhotels in See. »In einer knappen Stunde müssten wir in Friedrichshafen sein – lass den Motor ruhig auf voller Leistung laufen, Paul, denn bei dieser Gluthitze ist es sonst ja selbst auf dem Wasser kaum auszuhalten«, gab der alte Daimler die entsprechenden Anweisungen, während er sich mit seinem Taschentuch über die schweißnasse Stirne wischte. Kurz danach befanden sie sich bereits weit draußen auf dem Bodensee. »Du schau einmal, Vater, der Dampfer da vorne, der scheint direkt auf uns zuzuhalten. Der sieht uns doch hoffentlich!«
»Das wäre wünschenswert«, knurrte Daimler. »Aber da, schau: da winkt uns einer zu. Es ist sogar der Kapitän persönlich.«

Das Dampfschiff drosselte nun seine Geschwindigkeit und schob sich langsam neben das Motorboot, während der Kapitän seine Hände zu einem Trichter formte: »Hallo. Hören Sie mich? Sie sollten sofort umkehren. Da drüben in Bregenz braut sich ein Unwetter zusammen.«

»Wir wollen aber nach Friedrichshafen, so lange wird das Wetter schon noch halten«, rief Paul zurück.

»Das glaube ich nie und nimmer. So ein Föhnsturm kommt hier am See immer ganz plötzlich. Glauben Sie mir! Ich kenne mich aus.«

»Lassen Sie das getrost unsere Sorge sein«, entgegnete der junge Daimler. »Mein Vater und ich sind Ingenieure, wir können die Dinge ganz gut einschätzen. Bis Friedrichshafen werden wir das schon schaffen.«

»Ich kann Sie nur nochmals warnen. Drehen Sie um und fahren Sie zurück nach Konstanz. Der Bodensee ist ein gefährliches Gewässer.«

Doch die beiden Daimlers machten keinerlei Anstalten, der Aufforderung des Dampferkapitäns Folge zu leisten. »Dann nehmen Sie wenigstens die beiden Rettungsringe mit, die wir Ihnen hinüber werfen!«

Kopfschüttelnd fischte Gottlieb Daimler die Rettungsringe aus dem Wasser und legte sie in ihr Boot. »Die scheinen uns für Volltrottel zu halten«, murmelte er leise, um sich gleich darauf mit lauterer Stimme zu Wort zu melden. »Vielen Dank, Herr Kapitän. Sie bekommen sie morgen wieder zurück. Und nun, Adieu. Volle Leistung, Paul!«

Paul legte den Kupplungshebel um und schon schoss das Boot nach vorne. »Unwetter! Föhnsturm! Dass ich nicht lache! Diese Seehasen!«

Es war keine Viertelstunde vorüber, da verging ihnen das Lachen. Schlagartig hatte sich der Himmel verdüstert und ein heftiger Wind peitschte die nunmehr dunkelgraue Wasserfläche zu mächtigen Wogen auf, die hart an den hölzernen Schiffsrumpf prallten. Es wurde die stürmischste Seefahrt ihres Lebens, zumal der Motor gegen die Kraft der Strömung nichts mehr entgegen zu setzen hatte. In der

Nähe von Fischbach wurde das Boot mit seinen beiden kreidebleichen Insassen schließlich ans Ufer geworfen. Der Sturm verebbte. »Das war knapp, Vater«, keuchte Paul, als sie patschnass und mit wackeligen Knien auf dem Kiesstrand standen. »Künftig werde ich darauf hören, was die Einheimischen sagen – wenn ich mich überhaupt noch einmal in ein solches Boot setze!«

Das Gelächter, dem sich die Daimlers am Abend im Inselhotel ausgesetzt sahen, war dann wesentlich besser zu ertragen, als das, was sie an Todesängsten auf dem Bodensee ausgestanden hatten. »Stellen Sie sich nur einmal vor Herr Daimler, sie wären mit dem Boot gekentert. Dann hätte ich meine Experimente mit ihren Motoren für diesen Sommer ganz abschreiben können«, bedachte Zeppelin den Konstrukteur mit einem vorwurfsvollen Blick.
»Vielen Dank, Exzellenz, dass Sie sich so viele Sorgen um die Motoren machen und weniger um mein Wohlergehen«, knurrte Daimler. »Das werde ich mir merken müssen …«
Ein befreiendes Lachen beendete diesen denkwürdigen Tag, an dem es beinahe ein schlimmes Unglück gegeben hätte.
Am folgenden Tag hatten Daimler, Zeppelin und ihre Helfer alle Hände voll zu tun, das gestrandete Boot aus dem Sand zu graben und vor allen Dingen: den Motor wieder in Gang zu bringen. Es dauerte Stunden. Die weiteren Erprobungsfahrten, bei denen sie einmal sogar König Wilhelm II. als Gast in ihrem Boot begrüßen konnten, verliefen reibungslos. Der König zeigte sich von der Leistungsfähigkeit des Antriebs genauso angetan wie Zeppelin. »Und wenn es Ihnen dann eines hoffentlich nicht mehr allzu fernen Tages gelungen ist, ihr Luftschiff fertig zu stellen, dann bin ich mir ganz sicher, dass dieser Motor hier leistungsfähig genug sein wird, es auch nach Ihren Wünschen zu bewegen. Ich freue mich schon jetzt darauf, Zeuge dieses epochalen Ereignisses werden zu dürfen.«

»Danke sehr, Majestät«, erwiderte Daimler. »Ich glaube, dass ich jetzt schon sagen kann, es wird im nächsten Jahr einen nochmals stärkeren Motor geben, der von seinem Gewicht her dennoch eher leichter sein kann, als dieser hier. Das käme dem Vorhaben dann sicher noch mehr gelegen. Wenn sich in Deutschland nur endlich genügend Unterstützer für das Luftschiff finden würden«, setzte er mit bedauerndem Unterton noch hinzu. »In Russland ist das ganz anders!«
Zeppelin stutzte. »In Russland? Woher wissen Sie das, Herr Daimler?«
»Weil ich von einem Mann mit Namen David Schwarz, einem Holzhändler aus Dalmatien, den Auftrag für die Lieferung eines Vierzylindermotors bekommen habe. Der Schwarz befasst sich ebenfalls seit Jahren mit der Konstruktion von Luftschiffen. Er will sie ganz aus Aluminium machen …«
»… eine Hülle aus Aluminium?« Der König staunte nicht schlecht.
»Ja, das ist in etwa dieselbe Grundidee, wie bei mir: auch Schwarz, dessen theoretische Pläne mir bekannt sind, geht davon aus, dass die Hülle eines Luftschiffes starr sein muss – allerdings halte ich eine Hülle komplett aus Aluminium für viel zu schwer – ganz abgesehen von den Kosten. Ich bevorzuge deshalb bekanntlich eher die Variante mit den Aluminiumträgern, über die eine Stoffhülle gespannt ist, samt den einzelnen Gaszellen im Inneren … Aber nun noch einmal zum Kern meiner Frage, Herr Daimler: was hat der Schwarz mit Russland zu schaffen?«
»Die Russen haben sich für die Idee interessiert und Schwarz in St. Petersburg ein geeignetes Gelände und Hilfskräfte zur Verfügung gestellt, um sein Luftschiff dort bauen zu können. Deshalb sollen wir den Motor dorthin liefern«, erklärte Daimler seinen staunenden Zuhörern. »Sie sehen also, Majestät: überall in der Welt experimentiert man mit Luftschiffen, nur bei uns hier in Deutschland wird ausgerechnet dem Mann, der seine Idee seit Jahren

propagiert, regelmäßig die Türe vor der Nase zugeschlagen. Soll hinterher aber keiner kommen und sagen, er habe nicht geahnt, dass es bei uns den Grafen Zeppelin gegeben habe, mit dessen Hilfe man hätte verhindern können, dass Deutschland in der Luftfahrt militärstrategisch hoffnungslos ins Hintertreffen geraten ist.«
Der Eindruck, den Daimlers Worte bei König Wilhelm II. hinterließen, war enorm. »Sie haben recht, Herr Daimler. Wir müssen alles tun, damit genau das nicht geschieht, was Sie uns gerade eben vor Augen gehalten haben. Ich für meinen Teil war ja schon immer ein überzeugter Anhänger der Luftschiffpläne. Das Problem scheint mir vielmehr beim preußischen Generalstab zu liegen. Und – das sage ich Ihnen aber nur im Vertrauen – leider auch bei seiner Majestät, dem Kaiser.«
»Das ist leider wahr«, nickte Zeppelin. »Alle Türen scheinen in Berlin wie vernagelt für mich …«
»… ich werde versuchen, sie zu öffnen, das verspreche ich Ihnen, Exzellenz. Aber nun genug der trüben Gedanken. Tun Sie mir bitte den Gefallen und begleiten Sie mich ins Schloss. Und dann lassen Sie uns eine gute Flasche Wein öffnen, mit deren Inhalt wir auf die wunderbare Bootsfahrt anstoßen wollen, die ich heute zusammen mit Ihnen genießen durfte, meine Herren.«
Die Russen hatten David Schwarz also nicht nur ein Gelände zur Verfügung gestellt – sie waren ihm auch aktiv beim Bau seines Luftschiffs behilflich. Und ein Daimlermotor würde für den Antrieb sorgen.
Tagelang ging Zeppelin dieser Gedanke nicht mehr aus dem Kopf. Ein weiterer Ansporn, sich mit aller Kraft auf die Verwirklichung seiner eigenen Pläne zu konzentrieren.

Ein ganzes Jahr ging seitdem ins Land – vom Schwarzschen Luftschiff war aus Russland wenig zu hören – offenbar war es mehrfach zu Problemen mit der Qualität der Gasfüllung gekommen, das war das Einzige, was Zeppelin zumindest gerüchteweise in Erfahrung bringen konnte.

Doch immerhin genoss Schwarz in Russland eine Art der Unterstützung, von der ein Graf Zeppelin in Deutschland noch nicht einmal träumen konnte. Keine einzige Hand war zu seiner Hilfe ausgestreckt worden. Weder Duttenhofer noch das Militär und noch nicht einmal der »Alldeutsche Verein« hatten ihm irgendeine Summe zur Unterstützung zukommen lassen. Und dabei verschlangen inzwischen die Planungen und vor allem die umfangreichen Materialprüfungen, die von Theodor Kober mit großer Sorgfalt vorgenommen wurden, eine ganze Menge Geld. Mittel aus dem Privatvermögen des Grafen Zeppelin.

Ob es angesichts dieser Ignoranz, mit der ihn die verschiedensten Institutionen bedachten, auf Dauer überhaupt möglich sein würde, den Bau des Luftschiffs wirklich anzugehen? Wenn sich doch auch der Kaiser einmal genauso positiv über das Vorhaben des Grafen Zeppelin äußern würde, wie das bei König Wilhelm II. grundsätzlich der Fall war!

Im September 1893 schien sich eine Chance aufzutun: der Kaiser würde zu einem Besuch nach Stuttgart kommen. Und Zeppelin gelang es, König Wilhelm II. den Vorschlag zu unterbreiten, er möge sich beim Kaiser doch einmal für die Luftschiffpläne verwenden. Der König versprach es – und tatsächlich, Zeppelin durfte dem Kaiser höchstpersönlich über sein Vorhaben berichten und ihm die Möglichkeiten skizzieren, die diese Luftschiffe auch für die Kriegsführung bieten könnten. Der Kaiser schien in der Tat beeindruckt von Zeppelins Erläuterungen – und dieser Eindruck sollte nicht täuschen.

Am 16. September, dem Tag seiner Abreise aus Stuttgart, erblickte der Kaiser unter den Ehrengästen auch Zeppelin. Im selben Moment machte er einen Schritt auf den Grafen zu und bedachte ihn mit einem huldvollen Lächeln: »Sie werden von mir hören!«

Tatsächlich erreichte Zeppelin noch am selben Tag die

durch einen Gesandten überbrachte Aufforderung, sich mit einer als dringlich deklarierten, schriftlichen Eingabe direkt an das kaiserliche Privatsekretariat zu wenden.

Das brauchte man einem Zeppelin kein zweites Mal zu sagen. Jetzt schienen die Dinge also in Bewegung zu geraten – endlich. Doch so überraschend und prompt die Sache auch begonnen haben mochte, so kläglich begann sie kurz darauf wieder zu versanden. Viele Wochen lang tat sich nichts – und als nach mehreren weiteren Eingaben an die preußische Regierung endlich ein Briefwechsel zustande kam, war dessen Inhalt das Papier nicht wert, auf das er niedergeschrieben war. Man schien ihn hinhalten zu wollen, bombardierte ihn mit den sinnlosesten Fragen, garniert mit der Aufforderung, die eine oder andere Skizze einzureichen oder zu erklären, was alles längst erfolgt war. Erst am 10. März 1894, als selbst der immerzu optimistisch in die Zukunft blickende Graf die Hoffnung auf eine ernsthafte Beschäftigung der Berliner mit seinen Vorschlägen allmählich begraben hatte, kam es doch noch zu einer ernsthaften Initiative. Eine Kommission unter dem Vorsitz von Professor Hermann von Helmholtz, des hochangesehenen Präsidenten der Physikalisch-Technischen Reichsanstalt, trat zusammen und zeigte sich nach einem intensiven, drei Monate währenden Meinungsaustausch mit Zeppelin am Ende davon überzeugt, dass dessen Pläne »nicht unausführbar« sein könnten. Man halte sie sogar den Interessen des Reiches für dienlich und empfehle seiner Majestät dem Kaiser, rasch die notwendigen Geldmittel zur Verfügung zu stellen, um den späteren Bau eines Luftschiffes möglich zu machen.
Na also! Wenn er Bella diese Freudenbotschaft in einer Blitzdepesche nach Stuttgart übermittelte, würde seine Ehefrau endlich wieder stolz auf »ihren Männi« sein können, dem in den zurückliegenden Wochen so viel Häme und Ignoranz entgegen geschlagen war. Endlich der Durchbruch!

Da sollte auch die seltsame Frage des greisen Helmholtz die Freude Zeppelins nicht mehr trüben können, ob es ihm denn nicht doch möglich sei, die vom Kommissionsmitglied Heinrich Müller-Breslau, einem Statikexperten, gewünschten Umarbeitungen der Landeanker und Verstrebungen auf eigene Kosten vorzunehmen. Ein Ansinnen, das Zeppelin aber kategorisch ablehnte.
»Nun ja, das sehe ich durchaus ein«, hatte Professor Helmholtz darauf hin sofort eingelenkt, »nach all dem, was Sie bislang schon an erheblichen finanziellen Vorleistungen für die Luftschiffskizzen erbracht haben. Für diesen Fall möchte ich Sie jedoch bitten, eine Eingabe um die Überlassung der erforderlichen Mittel direkt beim Kriegsministerium zu beantragen. Das Ministerium wiederum wird ihren Antrag unserer Kommission vorlegen und wir werden ihn dann befürworten. Es ist zwar ein etwas kompliziertes Vorgehen, aber das ist nun einmal der korrekte Behördenweg, den Sie unbedingt einhalten sollten, wenn Sie die dauerhafte Unterstützung des Ministeriums bekommen wollen. Wie gesagt: unserer Zustimmung dürfen Sie gewiss sein.«
So befremdlich Zeppelin dieser Vorschlag auch erschienen war, so klar und eindeutig war die Aussicht, im Hinblick auf den baldigen Bau eines Versuchsluftschiffes nun endlich die finanzielle Unterstützung des Staates zu bekommen. »Meinen Sie, ich dürfte mit der Zusage für einen Höchstbetrag von 20.000 Mark rechnen, Herr Professor?«
»Aber sicher, ja. Scheiben Sie Ihren Antrag am besten noch im Laufe dieser Woche, Exzellenz. Denn erfahrungsgemäß dauert es dann ohnehin wieder mehrere Wochen, bis die Dinge endgültig geregelt sein werden. So sind sie eben, die Bürokraten«, setzte Helmholtz seufzend noch hinzu.

Es dauerte wesentlich länger. Die Wochen verstrichen – und nichts tat sich. Nicht das Geringste!
»Diese ewige Warterei!«
»Aber der Herr Professor Helmholtz hat dich doch schon

vorgewarnt, dass es länger dauern kann«, versuchte Bella, die verständliche Ungeduld ihres Mannes zu zügeln.

»Dennoch: das alles kann doch nicht so unendlich lange dauern. So viel Arbeit ist das doch nicht – zumindest einen Zwischenbescheid hätten sie mir ja schon einmal erteilen können. Beispielsweise, dass man meine Eingabe erhalten und sie inzwischen der Kommission vorgelegt habe. Wenigstens das.«

»Dann wende dich am besten doch einmal direkt an Professor Helmholtz. Du sagst ja, er sei dir sehr positiv gegenüber getreten.«

»Nun ja, am Ende schon«, wiegte Zeppelin skeptisch seinen Kopf. »Aber zunächst einmal hat selbst er sich von den Einwänden des Professors Müller-Breslau beeindrucken lassen, der auch im Hinblick auf die Form meiner Luftschiffe immer wieder Bedenken geäußert hatte. Eine tränenartige Form sei derjenigen vorzuziehen, die ich skizziert hätte, hat er immer wieder behauptet und dies mit den Bedingungen verglichen, die in der Schifffahrt anzutreffen sind. Mir ist freilich völlig schleierhaft, wie sich ein Mann vom Schlage eines Helmholtz überhaupt auf eine solche Argumentation einlassen konnte. Als wenn in der Luft genau dieselben Bedingungen vorherrschten, wie im Wasser! Abstrus!«

»Es geht um diese herrliche Zigarrenform, nicht wahr«, erkundigte sich Bella. »Also mir persönlich erscheint sie wunderbar geeignet, obwohl ich natürlich über keine physikalischen Kenntnisse verfüge. Aber was ist nach Meinung von Helmholtz an der Tränenform besser?«

»Das möchte ich auch wissen«, knurrte Zeppelin. »Nun gut, immerhin hat er ja schließlich doch noch eingelenkt und sich uneingeschränkt für meine Pläne ausgesprochen. Mein Entwurf sei so bedeutend, dass daraus auf alle Fälle etwas gemacht werden müsse. Hat er wortwörtlich gesagt.«

»Dann wäre es vielleicht sinnvoll, wenn du einmal den direkten Kontakt mit ihm suchen würdest. Am besten, du fährst persönlich zu Professor Helmholtz nach Berlin und schilderst ihm die Lage: dass überhaupt nichts voran geht. Ein Mann mit seiner Reputation und seinem Einfluss dürfte wohl in der Lage sein, die Dinge zu beschleunigen.«

Zeppelin verzog sein Gesicht zu einer schmerzlichen Grimasse. »Daran hatte ich auch schon gedacht. Nur habe ich in der vorigen Woche erfahren müssen, dass der alte Helmholtz schwer erkrankt ist und man inzwischen mit dem Schlimmsten rechnen muss. Mir bleibt also nichts anderes übrig, als weiter zu warten – und zu befürchten, dass Müller-Breslau mit seiner Skepsis die Oberhand in der Kommission gewinnt. Es ist zum Verrücktwerden. Dieses Ausgeliefertsein. Dieses Gefühl, nichts machen zu können ...«

»Wenn du sowieso nichts tun kannst, dann ist es doch vielleicht besser, wir fahren für ein paar Tage nach Girsberg, anstatt hier in Stuttgart Däumchen zu drehen. Am Bodensee kannst du dich schließlich besser entspannen als hier und vielleicht sogar ein bisschen zur Ruhe kommen ...«

»... zur Ruhe kommen!« sprudelte es aus ihrem Mann spontan heraus. »In einer solchen Situation, wo das Ziel einerseits zum Greifen nahe ist – und du dann doch wieder das Gefühl hast, es nie erreichen zu können! Aber du hast trotz allem recht, meine liebe Bella: lass uns nach Girsberg fahren und die herrliche Landschaft dort genießen. Etwas anderes kann ich ja doch nicht machen.«

Zeppelin sollte mit seiner Skepsis recht behalten. Am 14. Juli war die Kommission wieder zusammengetreten, ohne ihn zu der Sitzung einzuladen. Und so kam es, wie es hatte kommen müssen: Müller-Breslau konnte sich mit seinen statischen Bedenken durchsetzen. Das bedeutete: die Pläne Zeppelins wurden abgelehnt! Und das ausgerechnet zu einer Zeit, in der sein Fürsprecher, Professor Helmholtz, im Sterben lag!

Irgendwann wurde es dem Grafen zu bunt. Ende August verfasste er einen Beschwerdebrief, den er direkt an den preußischen Kriegsminister adressierte. Immerhin er-

reichte er mit diesem Schreiben, in dem er es an Deutlichkeit nicht hatte mangeln lassen, dass sich die Kommission auf Anordnung des Ministers – nun allerdings ohne den verstorbenen Helmholtz – im Dezember 1894 ein weiteres Mal mit den Luftschiffskizzen des Grafen Zeppelin zu befassen hatte. Wiederum war das Ergebnis eindeutig: Ablehnung!
Da hatte kein Diskutieren mehr mit dem ignoranten Müller-Breslau geholfen, keine noch so geduldige und gewissenhafte Argumentation. Sämtlichen Beweisführungen war der Professor mit unverhohlenem Spott und Häme begegnet, so dass der erboste Zeppelin, ganz gegen sein sonstiges Naturell, von den Offizieren in der Kommission nur mit einiger Mühe davon abgehalten werden konnte, sich auf den unverschämten Ignoranten zu stürzen.
Es half alles nichts. Man musste den Dingen klar ins Auge sehen – und das bedeutete: Er war gescheitert.
Der Narr vom Bodensee hatte sein Waterloo erleben müssen.
Es war aus.
Endgültig!

Schon von weitem konnte man sehen, dass der Ankömmling einen schweren Verdruss erfahren hatte. Mit Sturmschritten war der ansonsten so gelassene Ferdinand durch den Garten in die Empfangshalle von Schloss Girsberg gestürmt und feuerte gerade seinen Zylinderhut in die eine, den Spazierstock dagegen in die andere Ecke, als Bella die Treppe herunter eilte und ihren Ehemann mit allen Anzeichen der Verwunderung musterte.
»Ja, aber Ferdi, was ist denn nur geschehen, dass du dich dermaßen echauffieren musst?!«
»Was geschehen ist!« schnaubte der Gefragte wütend und fuhr sich mit zitternden Fingern durch die schütter gewordenen Haare. »«Mich behandeln sie wie einen dummen Schuljungen – und im selben Atemzug helfen sie diesem Schwarz bei der Verwirklichung seiner Luftschiffpläne. Du

glaubst es nicht, Bella, was ich heute habe erfahren müssen: die Luftschiffabteilung des preußischen Militärs stellt dem in Russland bekanntlich gescheiterten David Schwarz für den Bau seines Aluminiumluftschiffes auf dem Tempelhofer Feld einen Teil ihres Geländes und sogar noch eigenes Personal zur Verfügung. Einem Mann aus Dalmatien! Und dann sorgen sie auch noch für den Transport der Aluminiumteile von Westfalen nach Berlin! All das, während sie mir, einem deutschen Offizier, die kalte Schulter zeigen! Es ist unfassbar!« Zeppelin lockerte seinen Hemdkragen und schnappte nach Luft. Derart gezeichnet von Empörung und Enttäuschung hatte Bella ihren Ehemann noch nie gesehen. Aber es war ja auch kein Wunder. Sorgenvoll betrachtete sie die deutlich hervorgetretene Zornesader auf seiner Stirn. Sie machte einen energischen Schritt auf Ferdinand zu und zog ihn eng an sich.

»Jetzt beruhige dich erst einmal, Ferdi! Das tut deiner Gesundheit wirklich nicht gut, wenn du dich derart in Rage bringen lässt. Aber eines ist mir auch klar: So wie in den vergangenen Monaten kann es nicht weitergehen. Du musst endlich Klarheit darüber haben, ob und in welcher Form der Kaiser nun geneigt ist, deinen Luftschiffplänen die eigentlich ja längst zugesagte Unterstützung zuteil werden zu lassen. Da hilft meiner Meinung nur eines: du musst dich noch einmal direkt an unseren König wenden. König Wilhelm ist dir und deinen Plänen ja schon immer wohlgesonnen gewesen – und falls er es nicht schafft, den Kaiser für eine konkrete finanzielle Zusage zu gewinnen, dann sollte man zumindest einmal in Erwägung ziehen, ob es nicht gelingt, innerhalb von Württemberg genügend Unterstützer zu finden, die mithelfen wollen, den Bau des Luftschiffs zu finanzieren. Wenn die Preußen partout nicht wollen …«

»… und sogar einen Kroaten bevorzugen«, zischte Zeppelin.

»Ja, eben darum«, bekräftigte Bella. »Setz dich hin und verfasse am besten gleich auf der Stelle ein Schreiben an König

Wilhelm. Bevor du diesen Brief nicht verfasst hast, wirst du sowieso nicht zur Ruhe kommen. Und wer weiß: vielleicht gelingt es ihm ja, den Kaiser zu einer direkten Beihilfe zu bewegen.«

Zweifelnd zuckte er mit den Schultern. »Also, ich weiß nicht so recht. Nicht, dass König Wilhelm sich von mir belästigt fühlt …«

»… ach was redest du denn da, Ferdi. Er steht dir und deinen Plänen doch grundsätzlich wohlwollend gegenüber. Ich war im Frühjahr selbst dabei, als er das gesagt hat. Also bitte: setz dich hin und schreibe den Brief. Sonst findest du keine Ruhe.«

»Fragt sich nur, vor wem ich sonst keine Ruhe finde«, schmunzelte Zeppelin, der seine Fassung inzwischen einigermaßen wiedergefunden hatte. »Du hast schon recht, Bella. Ich muss es mir von der Seele schreiben – und vielleicht bewirkt dieser Brief ja tatsächlich etwas.«

Die neu erwachte Hoffnung der beiden erfuhr schon bald einen gewaltigen Dämpfer. Zwar stand König Wilhelm dem Vorhaben nach wie vor höchst aufgeschlossen gegenüber und hatte sich persönlich beim Kaiser für eine finanzielle Unterstützung Zeppelins eingesetzt, doch dieser mochte lediglich eine Beihilfe von 6.000 Mark zur Verfügung stellen. Eine lächerliche Summe angesichts der enormen Kosten, die Zeppelin schon entstanden waren. Damit hatte der Kaiser in überdeutlicher Art und Weise zum Ausdruck gebracht, wie wenig Interesse er den Luftschiffplänen des Württembergers entgegen brachte. Die Ernüchterung, die diese rüde Geste bei dem Grafen auslöste, war enorm. »Ich brauche mindestens 800.000 Mark, um das Luftschiff zu bauen, und dann speist mich der Kaiser mit gerade einmal 6.000 Mark ab. Das ist lächerlich!«

Auch König Wilhelm II. zeigte sich betroffen und ermunterte Zeppelin, nun eben den Weg über persönliche Unterstützer aus Württemberg zu gehen, zu denen auch er selbst gerne gehören wolle. Mit Hilfe von Anteilsscheinen

von 20 Mark bis zu mehreren tausend Mark müsste es doch möglich sein, in der württembergischen Bevölkerung eine breite Schar an Sponsoren zu finden, um das schwäbische Luftschiff zu realisieren. Schließlich gab es dank der fortschreitenden Industrialisierung im Königreich inzwischen zahlreiche wohlhabende Unternehmer, die mühelos einige tausend Mark investieren konnten, ohne dadurch schlaflose Nächte befürchten zu müssen. Es war beinahe schon eine Frage der Ehre, wenn doch tatsächlich sogar König Wilhelm und dessen Familie mit ihrem Privatvermögen Anteile zeichneten. Doch auch diese so hoffnungsvoll begonnene Initiative zeitigte nicht den gewünschten Erfolg: bis auf einige Freunde ließ sich kaum ein Unternehmer bewegen, in dieses unsichere Geschäft zu investieren. Zumal den »Luftgrafen« ja längst ein alles andere als schmeichelhafter Ruf umgab – mit wem auch immer man sich in den einschlägigen Unternehmerkreisen und erst recht beim Militär auch unterhielt: alle Welt sah den Grafen Zeppelin nur noch mitleidsvoll als Spinner an. Als den Narren vom Bodensee, der viel eher ein Fall für die Irrenanstalt war, als ein hoffnungsvoller Pionier der Luftfahrt.
»Mit Ach und Krach habe ich Zusagen über 100.000 Mark zusammen bekommen. Das reicht vorne und hinten nicht aus«, konstatierte der Graf zu Beginn des Jahres 1896 zerknirscht. »Und dennoch: ich werde nicht locker lassen! Schon deshalb nicht, weil ich den König nicht enttäuschen will, der wie ein Fels in der Brandung auf meiner Seite steht.«
»Und was willst du nun unternehmen? Wie mir scheint, hast du bereits wieder einen Plan ausgearbeitet«, musterte ihn Bella mit einem neugierigen Blick.
»Allerdings«, nickte ihr Ehemann entschlossen. »Ich werde nun auch in wissenschaftlicher Hinsicht den Stier bei den Hörnern packen und mich sozusagen direkt in die Höhle des Löwen begeben …«
»… und das heißt?«
»Das heißt, dass ich für Februar mit dem Verein Deutscher

Ingenieure einen Vortrag in Stuttgart vereinbart habe, bei dem sich alle Experten einmal aus erster Hand direkt über mein Vorhaben und meine Berechnungen informieren können. Ich freue mich auch schon auf die Diskussion, die ich anschließend mit den Herren führen werde, denn endlich kann ich allen Bedenken und allen Zweifeln dann sofort entgegen treten.«
»Das wäre in der Tat schön. Wenn du die Ingenieure überzeugen kannst, dann müsste dir die Unterstützung der Industrie ja wirklich sicher sein. Dann kann dich niemand mehr als Spinner und Phantasten bezeichnen.«
»Genau deshalb kann ich es kaum noch erwarten, bis ich meine Pläne endlich vorstellen kann.«

Auf der Eisenbahnfahrt nach Stuttgart war der Graf in seinem Zugabteil mit einem anderen Fahrgast ins Gespräch gekommen. Dabei kam die Rede naturgemäß auch auf die Luftschiffe. Während Ferdinand von Zeppelin seinem sichtlich skeptischen Gegenüber die Vorzüge der Luftschiffe in den leuchtendsten Farben schilderte, blieb der andere weiterhin reserviert. Kein einziges seiner Argumente konnte verfangen. Genauso gut hätte er versuchen können, sich mit der Abteilwand zu unterhalten. Nur einen trockenen Satz war dem Mann Zeppelins Mühe am Ende wert gewesen: »Exzellenz! Meinen Sie nicht, wir sollten den Himmel den Vögeln überlassen?«
»... und die Erde dafür den Rindviechern!« war es aus dem Mund des Grafen herausgebrochen.
Bis zu ihrer Ankunft in Stuttgart blieb es zwischen den beiden Fahrgästen mucksmäuschenstill.

Der Vortrag von Ferdinand Graf Zeppelin vor dem Bezirksverein des Verbands Deutscher Ingenieure (VDI) in Stuttgart wurde zu einem beeindruckenden Erfolg. Selbst der König war erschienen, um seinem Schützling vor aller Augen die Referenz zu erweisen. Und die versammelten Experten zeigten sich stark beeindruckt – nicht nur durch die Anwesenheit von König Wilhelm, sondern durch den brillanten Vortrag des Grafen, der auch beim anschließenden intensiven Meinungsaustausch auf jede noch so spezielle Frage eine überzeugende Antwort wusste. Sein überzeugender Auftritt sollte nicht ohne Folgen bleiben: in einer offiziellen Stellungnahme befürwortete der VDI Zeppelins Pläne. Das war jetzt endlich genau das Zeichen, auf das er so viele Jahre vergeblich gewartet hatte. Einmütig und nicht minder eindeutig forderte der Vorstand von seinen Mitgliedern und den Vertretern der deutschen Industrie eine tatkräftige finanzielle Unterstützung des Luftschiffbaus nach dem Prinzip des Grafen Zeppelin, »dieser sehr wichtigen und großen technischen Aufgabe unseres Zeitalters«. Der Durchbruch schien dank des VDI-Aufrufes geschafft – zumal sich im Mai 1898 nun endlich auch die Unternehmer bewegten, in dem sie sich zur Gründung einer »Aktiengesellschaft zur Förderung der Luftschifffahrt« durchrangen. 800.000 Mark sollte das vom Grafen als notwendig berechnete Gesellschaftskapital betragen. Immerhin fanden sich unter den Zeichnern der Anleihen nun Männer wie Gottlieb Daimler, Carl Linde, Max Eyth, Friedrich Voith und endlich auch der DMG-Vorstand Max Duttenhofer. Wie skeptisch ein Großteil von ihnen Zeppelins Ideen aber nach wie vor begegnete, bewies allein schon die Tatsache, dass die Herren noch nicht einmal die Hälfte dieser Summe aufzubringen vermochten. Zeppelin sah sich gezwungen, aus seinem Privatvermögen 441.000 Mark beizusteuern, um das Projekt nicht wieder in letzter Minute scheitern zu sehen. Doch immerhin: ein Anfang schien nun wirklich gemacht – und nachdem ihm König Wilhelm II. als weiteren Beweis seiner Gunst sogar noch das Gelände für den Bau der Luftschiffwerft in der Bucht von Manzell bei Friedrichshafen kostenlos zur Verfügung stellte, musste auch dem letzten Zweifler eigentlich klar sein, dass der entscheidende Schritt damit vollzogen war: der Schritt von der jahrelangen Planung am Zeichentisch zum konkreten Bau des ersten Luftschiffs.

Zuvor hatte es freilich noch einmal eine äußerst kritische Phase zu überwinden gegeben, die in den Köpfen der Zeitgenossen deutliche Spuren hinterlassen hatte. Das Jahr 1897 erwies sich nämlich als ein fürchterliches Katastrophenjahr für die Luftschifffahrt: erst war am 13. Januar 1897 David Schwarz mit 47 Jahren gestorben – ausgerechnet an jenem Tag, als sein Aluminiumluftschiff erstmals in Tempelhof mit Wasserstoffgas von einer ordentlichen Qualität hätte befüllt werden können. Aus diesem Grund verzögerte sich der erste Aufstieg gleich um mehrere Monate – und endete am 3. November 1897 mit einem Fiasko. Das Luftschiff erreichte zwar eine Höhe von 400 Metern, danach versagte jedoch die Steuerung und der Pilot schaffte mit viel Glück gerade noch eine Notlandung, bei der das Schiff zerstört wurde, während sein todesmutiger Lenker wie durch ein Wunder mit leichten Verletzungen davon kam.

Und dann die nächste Hiobsbotschaft!

»Wölfert ist tot – und der arme Knabe ebenfalls! Beide sind mit ihrem Luftschiff abgestürzt!«

Am 12. Juni 1897 war es geschehen. Auf dem Tempelhofer Feld waren Friedrich Wölfert und sein Mechaniker Knabe mit ihrem Luftschiff »Deutschland« tödlich verunglückt. Ausgerechnet diese beiden, die im August 1888 in Cannstatt mit dem von einem Daimlermotor angetriebenen Luftschiff Geschichte geschrieben und die im vergangenen Jahr mit einer erreichten Höhe von nahezu 2000 Metern eine erstaunliche Rekordmarke fixiert hatten. Ein Meilenstein in der noch jungen Luftfahrtgeschichte. Zwar handelte es sich dabei nicht um ein starres Luftschiff, wie es von Zeppelin gebaut werden sollte, sondern eher um einen Ballon, aber dennoch waren Wölferts Verdienste um die neue Technik enorm. Nicht nur sein gesamtes Vermögen und seine berufliche Existenz hatte er – ähnlich wie Zeppelin – diesem großen Traum geopfert, sondern nun tragischerweise auch noch sein Leben!

»Sie hatten keinerlei Überlebenschance«, fasste der tief betroffene Zeppelin für Bella die Meldungen zusammen, die ihn heute Nachmittag in mehreren Depeschen aus Berlin erreicht hatten. »Erst hat der Motor nicht mehr richtig funktioniert, dann muss etwas an der Steuerung kaputt gegangen sein, so dass der Wölfert keine Möglichkeit mehr besessen hat, den Ballon zu landen. Er ist vielmehr unkontrolliert und mit einer erheblichen Fallgeschwindigkeit auf dem Boden aufgeprallt und dabei ist natürlich der Wasserstoff im Ballon sofort explodiert. Wölfert und Knabe sind in den Flammen ums Leben gekommen. Es ist ein trauriger Tag für die Luftfahrt.« Er bedachte seine Ehefrau mit einem ernsten Blick. »Und dennoch ist es nicht das Ende für die Luftfahrt, mögen die Leute auch jetzt wieder in den Zeitungen von Leichtsinn, Risiko und einer niemals beherrschbaren Technik lesen müssen: es wird weiter gehen. Schon allein deshalb, weil wir es diesen beiden mutigen Pionieren am Himmel schlichtweg schuldig sind. Die großen Meilensteine in der Menschheitsgeschichte haben leider immer Opfer gefordert – und dennoch haben sich immer wieder mutige Männer gefunden, die sich davon nicht haben beirren lassen. Denn wäre es anders, dann würden wir Menschen immer noch in Höhlen wohnen«, deklamierte er mit einem feierlichen Ernst in der Stimme.

»Ich möchte dir jedoch nicht verhehlen, dass mir all diese Nachrichten einigermaßen Angst machen. Angst um dich und dein Leben, lieber Ferdi. Das wird mir jetzt erst so richtig bewusst, wie gefährlich dein Vorhaben in Wahrheit ist. Und wenn ich an dieses hochentzündliche Wasserstoffgas denke, an diese riesigen Mengen, mit dem dann ja auch dein Luftfahrzeug befüllt werden soll, dann … dann könnte ich vor lauter Sorge um dich gleich hier auf der Stelle weinen …«

In der Tat hatten sich Bellas Augen ganz plötzlich mit Tränen gefüllt, als sie ihren Mann nun mit einem beinahe schon flehentlichen Gesichtsausdruck fixierte. »Gibt es denn wirklich keine andere Möglichkeit, das Luftschiff in den Himmel steigen zu lassen, als mit diesem teuflischen

Gas? Du sagst ja selbst, dass es ein gewaltiges Inferno gewesen sein muss, in dem Wölfert und sein Mechaniker umgekommen sind.«

Betroffen von diesem unerwarteten Gefühlsausbruch nahm Ferdinand seine Bella fest in die Arme. »Du brauchst dir wirklich keine Sorgen zu machen, meine Liebe. Du weißt doch, dass es sich bei meinem Luftschiff um eine ganz andere Konstruktion handelt, als bei Wölfert und selbst bei Schwarz. Genau das ist es ja, was ich seit Jahren sage: dass ein starres Luftfahrzeug um ein Vielfaches leistungsfähiger und sicherer ist, als die Ballone. Und genau diese Auffassung wird ja ständig in Zweifel gezogen – obwohl ich die theoretischen Beweise dafür längst erbracht habe.«

»Aber dein Luftschiff soll ja viel größer sein, als alle bisher bekannten Flugapparate, hast du mir gesagt – über hundert Meter lang. Um einen solch riesigen Körper vom Boden zu heben, mitsamt den Motoren, dazu brauchst du zigtausende Liter von diesem Gas …«

»Man redet in diesem Zusammenhang von Kubikmetern. Das sind in der Tat einige tausend, die wir dabei brauchen werden …«

»Entsetzlich! Ich mag mir gar nicht vorstellen, welch explosive Ladung da unmittelbar über deinem Kopf in der Hülle zusammen gepresst ist. Eine tödliche Gefahr!«

Beschwichtigend streichelte er mit seiner rechten Hand über ihren Kopf. »Es ist dennoch ganz anders, Bella. Das kannst du mir getrost glauben. Denn mein Luftschiff wird ja nicht nur über dieses erwähnte, feste Gerippe aus Aluminiumträgern verfügen, sondern auch über einzelne Gaszellen, die dazu aus einem äußerst gasdichten Stoff gefertigt sind, an dessen Zusammensetzung ich, wie du weißt, selbst mitgearbeitet habe. Du brauchst dir wirklich keine Sorgen zu machen. Meine Ideen sind ausgereift – und genau deshalb kann ich es kaum noch erwarten, bis ich das endlich einmal aller Welt beweisen kann. Erst dann, wenn sich das Luftschiff in den Himmel hebt, werde ich all

die Skeptiker und Lästermäuler zum Schweigen bringen können.«
»Und du versprichst mir hoch und heilig, dass dir nichts passieren wird?« schmiegte sich Bella noch enger an ihn. »Ein Leben ohne meinen geliebten Männi: das kann ich mir einfach nicht vorstellen.«
»Das brauchst du dir auch gar nicht vorzustellen«, erwiderte er leise. »Mir wird nichts passieren. Ich werde am Leben bleiben. Ganz sicher.«
»Versprich es mir!«
»Ich verspreche es dir!«

Ende des Jahres 1897 nahm Zeppelin einen vorsichtigen Kontakt mit Carl Berg in Lüdenscheid auf. Also mit jenem Aluminiumfabrikanten, in dessen Werk bekanntlich die Hülle des Schwarz'schen Luftschiffs hergestellt worden war. Er hatte sich inzwischen endgültig dafür entschieden, ebenfalls den neuartigen Werkstoff für die Gerippeträger seines Luftschiffs zu verwenden, da das Aluminium im Vergleich zu Eisen um ein vielfaches leichter war. Auch Holz kam für ihn aus mancherlei Gründen nicht in Frage. Freilich war die Herstellung von Aluminium nicht nur sehr aufwendig und teuer, dazu gab es kaum Firmen in Deutschland, die eine Herstellung in großem Maßstab beherrschten. Carl Berg hatte seine Leistungsfähigkeit am Schwarz'schen Luftschiff unter Beweis gestellt. Ihn galt es nun, für eine Zusammenarbeit mit Zeppelin zu gewinnen.
»Das würde ich auch liebend gerne machen, Exzellenz«, beschied ihn Berg gleich zu Beginn ihrer Begegnung, breitete dann jedoch mit einer entschuldigenden Geste die Arme weit aus. »Allein, mir sind die Hände gebunden. Ich darf ihnen leider kein Aluminium zum Bau eines Luftschiffs liefern.«
Zeppelin staunte nicht schlecht über diese mehr als eigenartige Aussage. »Aber weshalb denn nicht? Wer will ihnen das verbieten?«
»Schlichtweg die Nachfahren von dem Herrn Schwarz. Der

Schwarz hat mir seinerzeit mit dem Liefervertrag auch die schriftliche Zusage abgerungen, kein Konkurrenzprodukt mit meinem Aluminium auszurüsten. Selbst dann nicht, wenn es sich, wie im Falle Ihres Luftschiffes, Exzellenz, ja noch nicht einmal um eine Hülle aus Aluminium handeln soll, sondern nur um Streben und Träger. Aber Luftschiff ist eben Luftschiff ...«

»... und Schwarz ist gestorben!« fiel ihm Zeppelin impulsiv ins Wort. »Dieser Hinderungsgrund ist mit dem Tod von Schwarz also doch wohl entfallen.«

Berg zuckte bedauernd mit den Schultern. »Leider nein, Exzellenz. Denn es sind ja noch die Nachfahren da. Die Witwe und die Tochter. Und allem Anschein nach will man die Angelegenheit weiter verfolgen. Die Auskünfte, die ich diesbezüglich erhalten habe, sind jedenfalls eindeutig: nach wie vor ist es mir vertraglich untersagt, mein Aluminium an einen Konkurrenten zu liefern. So gerne ich es in Ihrem Fall auch täte.«

»Aber das glauben Sie doch selber nicht!« Für einen kurzen Moment war Zeppelin aus der Fassung geraten. »Dass eine junge Frau zusammen mit ihrer minderjährigen Tochter ein Luftschiff bauen will, eine solche Behauptung nimmt Ihnen doch niemand ab!«

»Noch einmal, Exzellenz: ich möchte Sie keineswegs an der Nase herumführen und würde wirklich sehr gerne mit Ihnen zusammen arbeiten. Denn erstens wären Sie ein wesentlich seriöserer Kunde als der Schwarz, dem ja seinerzeit bei seinen Versuchen in Russland, wie man inzwischen hört, der Boden unter den Füßen zu heiß geworden ist – und zweitens scheinen mir Ihre Planungen für ein Luftschiff, so wie ich sie am heutigen Morgen zur Kenntnis nehmen durfte, doch eindeutig vielversprechender zu sein, als das Schwarz'sche Modell. Aber dennoch: Vertrag ist leider Vertrag ...« er stockte kurz, um Zeppelin danach mit einem vieldeutigen Augenzwinkern den Hinweis auf seinen gleich folgenden, entscheidenden Zusatz zu geben, »... freilich habe ich den Eindruck gewonnen, dass die

Mittel der Familie ziemlich erschöpft sind. So reich der Schwarz als Holzhändler auch gewesen sein mag, so eindeutig sind die Hinweise, dass er anscheinend sein ganzes Vermögen in das Luftschiff gesteckt hat. Mit anderen Worten: die Witwe braucht Geld!«
Wieder legte er eine Pause ein, um die Wirkung seiner Worte damit zu unterstreichen.
Zeppelin hatte sofort begriffen, worauf Berg hinaus wollte. »Sie meinen … wenn ich der Witwe Schwarz folglich ein Angebot machen würde … wenn ich ihr beispielsweise die Patentrechte abkaufen würde … obwohl mir eigentlich gar nicht viel Nutzen aus dieser Konstruktion entstehen kann …«
»… bis auf die Lieferrechte für das Aluminium«, unterbrach ihn Berg, um dessen Mundwinkel ein listiges Lächeln spielte.
»… bis auf die Lieferrechte für das Aluminium«, wiederholte Zeppelin nachdenklich. »Und gesetzt den Fall, ich würde das Patent erwerben können … Dann wären Sie bereit, einen Vertrag mit mir zu schließen?«
»Dann wäre ich mit Freuden dazu bereit und müsste auch keinerlei rechtliche Konsequenzen befürchten.«
»Nun gut, dann werde ich die Sache also angehen«, nickte der Graf entschlossen. »Wenn Sie mir freundlicherweise die Anschrift der Witwe Schwarz überlassen könnten …«
»… nichts lieber als das, Exzellenz. Ich bin mir sicher, sie werden erfolgreich sein. Denn wer außer Ihnen glaubt schon an das starre System. Der Preis wird also nicht allzu hoch liegen.«
»Endlich ist es also einmal von Vorteil, dass ich von Zweiflern und Skeptikern umzingelt bin«, lächelte Zeppelin. »Es ist schon erstaunlich, wie das Leben manchmal so spielt.«

Zeppelins Vorhaben glückte. Um einen akzeptablen Preis konnte er der Witwe Schwarz das Patentrecht am Luftschiff ihres verstorbenen Mannes abkaufen – und damit war der Weg frei für eine enge und erfolgreiche Zusammenarbeit

mit Carl Berg, die bis zu dessen Tod anhalten sollte und die danach durch Bergs Schwiegersohn und Firmennachfolger Alfred Colsman eine nahtlose Fortsetzung erfuhr. In der Rückschau betrachtet, handelte es sich dabei sogar um eine der entscheidenden Weichenstellungen für den Bau von Zeppelins Luftschiff!
Am 13. August 1898 hielt er das Reichspatent Nummer 98580 für einen »lenkbaren Luftfahrzug« in seinen Händen, womit die Konstruktion eines starren Luftschiffs nun vor eventuellen Nachahmern geschützt war. Der Patentschutz galt sogar rückwirkend bis zum Jahr 1895. Das erste Patent! Ein wunderbares Gefühl, erst recht, wenn Ferdinand sich daran zurück erinnerte, unter welchen niederschmetternden Begleitumständen er sich seinerzeit gezwungen gesehen hatte, die eigene Patentanmeldung zurückziehen zu müssen. Und trotz aller Genugtuung, die er an diesem Tag empfand, handelte es sich lediglich um einen Etappensieg – mehr war es noch lange nicht. Der Weg bis zum Ziel war noch lang, steil und steinig. Das sah ein Mann vom Schlage des Grafen Zeppelin durchaus realistisch. Aber immerhin markierte die Erteilung des Patentschutzes einen weiteren, wichtigen Meilenstein.
Der Lieferant für die wichtigsten Trägerteile aus leichtem Aluminium war nach der Übertragung der Patentrechte von der Familie Schwarz auf den Grafen Zeppelin also gewonnen. Außerdem würde Daimler seine neuesten Motoren liefern. Und das Grundstück für den Hallenbau am Bodensee stand dank der königlichen Gunst ebenfalls zu Zeppelins Verfügung. Die »Gesellschaft zur Förderung der Luftschifffahrt« verfügte über ein Kapital von immerhin 800.000 Mark. Das war sicherlich keine üppige Summe, aber wenigstens ein Grundstock. Dank all dieser erfreulichen Begleitumstände war es möglich, nun endlich mit den Vorarbeiten in Manzell zu beginnen. Jetzt würde er die ersten Mitarbeiter einstellen. Es konnte losgehen. Schritt für Schritt. Erst mit den Gebäuden und dann hoffentlich auch bald mit der Montage des Luftschiffs selbst, dessen

Aluminiumträger nun so rasch wie möglich bei Carl Berg in Lüdenscheid in Auftrag gegeben werden mussten.

Insgeheim hatte Ferdinand von Zeppelin die stille Hoffnung in sich getragen, spätestens mit dem noch im Jahr 1898 erfolgten Baubeginn für die Werftgebäude in der Manzeller Bucht würden auch endlich die hämischen Kommentare und offen vorgetragenen Zweifel an seinem Vorhaben allmählich verstummen, doch das Gegenteil war der Fall. Weiterhin sah er sich selbst beim Spaziergang auf der Straße mit spöttischen Bemerkungen konfrontiert, die ihm die Leute einfach ins Gesicht schleuderten. »Da schaut nur her: da drüben kommt der Luftgraf mit seinen Hirngespinsten – wahrscheinlich sucht er gerade wieder ein Opfer, das er anbetteln kann.«
»Der baut gerade allen Ernstes eine schwimmende Montagehalle – mitten auf dem Wasser! Habt ihr so etwas Verrücktes schon jemals gehört?!«
»Unglaublich! Anscheinend hat der Kerl sowieso nichts Besseres zu tun, als anständige Leute um ihr sauer verdientes Geld zu erleichtern und Unsummen in ein nutz- und sinnloses Abenteuer zu stecken!«
»Über hundert Meter lang soll dieses Monstrum werden, mit dem er durch die Luft fliegen will. Das ist doch Wahnsinn!«
»Sie haben recht: es wird allmählich höchste Zeit, dass sich ein mutiger Arzt findet, der dem Wirrkopf endlich den Weg in ein Irrenhaus weist.«

Zu einem besonders unangenehmen Erlebnis kam es schon einige Wochen nach der Fertigstellung der drehbaren Schwimmhalle auf dem Bodensee. Diese Konstruktion hatte er ja wahrlich nicht aus Übermut favorisiert, sondern aus dem wohlüberlegten Kalkül heraus, dass es nach wie vor angeraten war, die Luftschiffe vorerst auf einer Wasserfläche starten und landen zu lassen. Dazu bot das schwimmende Riesengebäude den entscheidenden Vorteil, das Luftschiff absolut unabhängig von der aktuellen Windrichtung immer genau in der gewünschten Position aus der Halle zu ziehen. Die Kommentare der Betrachter waren, wie nicht anders zu erwarten, eindeutig gewesen. »Und dass dieses monströse Ungetüm sofort auseinander brechen wird, sobald es sich – wenn überhaupt – aus dem Wasser erhebt, dazu braucht man ja weiß Gott kein Prophet sein! Es ist doch viel zu lang und viel zu schwer. Das sieht man doch auf den ersten Blick. Weshalb die Behörden einen solchen Irrsinn überhaupt geschehen lassen, das begreife, wer will. Denn wenn beim Auseinanderbrechen das Gas in der Hülle explodiert, dann wird es eine Katastrophe geben, das ist ganz klar. Aber dieser Verrückte darf sich anscheinend alles erlauben …« Die Kommentare waren eindeutig. Am ganzen Bodensee schien es niemanden zu geben, der an einen erfolgreichen Ausgang des risikobehafteten Experiments glauben mochte. Viel schlimmer noch als diese Zweifel war jedoch diese zunehmend feindliche Stimmung, die Zeppelin mittlerweile überall entgegenschlug.

Egal. Hauptsache war und blieb, dass er Bella immer fest und vertrauensvoll an seiner Seite wusste. Dieser familiäre Zusammenhalt war schließlich das Allerwichtigste. »Mögen sie draußen auch noch so hämisch über mich lachen und mich als den verrückten Luftgrafen verspotten. Sie wissen es nicht besser. Erst recht, wenn mich, wie ich ja kürzlich erfahren musste, selbst der Kaiser in aller Öffentlichkeit als den Dümmsten aller Süddeutschen bezeichnet hat: wie soll das Volk dann anders über mich reden? Das werden sie erst tun, wenn mein Luftschiff über ihren Köpfen schwebt.«

Und ausgerechnet jetzt, in dieser vorentscheidenden Phase, war die schwimmende Halle von einem Wintersturm schwer in Mitleidenschaft gezogen worden. Ein Schaden von über 100.000 Mark! Eine Menge Geld, das man doch dringend für den Zusammenbau des Luftschiffs benötigte. Bei Berg in Lüdenscheid waren inzwischen die ersten Teile für das Aluminiumgerippe hergestellt worden und standen bereit für den Transport nach Friedrichshafen. Aber gerade zu einem solch wichtigen Zeitpunkt musste nun erst die Halle wieder aufgebaut werden! Dazu trafen erste Hinweise ein, dass sich die Herstellung anderer wichtiger Bauteile um Monate verzögern würde, und auch eine konkrete Terminzusage für die definitive Fertigstellung der Motoren ließ Woche um Woche auf sich warten – von den Schwierigkeiten bei der Gasproduktion erst gar nicht zu reden. Es war zum Verrücktwerden. »In der Tat! Es ist zum Verrücktwerden! Aber gerade deswegen muss ich gelassen bleiben. Wenn meine Männer sehen, dass ich mich von der nervösen Anspannung beeindrucken lasse, die überall um mich herum herrscht, wie sollen sie sich dann noch auf ihre Arbeit konzentrieren können?«

Dabei waren es durchweg gute Leute, die er für das provisorische Büro in Friedrichshafen und den Baubeginn in der Manzeller Bucht hatte verpflichten können.

Angefangen vom wortkargen, aber dafür umso fleißigeren Stuttgarter Wengertersohn Ludwig Dürr, einem findigen Mechaniker, den er trotz des jugendlichen Alters von noch nicht einmal 21 Jahren bereits als Konstrukteur anstellte und dem er es ermöglichte, parallel dazu sein Studium an der Königlich Württembergischen Baugewerbeschule in Stuttgart (der späteren Maschinenbauschule) erfolgreich zu beenden. Ludwig Dürr enttäuschte die Hoffnungen keineswegs, die sein erster Arbeitgeber auf ihn setzte. Er setzte die noch von Theodor Kober vorgegebenen Konstruktionsmerkmale für den Bau des ersten Luftschiffes in überzeugender Art und Weise um, verbesserte sie dabei fortwährend und entwickelte sich in kürzester Frist zum wichtigsten Mitarbeiter, der auch in Zeiten schwerster Krisen immerzu treu an der Seite des Grafen stand. Ein echter Glücksgriff! Zeppelin hatte Dürrs Genie rasch erkannt und ernannte den jungen Mann sogar zum Chefkonstrukteur, der seither für alle Luftschiffkonstruktionen des Grafen verantwortlich zeichnete.

Ganz besonders erfreute den Grafen ein Brief aus Augsburg, in dem ihm Theodor Kober signalisierte, im kommenden Jahr sehr gerne wieder an den Bodensee zurückkehren zu wollen, sobald es darum ginge, letzte Hand an das Luftschiff zu legen. Was für wunderbare Leute!
Genauso wichtig für das Klima in seiner Mannschaft waren freilich auch Männer vom Schlage eines Ludwig Marx. Der Bootsführer, der gleichzeitig als eine Art ›Mädchen für alles‹ fungierte, war schon nach wenigen Wochen gar nicht mehr aus Manzell wegzudenken. Keine Arbeit war ihm zu schwer, kein Tag zu lange, so dass der pflichtbewusste Marx vom Grafen Zeppelin schon bald die ehrenvolle Aufgabe zugewiesen bekam, sämtliche Ehrengäste, ob es sich dabei um den Kaiser, den König von Württemberg oder besonders wichtige Investoren handelte, höchstpersönlich mit dem kleinen Daimler-Motorboot von Friedrichshafen in die Manzeller Bucht zu bringen. »Außerdem können Sie, wenn wir dann soweit sein werden, die Aufsicht über den Transport der Luftschiffe auf die offene Seefläche übernehmen. Sie werden dafür verantwortlich sein, dass die Schiffe behutsam aus der Halle gezogen werden und nach der Landung wieder genauso sorgfältig in die Halle gelangen. Dieses Bugsieren ist eine hochdiffizile Millimeterarbeit. Trauen Sie sich das zu, Marx?«
Und ob der sich das zutraute! Die Begeisterung des Bootsführers war grenzenlos. »Jetzt wäre es halt nur schön, wenn die Luftschiffe wirklich schon startbereit in der Halle liegen täten, Exzellenz«, wagte er im Überschwang der grenzenlosen Freude noch anzumerken und wäre »seinem Grafen« vor lauter Dankbarkeit beinahe um den Hals gefallen.
Doch die Zeit schritt unaufhaltsam voran – und noch immer war kein Luftschiff über dem Himmel von Friedrichshafen zu sehen. »Noch nicht einmal eines auf dem Boden! Das wird doch nie mehr etwas werden. Außer der bedauerlichen Tatsache, dass hunderttausende von Mark nutzlos verpulvert worden sind. Geld, das man weiß Gott

sinnvoller hätte ausgeben können!« Solche und ähnliche Meinungen bestimmten den Gedankenaustausch seiner Investoren. Dazu gesellten sich in Hülle und Fülle weitere unerwartete Fragestellungen, Berechnungskorrekturen und Montageprobleme beim probeweisen Zusammenbau der Trägerteile: was sie auch anpackten, überall sahen sich Zeppelin und seine Männer mit der Tatsache konfrontiert, dass sie mit ihrem kühnen Projekt absolutes Neuland betraten. Das galt für die Materialkunde genauso, wie auch bei Statik, Gasbefüllung und nicht zuletzt in der ebenfalls wichtigen Meteorologie. Die Sache schien sich ewig hinzuziehen. Und das Geld auf dem Konto wurde von Tag zu Tag weniger, während sich die kritischen Stimmen seiner Geldgeber immer lauter zu Wort meldeten. So konnte es auf Dauer nicht weiter gehen. Am besten war es folglich, so beschloss der Graf seinem Naturell entsprechend, nunmehr die Flucht nach vorne anzutreten und den Stier in Gestalt der ungeduldigen Investoren, direkt bei den Hörnern zu packen.
Bei einer offiziellen Zusammenkunft der »Gesellschaft zur Förderung der Luftschifffahrt« im Stuttgarter Hotel Marquardt gab er während des Mittagessens die klare Losung aus: »Bis Mitte 1899 wird das Luftschiff zum Aufstieg fertig sein! So will ich es und so möchte ich es Ihnen hiermit fest versichern, dass es dazu kommen wird, meine sehr verehrten Herren.«
Ein mutiges Versprechen! Und ein schier unmögliches Unterfangen.
»Ein Sprung ins Dunkel«, wie der ewig skeptische Max von Duttenhofer düster konstatierte.
»Ein Sprung ins Dunkel«, wiederholte Zeppelin scharf und nickte dabei ernst. »Aber ich wage ihn, denn mein Ziel ist klar und meine Berechnungen sind richtig. Wenn Sie mir das notwendige Vertrauen entgegenbringen, ohne das kein großes Werk gelingen kann, dann wird das Luftschiff vor Ihrer aller Augen noch in diesem Sommer in den Himmel steigen. Das ist mein Ziel – und daran halte ich fest,

komme, was da wolle!« Immer lauter hatte sich der Graf in Rage geredet und dabei nicht bemerkt, wie die Gäste an den anderen Tischen auf seine Worte gelauscht und anschließend miteinander getuschelt hatten. Unter diesen befand sich auch der österreichische Schriftsteller und Burgschauspieler Rudolf Tschudy, der gerade zu einem Gastspiel in Stuttgart weilte und sich nun voller Verwunderung bei seinem Tischnachbarn, einem hochrangigen württembergischen Offizier, erkundigte, um wen es sich bei diesem aufgeregten, wild gestikulierenden Mann denn handele.
Der Gefragte tippte sich mit dem Zeigefinger vielsagend an die Stirn und entgegnete dann mit absichtlich lauter Stimme: »Ach der! Das ist ein vollkommener Narr. Das ist nur unser Graf Zeppelin, der meint, er könne durch die Luft fahren! Ein echter Narr und Wirrkopf!«
Wie die meisten anderen Gäste im Raum hatte natürlich auch der Graf den unverschämten Satz vernommen. Er zog es aus guten Gründen jedoch vor, das Lästermaul nicht zur Rede zu stellen und sich selbst die mitleidigen Blicke des Schauspielers nicht sonderlich zu Herzen zu nehmen. Was mochten diese ahnungslosen Gesellen auch anderes sagen, als das dumme Geschwätz einfach nachzuplappern, das ja selbst aus dem Munde von angeblichen Experten immer wieder zu hören war. Und dass die Zeitplanung tatsächlich den Erwartungen weit hinterher hinkte, das war ja nun leider eine nicht zu leugnende Tatsache. Der Grund, weshalb er sich heute in Stuttgart befand. Klar war ihm dabei geworden: Man musste den Leuten endlich etwas bieten.
Nun gut: bald würden sie etwas geboten bekommen. Seine Ankündigung hatte er heute gemacht. Und er war nicht der Mann, der geneigt war, sich später Lügen strafen zu lassen.

Immerhin konnte er den Aufenthalt in Stuttgart dafür nutzen, gleich im Anschluss an das Mittagessen noch Gottlieb Daimler in Cannstatt aufzusuchen. Um auch die Sache mit der leidigen Terminverschiebung bei den Motoren endlich geklärt zu bekommen. Er musste den Daimlerleuten einfach mehr Druck machen und dazu brauchte es ein persönliches Gespräch mit dem Konstrukteur – selbst jetzt, wo Daimler, wie man hörte, zu allem Übel mit ernsthaften Gesundheitsproblemen zu kämpfen hatte. Vielleicht war ja genau dies der Grund für die ständigen Verzögerungen. Aber wenn Daimler ausfallen sollte … dann musste jetzt eben der Wilhelm Maybach das Heft entschlossener als bisher in die Hand nehmen. Am besten, er teilte diese Auffassung auch gleich noch Duttenhofer mit, dem mächtigsten Mann in der DMG, dem es ein Leichtes wäre, die Weichen dementsprechend neu zu stellen und der Fertigstellung der Luftschiffmotoren höchste Priorität einzuräumen. Eine gute Idee! So konnte man gleich zwei Fliegen mit einer Klappe schlagen: Duttenhofer mit seiner ewigen Nörgelei den Mund stopfen, in dem er darauf verwies, dass das Problem momentan in dessen eigener Firma zu finden war – und nicht bei der Luftschiffbaugesellschaft in Manzell! Jetzt konnte der Herr Kommerzienrat einmal zeigen, was wirklich in ihm steckte.

Und Duttenhofer tat es: bereits am 17. Februar des Jahres 1899 wurde der erste von zwei mächtigen 12 Pferdestärken Vierzylinder-Daimler-Motoren ausgeliefert, die später Zeppelins riesiges Luftschiff antreiben sollten. Was für gewaltige Motoren! Das war eine ganz andere, ungleich kraftvollere Dimension, als das seinerzeit bei den ersten Luftfahrt-Versuchen des unglücklichen Wölfert in Cannstatt der Fall gewesen war. Insgesamt 24 Pferdestärken würden zum Einsatz kommen! Mit Hilfe dieser Kraft müsste man sicher in der Lage sein, bei einigermaßen normalen Windverhältnissen, ja selbst bei einem gewissen Gegenwind, das Luftschiff in jede nur denkbare Position zu bugsieren.
24 Pferdestärken! Das bedeutete nicht mehr und nicht weniger als den Schritt in eine neue Dimension. Unfassbar, wie rasch der technische Fortschritt innerhalb weniger

Jahre gediehen war – gerade bei den Motoren. Und es würde nicht minder rasant weiter gehen. Dessen war sich Zeppelin ganz sicher. Schon die ersten Probefahrten würden ihnen neue, wertvolle Erkenntnisse liefern, wo bei Antrieb und Luftschrauben noch eventuelle Schwachstellen lagen, die man weiter kontinuierlich verbessern konnte.
»Allerdings … Exzellenz«, unterbrach der junge Ludwig Dürr Zeppelins Gedankengänge.
»Ja, was gibt es denn, Dürr?«
»Nun ja …« Dürr kratzte sich verlegen im Nacken. »Es ist wegen der Sache mit der Zündung, Exzellenz …«
»Was ist denn mit der Zündung, Dürr? Jetzt kommen Sie schon: lassen Sie sich nicht jedes Wort einzeln aus der Nase ziehen!« Zeppelin machte eine aufmunternde Geste. »Sie meinen, der Glühkopf könnte uns Probleme bereiten?«
Überrascht sah Dürr auf. »Ja, genau. Woher wissen Sie das, Exzellenz?«
»Weil ich mir natürlich schon auch dieselben Gedanken mache. Die Tatsache, dass die Daimlermotoren nach wie vor mit einer Glühkopfzündung ausgestattet sind, gibt auch mir Grund zu einer gewissen Sorge. Über uns, in der Hülle, werden sich mehr als 11.000 Kubikmeter Wasserstoffgas befinden, und unmittelbar darunter zünden die beiden Motoren mit einem Glühkopf. Das ist sicherlich eines der Hauptprobleme, die wir unbedingt in aller Sorgfalt durchplanen müssen, denn was geschieht, wenn auch nur ein einziger Funke an die Gaszellen gelangt, das brauche ich Ihnen ja nicht näher zu schildern.«
»Nein, das brauchen Sie wirklich nicht, Exzellenz«. Schaudernd rieb sich der junge Mann über die Gänsehaut auf seinem rechten Unterarm. »Aber … aber was ich deshalb nicht verstehe … das … das ist …«
»Jetzt sagen Sie halt schon«, knurrte Zeppelin ungehalten.
»Nun ja …« wand sich Dürr, der zwar jetzt schon ein hervorragender Konstrukteur geworden war, dem dafür aber das sprachliche Talent weitaus weniger üppig in die Wiege gelegt worden war. »Ich meine … es ist so: an der Bauge-

werbeschule haben wir in den zurückliegenden Monaten mit anderen Zündapparaten experimentiert: die Firma Bosch in Stuttgart hat eine ganz neue und wesentlich verlässlichere Art von Zündung hergestellt, die dazu hin noch den Vorteil hat, dass es damit zu keinem Feuer kommen kann, wenn man den Motor zündet. Ganz im Gegensatz zu den Glühkopfzündungen, die ja schon einige Mal dafür gesorgt haben, dass der ganze Motor in Flammen gestanden hat. Und wenn das bei unserem Luftschiff der Fall wäre, dann …«

»Sie haben recht, Dürr. Im übrigen habe ich mich bereits über die Technik informiert, die der Bosch zur Anwendung bringt. Auch ich bin der Meinung, dass seine Abreißzündung die bessere Variante darstellt, mit der wir die Feuergefahr in der Tat auf ein Minimum reduzieren können. Es ist nur so …« Zeppelin unterbrach sich kurz und runzelte die Stirn. »Diese Zündung ist nicht so leicht zu bekommen …«

»… aber wir haben sie doch sogar an der Schule ausprobieren können«, fiel ihm Dürr aufgeregt ins Wort. »Da müsste es doch auch einem Mann wie Ihnen möglich sein, Exzellenz, eine solche Zündung zu besorgen.«

»Darum geht es nicht, Dürr. Das Fatale an der Sache ist, dass sich Gottlieb Daimler und Robert Bosch nicht ausstehen können. Ich habe ja bereits mit dem Herrn Daimler geredet und mich für die Boschzündung an seinem Motor interessiert. Doch der Daimler hat das kategorisch abgelehnt. Das käme für ihn unter gar keinen Umständen in Frage. Daimlermotoren gäbe es ausschließlich mit der von ihm weiter entwickelten Glühkopfzündung. Ende der Diskussion. Ich wollte zwar noch einmal einen Vorstoß diesbezüglich unternehmen, aber der Herr Daimler ist zwischenzeitlich schwer erkrankt, so dass ich mein Vorhaben aufschieben musste. Ich werde aber nicht locker lassen, darauf können Sie sich verlassen Dürr. Nur, bis es vielleicht doch noch zu einem Einlenken von Daimler kommt, solange müssen wir eben – ob wir wollen oder nicht – mit der herkömmlichen Methode zurecht kommen. Wir müssen andere Mittel und Wege finden, um die Brandgefahr so gut wie hundertprozentig ausschließen zu können. Und das wird uns sicherlich gelingen. Denn wo ein Wille ist, da ist auch immer ein Weg, nicht wahr, Dürr?«

»Natürlich, Exzellenz. Wir werden es auch so schaffen. Selbstverständlich. Sie können sich ganz auf mich verlassen, Exzellenz!«

Um Zeppelins Lippen spielte ein warmes Lächeln. »Das habe ich auch gar nicht anders von Ihnen erwartet, Dürr. Wir werden auch dieses Problem bewältigen – wie schon so viele andere zuvor. Hauptsache, ich kann mein Versprechen einhalten und meinen Mitgesellschaftern das Luftschiff noch in diesem Jahr aufstiegsbereit präsentieren. Das muss uns gelingen, Dürr.«

»Es wird uns gelingen, Exzellenz!« nickte der junge Mann und ballte zur Bekräftigung seiner Aussage entschlossen die Fäuste.

Dank der engagierten Zusammenarbeit seiner hochmotivierten Männer schafften sie es tatsächlich! Zeppelin konnte sein Wort halten: im Herbst 1899 lag das vielbestaunte, sage und schreibe 128 Meter lange Luftschiff Nummer 1, das später im Volksmund »LZ 1« (Luftschiff Graf Zeppelin Nummer 1) genannt werden würde, fertig montiert – und bis auf die erst im allerletzten Moment komplett einzufüllende Gasladung von 11.300 Kubikmetern Wasserstoff – startbereit in der Schwimmhalle auf dem Bodensee und wurde dennoch am Aufstieg gehindert! Keine technischen Probleme waren dieses Mal zu überwinden – sondern ein viel mächtigerer Gegner, mit dem freilich niemand gerechnet hatte: die Mühlen der Bürokratie! Gerade eben erst hatte Zeppelin den Aktionären in einem Schreiben mitteilen können, das Luftschiff sei nunmehr vollendet worden und liege startbereit in der Schwimmhalle vor der Manzeller Bucht. Es sei jetzt nur noch eine Frage von wenigen Tagen, bis man die Herren zum ersten

Aufstieg einladen werde. Kaum war dieses Schreiben verschickt, da sah er sich im November 1899 jedoch gezwungen, einen weiteren Brief an die Aktionäre folgen zu lassen, dessen Inhalt mehr als ernüchternd war: Zwar sei das Luftschiff von sämtlichen Sachverständigen eingehend geprüft und für flugtauglich befunden worden, aber dennoch dürfe es nicht aufsteigen. Zunächst müsse nämlich noch eine ganz andere Frage geklärt werden: die Frage nach den zur Verfügung stehenden Geldmitteln, sollte das Luftschiff wider Erwarten doch verunglücken, vom Himmel stürzen und explodieren. Womöglich gar auf bewohntem Gebiet. Wer würde in diesem Fall für den entstandenen Schaden aufkommen, der je nachdem durchaus beträchtliche Dimensionen annehmen könne? Die Behördenvertreter jedenfalls waren nach einer intensiven Überprüfung der flüssigen Geldmittel auf dem Bankkonto der »Gesellschaft für die Förderung der Luftschifffahrt« zum eindeutigen Schluss gekommen, dass für ein solches Unglück keinerlei Vorsorge getroffen war. Sämtliche Gelder hatte Zeppelin in das enorm teure Material für das Luftschiff, die Werft, die Schwimmhalle und die Montage gesteckt. Jetzt war nichts mehr übrig. Schon gar nicht für den Fall des Falles. »Aber woher hätte ich das Geld denn nehmen sollen?! Haben Sie überhaupt eine Vorstellung davon, wie teuer allein die Aluminiumträger sind? Und was die Kosten für das Wasserstoffgas betrifft, wenn es in einer Qualität, wie ich sie benötige, hergestellt werden muss – darüber dürften Sie wohl ebenfalls nicht im Bilde sein. Dazu der Transport der vielen tausend Gasflaschen vom Produktionsort Griesheim nach Friedrichshafen und dann weiter nach Manzell! Können Sie sich nur im Entferntesten ausmalen, was das alles gekostet hat?!«

Die Herren konnten natürlich nicht. Doch das spielte bei ihrer Argumentation im Grunde genommen auch gar keine Rolle. »Wir sehen lediglich, dass Ihre Geldmittel erschöpft sind, Exzellenz. Das hat uns gegenüber ihr kaufmännischer Direktor, der Herr Uhland, ja auch klar und deutlich eingeräumt. Alles andere hat uns nicht zu interessieren. Wir haben nur die Frage zu klären, ob im Falle eines Unglücks bei ihrer Gesellschaft genügend Geld vorhanden ist, um die Folgen des Unglücks zu bezahlen. Und das ist ganz offenkundig nicht der Fall. Aus diesem Grunde können wir Ihnen leider die Genehmigung für einen Aufstieg des Luftschiffs nicht erteilen! Die Vorschriften verbieten es, so sehr wir dies persönlich auch bedauern.«

»... und das bedeutet?«

»... das bedeutet, dass das Luftschiff so lange am Boden bleiben muss, bis der Nachweis erbracht ist, dass ihr Unternehmen über die entsprechenden Rücklagen verfügt, die uns sicher davon ausgehen lassen können, dass im Fall des Falles Geld für die Begleichung des vom Luftschiff angerichteten Schadens zur Verfügung steht.«

Des vom Luftschiff angerichteten Schadens! Das war ja nicht zu fassen!

Aber es half alles nichts: Zeppelin sah sich folglich genötigt, zusammen mit seinem kaufmännischen Leiter Ernst Uhland ein Rundschreiben an die Mitaktionäre der Gesellschaft aufzusetzen, in dem er die Investoren um die Zeichnung weiterer Anteile bitten musste, die sicherstellten, dass der von den Bürokraten geforderte Betrag für alle Eventualitäten auf ihrem Geschäftskonto hinterlegt war. Uhland hatte dazu eine Aufstellung erarbeitet, aus der klar hervorging, wie viel jeder von Ihnen, ausgehend von seinem bisher gezeichneten Anteil, möglichst noch hinzufügen sollte. Ein äußerst unangenehmes Unterfangen. »Als sei ich kein Offizier, sondern ein Steuereintreiber und Geldvernichter! Diese ewige Bettelei! Sie hängt mir allmählich zum Hals heraus! Jetzt bin ich so kurz vor dem Ziel – und dann so etwas!«

Zerknirscht und mit tief gesenktem Kopf hatte Ferdinand von Zeppelin an diesem Abend seine Suite im Hotel »Buchhorner Hof« in Friedrichshafen betreten, die er für

die gesamte Dauer des Luftschiffbaues für sich und seine Ehefrau angemietet hatte.
»Mein armer Ferdi! Aber ich bin mir sicher, du wirst auch diese Zumutung meistern. Und die Anteilseigner werden dir das benötigte Geld zur Verfügung stellen ….«
»… meinst du wirklich, Bella? Wenn ich an all diese Knauserer denke, die ja nur mit Ach und Krach zu bewegen waren, überhaupt etwas zu investieren. Und die sich erst gerührt haben, als ich mich bereit erklärt habe, den Löwenanteil aus meinem privaten Vermögen beizusteuern. Wie es im Übrigen auch jetzt wieder sein wird! Was muss ich mir mit bald 62 Jahren alles bieten lassen! Was glauben denn diese Leute, wen sie vor sich haben? Ich bin mir inzwischen gar nicht mehr so sicher, dass diese Geizhälse überhaupt noch einmal in ihre Geldbörse greifen werden – und mag sie auch noch so üppig gefüllt sein…«
»Ich glaube das schon, die Herren haben schon so viel Geld investiert. Diese gesamte Einlage wäre ja ansonsten vergebens gewesen, wenn sie sich jetzt nicht aufraffen, auch noch den letzten Schritt zu tun. Das kann doch nicht mehr die Welt sein.«
»Das ist es auch gar nicht – und dennoch werden sie mir die üblichen Vorhaltungen machen, bevor sie die Überweisung tätigen. Wenn überhaupt, wie gesagt. Ich kann ihre Argumente und ihr Gejammer jetzt schon hören. Verbunden mit der klaren Aufforderung an mich, erst einmal mit besonders gutem Bespiel voran zu schreiten …«
»Nun ja. Wer mag es ihnen verdenken. Aber was deine, beziehungsweise unsere Aufwendungen betrifft, möchte ich zum wiederholten Male schon noch betonen, dass ich durchaus auch über ein gewisses privates Vermögen von Seiten meiner Familie verfüge, um dich und deine Pläne zu unterstützen.«
Gerührt blickte Ferdinand in die Augen seiner Frau. »Das ist wirklich lieb von dir, Bella. Aber ich möchte keinesfalls, dass nun auch noch dein Familienerbe angetastet werden soll. Es ist die Mitgift deiner Familie, die auch der Zukunft

unserer Hella dienen soll. Nicht, dass der Narr vom Bodensee mit seinen Spinnereien womöglich sogar noch die Zukunft seiner eigenen Tochter verplempert!«

»Es sind doch keine Spinnereien, für die du das Geld benötigst!« erwiderte Bella bestimmt. »Und im Übrigen wirst du sehen, dass sie zahlen werden – zähneknirschend zwar, aber sie werden es tun und dann … dann kann dein wunderbares Luftschiff endlich in den Himmel aufsteigen und du wirst innerhalb weniger Stunden vom Narren zum Helden des ganzen Volkes werden!«

Zeppelin beschrieb eine wegwerfende Handbewegung. »Ach Bella, das möchte ich ja gar nicht. Ich tauge nicht zum Volkshelden und möchte auch keiner sein. Denn du weißt ja selbst: das Volk ist wankelmütig. Heute rufen sie noch »Hosianna« und morgen schon schreien genau dieselben Leute: »Kreuziget ihn!« Das möchte ich mir wirklich nicht antun. Es ist auch so schon schwer genug, all die hämischen Kommentare zu überhören, die mir in Wahrheit wie Donner in den Ohren dröhnen.«

»Mit der Unterstützung des Volkes im Rücken wird dich keiner mehr verspotten, das solltest du nicht außer Acht lassen«, beharrte Bella auf ihrer Ansicht.

»Oder alle werden mich niederschreien«, konterte Ferdinand. »Aber sei es, wie es wolle:

Hauptsache, ich kann den ewigen Zweiflern bald beweisen, dass meine Idee wirklich funktioniert – und das beste Mittel dazu ist und bleibt nun einmal der Aufstieg meines Luftschiffs. Grau ist bekanntlich alle Theorie: aber wenn das Luftschiff erst einmal über den Himmel fährt, dann habe ich gewonnen. Wann immer das sein wird …«

»Es wird dir gelingen – spätestens im kommenden Jahr. Da bin ich mir ganz sicher. Schon allein deines schwäbischen Dickschädels wegen«, lächelte Bella und bedachte ihren Gatten mit einem kecken Blick. »Und sowieso scheint mir dieses Jahr 1900 geradezu ideal für deinen ersten Aufstieg zu sein. Das Jahr der Jahrhundertwende! Ein markanteres Datum für den Beginn einer neuen technischen Epoche

kann man sich eigentlich gar nicht vorstellen. Was für ein Triumph, wenn am Beginn eines neuen Jahrhunderts erstmals dein Luftschiff in den Himmel steigt! Es wird so kommen. Daran glaube ich. Felsenfest!«
Isabella von Zeppelin sollte mit ihrem Optimismus recht behalten – sowohl im Hinblick auf die zähneknirschende Nachzahlung der Investoren, wie auch mit dem Aufstieg des Luftschiffes LZ 1.

Es sollte angesichts der neuerlichen Schikanen aber tatsächlich noch beinahe ein Dreivierteljahr ins Land gehen müssen, bis auch diese letzten Hürden endlich überwunden waren. Im Nachhinein betrachtet konnten sie die lästige Verzögerung in gewisser Weise vielleicht sogar als Glücksfall betrachten, denn in der Zwischenzeit hatten Zeppelin und seine Leute natürlich die Hände nicht tatenlos in den Schoß gelegt, sondern alle Teile des Luftschiffs noch einmal einer besonders genauen Überprüfung unterzogen und dabei so manches Konstruktionsdetail noch einmal deutlich verbessern können. Ganz abgesehen von den beiden Motoren, die von den Mechanikern der DMG jetzt tatsächlich mit einer Boschzündung ausgestattet worden waren. »Zum Glück hat das der Herr Daimler nicht mehr erleben müssen, denn der wäre sonst persönlich nach Manzell gekommen und hätte seine alten Glühköpfe wieder eingebaut!« Gottlieb Daimler war am 6. März 1900 verstorben.
In der Zwischenzeit war es einem der Hauptkunden der DMG, dem schwerreichen österreichischen Geschäftsmann Emil Jellinek, gelungen, in seine Daimler-Automobile grundsätzlich Zündungen aus dem Hause Bosch einbauen zu lassen. Und als Jellinek mit dieser Kombination spektakuläre Rennsiege erzielte, war der Bann endgültig gebrochen: seitdem wurden Boschzündungen in Daimlermotoren eingebaut. Im Überschwang des Triumphes hatte es Jellinek sogar geschafft, die Automobile offiziell mit dem Vornamen seiner Tochter Mercedes zu versehen. So wurde

die Automobilmarke Mercedes zum weltbekannten Markenzeichen – und auch in Zeppelins Luftschiffen verrichteten seitdem Mercedesmotoren ihren Dienst: natürlich mit der Boschzündung.

Am 16. Juni waren auch die letzten Hindernisse aus dem Weg geräumt. »Wir werden noch heute im Lauf des Tages die Benachrichtigung an unsere Aktionäre verschicken, sowie an die Ehrengäste und an die Presse, dass der Aufstieg des Luftschiffes nunmehr definitiv für Freitag, den 29. Juni geplant ist«, erteilte Zeppelin seinem persönlichen Referenten, Major a. D. Oskar Wilcke, mit vor Anspannung leicht bebender Stimme endlich die entsprechenden Anweisungen zum Versand der Einladungen an die gut und gerne einhundert Köpfe umfassende Teilnehmerzahl, die sie schon vor Wochen dazu auserkoren hatten, der ersten Erprobungsfahrt des Luftschiffes aus nächster Nähe beiwohnen zu können. »Sowohl Freiherr von Bassus, als auch Professor Hergesell und Theodor Kober sind der Meinung, dass wir die Einladungen losschicken können. Die Großwetterlage ist stabil, die Qualität des Wasserstoffgases ist ausgezeichnet, wie Herr von Bassus mir gerade eben noch einmal bestätigt hat und auch mit der Befüllung der Gaszellen gibt es inzwischen keine größeren Probleme mehr. Das Abenteuer kann also beginnen!« Wie zur Bekräftigung seiner Aussage klopfte Zeppelin mit dem Fingerknöchel auf die Schreibtischplatte. »Bitten Sie unsere Gäste, möglichst schon am Spätnachmittag des 28. Juni in Friedrichshafen einzutreffen, so dass ich den Herrschaften das Procedere für den nächsten Tag in aller Ruhe ganz genau erklären kann. Und stellen Sie bitte in dem Schreiben noch die Möglichkeit in den Raum, dass sich der Aufstieg aufgrund einer plötzlichen Verschlechterung der Wetterlage durchaus um einige Stunden, womöglich sogar um einen ganzen Tag, verschieben kann. Das müsste den Herrschaften ja einleuchten – aber es scheint mir dennoch besser, wenn wir sie vorsorglich jetzt schon darauf vorbe-

reiten. So – das wäre zunächst alles, Wilcke. Ich werde jetzt nach Manzell hinausfahren, um mit Dürr alle Punkte ein weiteres Mal ganz genau durchzugehen. Das kann nicht schaden, auch wenn wir die Liste beinahe schon auswendig hersagen können. Sicher ist halt sicher. Also Wilcke, Sie wissen, wo Sie mich finden können. Adieu!«
Gerade hatte sich der unübersehbar von einer nervösen Anspannung ergriffene Zeppelin bereits zur Tür gewandt, da verharrte er plötzlich mitten in der Bewegung. »Halt, Wilcke, nicht dass ich es vergesse: Reservieren Sie bitte alle Zimmer im »Buchhorner Hof« für unsere Gäste. Zumindest für die Königlichen Hoheiten und das Offizierskorps sollten wir Sorge tragen, dass sie einigermaßen standesgemäß unterkommen können. Soweit das in Friedrichshafen eben möglich ist.«
»Das werde ich tun, Exzellenz«, nickte Wilcke eifrig. »Ich werde gleich nachher, wenn ich das Schreiben fertig gemacht habe, hinunter zur Rezeption gehen und die Reservierung vornehmen. Sicherheitshalber für eine ganze Woche.« Im selben Moment stutzte der Sekretär und warf einen kritischen Blick auf die Einladungsliste. »Apropos Königliche Hoheiten … Ich sehe gerade, dass wir auf der Liste Seine Majestät, den König von Württemberg vergessen haben, Exzellenz. Zum guten Glück ist es mir noch aufgefallen! Das wäre ja ein schlimmer Fauxpas, wenn wir ausgerechnet unseren König Wilhelm übersehen hätten. Ich denke, es ist am besten, wenn ich die Einladung persönlich im Schloss in Friedrichshafen abgebe, wo Seine Majestät inzwischen wieder zur Sommerfrische weilt …«
Zu Wilckes Erstaunen fuhr ihm Zeppelin mit einer abwehrenden Handbewegung direkt in die Parade. »Das werden Sie nicht tun, Wilcke. Es ist nämlich gar kein Versehen gewesen, sondern meine volle Absicht, dass König Wilhelm nicht dabei ist.«
»Aber … aber weshalb denn nur, Exzellenz?« stotterte der völlig verblüffte Sekretär. »Wo Seine Majestät dem Luftschiffbau doch so überaus wohlgesonnen gegenübersteht.

Ist das … wäre das denn nicht ein schlimmer Affront, wenn wir alle einladen, Augenzeugen eines epochalen Ereignisses zu sein, nur den König von Württemberg nicht?«

»Ich sehe das anders. Denn wer weiß, was sich bei diesem ersten Aufstieg an unvorhergesehenen Dingen ereignen wird. Ich habe mit Dürr, Bassus und den anderen zwar alles durchgespielt, was menschenmöglich zu beachten ist – aber wer kann schon hundertprozentig wissen, was geschieht, wenn man, wie wir das demnächst tun werden, mit dem größten Luftfahrzeug, das die Welt jemals gesehen hat, technisches Neuland betritt. Genau aus diesem Grund möchte ich bei unserem ersten Aufstiegsversuch von einer Anwesenheit des Königs absehen – auch deswegen, um Seine Majestät als Zeugen eines gescheiterten Experiments nicht zu kompromittieren, falls wider Erwarten tatsächlich etwas schief gehen sollte. Das ist meine Verantwortung unserem König gegenüber – und außerdem haben wir mit der Einladung von anderen Angehörigen des Königshauses ja dennoch Sorge dafür getragen, dass die Form gewahrt ist. So – ich denke, nun ist aber alles gesagt … » Zeppelin fingerte seine Taschenuhr aus der Weste des Gehrocks und warf einen prüfenden Blick auf den Zeitmesser. »Du meine Güte: höchste Zeit, zu gehen – der Dürr wartet schon seit einer guten Viertelstunde auf mich!«

Damit stürmte er hastig aus dem Raum, verfolgt von den amüsierten Blicken seines Sekretärs. Der Graf Zeppelin mochte keinerlei Unpünktlichkeit, das war allgemein bekannt. Und es bereitete ihm einen umso größeren Verdruss, wenn ausgerechnet er es war, der die vereinbarte Uhrzeit nicht eingehalten hatte.

Allein dieser ungewöhnliche Zeitverzug war ein untrügliches Anzeichen dafür, dass die Aufregung tatsächlich von dem ansonsten äußerlich so gelassen und ausgeglichen wirkenden Mann Besitz ergriffen hatte. Einerseits eine erstaunliche Tatsache, nach all den Enttäuschungen, die er in den vergangenen Jahren mit einer bewundernswerten Nervenstärke gemeistert hatte. Doch spätestens seit jenem

denkwürdigen Gespräch vor zwei Tagen, bei dem ihn seine engsten Wegbegleiter nachdrücklich in der Auffassung bestärkt hatten, den Aufstieg nunmehr wagen zu können, fühlte er sich gleichsam wie ein kleiner Junge vor seinem ersten Ausritt auf einem ungezähmten Vollblutpferd.
Mit Ludwig Dürr, der inzwischen sein Studium an der Stuttgarter Baugewerbeschule erfolgreich abgeschlossen hatte, war er schon vor mehreren Wochen zum Schluss gekommen, dass sie mit all ihren Berechnungen richtig lagen. Auch die beiden größten Problemfelder hatten sie klar und deutlich erkannt: zum einen waren das die beiden zwölf PS starken Daimlermotoren, denn diese hatten immerhin ein Gewicht von gut und gerne 13 Tonnen durch die Luft zu bewegen und zum anderen war es die Gasbefüllung, die trotz der unglaublichen Menge von 11.300 Kubikmetern laut ihren Berechnungen dennoch nur eine Nutzlast von maximal 300 Kilogramm erlaubte. Da eine höhere Leistungsfähigkeit der Motoren aber eine drastische Zunahme des Gewichts bedeuten würde, hatten sie abwägen müssen: »Solange die Motoren noch so schwer sind, müssen wir mit dieser Variante zurecht kommen. Wir können nur hoffen, dass es den Daimlermechanikern bald gelingen wird, leichtere Materialien zu verwenden. Aber bis dahin bleibt uns nichts anderes übrig, als die zweimal 12 PS zu nutzen, so gut es eben geht. Ein allzu kräftiger Gegenwind darf dabei freilich nicht wehen, sonst schiebt es uns eher rückwärts, als vorwärts. Deshalb sind wir auf eine ganz exakte meteorologische Vorhersage angewiesen, die uns der Dr. Hergesell aber sicher liefern wird. Ich weiß ja, dass ich mich auf ihn verlassen kann.«
»Genauso, wie wir uns auch auf den Herrn von Bassus verlassen können«, pflichtete Dürr dem Grafen bei. »Denn wenn uns ein Experte, wie der Herr von Bassus nach einer eingehenden Prüfung bestätigt, dass die Qualität des Gases in Ordnung ist und uns den notwendigen Auftrieb verschaffen kann, dann denke ich, können wir das Wagnis, das damit ja keines mehr ist, getrost eingehen.«

»Es ist in der Tat eine haarscharfe Kalkulation. Wenngleich wir uns darüber im Klaren sein müssen, dass schon die kleinste Ungenauigkeit genügt – und alles ist aus. Aber wie gesagt: auf die beiden Herren und ihre Analysen kann man sich hundertprozentig verlassen, genauso wie auf unsere Berechnungen.«

»Hoffentlich …« kommentierte Dürr trocken und erntete damit einen erstaunten Blick seines Arbeitgebers. »Sicher ist sicher. Ich werde mich heute Abend jedenfalls noch einmal daran setzen. Nicht, dass wir womöglich doch noch etwas übersehen haben …«

»Jetzt übertreiben Sie bloß nicht, Dürr«, lächelte Zeppelin und musterte seinen engsten Mitarbeiter mit einem amüsierten Blick. »Ich weiß Ihr Pflichtbewusstsein ja wirklich zu schätzen, aber wie sagt unser lieber Bassus in seiner unnachahmlich trockenen bayrischen Art immer so zutreffend: wir sollten die Kirche im Dorf lassen!«

Dem aus München stammenden Konrad von Bassus, einem langjährigen Freund der Familie Zeppelin – schon ihre Eltern waren miteinander befreundet gewesen – vertraute Zeppelin hundertprozentig. Und dies aus gutem Grund, denn der Ruf, den der junge Freiherr genoss, war durchaus respektabel. Während seines Studiums in München hatte er sich schon frühzeitig auf Forschungen im Bereich der Atmosphäre, Luftwiderstand und Gasen konzentriert und galt seitdem trotz seiner erst 26 Lebensjahre als Spezialist in dieser noch jungen Disziplin. Dazu verfügte er dank zahlreicher Aufstiege mit Gasballonen auch über beste Kenntnisse auf dem Gebiet der Navigation. Dank der engagierten Mitarbeit eines Konrad von Bassus, der vor einigen Monaten nach einer vorsichtigen Anfrage Zeppelins ohne lange zu fackeln und mit größter Begeisterung zu der Konstrukteursrunde in Manzell gestoßen war, durften sie sich also auch in diesen Fragen auf der sicheren Seite wähnen.

Und dass ihnen in Gestalt des Meteorologen Professor Dr. Hugo Emil Hergesell ein ausgewiesener Fachmann mit nicht minder großer Leidenschaft sozusagen Tag und Nacht zur Verfügung stand, beförderte natürlich diese vertrauensvolle Zuversicht noch weiter, mit der sie dem ersten Aufstieg ihres Luftschiffs entgegenfieberten. Professor Hergesell fungierte nicht nur als angesehener Inhaber des Lehrstuhls für Meteorologie an der Universität Straßburg, sondern galt als Pionier bei der wissenschaftlichen Erforschung der Atmosphäre mit Hilfe von Ballonen. Darüber hinaus pflegte er schon seit Jahren einen freundschaftlichen Kontakt mit Ferdinand von Zeppelin und betrachtete es deshalb schlichtweg als Ehrensache, dem Grafen bei der Verwirklichung von dessen Lebenstraum nun hilfreich zur Seite stehen zu dürfen. In den zurückliegenden Wochen hatte Hergesell bereits umfangreiche Versuche mit Wetterdrachen unternommen, die er in den Himmel über dem Bodensee steigen ließ. Daraus gewannen sie wichtige Erkenntnisse über die speziellen meteorologischen Bedingungen hier am See, die sich schon aufgrund der nahen Alpen wesentlich von denen über anderen Binnengewässern unterschieden. Ein nicht zu unterschätzender Faktor bei der Berechnung von Auftrieb und Gegenwind, den sie dank Hergesell nun also ebenfalls sicher beherrschten. Was sollte jetzt noch schief gehen? »Sämtliche Fachleute, die ich konsultiert habe, bestätigen mir die Machbarkeit unseres Vorhabens. Das Material hat allen Überprüfungen standgehalten: die Gaszellen sind dicht, die Ventile funktionieren einwandfrei, die Aluminiumträger von bester Qualität – und unsere Arbeiter haben jede einzelne Verschraubung inzwischen doppelt und dreifach überprüft. Wir können jetzt also an die direkte Vorbereitung des Aufstiegs gehen!« Kaum hatte er seinen Satz beendet, spürte Ferdinand von Zeppelin, wie sein Herz heftig klopfte. Es war die Vorfreude auf das unmittelbar bevorstehende Ereignis. Doch so schön dieses Gefühl auch sein mochte, so sehr musste er darauf bedacht sein, dass ihn die Euphorie nicht zu leichtsinnigen Handlungen verführte. Alles, nur das nicht!

Zum guten Glück gab es in seinem nächsten Umfeld dafür ja den grundsätzlich skeptisch veranlagten Ludwig Dürr, der mit seinen ständigen Nachberechnungen und Überprüfungen verlässlich dafür sorgte, dass die Euphorie nicht ins Uferlose stieg. »Wenn ich noch einmal zusammenfasse, was uns Professor Hergesell und Herr von Bassus über den Luftdruck und die Auftriebskraft unseres Wasserstoffgases gerade eben noch einmal erklärt haben – das sind ja schon ganz enorme Schwankungsbreiten, je nachdem, welche Temperatur außen vorherrschen wird und in welchem Winkel die Sonnenstrahlen dann auf die Hülle treffen werden und wie sich das unterschiedlich auf die Gaszellen im vorderen und im hinteren Bereich unseres Schiffes auswirkt – scheint es von entscheidender Wichtigkeit zu sein, die Motoren durch ein ganz exaktes Ausbalancieren zu entlasten. Denn je nach Windlage und Sonneneinstrahlung wird sich das Schiff mit der Nase heben und dafür das Heck nach unten sinken – oder umgekehrt. Für die Motoren bedeutet das eine enorme Zusatzbelastung. Aus diesem Grund wäre mir eigentlich ein leicht bedeckter Himmel am allerliebsten für unseren ersten Aufstieg«, sinnierte Dürr mit sorgenvoll gerunzelter Stirn.

»Mir wäre eher eine stabile, sonnige Wetterlage am allerliebsten. Mit möglichst wenig Wind«, brummelte Bassus.

»Mir natürlich auch«, pflichtete Zeppelin ihm bei. »Aber wie gesagt: je nachdem, in welchem Winkel die einzelnen Gaszellen durch die Sonne erwärmt werden, müssen wir natürlich schon sorgsam darauf achten, ob wir die Auftriebskräfte am Bug verringern oder steigern müssen. Aber genau für diesen Zweck ist ja die Trimmung vorgesehen.«

Als Trimmung verwendeten sie ein 130 Kilogramm schweres Gewicht, das man über ein Drahtseil zwischen der vorderen und der hinteren Gondel hin und her schieben konnte, womit für ein rasches Ausbalancieren der unterschiedlichen Auftriebskräfte an Bug und Heck bestens Sorge getragen war. Vor allen Dingen für die Motoren bedeutete diese Trimmung zwar einerseits noch mehr Gewicht, das zu bewegen war, andererseits aber in erster Linie eine entscheidende Entlastung. Es war, wie immer halt, alles eine Frage der Abwägung. Aber speziell diese Maßnahme musste schlichtweg sein. Darin war sich Zeppelin ganz sicher. »Die Motoren werden ohnehin bis an die Grenze ihrer Belastbarkeit arbeiten müssen – trotz ihrer zwei Mal zwölf Pferdestärken, die sie leisten können. Denn die Schubkraft, die notwendig ist, um einen dermaßen riesigen Flugkörper trotz aller äußeren Einwirkungen immerzu in einer stabilen Lage zu halten, sind bekanntlich enorm. Von dieser Warte aus betrachtet, bietet uns die Trimmung mit dem Gewicht am Drahtseil ja wirklich eine bestechend einfache Möglichkeit, ganz rasch zu reagieren und die Motoren zu entlasten. »

»Genau aus diesem Grund möchte ich jetzt lieber doch noch einmal die Kräfte, die beim Verschieben des Gewichts auf die Stahltrosse einwirken, ganz genau durchrechnen. Nicht, dass wir ein Teil womöglich zu schwach berechnet haben. Denn wenn mit der Trimmung etwas schief geht …«

»Aber wenn Sie zu dem Schluss kommen sollten, die Verankerung oder das Stahlseil als solches noch kräftiger machen zu müssen, dann bedeutet das, dass wir wieder ein Problem mit dem Gewicht haben werden …« knurrte Bassus und bedachte die anderen dabei mit einem absichtlich indignierten Blick, der ihnen zeigen sollte, wie sehr ihm der überpenible Dürr heute wieder einmal auf die Nerven ging.

»Und wenn ich das Seil zu schwach berechne und das Gewicht dadurch nicht einsatzfähig ist, dann haben wir mindestens das doppelte Problem«, konterte Dürr trocken. »Ich werde

es also sicherheitshalber noch einmal durchrechnen. Lieber einmal zu oft, als einmal zu wenig …«

»Oh Dürr! Dann tun Sie halt, was Sie sowieso nicht lassen können«, zischte der Freiherr, erntete dafür jedoch seinerseits nun einen tadelnden Blick des Grafen Zeppelin.

»Mir ist es allemal lieber, wenn wir nicht nur doppelt, sondern gleich drei- oder fünffach auf Nummer sicher gehen«, sprang Zeppelin seinem Konstrukteur verständnisvoll zur Seite. »Denn wie gesagt: ganz Deutschland wird den Aufstieg mit Spannung verfolgen – und wehe uns, wenn wir dabei scheitern. Das wäre das sichere Ende für all meine Luftschiffpläne!«

Als wäre die nervöse Anspannung, die Ferdinand von Zeppelin und seine Männer so kurz vor dem ersten Aufstieg ergriffen hatte, nicht schon Belastung genug gewesen: wenn er sich zusätzlich auch noch die Liste der Gäste vor Augen führte, die auf dem extra für sie reservierten Dampfschiff »König Karl« als Augenzeugen bei diesem hoffentlich epochemachenden Ereignis anwesend sein würden, dann konnte selbst eine äußerlich meist so gelassen wirkende Persönlichkeit wie der Graf, für einen kurzen Moment weiche Knie bekommen. Angeführt wurde die illustre Runde von ihrer Königlichen Hoheit Prinzessin Therese von Bayern, sowie Herzog Wilhelm von Urach und Fürst Carl von Urach, bei denen es sich natürlich durchaus um Verwandte des Königshauses von Württemberg handelte, deren Anwesenheit ja schließlich die Etikette erforderte – wenngleich aus den bekannten Gründen König Wilhelm II. persönlich nicht unter den Ehrengästen weilte. Selbstverständlich hatten sich Zeppelin und der König schon vor Wochen über genau diese Thematik eingehend ausgetauscht und der Monarch signalisierte schließlich sein vollstes Verständnis, nachdem ihm Zeppelin ausführlich die Beweggründe erläutert hatte, die es ratsam erscheinen ließen, dass ihn König Wilhelm erst beim zweiten Aufstieg des Luftschiffes mit seiner Anwesenheit beehrte.
Und so weilten als offizielle Abgesandte des Königshauses immerhin der diensttuende Flügeladjudant Generalmajor von Bilfinger unter den Zeugen des Ereignisses, sowie der württembergische Kriegsminister General Schott von Schottenstein; Freiherr von Soden, der Kabinettschef des

Königs; ferner Freiherr von Reischach, der Oberhofmeister der Königin; Oberjägermeister Freiherr von Plato; der württembergische Generalbevollmächtigte in Berlin, Oberst von Marchtaler und weitere hochrangige Würdenträger mehr. Ein deutliches Zeichen für das Interesse und die Wertschätzung, die man dem Grafen Zeppelin am württembergischen Hofe entgegen brachte.

Zu diesem überaus illustren Zirkel gesellten sich zahlreiche hochrangige Gäste aus ganz Deutschland: der vom preußischen Generalstab abgeordnete Hauptmann von Hülsen; von der preußischen Luftschifferabteilung deren Kommandeur, Major Klussmann, sowie die Hauptleute von Sigsfeld und von Tschudi. Ausgerechnet Tschudi! Der Mann, der Zeppelins Plänen mit seiner brüsken, beinahe unverschämten Ablehnung vor Jahren beinahe das Ende bereitet hätte. Auf die Miene dieses Kerls freute er sich ganz besonders, wenn das Luftschiff seinen Aufstieg erfolgreich absolviert haben würde. Auch ausgewiesene Experten der Ballonfahrt hatten ihr Kommen selbstverständlich zugesagt, darunter der Ballonfabrikant Riedinger aus Augsburg und Hauptmann von Parseval, der mittlerweile eigene Experimente mit einem lenkbaren Ballon unternahm und dem dabei von Seiten des Militärs ein wohlwollenderes Interesse zuteil wurde, als das bei Zeppelins starrem Luftschiff der Fall war. Nun denn: die Herren sollten Augen machen!

Fünf Männer würden mit dem Luftschiff in den Himmel steigen und sich auf die beiden Gondeln verteilen. Zuvorderst natürlich Graf Zeppelin selbst als Lenker, dann Freiherr von Bassus als Experte für den Auftrieb, Ingenieur Burr als Zuständiger für den Motor in der vorderen Gondel, Monteur Gross für den Motor in der hinteren Gondel, dazu als Chronist und Sonderberichterstatter für die beiden auflagenstarken Zeitungen »Der Tag« und »Die Woche« der Journalist Eugen Wolf, der schon mehrmals äußerst positive Artikel über den Grafen Zeppelin und dessen Luftschiffpläne veröffentlich hatte. Sicherheitshalber sollte das Motorboot »Württemberg« unter dem Kommando des Freiherrn von Gemmingen und Theodor Kober dem Luftschiff folgen, um es nach der Landung auf dem Bodensee sofort in die Windrichtung zu stellen und im Schlepptau zurück zur Luftschiffhalle zu nehmen. Für alle Eventualitäten war also Vorsorge getroffen. In der Luft wie auf dem Wasser.

Die am 28. Juni erwartungsvoll angereisten Gäste wurden zu ihrer großen Enttäuschung jedoch gleich bei ihrer Ankunft in Friedrichshafen mit der Ankündigung konfrontiert, dass sich der Aufstieg aus Witterungsgründen ganz sicher um einen ganzen Tag verzögern werde. Als neuer Termin wurde ihnen der Nachmittag des 30. Juni genannt. Und alles schien darauf hinzudeuten, dass diese Vorhersage zutreffen würde. Nach einer nochmaligen Überprüfung des Luftschiffs in der Schwimmhalle vor der Manzeller Bucht begann ein Teil der Arbeiter kurz vor Mittag, Wasser in die Ballastbehälter zu pumpen, während ihre Kollegen gleichzeitig die Befüllung der gigantischen Gummigaszellen mit den Gasflaschen in Angriff nahm, die sie mühsam, Stück um Stück mit den Zuleitungen verbanden. An den Hallenwänden waren die insgesamt 3000 Wasserstoffflaschen in fünf langen Reihen zu je 65 Stück gestapelt. Mit einem langen Güterzug aus 24 großen Güterwagen waren die 80 Kilogramm schweren Flaschen von Griesheim nach Friedrichshafen an den Hafenbahnhof transportiert und dort ganz vorsichtig in Transportkähne umgeladen worden, um sie das letzte Stück auf dem sicherer scheinenden Wasserweg nach Manzell zu bringen. Diese Vorsichtsmaßnahmen hatten ihren guten Grund, denn immerhin enthielt jede der Gasflaschen 4,8 Kubikmeter Wasserstoff mit einem Fülldruck von 150 Atmosphären. Die Explosionsgefahr war enorm! Grundsätzlich mussten die Flaschen deshalb von zwei Mann getragen werden. Vor allem das am Flaschenhals angebrachte bronzene Ventil galt es, sorgsam

im Auge zu behalten: eine einzige, unvorsichtige Bewegung, und schon würde eine verheerende Explosion die Folge sein! Allein das Umladen zog sich aus diesem Grund über viele Stunden hin.
Und dann erst das eigentliche Befüllen der 16 großen Gaszellen aus Gummi! Wiederum jeweils zwei Mann waren für eine Gasflasche zuständig. Nachdem sie unter der Aufsicht eines dritten Mannes sorgfältig die Stapelschläuche angeschlossen hatten, öffneten sie mit einem großen Steckschlüssel das Bronzeventil. Erst ganz langsam, dann immer schneller, um den Druck in den buchstäblich bis zum Bersten beanspruchten Schläuchen einigermaßen konstant zu halten. Und dennoch kam es bei dieser Aktion immer wieder zu Undichtigkeiten und damit entstehenden Flammenbildungen, wofür ebenfalls der dritte Mann bereit stand, der die Flammen sofort mit Hilfe von Wassereimern und nassen Tüchern erstickte.
Vor allem galt es, die Zuleitungen ständig zu überwachen: nur die erfahrensten Arbeiter durften diese verantwortungsvolle Aufgabe übernehmen. Mit Argusaugen achtete der Aufseher auf eventuelle Flammen, dazu musste er am allmählich tiefer werdenden Ton der sich entleerenden Gasflasche deren Füllstand ableiten. Besonders strikt hatte er auf die Kommandos der Männer an den Gaszellen im Bauch des Luftschiffs zu horchen: »Ventil auf! Ventil zu! Langsamer! Wieder schneller! Auf geht's! Schneller! Halt! Jetzt langsam!«

Und dennoch war es kürzlich zu einer Beinahe-Katastrophe gekommen, als trotz aller Vorsicht beim Befüllen ein Stapelschlauch geplatzt und eine mannshohe Flamme in die Höhe geschossen war. Mit viel Glück war es ihnen gelungen, die Flamme gerade noch rechtzeitig auszulöschen. Dieses Erlebnis steckte ihnen allen noch immer so tief in den Knochen, dass weder Graf Zeppelin noch der Gasexperte Bassus weitere Ermahnungen zur besonderen Sorgfalt im Umgang mit dem Wasserstoff erteilen mussten.

Alle Männer waren mit höchster Konzentration bei der Sache. Es war eine eigentümlich angespannte Atmosphäre, die in der Schwimmhalle herrschte. Das scharfe Zischen des Gases, wenn sie die Ventile öffneten, das tiefe Rauschen in den Schläuchen, das dumpfe Schlagen der sich allmählich aufblähenden Gaszellen, die knappen, scharfen Kommandos der Arbeiter an den Gasflaschen: all das vermengte sich zu einem undefinierbaren Knäuel von Geräuschen, die von den Holzwänden der Riesenhalle als gespenstisches Echo zurück geworfen wurden und der Füllmannschaft in den Ohren dröhnte.

«Halt! Das Ventil ist undicht. Schnell ein Lappen her!« zischte plötzlich wieder ein Alarmruf durch die Halle. Sofort wurde der nasse Lappen um das undichte Ventil gewickelt und gefror durch den Druck des ausströmenden Gases innerhalb von Sekunden zu einem festen, undurchdringlichen Klumpen. Gefahr gebannt! Es konnte weiter gehen. »Die Arbeit fortsetzen!«

Parallel zum Befüllen der Gaszellen hatte ein anderer Teil für den notwendigen Ballast zu sorgen. Wassersäcke mussten aufgenommen und befüllt, das Schiff immer wieder sorgfältig abgewogen und ausbalanciert werden, ganz am Ende waren noch Öl und Benzin für die Motoren in der genau berechneten Menge einzuladen.
So langwierig und ätzend diese Prozedur den weit entfernten Zaungästen auch scheinen mochte, es galt dabei tunlichst, Geduld zu bewahren und immerzu auf das richtige Verhältnis von Ballast und Gasfüllung zu achten. »Nur ja nicht aus der Ruhe bringen lassen – egal wie lange es dauert und was ihr von draußen an ungeduldigen Zurufen hört!« schärfte der Graf seinen angesichts der von Stunde zu Stunde anwachsenden Zuschauermenge sichtlich nervös gewordenen Leuten wieder und wieder ein. Ein einziger Funke – und alles wäre aus.
Das Startklarmachen des Luftschiffs geriet zu einer enor-

men Nervenprobe für alle Beteiligten. Immerzu höchste Konzentration. Und die Befüllung würde noch Stunden dauern. Aber das war Zeppelin und seinen engsten Mitarbeitern schließlich von vornherein klar gewesen. Wichtig waren jetzt vielmehr die richtigen Wetterverhältnisse.
»Ich kann Sie beruhigen: das Wetter wird auch weiterhin günstig bleiben. Wir sind, von dieser Warte aus betrachtet, absolut im Zeitrahmen«, nickte Professor Hergesell zufrieden und richtete zur Bestätigung einen bedeutungsvollen Blick erneut hoch in den Himmel zu dem meteorologischen Messballon, den er direkt an der Schwimmhalle verankert hatte. »Der Wind dürfte auch am späten Nachmittag noch deutlich unter einem Meter pro Sekunde liegen. Sie brauchen also keinerlei Bedenken wegen der äußeren Umstände zu hegen, Exzellenz.«
»Nun gut! Dann werde ich dem Wilcke also sagen, dass er die Ehrengäste bitten soll, sich bis spätestens halb fünf Uhr am Ufer einzufinden, um das Dampfschiff zu besteigen. Gegen fünf Uhr können Sie mit dem Aufstieg rechnen«, entgegnete Zeppelin mit ernster Miene – um keine halbe Minute später die Stirn in ärgerliche Falten zu legen. »Was ist das denn plötzlich? Weshalb hören sie dort hinten einfach mit dem Befüllen auf?«
Im Nu begab er sich an das andere Ende der Schwimmhalle, um die dort arbeitenden Männer zur Rede zu stellen, weshalb sie die Arbeit an der letzten Gaszelle einfach unterbrochen hatten. Er brauchte die Antwort gar nicht erst abzuwarten, denn schon im Laufen konnte er erkennen, dass das Schiff mit dem Heck leicht nach unten gesunken war. Das konnte nur heißen, dass mit der Trimmung des Ballasts etwas nicht zu funktionieren schien. Und das wiederum bedeutete, dass die Männer richtig gehandelt hatten, als sie sofort stoppten, denn während dieser kritischen Phase, in der die Gaszellen befüllt wurden, war ein exaktes Ausbalancieren des Luftschiffs unabdingbar. Das war den Arbeitern von Zeppelin, Dürr und Kober ja gleich mehrfach hintereinander strikt eingeschärft worden. Also

würde es hier erst einmal nicht weiter gehen können. So lange nicht, bis der Ballast richtig angebracht war, um das Schiff weiterhin in einer absolut waagrechten Position zu halten.

Die Zeit verstrich zäh – und für die zahlreichen Zaungäste am Ufer und auf den verschiedenen Booten – schien es, als sei die Arbeit in der Luftschiffhalle gänzlich zum Erliegen gekommen. Das war natürlich ein Trugschluss, aber das sorgfältige Ausbalancieren und das anstrengende Festzurren der Halteleinen für den gewaltigen Gaskörper ließ sich nun einmal nicht im Handumdrehen bewerkstelligen. Dazu gesellten sich die nervtötenden Störungen durch jene unverschämten Schiffsbesatzungen, die sich immer wieder viel näher an die Schwimmhalle heranpirschten, als ihnen dies durch eine polizeiliche Anordnung erlaubt war.

»Was ist denn jetzt mit dem Aufstieg?«

»Schlaft ihr da drinnen?«

»Braucht ihr vielleicht Hilfe?«

»Wird uns heute noch etwas geboten, oder können wir nach Hause gehen?« Solche und ähnliche Zurufe, die lautstark durch die Halle dröhnten, waren für den konzentrierten Fortgang der Arbeit alles andere als hilfreich. Zumal Zeppelin sich inzwischen gezwungen sah, vier Männer, darunter seinen bewährten Bootsführer Marx, aus der Befüllungsmannschaft abzuziehen. Mit Hilfe von zwei Motorbooten sollten sie Sorge dafür tragen, dass sich keine weiteren Boote mit ungebetenen Gästen dem Luftschiff näherten.

Gut und gerne acht Stunden waren so vergangen, beinahe 2500 Gasflaschen waren entleert und deren Inhalt in die nunmehr prallen Gaszellen geströmt, inzwischen war es bereits kurz vor fünf Uhr, als Theodor Kober vor den Grafen trat und nickte. »Wir wären dann wieder so weit, Exzellenz. Das Schiff ist ausbalanciert, die Konstruktion stabil. Von meiner Warte aus steht einem Fortgang der Befüllung nichts mehr im Wege.«

Endlich!
Von wegen!
»Es tut mir leid«, meldete sich genau in diesem Moment Ludwig Dürr zu Wort. »Sicherheitshalber sollten wir nun aber noch einmal die Gaszellen überprüfen und auch die Ventile – denn seit der Unterbrechung der Befüllung sind ja nun beinahe fünf Stunden verstrichen.«
Zeppelin vermeinte, sich verhört zu haben. »Dürr!« Ungläubig starrte er in das Gesicht des verlegen mit den Schultern zuckenden Ingenieurs, der seinem entgeisterten Blick gleichwohl tapfer standhielt. »Das ist nicht Ihr Ernst!«
»Leider doch!« entgegnete Dürr. »Und ich darf Sie daran erinnern, Exzellenz, dass Sie selbst und Freiherr von Bassus ein solches Vorgehen klipp und klar angeordnet haben, als wir das genaue Procedere für den ersten Aufstieg festgelegt haben. Nach spätestens drei Stunden müssen die Ventile und sämtliche 16 Gaszellen erneut auf ihre Dichtigkeit überprüft werden und dabei ist …«
»… ich weiß selbst, was ich angeordnete habe!« zischte Zeppelin verdrossen, um sich nur wenige Augenblick später wieder in der Gewalt zu haben. Dürr hatte ja recht – Sicherheit ging vor Schnelligkeit. Und der arme Bursche hatte schlichtweg nichts anderes getan, als seine Pflicht zu erfüllen, in dem er seinen Einwand vorgebracht hatte. »Es ist schon in Ordnung, Dürr. Entschuldige bitte, dass ich dir so harsch in die Parade gefahren bin. Es wäre wirklich unverantwortlich, wenn wir diese Revision nicht durchführen würden.« Der Graf wandte sich um und bedachte seine engsten Mitarbeiter, die sich mittlerweile vollzählig um ihn versammelt hatten, mit einem ernsten Blick. »Nun gut, Sie alle wissen, was das zu bedeuten hat: es wird heute mit dem Aufstieg nichts mehr werden. Bis die Revision abgeschlossen sein wird und wir das Schiff aus der Halle gezogen haben, ist es mindestens acht Uhr. Wer weiß, welche Verzögerungen dann noch dazu kommen werden: die Gefahr, dass wir mit dem geplanten Aufstieg in die Dämme-

rung kommen, ist vor diesem Hintergrund viel zu hoch. Es hilft alles nichts: Wilcke! Sie müssen den Ehrengästen die Mitteilung überbringen, dass der Aufstieg für den heutigen Tag leider endgültig abgesagt ist.«
»Die Herrschaften werden sich freuen!« brach es spontan aus dem Sekretär heraus.
»Ich kann es nicht ändern«, gab Zeppelin scharf zurück. »Meinen Sie etwa, mich freut das?«
Augenblicklich überzog sich Wilckes Gesicht mit einem tiefen Rot. »N … nein, n … natürlich nicht«, stammelte er. »Ich … ich wollte damit auch gar nicht …«
»Ist schon gut, Wilcke. Ich verstehe Sie ja. Aber wie gesagt: mir wäre es anders auch lieber gewesen. Noch ein Tag des Wartens! Hoffentlich nicht mehr.« Sein Blick suchte den Kontakt mit dem Meteorologen. »Was meinen Sie, Herr Professor: werden wir morgen an einen Aufstieg denken können?«
Hergesell nickte eifrig. »Nach allem, was ich an Erkenntnissen habe: ja. Zumindest bis zum Nachmittag dürfte sich an der Wetterlage keine entscheidende Änderung ergeben.«
»Wenigstens das!« Zeppelin atmete langsam aus. »Nun denn, dann eben bis morgen, meine Herren. Planen wir den Aufstieg also für die Mittagszeit ein. Für die Vorbereitung des Schiffs werden wird uns früh um 7 Uhr hier in der Halle wiedersehen. Bis dahin wünsche ich Ihnen einen guten Schlaf.« Er wandte sich um und bestieg das bereits wartende Motorboot, mit dem ihn Bootsmann Marx zurück nach Friedrichshafen brachte.

Spät in der Nacht, wenn sich längst die Dämmerung über Manzell und die Luftschiffhalle gelegt hätte, würde Dürr ganz alleine in der Halle stehen, um in der nun herrschenden Stille ein weiteres Mal hochkonzentriert die Ohren zu spitzen. »Es ist der beste Zeitpunkt, um eine Undichtigkeit in den Gaszellen oder bei den Ventilen zu entdecken«, war Dürr aufgrund seiner zahlreichen Erfahrungen in den vergangenen Monaten überzeugt und ließ diese nochmalige Schlussüberprüfung seitdem zu einem festen Bestandteil der Startvorbereitungen werden. Ein einzelnes, ganz leichtes Sausen hätte genügt, um ihm die Gewissheit zu geben, dass irgendwo ein Leck sein musste, das sie vor dem Aufstieg unbedingt abdichten mussten …

Erstaunlicherweise verbrachte Zeppelin eine ruhige Nacht – und das, trotz all der Nervenanspannung und der beinahe mit Händen zu greifenden Ungeduld, die ihm von allen Seiten – besonders von den Ehrengästen – entgegenschlug.
Gleich bei Tagesanbruch erwachte er nach einem tiefen, ruhigen Schlaf und schlüpfte ganz leise aus dem Bett, um seine Isabella nicht aufzuwecken. Doch im Gegensatz zu ihrem Ehemann hatte Bella kaum ein Auge zugetan. Sie seufzte tief. »Ach, wenn es doch nur heute klappen könnte mit dem Aufstieg. Meine Nerven jedenfalls sind zum Zerreißen gespannt. Es ist ja geradezu unerträglich, wie sie dich alle ständig erwartungsvoll anstarren und dann immer mit diesem Vorwurf im Blick die Nachricht entgegennehmen, dass es zu einer Verzögerung gekommen ist. Sie tun gerade so, als glaubten sie, es sei Absicht von dir …«
»So sind die Menschen eben, Bella. Sie wollen einfach das Spektakel geboten bekommen, wie auch immer das zustande kommt.«
»Und du meinst, heute könnte es also so weit sein?«
Ferdinand breitete in einer entwaffnenden Geste seine Arme weit aus. »Ich hoffe es. Die Anzeichen dafür sind vorhanden. Das Wetter ist gut, ein glasklarer Himmel, kaum Wind. Wenn das Schiff die gestrige Gasbefüllung gut überstanden hat und sich an den Trägern keinerlei Deformationen zeigen, wenn also alles tatsächlich so ist, wie wir es berechnet haben, dann müsste es heute möglich sein.« Ein kurzes Lächeln huschte über sein Gesicht. »Das wäre ja eigentlich kein schlechtes Datum: Sonntag, der 1. Juli des Jahres 1900, nicht wahr?«

»Beinahe so, als ob du den Aufstieg eben doch absichtlich dorthin geschoben hättest«, gab Bella das Lächeln zurück. »Manche haben ja schon gemutmaßt, du würdest gleich noch bis zu deinem Geburtstag warten wollen. Wo sich die armen Ehrengäste doch ohnehin schon tagelang in Friedrichshafen zu Tode haben langweilen müssen ...«
»Sie werden vom Anblick des am Himmel schwebenden Luftschiffes reichlich entschädigt werden«, schmunzelte Zeppelin, um dann wesentlich ernster fortzufahren. »Aber eine Frage möchte ich dir doch noch stellen, Bella.« Er unterbrach sich und musterte seine Ehefrau mit einem nachdenklichen Blick.
»Ja, was ist es denn, Ferdi?«
»Ich habe mir gestern während der Verzögerungen immer wieder überlegt, ob es wirklich angeraten ist, dass sich unsere Hella unter den Ehrengästen befindet. Ich könnte mir vorstellen, dass es für unsere Tochter kein sonderlich schönes Gefühl gewesen ist, diese Nachrichten über immer neue Verzögerungen mitgeteilt zu bekommen und sich dabei zwangsläufig die dementsprechenden Kommentare anhören zu müssen. Meinst du nicht, es wäre besser, wenn wir der Hella das ersparen würden? Wie gesagt: alle Zeichen stehen gut für heute – aber garantieren kann ich es letztendlich doch nicht. Und wenn es heute mit dem Aufstieg wieder nicht klappt, dann kannst du dir lebhaft ausmalen, was sie dann alles über ihren törichten Vater zu hören bekommt. Ich finde, sie sollte lieber zurück nach Girsberg gehen und dort abwarten, wie sich die Dinge entwickeln. Ich könnte den Marx bitten, sie gleich nachher mit dem Boot nach Konstanz zu fahren.«
»Das kommt ja gar nicht in Frage«, kommentierte Bella entschieden. »Was glaubst du denn, wie sie das auffassen würde, wenn sie ihr eigener Vater kurz vor dem wichtigsten Zeitpunkt in seinem Leben einfach wegschickt?!«
»Aber ... ich meine es doch nur gut! Ich möchte sie doch nur vor der Häme bewahren, falls bei dem Aufstieg etwas

schief geht. Ich will unser Kind lediglich vor den Lästermäulern schützen!«
»Erstens ist sie mit ihren 20 Jahren längst eine selbstbewusste, fröhliche junge Dame und kein Kind mehr. Zweitens steht unsere Hella grundsätzlich fest an deiner Seite. Denn schließlich hat sie – drittens – schon genug erlebt und durchgestanden mit dir und deinen Luftschiffplänen. Da wirst du es doch nicht übers Herz bringen und sie ausgerechnet jetzt, nach Jahren der Anspannung und der zwangsläufigen Beschäftigung mit diesem Thema, einfach wegzuschicken. Denk doch auch mal darüber nach, wie gerne sie immer zu der Schwimmhalle kommt und sich ja wirklich für technische Einzelheiten interessiert, von denen ich nicht die leiseste Ahnung habe. Und erst recht, wie nett sie sich immer mit deinen Leuten unterhält. Sie genießt den Aufenthalt am Luftschiff und sie ist beliebt bei allen, die dort arbeiten. Diese Freude, egal wie sehr unsere Nerven auch noch strapaziert werden sollten, die kannst … nein, die darfst du ihr einfach nicht nehmen.«
Damit war alles Wesentliche gesagt.
Der Tag konnte beginnen – und auch nach einer ersten Überprüfung des Luftschiffs gleich am Morgen, bei der Kober zu seiner großen Erleichterung tatsächlich keinerlei Deformationen der Hülle durch die gewaltige Gasmenge hatte feststellen können, deuteten alle Anzeichen darauf hin, dass der Aufstieg bereits in wenigen Stunden stattfinden würde. Es war nur noch eine Frage von kürzester Zeit!
»Wilcke! Um 12 Uhr wird es soweit sein. Sage den Herrschaften, dass sie bitte rechtzeitig beim Dampfschiff sein sollen«, erteilte Zeppelin dem Sekretär seine Anweisung, während er voller Stolz das Luftschiff betrachtete, wie es in der Halle nunmehr befreit von den schweren Anhängeketten im völligen Gleichgewicht knapp über der Wasserfläche schwebte und lediglich noch von Halteleinen am Floß fixiert war.
Auch die allerletzte Überprüfung der verschiedensten Funktionen durch Ludwig Dürr war zu dessen Zufrieden-

heit ausgefallen. »Das Schiff wäre bereit, Exzellenz«, keuchte der junge Mann, der seine Aufregung nun nicht mehr zu verbergen vermochte.
»Dann können wir der Floßbesatzung also den Befehl geben, das Schiff aus der Halle zu ziehen«, konstatierte Zeppelin zufrieden, während er aus den Augenwinkeln erkennen konnte, dass sich Professor Hergesell mit seltsam zerknirschter Miene näherte.
»Ich muss Sie leider enttäuschen, Exzellenz«, begann der Meteorologe ohne Umschweife seinen Bericht. »Der Wind hat wider alles Erwarten doch stärker aufgefrischt, als ich das vorausgesagt habe. Die Messung mit dem Fesselballon ergibt momentan in fünf Metern Höhe bereits eine Windstärke von sieben Metern in der Sekunde.«
»Das ist zuviel!« Zeppelin war sich über die Konsequenz dieser Aussage sofort im klaren. »So viel können die Motoren nicht leisten, um dagegen anzukommen. Dann müssen wir den Aufstieg noch einmal verschieben. Halten Sie es für möglich, dass sich der Wind später am Tag noch legen wird, oder müssen wir die Sache für heute ganz abblasen?«
Hergesell breitete mit sichtlicher Verlegenheit die Arme aus. »Ehrlich gesagt: ich weiß es nicht, Exzellenz. Ich kann es nicht genau voraus sagen. Es ist durchaus möglich …«
»…also was jetzt: absagen oder nicht?«
»Gänzlich zu einer Absage würde ich nicht raten. Der Wind kann sich gegen Nachmittag schon noch legen.«
»Nun gut, dann werden wir die neue Aufstiegszeit mit zirka fünf Uhr benennen«, entschied der Graf mit einer bewundernswerten Gelassenheit. »Und in der Zwischenzeit werden wir mit der Haltemannschaft üben, wie sie das Luftschiff beim Aufstieg und bei der Landung sicher fixieren kann. General von Schottenstein hat mir ja schon gestern dankenswerterweise mitgeteilt, dass er im Laufe des Vormittags zusätzlich 30 Soldaten aus Weingarten zur Verstärkung der Haltemannschaft schicken wird. Dann können sich die Männer wenigstens einmal mit dem Luftschiff

vertraut machen, bevor es gleich ernst wird. Das kann keinesfalls schaden.«

So sinnvoll diese Übungen tatsächlich auch sein mochten, zu denen der dem Grafen wohlgesonnene württembergische Kriegsminister, die zusätzlichen Helfer herbei beordert hatte, so nervtötend fielen die Ergebnisse der Windmessungen aus, die Professor Hergesell, der selbst beinahe verzweifelte, alle halbe Stunde durchführte. Der Wind wollte einfach nicht abflauen! »Es ist zum Verrücktwerden«, schimpfte Hergesell. »Dabei war ich mir eigentlich ganz sicher, dass es bald vorbei sein müsste mit dieser Windstärke.«
»Machen Sie sich nichts daraus, Professor. Es ist ja nicht ihre Schuld. Und vergessen Sie bitte nicht: der Bodensee ist eben der Bodensee. So sehr sich das nach einer Binsenweisheit anhört, so verlässlich kann ich Ihnen sagen, dass sich am Bodensee mit seinen ganz speziellen Witterungsbedingungen schon viele verschätzt haben, die deswegen hinterher in Seenot geraten sind.«
»Verschätzt!« empörte sich Hergesell, dessen Nerven tatsächlich blank lagen, »Ich schätze nicht: ich analysiere wissenschaftlich!«
»So war das auch gar nicht gemeint, Professor«, beschwichtigte Zeppelin den aufgebrachten Meteorologen. »Ich möchte damit lediglich zum Ausdruck bringen, dass das Wetter am Bodensee trotz aller Wissenschaft immer noch ein bisschen unberechenbarer bleibt, als andernorts. Aber ich möchte Sie dennoch fragen: müssen wir den Aufstieg für heute absagen, oder sollen wir noch warten. Ich lasse die Entscheidung gerne in Ihren Händen.«
»Absagen!« fauchte Hergesell. »Ich gehe nicht mehr davon aus, dass sich der Wind heute noch legen wird.«
»Dann ist es eben nicht zu ändern«, kommentierte der Graf das neuerliche Scheitern seiner Pläne achselzuckend. »Wir werden also die blaue Flagge hissen, damit auch die Zaungäste mit ihren Schiffen auf dem See er-

kennen können, dass sie nicht länger ausharren müssen. Und Sie Wilcke, übernehmen es wieder einmal, die Ehrengäste auf dem Dampfschiff persönlich darüber in Kenntnis zu setzen. Wenn die Herrschaften mögen, dann bin ich gerne bereit, nachher persönlich auf die »König Karl« zu kommen, um ihnen die Sachlage im Detail zu schildern.« Als habe er wahrlich keine anderen Sorgen, als die Ehrengäste zu unterhalten … aber bei aller Konzentration auf die erste Fahrt seines Luftschiffes war sich Ferdinand von Zeppelin der Tatsache nur allzu bewusst, dass er es keinesfalls riskieren sollte, die zahlreichen Gäste, die schließlich seinetwegen angereist waren, zu langweilen oder gar zu verprellen.
Doch zu diesem Einsatz musste es gar nicht kommen. Der Grund waren die ganz plötzlich veränderten Windverhältnisse. Professor Hergesell hatte sich schon wieder getäuscht; der Wind flaute mit einem Mal spürbar ab. Für die Wiederaufnahme der Aufstiegsvorbereitungen war es jetzt aber zu spät.

Vor allem bei den vielen tausend Passagieren der Schiffe auf dem Bodensee, die bereits seit dem Vormittag die Luftschiffhalle regelrecht belagerten, sorgte das Hissen der blauen Flagge für deutliche Unmutsäußerungen. Schon wieder ein Tag nutzlos vertan! Und nichts hatte sich bewegt! Ganz ungeniert zeigten die Zaungäste, die sich um den Höhepunkt ihres sonntäglichen Ausflugsvergnügens gebracht wähnten, mit eindeutigen Gesten in Richtung Zeppelin und seiner Männer, was sie von der Absage hielten. »Sie zeigen Ihnen den Vogel, Exzellenz! Das geht entschieden zu weit!« empörte sich Wilcke. »Ich werde beim Polizeikommando in Friedrichshafen noch heute Abend Anzeige erstatten! Eine solche Unverschämtheit habe ich noch nie erleben müssen. Dabei hat diese Leute ja wirklich niemand eingeladen, hierher zu kommen und uns zu stören! Und dann auch noch solche Obszönitäten! Es ist eine Schande!«

»Lassen Sie es gut sein, Wilcke«, wehrte der Graf ab. »Eine Anzeige macht keinen Sinn. Schauen sie nur einmal auf die Hoheitszeichen: da sind viele Schiffe aus der Schweiz dabei. Wie wollen Sie die Schweizer denn dafür belangen? Verwenden wir unsere Konzentration lieber für wichtigere Dinge.«

Nicht einmal eine Stunde später hatten sich die Boote mit ihren verhinderten und dazu maßlos enttäuschten Zaungästen längst entfernt, als plötzlich der Ausruf ertönte: »Der Wind hat jetzt doch noch abgeflaut!«
»Für einen Aufstieg reicht es um diese Uhrzeit jetzt nicht mehr – dafür könnten wir aber das Schiff aus der Halle ziehen und wenigstens probeweise einige Meter in die Höhe steigen lassen. Umso besser, dass die lästigen Boote nicht mehr da sind. Wilcke! Wo stecken Sie denn?« Suchend sah Zeppelin sich um, während der Sekretär rasch heran eilte.
»Wilcke, lassen Sie sich gleich noch mal zum »König Karl« hinüber fahren und teilen Sie unseren Gästen bitte mit, dass sie doch noch Zeugen eines kleinen Aufstiegsversuches werden können. Das Dampfschiff möge bitte noch nicht zurück nach Friedrichshafen fahren. Gleich werden sie nämlich erleben können, wie das vollständig mit Gas gefüllte Luftschiff die Halle verlässt und hochsteigt. Auch die Motoren werden wir probeweise starten.«
Sofort machte sich Wilcke daran, den ungeduldig gewordenen Ehrengästen diese freudige Mitteilung zu überbringen.

Der Beifallssturm, der am Abend des 1. Juli 1900 kurz nach halb acht Uhr vom Deck der »König Karl« zu den Männern an der Schwimmhalle herüber schallte, war überwältigend. Genauso überwältigend wie der Anblick des majestätischen Luftschiffes mit seiner weißen Hülle, die im milden Abendlicht glanzvoll erstrahlte. Die Ehrengäste zeigten sich begeistert von der Eleganz und der Leichtigkeit, mit der das 128 Meter lange und 11,65 Meter hohe Luftschiff

vom Schleppdampfer »Buchhorn« gezogen, aus der Halle schwebte.
Kaum war das Schiff vollständig auf die freie Wasserfläche gelangt, da setzten Burr und Gross schon die beiden Motoren in Gang. Sie funktionierten einwandfrei! Und das allerbeste daran: der Höllenlärm, den die Motoren veranstalteten, wurde noch übertönt von den Hurrarufen der Ehrengäste!
Hochrufe, die sich in ausgelassene Begeisterung steigerten, als das Luftschiff von seinen festen Verankerungen befreit wurde und an den Halteleinen Meter um Meter in die Höhe stieg. »Fünf Meter! Das genügt! Belassen wir es auf dieser Höhe – nach einer Minute werde ich dann den Gaszug betätigen und das Schiff langsam wieder niedersinken lassen.« Inständig hoffte Zeppelin, dass auch weiterhin alles so einwandfrei funktionieren möge, wie bisher. Welch ein unglaubliches, wahrhaft atemberaubendes Schauspiel! Was für ein erhebendes Gefühl! Das von ihm in jahrelanger, mühevollster theoretischer Kleinarbeit entworfene Luftschiff: es schwebte nun tatsächlich erstmals hoch über ihren Köpfen. Dieser imponierende Koloss, der so selbstverständlich federleicht in die Höhe gestiegen war und jetzt am Himmel geradezu festgeschraubt schien. Festlich beleuchtet vom märchenhaften Licht der letzten Sonnenstrahlen! Ein Traum war Wirklichkeit geworden!
Und sämtliche Systeme funktionierten einwandfrei! Genau so, wie sie es wieder und wieder berechnet hatten! Welch ein Triumph!
Ein einziger Glücksmoment, der für alles entschädigte, was er an Demütigungen und Zumutungen in den zurückliegenden Jahren je hatte erfahren müssen!
Dann das vorsichtige Ablassen des Gases, das langsame Niedersinken des Schiffes, das erneute Vertäuen und die Einfahrt in die Luftschiffhalle: alles konnte gar nicht besser funktionieren wie an diesem Abend.
Dem richtigen Aufstieg stand also nichts mehr im Wege. Allenfalls das Wetter …

»Nun: welche Wetterprognose können Sie uns also für den morgigen Tag stellen«, wandte sich Zeppelin sicherheitshalber ein weiteres Mal an den Meteorologen, der gerade eben damit beschäftigt war, die Halteleinen seines Beobachtungsballons zu überprüfen. »Wie wird das Wetter werden?«
»Meiner Berechnung nach wird es gut werden«, knurrte Hergesell verdrießlich, »aber Sie wissen ja, wie das hier am See so ist mit stundengenauen Prognosen ...«

Der Graf schmunzelte verständnisvoll. »Ich habe es ja von Anfang an gesagt, Professor: Sie haben eine der undankbarsten Aufgaben von allen übernommen. Der Bodensee ist und bleibt ein schwieriges Terrain für die Wetterforschung. Aber ich stimme Ihnen zu: morgen wird das Wetter gut werden – das glaube ich auch. Das sagt mir schon dieser wunderbare Sonnenuntergang, den wir vorhin erleben durften. Morgen wird uns der Aufstieg gelingen.«
»Das wünsche ich Ihnen von ganzem Herzen,« erwiderte Hergesell feierlich.
»Es wird so kommen, glauben Sie mir. Montag, der 2. Juli 1900 wird in die Geschichte der Luftfahrt eingehen!«
»Hoffen wir es!«
»Aber jetzt bin ich müde – genauso müde, wie meine tapferen Männer. Ich denke, nach den Anstrengungen des heutigen Tages haben wir uns auch wirklich eine ausgedehnte Bettruhe verdient. Und deshalb sollen sie morgen ausschlafen. Wilcke? Sagen Sie bitte allen, dass wir erst um ein Uhr am Nachmittag mit den Aufstiegsvorbereitungen beginnen werden. Und sie sollen auch wirklich bald ins Bett gehen. Denn morgen werden sie ihre ganze Kraft und Konzentration brauchen. Und den Ehrengästen, Wilcke, teilen Sie bitte mit, dass ich den Aufstieg nun definitiv für Spätnachmittag einplane. Wenn sie um spätestens vier Uhr an Bord der »König Karl« eintreffen, dann sind wir auf der sicheren Seite. Die Herrschaften brauchen nicht zu be-

fürchten, dass sie zu spät kommen werden, denn vorher sind wir erst einmal wieder mit der Überprüfung aller Teile und mit der Nachfüllung der Gaszellen beschäftigt. Das wird gut und gerne drei Stunden in Anspruch nehmen. Also, wie gesagt: es reicht völlig aus, wenn sie um kurz vor vier Uhr da sind.«

»Das werden sich die Herrschaften sicherlich nicht zweimal sagen lassen. Nach der gewaltigen Begeisterung, die sie heute schon ergriffen hat«, strahlte Zeppelins Sekretär. »Und das nach dem ganzen Verdruss und den überdeutlichen Unmutsäußerungen, mit denen ich nach dem verschobenen Aufstieg konfrontiert worden bin! Es ist unglaublich, wie sich die Stimmung schlagartig gedreht hat, als das Luftschiff aus der Halle geschwebt ist! Ein wahres Wunder!«

Gleich beim Aufwachen am kommenden Morgen spähte Ferdinand von Zeppelin aus dem Fenster. Tatsächlich! Das Wetter hielt. Die Sonne strahlte aus einem nahezu wolkenlosen Himmel und am leichten Kräuseln der Wellen war zu erkennen, dass allenfalls ein leichter Wind über der Wasseroberfläche wehte. Alle äußeren Anzeichen sprachen also dafür, dass Zeppelin mit seinem Luftschiff am 2. Juli 1900 tatsächlich in den Himmel steigen würde!

Die äußeren Anzeichen!

Hoffentlich waren über Nacht in der Halle keine Schäden am Luftschiff entstanden! Alles, nur das nicht. Hastig kleidete der Graf sich an und stand bereits im Begriff, ganz leise seinen Gehrock vom Haken zu nehmen, als Isabella erwachte und ihren Ehemann aus schlaftrunkenen Augen ungläubig musterte. »Ferdi! Was machst du denn da? Wo willst du denn hin?«

»Ach Bella! Jetzt habe ich dich also doch aufgeweckt«, murmelte er schuldbewusst. »Ich wollte extra leise sein, damit du gut ausschlafen kannst, nach all dem, was heute noch auf uns zukommen wird.«

»Das sagst ausgerechnet du, der du doch selbst gesagt hast,

wie wichtig es wäre, heute gut ausgeruht ans Werk zu gehen. Und dann stehst du in aller Herrgottsfrühe schon fix und fertig angekleidet vor mir …«

»… ich konnte einfach nicht mehr schlafen«, erwiderte Ferdinand achselzuckend. »Und nachdem ich gesehen habe, dass es das Wetter gut mit uns meint, muss ich nun unbedingt so schnell wie möglich in die Halle, um dort nach dem Rechten zu schauen. Ich halte es einfach nicht mehr aus, hier im Zimmer:«

Isabella schenkte ihm ein verständnisvolles Lächeln. »Das kann ich mir schon denken, was in dir vorgeht. Ich habe es auch gar nicht anders erwartet: von wegen Arbeitsbeginn um ein Uhr am Nachmittag. Nie und nimmer habe ich das für möglich gehalten, zumindest was dich betrifft. Du wirst wieder einmal der Erste sein …«

Ferdinand wiegte seinen Kopf. »… ich denke, der Dürr wird noch früher da sein – wenn er nicht bereits dort ist. Der hat sicher vor lauter Aufregung in der Nacht gar kein Auge zugetan.«

»… und dabei darf er dann beim Jungfernflug noch nicht einmal mit an Bord sein, der arme Kerl.«

»Das macht ihm, glaube ich, gar nicht so viel aus. Er will das Flugverhalten des Luftschiffs lieber von unten betrachten – und es ist mir allemal lieber, wenn so sachkundige Leute wie Dürr und Kober uns auf dem Dampfboot hinterher fahren, denn sie wissen dann im Falle eines Falles ganz genau, was zu tun ist. Auch wenn ich inständig hoffe, dass dieser Fall erst gar nicht eintreten wird.«

»Das hoffe ich auch, Ferdi.« Instinktiv faltete Bella die Hände. »Nicht auszudenken, wenn dir etwas zustoßen würde!«

»Mir wird nichts passieren, Bella. Glaube mir. Mach dir bitte keine Sorgen! Achte lieber darauf, dass du dann mit unserer Hella pünktlich um vier Uhr auf der »König Karl« bist. Nicht, dass ihr beide womöglich den Aufstieg verpasst«, setzte er lächelnd noch hinzu und drückte seiner Isabella einen innigen Kuss auf die Wange. »So – und nun

Adieu meine Liebe. Der Marx wartet unten schon mit dem Boot auf mich.«

Wie ein Lauffeuer hatte es sich in Friedrichshafen herumgesprochen, dass sämtliche Arbeiter des Grafen schon viel früher, als von Zeppelin angeordnet, in die Schwimmhalle geeilt waren, um dort die letzten Überprüfungen des Luftschiffs vorzunehmen. Und so strömten die Menschen trotz des Werktages jetzt in Scharen zur Manzeller Bucht, um dort einen möglichst guten Platz zu ergattern, von dem aus sie Zeugen des für heute sicher erwarteten Aufstiegs werden konnten. Auch auf den Ausflugsschiffen und sonstigen Booten rund um Friedrichshafen gab es keinen freien Platz mehr. Die Gendarmen, notgedrungen unterstützt vom Militär, hatten alle Hände voll zu tun, um die neugierige, stündlich ungeduldiger werdende Menschenmenge, die im Lauf des Tages auf deutlich über zehntausend Köpfe angewachsen war, einigermaßen im Zaum zu halten.
Die Zeit verfloss – und neuerlich schien es so, als kämen die Revisionsarbeiten im Inneren der riesigen Halle, aus der lediglich ganz schwach zu vernehmende Befehle und manchmal das metallische Klirren eines zu Boden fallenden Werkzeugs nach draußen drangen, einfach nicht voran. »Schon sechs Uhr vorbei! Das wird heute wohl wieder nichts mehr werden!«

Doch dann! Dann endlich war es soweit! Plötzlich wurden die gewaltigen Tore der Luftschiffhalle geöffnet und das von einem Floß gezogene Luftschiff schwebte jetzt, begleitet vom ehrfurchtsvollen Raunen der vieltausendköpfigen Menge, knapp über der Wasseroberfläche majestätisch nach draußen. Kaum ein Windhauch war zu spüren. Ideale Voraussetzungen für den Aufstieg!

Wenige Minuten zuvor war in der Halle als letzte Vorbereitungsarbeit das Abwiegen des Schiffes zur völligen Zufriedenheit von Chefingenieur Dürr abgeschlossen wor-

den. Mit dem trockenen Satz: »Luftschiff zur Abfahrt bereit!« überbrachte er dem Grafen die alles entscheidende Meldung.
Ferdinand von Zeppelin nickte ernst, dann nahm er die Mütze vom Kopf, faltete die Hände und sprach ein kurzes Gebet.

Um zehn Minuten vor acht Uhr war das nach wie vor am Floß vertäute Luftschiff in die richtige Windrichtung bugsiert. »Schaut! Und jetzt besteigen sie die Gondeln!«
Noch einmal blickte Ferdinand von Zeppelin sich um und spähte in Richtung des großen Dampfschiffs »König Karl«, das mit seinen zahlreichen Ehrengästen einen respektvollen Sicherheitsabstand zu dem Luftschiff wahrte. Es war kaum möglich, unter den dicht an dicht an der Reling stehenden Menschen seine Frau und seine Tochter auszumachen, zumal auf sein kurzes Winken ihm die versammelte Schar der Gäste fröhlich zurückwinkte. Nun gut. Gleich mehreren von ihnen hatte sein ganz besonderer Gruß gegolten: Hella und Bella natürlich, dazu vor allem seinen beiden Geschwistern Ely und Ebi, die es sich natürlich ebenfalls nicht hatten nehmen lassen, an dem großen Tag, an dem der Lebenstraum ihres Bruders endlich in Erfüllung gehen würde, persönlich anwesend zu sein.
Während der Graf zusammen mit Bassus und Ingenieur Burr in die vordere Gondel kletterte, nahmen Monteur Groß und der Berichterstatter Wolf ihre Plätze in der hinteren Gondel ein.
Ganz langsam stieg das Schiff, immer noch durch starke Taue mit den Soldaten der Haltemannschaft verbunden, nach oben. Meter um Meter gewann das Luftschiff an Höhe. Trotz der vielen tausend Beobachter ringsum herrschte angespannte Ruhe. Atemlos beobachteten die Menschen den majestätischen Koloss, der, wie schon am gestrigen Abend, von den letzten Sonnenstrahlen magisch illuminiert, in den Himmel schwebte. Dieses Mal freilich

mit einer fünfköpfigen Besatzung an Bord. Nur die scharfen Kommandos aus der vorderen Gondel durchschnitten die Stille: »Ein Meter höher!«
So ging es über zwei Dutzend Mal.
»Ein Meter!« Und wieder ließ die Haltemannschaft ein Meter Tau durch die Hände gleiten.
Bis zur Höhe von 30 Metern. Noch immer lag das Schiff absolut waagrecht in der Luft. Perfekt austariert. Sämtliche Nähte und Ventile der 16 Gaszellen hielten folglich dicht. Und keinerlei Verformung am Schiffskörper war zu erkennen. Gott sei Dank!
Plötzlich ein besonders lauter Befehl: »Taue lösen!«
Sofort gaben Soldaten die vorderen Taue frei, mit einigen Sekunden Verzögerung auch diejenigen an den hinteren Tauen. Um drei Minuten nach 8 Uhr am Abend war das Luftschiff damit endgültig von seinen Halteleinen befreit.
»Es fliegt!«
»Hurra!«
»Ein Hoch auf den Grafen Zeppelin!«
»Hoch – Hoch – Hoch!«
Mit dem Bug leicht nach oben stieg das Luftschiff weiter in die Höhe.
»Da schaut: das Schiff schwankt!«
»Das ist nur wegen dem Ausgleichsgewicht, das es wieder exakt in die waagrechte Position bugsieren soll.«
In der Tat überschlugen sich nun die Ereignisse. Gerade hatte das Luftschiff in eine waagrechte Position zurückgefunden, da dröhnte plötzlich Lärm über den Köpfen der Menschen. Gross hatte den hinteren Motor gestartet, wenig später Burr den vorderen. Die Propeller begannen zu arbeiten. Augenblicklich drehte sich das Schiff nach Norden und nahm Fahrt auf – gegen die Windrichtung! Denn der Wind kam ja aus Südosten. Das war der Beweis. Es funktionierte tatsächlich!
Über 400 Meter hoch stieg das Luftschiff und nahm dabei Kurs auf Immenstaad – immer verfolgt vom Motorboot »Württemberg«, das mit den Ingenieuren Dürr und Kober

an Bord im Falle eine Havarie Sorge für den sicheren Rücktransport tragen sollte, sowie von weiteren Begleitbooten und natürlich vom Dampfschiff »König Karl« samt den Ehrengästen.
Während die Beobachter unten auf dem Wasser sich in einen regelrechten Jubelrausch hineinsteigerten, hatten Dürr und Kober längst ihre Stirn in ernstere Falten gelegt.
»Irgendetwas stimmt da oben nicht«, murmelte Kober.
»Es muss mit der Trimmung zusammenhängen«, pflichtete ihm Dürr mit vor Aufregung rauer Stimme bei.
»Wahrscheinlich das Laufgewicht. Irgendwie scheint es festzustecken.«
»Scheint mir auch so. Denn einen anderen Grund kann ich nicht dafür ausmachen, weshalb sie ständig die Schrauben vor- und zurück bewegen.«
»Hoffentlich halten die Motoren diese zusätzliche Belastung aus!«
»Und der Wind dort oben scheint mir ziemlich böig zu sein!«
»Da! Sie lassen aus den vorderen Tanks Wasserballast ab!«
»Das ist gefährlich! Wie leicht kann das Luftschiff dadurch nach oben durchschießen!«
Den beiden Männern stockte der Atem. Voller Anspannung und mit heftig klopfenden Herzen starrten sie in den Himmel auf das immer höher steigende Luftschiff. Sekunden danach atmeten sie erleichtert durch.
»Gott sei Dank! Es hat offenbar funktioniert! Sie haben wohl gleichzeitig hinten auch noch Gas abgeblasen.« Das Luftschiff hatte seine Geschwindigkeit nun sogar deutlich erhöht und zog majestätisch seine Bahn. Ein überwältigender Anblick – der freilich nur von kurzer Dauer war.
»Und jetzt versucht er sogar, eine Schleife zu drehen!«
»Gut so! Aber schauen Sie – ja, was ist das denn?! Ich glaube, irgendwie scheint die Steuerung nach rechts nicht mehr richtig zu funktionieren!«
»Jetzt wird es wirklich brenzlig!«

»Du meine Güte, ja. Geben Sie Tempo, damit wir im Fall einer Notwasserung gleich da sind. Ich glaube nicht, dass es ihnen gelingen wird, noch bis Manzell zurück zu kommen.«

»Das halte ich auch für unwahrscheinlich.«

Immer tiefer gruben sich die Sorgenfalten in die Mienen der beiden Ingenieure.

»Hoffentlich weiß der Graf, dass er so schnell wie möglich nach einer Notlandestelle Ausschau halten muss. Auf alle Fälle muss er tiefer gehen.«

»Er macht es schon. Und er will, wie mir scheint, am Dampferanlegesteg bei Immenstaad herunter gehen.«

Spätestens jetzt konnten auch die anderen Beobachter erkennen, dass mit der Steuerung des Schiffes irgendetwas nicht in Ordnung war. Denn während das Luftschiff langsam an Höhe verlor, drehte es sich um seine eigene Achse. Einmal. Zweimal. Und das, obwohl die Motoren auf Hochtouren arbeiteten, während die Besatzung durch das permanente Verstellen der Luftschrauben, je nach Lage des Schiffs, vorwärts, dann wieder rückwärts, mit äußerster Konzentration versuchte, das Schiff nicht über Land treiben zu lassen.

Schreckensbleich verfolgten nun auch die Angehörigen des Grafen zusammen mit den anderen Ehrengästen das sichtlich verzweifelte Bemühen, einer einigermaßen sanften Notwasserung vor Immenstaad.

»Der arme Papa! Wird er abstürzen!«

»Niemals! Wenn es einer schafft, die Nerven zu behalten, dann ist das dein Papa«, entgegnete Eberhard von Zeppelin mit gespielter Zuversicht, während er teilnahmsvoll die schweißnasse rechte Hand seiner Nichte ergriff. »So gut kenne ich meinen Bruder schließlich. Er wird es schaffen, glaube mir.«

»Ich hoffe sehr, dass du recht behälst, Ebi« , flüsterte Isabella von Zeppelin, die das taumelnde Luftschiff mit ihrem Ehemann an Bord angstvoll fixierte.

In der Tat war die Lage an Bord des Luftschiffs vom ersten Moment, seitdem Zeppelin das Kommando »Taue los!« gegeben hatte, kritisch gewesen.
Denn durch die kurze Verzögerung beim Loslassen der hinteren Halteseile war, wie die Zaungäste richtig beobachtet hatten, der Bug des Schiffes erst leicht in die Höhe gestiegen, um sich kurz darauf in einer abrupten Bewegung scharf nach unten zu drücken. Schuld daran war das 130 Kilogramm schwere, an einem Laufseil befestigte Ausgleichsgewicht gewesen, das sie geistesgegenwärtig versuchten, sofort wieder in eine mittlere Position zu ziehen. Doch genau in diesem Moment brach die Kurbel, so dass das Laufgewicht plötzlich wieder nach vorne schoss. Nur durch die geistesgegenwärtige Reaktion des Grafen, der den Männern an den Motoren sofort den Befehl zum Stoppen und gleich danach zum Rückwärtslauf der Luftschrauben erteilte, konnte ein drohender Überschlag des Luftschiffes vermieden werden.
Damit gelang es Zeppelin, die Gefahr zu bannen. Doch das Laufgewicht ließ sich dennoch nicht mehr bewegen, sondern hing fest. Als wäre dies allein nicht schon gefährlich genug, gesellten sich tatsächlich noch, so wie von Kober und Dürr bemerkt, an der Backbordseite Probleme mit der Steuerung hinzu, deren Ursache ebenfalls in dem nicht mehr benutzbaren Ausgleichgewicht zu suchen waren. Eine Reparatur war freilich unmöglich. Und dazu noch dieser plötzlich böig auffrischende Wind! Unter allen Umständen musste er vermeiden, davon aufs Land getrieben zu werden!
Es blieb ihnen folglich nichts anderes zu tun, als so rasch wie möglich eine geeignete Notwasserungsstelle zu suchen, während sie das teilweise steuerlos gewordene Schiff durch ständigen Vor- und Rücklauf der Motoren in einer stabilen Lage über der Wasserfläche zu halten versuchten. Aber … was war das?! Zeppelin fühlte, wie ihm der Schweiß aus allen Poren brach, als er es bemerkte: Aufgrund der brutalen Kräfte, die durch die ständigen Rich-

tungswechsel der Luftschrauben an dem Luftschiff zerrten, bog sich der riesige Flugkörper durch! Und zwar viel stärker, als von Dürr und Kober berechnet. Deutlich stärker und mit wesentlich höherem Druck, als ihm die Träger des Aluminiumgerippes auf Dauer würden standhalten können! Und zu allem Übel prallte der unangenehm böige Wind in dieser Höhe wie ein Kanonenschlag wieder und wieder auf die deformierte Hülle und brachte das Schiff zusätzlich in eine instabile Lage! »Bassus! Achtung! Wir bekommen ein Problem mit der Statik, wenn wir nicht sofort hinten Gas ablassen!«

»Bin schon dabei!« Der Wissenschaftler hatte die Gefahr im selben Moment wie Zeppelin erkannt und machte sich bereits an den Gaszügen für die hinteren Gaszellen zu schaffen, mit denen er nun vorsichtig die Ventile betätigte. Unmittelbar nach diesem Manöver begann sich das Heck wieder zu heben.

»Stopp! Das reicht!« rief Zeppelin und sofort ein weiteres, scharfes Kommando für die Motoren zu erteilen. »Motoren stopp! Und zurück!«

»Mist! Das war zuviel!« fluchte Bassus und betätigte energisch den Hebel zum Ablassen des Wasserballasts, um das Luftschiff wieder auszubalancieren. »Wenn doch nur dieses verdammte Gewicht funktionieren würde!«

»Das können Sie vergessen! Abgebrochen ist nun einmal abgebrochen«, erwiderte Zepelin trocken und deutete mit einer Kinnbewegung auf die sich unten vor ihnen abzeichnende Uferlinie. »Ich denke, wir sollten lieber aufpassen, dass wir nicht gleich über Land getrieben werden!«

»Sie haben recht. Exzellenz, wir sollten allmählich an eine Landung denken – solange es uns noch möglich ist, aus eigener Kraft auf dem Wasser zu landen.«

Diese Entscheidung war bereits gefallen: »Da – da vorne gehen wir herunter!« wies Zeppelin mit seinem rechten Arm schräg nach unten auf den Dampferanlegesteg bei Immenstaad. »Bassus! Ab jetzt keinen Wasserballast mehr ablassen, sonst werden wir zu leicht! Helfen sie mir bei den

Gaszügen! Wir lassen lieber das Gas an allen Gaszellen gleichzeitig ab! Aber Vorsichtig. Ganz behutsam. Verstanden?«
»Verstanden!« nickte der Freiherr und biss sich vor Anspannung auf die Lippen.
Das Vorhaben glückte, denn auch Bassus behielt die Nerven und so sank das Luftschiff ganz langsam und für einen unbeteiligten Beobachter majestätisch wirkend, scheinbar wie von Anfang an beabsichtigt, am Immenstaader Dampfersteg auf den an diesem Abend glücklicherweise beinahe spiegelglatten Bodensee.
Kaum hatten sie das Schiff auf die Wasseroberfläche gesetzt, ertönte der nächste Alarmruf. »Achtung!« Mit ausgestrecktem Arm deutete Bassus nach vorne. »Da ist ein Holzpfahl im Wasser. Wir treiben direkt auf ihn zu.«
Zeppelin reagierte sofort. »Beide Motoren Stop! Und zurück!« Wieder arbeiteten Motoren und Luftschrauben auf Hochtouren – und schafften es, das von der Strömung langsam vorwärts getriebene Schiff vom Ufer fernzuhalten. Die Kollision mit dem Holzpfahl war freilich nicht mehr zu vermeiden gewesen. Unerbittlich bohrte sich der Balken in die mit einem hässlichen Zischen auseinanderreißende Stoffhülle und drückte nun gegen einen der Aluminiumträger, in den er sich regelrecht verhakte. Ein Freikommen aus eigener Kraft war dadurch nicht mehr möglich, selbst jetzt nicht, wo sie die Motoren im Rückwärtsgang auf volle Drehzahl hochjagten. Das Schiff saß fest. Aber dieses Feststecken war gar nicht die eigentliche Gefahr, in der sie sich befanden. »Wir müssen froh sein, dass es nicht eine der Gaszellen erwischt hat«, schnaufte Zeppelin erleichtert durch, dass sich bei einer ersten, hastigen Inaugenscheinnahme unmittelbar nach dem Zusammenstoß keine weiteren, viel gravierenderen Folgen ausmachen liessen. Mehr an Schaden als ein zirka zwei Meter langer Riss in der Hüllenbespannung und ein höchstwahrscheinlich leicht verbogener Träger war bislang nicht festzustellen. Die Angelegenheit dürfte allem Anschein nach

höchst glimpflich ausgegangen sein. »Aber bevor wir das Risiko eingehen, dass der Träger irgendwann doch noch zerbricht und dabei womöglich eine Gaszelle aufgeschlitzt wird, sollten wir uns sputen, das Schiff wieder frei schleppen zu lassen!«

Ein Vorhaben, das allerdings leichter ausgesprochen war, als es dann zu bewerkstelligen. Denn auch den erschrockenen Männern auf der rasch zur Wasserungsstelle herbeigeeilten »Württemberg« war die drohende Gefahr einer Kollision des Luftschiffs mit dem Holzpfahl natürlich ebenfalls nicht entgangen. Mit höchster Besorgnis verfolgte der zur Untätigkeit verdammte Ludwig Dürr von hier aus das Geschehen. »Vollgas!« gab er dem Steuermann mit sich beinahe überschlagender Stimme den Befehl, das Boot so schnell und so dicht wie irgend möglich an das Luftschiff heran zu lenken. »Ja – und was ist dann mit dem Sicherheitsabstand?«
»Vergessen Sie den Sicherheitsabstand!« zischte Dürr. »Machen Sie einfach, was ich Ihnen sage!«
In diesem Moment war es passiert. Dürr stockte der Atem, als er hilflos erleben musste, wie sich der aus dem Wasser ragende Pfahl unbarmherzig in die Luftschiffhülle bohrte. Es konnte nur noch Sekunden dauern, bis er die erste Gaszelle durchtrennen würde. Eine Explosion war nicht mehr zu vermeiden! Und sie alle würden mit dem Leben bezahlen. Unwillkürlich schloss Dürr die Augen. Doch die Katastrophe blieb aus. Ein Aluminiumträger hatte dem Druck des Holzpfahls anscheinend standgehalten. Gott sei Lob und Dank!
»Noch näher ran!« kommandierte Dürr, »und dann schauen wir, dass wir gleich eine der Haltel…« Mitten in seinem Satz wurde er unterbrochen, als die »Württemberg« plötzlich ruckartig zum Stehen kam. Dürr und sein Ingenieurskollege Kober, der ebenfalls aufrecht im Boot gestanden hatte, und den gasgefüllten Giganten unmittelbar vor ihnen nicht aus den Augen ließ, wurden zu Boden ge-

schleudert. Die Schiffsschraube ihres Bootes hatte sich in den Halteleinen des Luftschiffs verheddert!
»Verdammt noch mal! Was war denn das?« rappelten sich die beiden ächzend wieder auf.
»Jetzt ist genau das passiert, was ich prophezeit habe«, brummte der Steuermann verdrießlich. »So schnell werden wir den Kahn nicht mehr flott bekommen. Und selbst wenn …« er deutete mit dem ausgestreckten rechten Arm über die Wasserfläche, »Sie sehen es ja selbst: überall schwimmen hier die Halteleinen von dem Luftschiff herum. Wir können nicht näher heran, sonst passiert genau dasselbe gleich noch einmal. Und jetzt müssen wir uns sowieso erst einmal um unsere Schraube kümmern.«
»Aber wir müssen das Luftschiff von dem Pfahl befreien – so schnell wie möglich!« entgegnete Kober mit wachsender Verzweiflung in der Stimme. Eine Aussage, die der Bootsführer mit einem fatalistischen Achselzucken kommentierte. Dann wandte er sich an seinen Gehilfen. »Paul! Schau zu, dass du ins Wasser springst und die Schraube wieder frei bekommst. Schwimmen kannst du ja hoffentlich? Und nimm ein Messer mit. Anders wird es nicht gehen: du wirst die Leinen durchschneiden müssen!««
Den beiden höchst besorgten Ingenieuren war jetzt endgültig klar: Es würde eine halbe Ewigkeit vergehen, bis sie wieder manövrierfähig sein würden. Viel zu lange! In diesem Augenblick ertönte von Steuerbord eine Stimme: »Ich werde das Luftschiff abschleppen!«
»Marx!«
Es handelte sich tatsächlich um Zeppelins privaten Bootsführer! Denn auch Ludwig Marx war es mit seinem kleinen Zubringerboot inzwischen gelungen, sich der Havariestelle zu nähern. Ohne sich um die erstaunten Gesichter seiner Nachbarn auf der »Württemberg« zu kümmern, formte er seine Hände zu einem Trichter und brüllte nun aus Leibeskräften zum Luftschiff hinüber: »Exzellenz! Machen Sie sich keine Sorgen! Ich schleppe Sie ab!«
Postwendend ertönte aus der vorderen Gondel die Ant-

wort des Grafen: »Untersteh dich, Marx! Das schaffst du nicht mit deinem Boot. Hilf lieber den anderen!«
»Hast du gehört, Marx?!« donnerte Kober. »Du kommst jetzt sofort ganz dicht an uns heran und lässt uns einsteigen. Dann werden wir ohne Motor, nur mit den Rudern, zur Gondel vom Grafen hinüber fahren und lassen uns eine Säge geben.«
»Eine Säge?!« Verwundert starrte Marx hinüber. »Aber wozu denn eine Säge?«
»Weil wir mit der Säge den Holzpfahl absägen müssen, an dem das Schiff festhängt«, verkündete der Ingenieur seinen blitzschnell gefassten Beschluss. »Ich weiß, dass sie für eventuelle Notfallmaßnahmen ein gute Säge an Bord haben. Auf geht's Marx, jetzt starre nicht weiter einfach in der Gegend herum, sondern hol die Ruder heraus. Und mach endlich den Motor aus. Nicht, dass du dich auch noch verhedderst.«
Gesagt – getan. Kobers Plan war aufgegangen. Wenige Minuten später hatten es die drei Männer geschafft, mit Hilfe einer tatsächlich in der Gondel mitgeführten Säge den Holzbalken abzusägen. Das Luftschiff war wieder frei – im Gegensatz zur »Württemberg«, wo sie immer noch mit den in der Schiffsschraube verwickelten Halteleinen zu kämpfen hatten. Auf Dauer gesehen würden die Strömung und der Wind allerdings zu stark sein, um das Schiff allein durch seine Motorkraft vom Ufer fernzuhalten. Was tun?
Wieder hatte Kober eine Idee: »Jetzt nehmen wir eines von den großen Haltetauen auf und rudern dann ganz vorsichtig aus der Gefahrenzone heraus. Danach startest du den Motor und bringst uns zum Dampfschiff dort drüben!«
»Zur »König Karl« mit den ganzen Ehrengästen?«
»Ja, wohin denn sonst? Oder siehst du noch ein zweites Dampfschiff da drüben?«
»Nein … natürlich nicht«, stotterte der Bootsführer. »Aber … was sollen wir denn da drüben?«
»Wir werden dem Kapitän sagen, dass er mit der »König Karl« das Luftschiff aus der Uferzone schleppen und sicher

auf dem offenen Wasser halten soll, bis wir dann selbst wieder flott sind und es mit der »Württemberg« zurück nach Manzell bringen können.«
»Das Schiff mit den Ehrengästen! Also … also darauf wäre ich jetzt wirklich nicht gekommen!« Marx kam heute aus dem Staunen gar nicht mehr heraus.
»Dafür hast du ja uns«, grinste der ansonsten so trockene Dürr, dem die grenzenlose Erleichterung über die geglückte Befreiungsaktion deutlich anzumerken war. »Und die Ehrengäste werden damit ein weiteres unvergessliches Erlebnis serviert bekommen. Sage also keiner von denen, die Warterei habe sich nicht gelohnt!«
Auch dieser Teil des Planes ging problemlos auf: die vom Marxschen Boot mitgebrachte Halteleine wurde am Heck des Dampfschiffs befestigt, der Kapitän der »König Karl« ließ ganz vorsichtig »Langsame Fahrt voraus« aufnehmen, die Halteleine straffte sich und das Luftschiff kam in Bewegung. Bald schon hatte es unter dem frenetischen Jubel der zahlreichen Ehrengäste die freie Wasserfläche erreicht. Die Gefahr war gebannt – und das Luftschiff bis auf den kleinen Riss im Stoff der Außenhülle intakt. Das Allerwichtigste aber: alle fünf Insassen der ersten Fahrt eines nach dem Prinzip des Grafen Zeppelin gebauten Luftschiffes hatten dieses Erlebnis unversehrt überstanden. Keiner war zu Schaden gekommen. Niemand hatte auch nur eine Schramme davongetragen. »Allenfalls in den Magen ist es mir gefahren – und das sogar recht kräftig«, murmelte der immer noch leichenblasse Berichterstatter Eugen Wolf, als er viele Stunden später in Manzell aus der hinteren Gondel in das bereitstehende Floß umstieg, mit dem das Luftschiff behutsam zurück in die Schwimmhalle bugsiert wurde. Um halb zwei Uhr in der Frühe war es dann endlich vollbracht: das Schiff lag wieder gut vertäut an seinen Haltetrossen in der Halle. Langsam schlossen sich die Türen. Das Abenteuer war zu Ende.
»Aber über ihr kleines Malheur werden Sie ja wohl nicht schreiben«, grinste der Monteur Gross anzüglich zu Wolf

hinüber, als sie endlich wieder festen Boden unter den Füßen hatten. Auch Gross war freilich nicht minder froh und glücklich, mit heiler Haut davon gekommen zu sein. Allein wenn er versuchte, sich an die Dutzende von Kommandos zu erinnern, mit denen der Graf die Motoren erst stoppen und dann wieder in die entgegen gesetzte Richtung hatte laufen lassen. Das waren allerhöchste Anforderungen an das Material gewesen. Doch die Motoren hatten ihren Dienst problemlos verrichtet. Im krassen Gegensatz zu der gebrochenen Kurbel des Laufgewichts. Die verdammte Kurbel, die das Problem gleich nach dem Aufstieg ausgelöst hatte! Wie oft sie vom Vorwärtsgang in den Rückwärtslauf gewechselt hatten ließ sich gar nicht mehr sagen. Klar war nur, der Graf hatte mit seinen Befehlen Nervenstärke bewiesen und eine ungeheure Kaltschnäuzigkeit an den Tag gelegt. Ohne diese bewundernswerten Eigenschaften, die man Zeppelin ja seit seiner Zeit als junger Kavallerieoffizier nachsagte, wären sie in dem gefährlich trudelnden Luftschiff verloren gewesen. Mit dieser Einschätzung stand Gross nicht allein. Auch alle anderen Mitfahrer waren derselben Ansicht.

Doch sei es, wie es wolle: Zeppelins erster Aufstieg durfte als Erfolg gewertet werden. Immerhin 18 Minuten hatte die gesamte Fahrt gedauert. Und sie hatten dabei – trotz aller Probleme – eine Höchstgeschwindigkeit von über 29 Stundenkilometern erreicht, wie Bassus freudestrahlend verkündete. Damit waren sie mehr als zehn Stundenkilometer schneller gewesen, als die von zahlreichen Legenden umrankte »La France«, die sich doch nur wenige Minuten in der Luft gehalten hatte – und das noch bei völliger Windstille.

Aber dennoch … Wäre da nicht dieses Missgeschick mit der Kurbel passiert, dessen Ursache freilich wiederum im zu späten Loslassen der Halteseile am Heck zu finden war, dann … Doch das sollte jetzt erst einmal keine Rolle spie-

len. Die erste Fahrt des Luftschiffes war erfolgreich absolviert. Punktum!
Wenn das kein Grund zum Feiern war!
Es war ein Grund – und folglich gab es eine ausgelassene Feier, zu der Graf Zeppelin alle Mitarbeiter für den kommenden Abend ins Friedrichshafener Kurhaus einlud: »Denn wer mit mir arbeitet, der soll auch mit mir essen!« verkündete er freudestrahlend – dann endlich zog er sich mit Bella in seine Suite zurück. Todmüde, aber zufrieden ließ er sich in einen der schweren Polstersessel sinken, kaum dass Bella die Türe hinter den beiden geschlossen hatte. »Was für ein Tag!«
»Und was es erst für eine Geburtstagsfeier geben wird!« lachte die überglückliche Isabella von Zeppelin und spielte damit auf den 62. Geburtstag ihres Mannes am 8. Juli an, den sie wie immer auf Schloss Girsberg zu feiern gedachten. »Ich bin gespannt, welche Huldigungen sie dir darbringen werden – dieselben Leute, die hinter deinem Rücken über dich gespottet haben – und dich manchmal ja auch ganz unverhohlen direkt in deiner nächsten Nähe als den verrückten Luftgrafen tituliert haben. Und jetzt dieser Triumph, den in Wahrheit doch nahezu niemand für möglich gehalten hatte. Das ist schon eine wunderbare Fügung, dass die erste Luftfahrt deines Schiffes künftig beinahe auf den Tag genau mit deinem Geburtstag zusammen gefeiert werden kann.«
Von Ferdinand kam keine Antwort. Seltsam! Das war doch sonst nicht seine Art!
Verwundert wandte Bella sich um und lernte den Grund für den ausgebliebenen Kommentar rasch kennen. Ihr Ferdinand war eingeschlafen. Kein Wunder: nach all der Nervenanspannung dieses ereignisreichen – und Gott sei Dank – erfolgreich verlaufenen Tages!

Die Feier seines 62. Geburtstages konnte der »Held von Friedrichshafen« wie ihn die Menschen am See jetzt mit einem Mal titulierten, dennoch nicht unbedingt in vollen

Zügen genießen. Denn während die lokalen Zeitungen und natürlich auch der im Luftschiff mitgefahrene Berichterstatter Eugen Wolf die Jungfernfahrt des »Zeppelin« in den höchsten Tönen feierten, mischten sich in die Berichterstattung der anderen überregionalen Blätter doch auch unverkennbar skeptische Töne. Ganz abgesehen von den gewaltigen Kosten, die der Luftschiffbau als solcher verschlungen habe, die sicherlich bei gut und gerne einer Million Mark liegen dürften, würde für jede weitere Fahrt des Luftschiffs – wie man aus sicherer Quelle erfahren habe – allein durch die Befüllung mit dem Wasserstoffgas die unglaubliche Summe von 10.000 Mark benötigt. Wohlgemerkt: Jedesmal! Wie konnte man angesichts dieser Unsummen auch nur eine Sekunde lang daran glauben, die Luftfahrt könne eines Tages womöglich rentabel betrieben werden? Völlig undenkbar! Und das bei dieser ohnehin mehr als störungsanfälligen Konstruktion! Immerhin habe es ja für jedermann erkennbar, gleich bei der ersten Fahrt deutliche Schwierigkeiten mit dem Luftschiff und seiner Stabilität gegeben. Probleme, die auch die bei dem Ereignis versammelten (von vornherein skeptisch-distanzierten) preußischen Militärexperten nicht unbedingt ins Schwärmen geraten ließen. Allein der immer wieder ins Feld geführte Verweis auf die »gerade einmal 18 Minuten«, in denen sich das trudelnde Schiff in der Luft habe halten können, sorgte beim Grafen für erheblichen Verdruss. Darüber konnte ihn noch nicht einmal das warmherzige Glückwunschschreiben hinweg trösten, das er von König Wilhelm II. aus Friedrichshafen erhalten hatte.

«Ich muss so rasch wie möglich einen zweiten Aufstieg realisieren«, resümierte Ferdinand von Zeppelin, als sich endlich auch der letzte Gratulant verabschiedet hatte.
»Aber die Leute hier liegen dir doch regelrecht zu Füßen, Ferdi. Du bist der Held für sie. Du und dein »Zeppelin«. Denen musst du doch nichts mehr beweisen!«
»Denen nicht, Bella. Aber mir, beziehungsweise diesen

ganzen preußischen Nörglern und Besserwissern. Es wäre zu schön gewesen, wenn alles geklappt hätte am 2. Juli und wenn wir einen hübschen, ruhigen Rundflug geschafft hätten. Aber das war nicht der Fall, das muss ich schon zugeben – und um die Lästermäuler möglichst rasch zum Verstummen zu bringen, muss ich eben so schnell wie es nur geht, eine zweite Fahrt veranstalten. Das verlangen übrigens auch meine Mitgesellschafter von mir. Da, Hella. Lies nur, was sie mir in die Glückwunschtelegramm mit hineingeschrieben haben. Es ist die – mehr oder minder deutliche Aufforderung, sofort mit einem wirklich eindeutigen Beweis über die hundertprozentige Flugtauglichkeit des Luftschiffes nachzulegen, oder aber … den Rest kannst du dir ja denken«, setzte er mit bitterer Miene noch hinzu.

»Du wirst das schon schaffen, Ferdi, da bin ich mir ganz sicher. Das Luftschiff Graf Zeppelin hat bereits Geschichte geschrieben – und wird es wieder tun. Dass du mir dieses Mal aber bitte den König einlädst, das musst du mir schon versprechen. Jetzt, wo doch klar ist, dass dein System tatsächlich funktioniert, auch wenn du schon wieder über die eine oder andere Änderung nachdenkst.«

»Nicht nur ich tue das, sondern auch Kober, Dürr und die anderen. Immerhin hat uns dieser erste Aufstieg doch so manch wichtige Erkenntnis beschert, gerade auch im Hinblick auf die Steuerruder, die wir etwas versetzen müssen und die Anforderungen für das Material, an dem das Ausgleichgewicht aufgehängt ist. Wenn jetzt noch die Motoren stärker wären und das Gas nicht diese schwankende Qualität aufweisen würde, von der mir Bassus immer wieder berichtet, dann wären wir schon ein gutes Stück weiter. Aber auch so denke ich, wird es mir beim zweiten Aufstieg gelingen, den Großteil der Zweifler zu überzeugen. Wir werden auf alle Fälle versuchen, diesen Beweis noch in diesem Jahr anzutreten. Und zwar in Anwesenheit des Königs – natürlich nur, sofern ihre Majestät geruht, uns überhaupt mit seiner Anwesenheit zu beehren.«

»Da zweifelst du noch!« schlug Bella die Hände über dem

Kopf zusammen. »Das weiß ich – und das weißt auch du doch ganz genau – dass der König ja nur darauf wartet, persönlich Zeuge deiner zweiten Triumphfahrt werden zu können. So großzügig, wie er dich bislang unterstützt hat.«
»Das stimmt schon«, pflichtete Ferdinand seiner Ehefrau bei. »Wenn mir alle so wohlwollend gegenüberstünden, wie unser guter König Wilhelm II., dann wäre ich noch ein viel größeres Stück weiter, als jetzt.«

Ferdinand von Zeppelin hielt sein Wort: sowohl was die Einladung des württembergischen Königspaares für den zweiten Start in Manzell betraf, als auch beim Termin für den nächsten Aufstieg, den er nun definitiv auf den 17. Oktober 1900 festlegte.
Allein die Euphorie, die seit Bekanntwerden seiner Pläne am gesamten Bodenseeufer ausgebrochen war, schien (in des Wortes wahrster Bedeutung) keine Grenzen mehr zu kennen. Nicht nur, dass sich eine Motorbootgesellschaft gründete, die interessierten Urlaubsgästen und Einheimischen Fahrten zu der berühmten Luftschiffschwimmhalle auf dem Bodensee offerierte und dass die Friedrichshafener Kurverwaltung in ihren Zeitungsannoncen nun überall in Deutschland damit prahlte, während eines Kuraufenthalts am berühmten Geburtsort der gewaltigen Luftschiffe eventuell sogar Zeuge eines neuen Aufstiegs werden zu können. Den Vogel in der schier grenzenlosen Zeppelinbegeisterung – mitsamt der damit verbundenen Geschäftemacherei – schoss freilich ein Makler ab, der betuchten Zeitgenossen Villengrundstücke in einer ganz besonderen Aussichtslage feilbot. Der findige Mann warb nämlich nicht mehr nur mit dem Anblick der herrlichen Alpen, sondern auch damit, vom späteren Wohnsitz aus einen ungestörten Blick auf das am Himmel schwebende »Luftschiff Zeppelin« genießen zu können. Die Verkaufserlöse, die er damit erzielte, gaben seinen Texten recht.
Doch ausgerechnet der Mann, der mit seiner Tatkraft diese

Euphorie ausgelöst hatte, bekam von dem reichen Geldregen, der nun also rund um den Bodensee niederging, nichts in die Kasse seiner Firma gespült. Für Ferdinand von Zeppelin hieß es weiterhin, jede einzelne Investition im ernsten Zwiegespräch mit Buchhalter Uhland sorgfältig abzuwägen. Die Finanzlage war und blieb weiterhin äußerst kritisch. Und dennoch galt es, nun die ganze Konzentration dem zweiten Aufstieg seines »Zeppelin« zu widmen.

Schon am Vormittag des 17. Oktober 1900 war König Wilhelm II. von Württemberg mit seiner ganzen Familie in der Manzeller Bucht erschienen, um dem Grafen Glück zu wünschen. Sogar ihren üblichen Sommeraufenthalt in Friedrichshafen hatten der König und die Königin extra wegen Zeppelins Luftschiffplänen um einige Tage verlängert.
Es klappte!
Das in seinen wichtigsten Funktionen noch einmal gründlich überarbeitete Luftschiff stieg an diesem herrlichen Oktobertag wieder in den Himmel über dem Bodensee. Im Vergleich zum ersten Aufstieg hatte sich das Interesse, das die Menschen dem »Zeppelin« entgegenbrachten, noch einmal gesteigert – in beinahe unglaubliche Dimensionen. Selbst das Konstanzer »Inselhotel« auf dem gegenüberliegenden Bodenseeufer platzte in diesen Tagen aus allen Nähten: »Ich hätte die doppelte Anzahl an Gästen unterbringen können, wenn das Hotel so viele Zimmer gehabt hätte. Und das »Inselhotel« ist ja nun wahrlich kein kleines Etablissement!« berichtete Eberhard von Zeppelin begeistert. »Die Leute sind von überall hergekommen, um dich und deinen »Zeppelin« zu bestaunen, Ferdi! Du bist sozusagen zu einem Volkshelden geworden!«
»Vom Narren zum Volkshelden«, sinnierte Ebis älterer Bruder. »Und wenn es mit dem Aufstieg daneben gehen sollte, dann werde ich wieder zum Fall für das Irrenhaus.«
»Aber Ferdi …«

»Nein, lass nur, Ebi. Ich möchte damit nur zum Ausdruck bringen, wie flüchtig die Gunst der Massen in Wahrheit doch ist. Man sollte sich nicht allzu sehr darauf verlassen. Und am wichtigsten ist mir ja sowieso, den endgültigen Beweis für die absolute Flugtauglichkeit meines Luftschiffes anzutreten. Das Volk ist wankelmütig.«

»So recht du mit dieser Ansicht auch haben magst, Ferdi«, wiegte Eberhard skeptisch seinen Kopf. »Ich bleibe dennoch dabei: Wenn du die Unterstützung des Volkes im Rücken hast und du der Held der Massen bist, dann werden auch die Bürokraten in den Behörden nicht mehr umhin können, dir endlich jene Unterstützung zuteil werden zu lassen, die sie dir bislang verweigert haben.«

»Nun ja …« gab sich Ferdinand noch immer nicht restlos von dieser Argumentation überzeugt. »Ich brauche meine ganze Konzentration für mein Luftschiff und kann mich nicht auch noch um die sensationslüsterne Meute kümmern.«

»Das sollst du auch nicht. Darum werde ich mich kümmern – vor allem um die Berichterstatter der verschiedenen Zeitungen. Aber es ist dennoch ein schönes Gefühl, erleben zu dürfen, wie sie dir alle zujubeln. Das musst du doch zugeben, Ferdi.«

»Sicherlich, es ist schon angenehmer, als wenn sie sich vieldeutig mit dem Zeigefinger an die Stirn tippen, wenn sie an einem vorbei laufen«, gab sich der Konstrukteur mit einem milden Lächeln geschlagen. »Aber nun muss ich dich leider verabschieden, Ebi, denn meine Männer warten in der Schwimmhalle schon auf mich. In wenigen Stunden wird es losgehen.«

»Viel Glück, großer Bruder!« murmelte Eberhard von Zeppelin, während es in seinen Augen feucht glitzerte. »Ich drücke dir ganz fest die Daumen, dass alles gut gehen wird. Du hast dir diesen Triumph redlich verdient! Wer, wenn nicht du, Ferdi?!«

Eberhards Wünsche gingen in Erfüllung. Begleitet vom frenetischen Jubel der Abertausende von Zuschauern, die nicht nur aus Friedrichshafen, sondern aus ganz Oberschwaben angereist waren, ja sogar aus Stuttgart und vielen anderen deutschen Städten zog der riesige »Zeppelin« hoch über ihren Köpfen majestätisch seine Bahn.
Was für ein überwältigender Anblick, der sie alle für das stundenlange Warten nun überreichlich entschädigte! Ein wahrhaft spektakuläres Schauspiel, das den Leuten am Ufer und auf den zahllosen Beobachtungsbooten vor Staunen den Mund weit offen stehen ließ. Im krassen Gegensatz zum ersten Aufstieg lag das Luftschiff dieses Mal gleich von Beginn an ruhig und bestens ausbalanciert in der Atmosphäre. Die Mannschaften an den Halteleinen sowohl am Bug als auch am Heck hatten es dieses Mal auch wirklich geschafft, auf das Kommando »Taue los!« das Schiff absolut gleichzeitig von seinen Fesseln zu befreien. Meter um Meter stieg der »Zeppelin« senkrecht empor, bis der Graf den beiden Männern an den Motoren die Anweisung erteilte: »Vorwärts«. Sein Befehl war kaum verklungen, als das Luftschiff bereits Fahrt aufnahm und unter den ausgelassenen Hurrarufen seiner völlig begeisterten Beobachter seinen Kurs hinaus auf den See nahm.

Gut eine Stunde war vergangen.
»Schaut, dort hinten! Sie kommen wieder zurück!«
»Das sieht ja aus wie ein Kinderspiel!«
»Ganz anders, als damals im Juli!«
»Das ist wirklich unfassbar. Unfassbar schön und würdevoll!«
»So ein riesiger Flugkörper!«
»Und wie leicht er dahinschwebt: gerade so, als sei es das Selbstverständlichste auf der Welt!«
»Ein dreifach Hoch auf den Grafen Zeppelin! Er lebe Hoch – Hoch – Hoch!«
Tausendfach erklangen die Hochrufen aus den Kehlen der Zuschauer und drangen bis hoch nach oben in die vordere

Gondel des Luftschiffes, wo Ferdinand von Zeppelin mit klarer, ruhiger Stimme, aber innerlich vor Freude bebend, seine Anweisungen an die Motorenbetreuer erteilte und selbst mit beinahe spielerisch leichten Handbewegungen das Schiff mal in die eine, dann wieder in die andere Richtung steuerte. Was für ein erhebendes Gefühl!

»So – und nun eine vorsichtige Drehung um die eigene Achse. Wie ist es mit dem Wind Bassus? Können wir das Experiment wagen?«

»Können wir«, nickte Bassus. »Ich werde sicherheitshalber den Zug für den Wasserballast in die Hand nehmen, um gegebenenfalls sofort reagieren zu können.«

»Gut so!« nickte Zeppelin. »Motoren halbe Kraft vorwärts!« Gleichzeitig betätigte er ganz vorsichtig das Backbordruder, worauf sich das Schiff nur zwei Sekunden später mit seinem Bug genau in die gewünschte Richtung stellte, ohne dabei auch nur einen Meter durchzusinken oder zu steigen.

»Phantastisch!« kommentierte Bassus die langsame Drehung und genoss dabei trotz der inneren Anspannung, die alle Männer in den beiden Gondeln während der gesamten Fahrt bewegte, dennoch den Anblick des herrlichen Panoramas der Bodenseelandschaft. Jetzt kam der Säntis ins Blickfeld, das Schweizer Bodenseeufer, dann Kreuzlingen, Konstanz, der Gnadensee, weit hinten im Dunst die Hegau-Vulkane. Und weiter drehte sich der »Zeppelin« langsam um die eigene Achse.

»Dort drüben, das müsste Stockach sein«, stieß Gross mit rauer Stimme hervor. Selbst der sonst so nüchterne Motorenexperte war unwillkürlich von der Magie dieser ruhigen, phantastischen Fahrt gefangen. »Da – das ist Schloss Heiligenberg«, rief er und schüttelte im selben Moment den Kopf, gerade so, als könne er kaum glauben, was er gerade eben erleben durfte.

»Und hier sehe ich Meersburg, da: jetzt Hagnau, gleich kommt … na, da ist es schon: Manzell, Friedrichshafen, du meine Güte: das … das ist ja unglaublich! All diese Menschen. Es müssen Zehntausende sein. Und alle jubeln und winken sie uns zu.« Bassus schluckte trocken. Was für ein erhebender Anblick! »Ich glaube, ich habe gerade sogar den König winken sehen!«

»Glauben heißt nicht wissen«, lächelte Zeppelin. »Dann lassen Sie uns lieber einmal schauen, ob der König tatsächlich noch unter den Zuschauern weilt. »Motoren! Volle Kraft vorwärts!«

Wenig später waren sie über den Köpfen der Menschenmenge am Ufer angekommen, die ihnen in einer nicht enden wollende Woge der Begeisterung ihre Hochrufe und lautstarke »Hurras« nach oben in die Gondeln schickten. Die zweite Fahrt des »Zeppelin« wurde zu einem einzigen Triumph. Sage und schreibe 80 Minuten hatte diese Fahrt gedauert, bis sich das Luftschiff schließlich wieder langsam und majestätisch vom Himmel herunter auf die Wasseroberfläche vor der Schwimmhalle in der Manzeller Bucht senkte. Natürlich hatte es an Bord das eine oder andere Problem zu lösen gegeben, vor allem im Hinblick auf die Leistungsfähigkeit der Motoren, wenn sie nach Ansicht des Grafen mit viel zu geringer Geschwindigkeit gegen den Wind gefahren waren, aber das war den Zuschauern am Boden naturgemäß überhaupt nicht ersichtlich gewesen. Ruhig und stabil lag das Schiff die ganze Zeit über in der Luft und präsentierte sich den Menschen ideal im Sinne seines Konstrukteurs als Fortbewegungsmittel der Zukunft, ja geradezu als die Zukunft von Deutschland, wie die Berichterstatter der Zeitungen in einem wahren Freudenrausch an ihre Redaktionen kabelten – und damit die dementsprechend euphorischen Schlagzeilen provozierten.

Alle hatten sich von der Magie des »Zeppelin« anstecken lassen – bis auf einen: den Korrespondenten der »Frankfurter Zeitung«, der ausgerechnet für eine der größten und angesehensten deutschen Zeitungen berichtete. Dr. Hugo Eckener hieß der junge Mann, ein studierter Philosoph aus Flensburg, der nun in München lebte und mit seinen giftig-skeptischen Formulierungen den Blutdruck Zeppelins in heftige Wallung geraten ließ. Zumal er spitzfindig den Finger im Grunde genommen genau in die entscheidende Wunde legte. Dabei tat dieser Reporter so, als habe der Graf das nicht selbst schon vor Monaten erkannt – lange, bevor ein gewisser Dr. Eckener meinte, sich in seinem arrogant-herablassend formulierten Artikel darüber auslassen zu müssen. »Ich lese heute allenthalben die Telegramme über den »erfolgreichen« zweiten Aufstieg des Grafen Zeppelin«, war in der »Frankfurter Zeitung« erstaunlicherweise sogar das Anschreiben wortwörtlich abgedruckt worden, mit dem sich Eckener einleitend an seine Redaktion gewandt hatte. »Vielleicht haben Sie, bevor diese Zeilen in Ihre Hände gelangen, bereits ausführlichere Meldungen bringen können, die den großen Erfolg etwas zweifelhaft erscheinen lassen. So war es auch das erste Mal; aus einem Sieg wurde mindestens eine unentschiedene Schlacht.«

Voller Empörung klopfte Zeppelin mit dem Zeigefinger der linken Hand auf den Artikel. »Es ist unglaublich, was dieser Kerl sich einbildet. Da, Bella: Lies selbst!«

Isabella griff nach der Zeitung, die ihr Mann ihr entgegenstreckte. Schon nach wenigen Sätzen runzelte auch sie die Stirn und las dann mit halblauter Stimme weiter: »Sicherlich: das »Luftschiff« erwies sich als lenkbar. Es stieg unter den Hurrarufen des vollzählig am Ufer versammelten Friedrichshafen majestätisch und ruhig in die Lüfte, schwebte sinnig und hübsch über dem See. (…) Vollführte unzählige leichte Drehungen und blieb sicher und friedlich stets ungefähr in derselben Höhe und über demselben Flecken schweben. Von einem ausgedehnteren Hin- und Herfahren zu größeren und geringeren Höhen war freilich nicht merklich die Rede. Man hatte das Gefühl, als ob das Luftschiff sich sehr freute, dass es so nett da oben balancierte, und man freute sich mit darüber: denn ohne Zweifel ist die schöne Ausbalancierung des Fahrzeugs das Gelungenste an der Sache«. Was für eine arrogante Schreibweise!

Du hattest recht, Ferdi. Das ist ja geradezu unverschämt, wie dieser Mensch da von oben herab formuliert.«
»Es geht noch weiter«, kommentierte Ferdinand trocken. »Da, hier steht es: »Aber unter welchen Umständen wurden denn die geschilderten bescheidenen Resultate erreicht? Unter den allergünstigsten: es herrschte fast absolute Windstille! (...) Eine Luftbewegung von nur Stärke 1 nach der Beaufortschen Skala hätte es lustig in die Weite entführt.« Das stimmt doch nun aber wahrhaftig nicht! Was will der Mann denn eigentlich bezwecken? Glaubt dieser Eckener denn tatsächlich, man würde die Testfahrt einer völlig neuen Technik gleich zu Beginn unter den widrigsten Bedingungen durchführen?! Auf diese abstruse Idee kommt doch kein ernstzunehmender Erfinder! Nirgendwo auf der Welt!«
»Natürlich nicht!« schüttelte Isabella ihren Kopf. »Ich frage mich, was das soll. Ist es Besserwisserei, nur um der Besserwisserei willen – oder möchte er sich einfach von den anderen Berichtertattern deutlich absetzen – aus welchem Grund auch immer.«
»Das ist noch nicht alles: am Schluss von diesem Pamphlet will er mir tatsächlich Empfehlungen geben: »Mag also vielleicht die Form dieses Luftfahrzeuges genial und richtig ersonnen sein – eines scheint festzustehen: entweder müssen die vier Windflügel erheblich vergrößert und leistungsfähiger, oder ihre Umdrehungsgeschwindigkeit muss durch einen stärkeren Motor erhöht werden. Nach alledem ist es klar, dass weiter versucht werden wird, und wenn dies auch sonst weiter keinen Nutzen bringen sollte, so jedenfalls einen: dem Orte Friedrichshafen.« Unwirsch ließ Zeppelin die Zeitung sinken und richtete seinen ratlosen Blick auf Isabella. »Was sind das nur für Leute, Bella, die so etwas daher schreiben? Als wenn ich nicht selber wüsste, dass wir stärkere Motoren brauchen. Aber woher nehmen, und nicht stehlen? Und vor allen Dingen: diese Motoren sind noch viel zu schwer. Sie werden leichter werden, das ist gewiss. Aber es wird noch eine Zeitlang dauern,

bis es soweit ist. Und dennoch haben wir doch bereits spätestens mit dieser zweiten Fahrt über 80 Minuten bewiesen, dass mein System als solches funktioniert. Mit welchem Recht kann dieser Mensch in seinem Artikel dann einfach alles in Frage stellen?«

Der Artikel in der »Frankfurter Zeitung« verfehlte seine Wirkung nicht. Vor allem die Skeptiker im preußischen Generalstab sahen sich dadurch genauso bestätigt, wie die ewigen Zweifler, die selbst unter den Mitgliedern der »Gesellschaft zu Luftschifffahrt« zu finden waren.

Schon präsentierte ihm der Sekretär die ersten, besorgten Telegramme, die Zeppelin um eine baldige und ausführliche Stellungnahme zu den konkreten Vorhaltungen des Dr. Hugo Eckener baten. »Was sollen wir den Herrschaften antworten, Exzellenz? Sie drängen auf eine rasche Antwort.«

»Lassen Sie mich damit in Ruhe, Uhland«, knurrte der Graf. »Ich muss mich jetzt in erster Linie auf die Erkenntnisse konzentrieren, die wir für weitere Verbesserungen gewonnen haben und kann mich nicht auch noch mit den Bedenkenträgern auseinandersetzen.«

Eine Konsequenz war dennoch klar: »Ich muss so rasch wie möglich ein drittes Mal aufsteigen, um diesen Heckenschützen zu beweisen, dass der Betrieb des Luftschiffes zur Alltagsroutine werden kann. Es sollte keine Woche bis zum nächsten Aufstieg ins Land gehen. Das wäre ein wichtiges Signal.« Die kleine Runde seiner engsten Mitarbeiter, die Zeppelin am heutigen Nachmittag in der Schwimmhalle um sich geschart hatte, machte bedenkliche Gesichter. Und obwohl der Spezialist für Fluggase bedächtig nickte, zog er dennoch seine Stirn in tiefe Falten: »Das müsste von der Konstruktion her durchaus möglich sein. Die Motoren haben sich ja als zuverlässig erwiesen – mangelnde Leistungskraft hin oder her – ebenso das Aluminiumgerippe und die Gaszellen. Das Problem sehe ich in erster Linie beim Wasserstoff. Denn die Qualität, die sie uns aus Griesheim geliefert haben, die passt mir ganz und gar nicht. Das

Gas ist eindeutig von schlechterer Konzentration, als das bei den vorherigen Lieferungen.«
Zeppelin vermeinte, sich verhört zu haben. »Schlechtere Qualität! Und das zu diesem horrenden Preis!«
»Die Transportkosten nach Friedrichshafen sind höher als die Herstellungskosten in Griesheim«, gab Uhland zu bedenken, wurde mit seinem Einwand jedoch einfach überhört.
»Wir sollten uns auf Dauer sowieso von Griesheim unabhängig machen. Am besten, wir planen möglichst bald den Bau einer eigenen Gasherstellungsanlage«, warf Bassus ein.
»Ach, das ist doch Zukunftsmusik«, wischte der Graf den Vorschlag unwirsch vom Tisch. »Wir haben hier und heute ganz andere Sorgen. Meinen Sie, dass ein neuer Aufstieg funktionieren wird – trotz der schlechteren Gasqualität?«
Bassus wiegte skeptisch den Kopf. »Schwierig zu sagen. Mit weniger Ballast eventuell. Aber es ist und bleibt eine heikle Geschichte. Wir werden das Schiff dann noch sorgfältiger ausbalancieren müssen …«
»…das ist kein Problem«, ging Dürr spontan dazwischen. Ausgerechnet Dürr, der ansonsten doch alles doppelt und dreifach überprüfen musste! Augenscheinlich schien sich Dürr darüber im Klaren zu sein, wie wichtig der neue Aufstieg war.
»Nun gut«, nickte Bassus. »Ich bin mir allerdings nicht zu einhundert Prozent darüber im Klaren, wie sich diese schlechtere Gasqualität tatsächlich auf die konkreten Auftriebseigenschaften auswirken wird – aber ich sehe ein: wir müssen es zumindest versuchen. Es ist letztlich jedoch ganz allein Ihre Entscheidung, Exzellenz.«
Bedächtig fuhr sich Zeppelin mit der rechten Hand durch den weißen Schnurrbart, um sein Gegenüber danach ernst in sein Visier zu nehmen: »Sie sind also dabei?«
»Ich bin dabei!«
Zeppelin bedachte ihn mit einem anerkennenden Blick. »Nun gut! Dann werden wir die Sache anpacken!«

Der dritte Start des Luftschiffes erfolgte bereits am 21. Oktober 1900 – und die Fahrt dauerte nur 23 Minuten. Die schlechte Qualität des Wasserstoffgases hatte sich negativer bemerkbar gemacht, als es Bassus vermutete, weshalb sich der Graf gezwungen sah, viel schneller den Befehl zur Landung zu erteilen, als geplant. Aber Sicherheit ging vor. Eine Havarie durften sie keinesfalls riskieren. Aber die Zeit am Himmel war zu kurz gewesen. Viel zu kurz. Es gab nichts an dieser bitteren Erkenntnis zu deuteln: Der Aufstieg Nummer drei musste als gescheitert betrachtet werden. Ferdinand von Zeppelin hätte sich nie und nimmer derart unter Druck setzen lassen sollen, wie er das – rückblickend zu seinem eigenen Erstaunen – zugelassen hatte. Ein Mann, der so viele gefährliche Situationen im Leben mit Bravour und Nervenstärke gemeistert hatte! Und dann … ließ er sich von einem einzigen, überkritischen Zeitungsschreiber und einigen hasenfüßigen Depeschen seiner Mitgesellschafter irritieren und zu einem überhasteten Aufstieg verleiten! Nun denn! Im Grunde genommen war ja nichts passiert. Höchstens, dass sie Lehrgeld gezahlt und im Hinblick auf die erforderliche Reinheit des Wasserstoffs neue Erkenntnisse gewonnen hatten. Als bedauerlicher Probelauf hätte es in die Chronik der Luftschifffahrt eingehen können und wäre nach dem vierten und fünften von Erfolg gekrönten Versuch rasch wieder in Vergessenheit geraten. Doch es kam zu keinem vierten und fünften Aufstieg mehr! Die finanziellen Mittel der »Gesellschaft zur Förderung der Luftschifffahrt« waren restlos erschöpft – für eine weitere Gasbefüllung war schlichtweg kein Geld mehr vorhanden. Und nachdem die Zeitungsberichte über die vorzeitig abgebrochene Luftfahrt des »Zeppelin« die Euphorie in ganz Deutschland schlagartig hatte verpuffen lassen, zeigten die Anteilseigner endgültig keinerlei Bereitschaft mehr, das nötige Geld für die Lieferung von neuem Gas und für die Löhne der Arbeiter nachzuschießen. Nachdem sich auch die Militärverwaltung hartnäckig weigerte, der Gesellschaft finanziell unter die Arme zu greifen, bedeutete dies … das Aus!

Die Konsequenzen waren niederschmetternd – doch es führte kein Weg daran vorbei: Ferdinand von Zeppelin sah sich gezwungen, persönlich den Liquidierungsantrag für die »Gesellschaft zur Förderung der Luftschifffahrt« zu stellen!
Aber die Kette der demütigenden Erlebnisse hatte damit erst begonnen: Ein Nackenschlag folgte dem anderen! Die Schwimmhalle musste abgewrackt, das stolze Luftschiff demontiert und in seine tausend Einzelteile zerlegt werden!
Auseinandergebaut, abgesägt, zerstört!
Es war die letzte Möglichkeit, überhaupt noch an Geld zu kommen, um die von Tag zu Tag steigenden Verbindlichkeiten noch begleichen zu können, für die Zeppelin persönlich mit seinem Vermögen haftete. Zumindest für das Aluminium der Träger und Stangen sollten ein paar tausend Mark als Erlös heraus springen. Carl Berg, dessen Unternehmen das Aluminium lieferte und auch sein Schwiegersohn Alfred Colsman, der Zeppelin schon lange mit Rat und Tat unterstützte, hatten sich dankenswerterweise bereit erklärt, für die Rücknahme des »Aluminiumschrottes« (was für eine grässliche Bezeichnung!) einen guten Preis zu bezahlen, um damit zu verhindern, dass die roten Zahlen ins Uferlose wucherten. Wenigstens die Abbruchkosten sollten mit diesem Erlös beglichen werden können! Wenigstens das! Es war fürchterlich genug, mit ansehen zu müssen, wie die letzten Männer unter Anleitung von Ludwig Dürr das Schiff und die Halle systematisch in ihre Einzelteile zerlegten. Es war alles andere als übertrieben, die Stimmung, die in diesen trüben Novembertagen auf dem ehemaligen Luftschiffgelände herrschte, mit einer hoffnungslosen Niedergeschlagenheit zu beschreiben. Es war eine beinahe schon gespenstische Atmosphäre. Kaum ein Wort wurde zwischen den Arbeitern gewechselt, erst recht

ertönte nirgendwo ein Lachen: der krasse Gegensatz zu der fröhlichen, geradezu euphorischen Aufbruchsstimmung, die noch vor zwei Jahren exakt am selben Ort geherrscht hatte!
Der 15. November 1900 markierte auch notariell das bittere Ende: mit diesem Datum war die »Gesellschaft zur Förderung der Luftschifffahrt« aufgelöst. Von den letztendlich mehr als 900.000 Mark, die sie an Kapital in das Unternehmen eingebracht hatten, war nichts mehr übrig. Nun gut: zumindest blieben keine Schulden zurück, doch führte nichts an der bitteren Wahrheit vorbei, dass sich das ganze Geld der Aktionäre innerhalb kürzester Zeit buchstäblich in Luft aufgelöst hatte.
Und schon tauchten sie wieder auf, all die hässlichen Sprüche: »Der Narr vom Bodensee!«
»Der Geldvernichter!«
»Der Luftgraf und seine wirren Träume!«
Dass auch Ferdinand von Zeppelin persönlich, als Hauptaktionär der liquidierten Gesellschaft, dabei mehr als 500.000 Mark verloren hatte, schien für keines dieser Lästermäuler eine Rolle zu spielen.

Noch Jahre später schauderte es den Grafen in der Rückschau, wenn er an die allerschlimmste Zumutung in diesen Tagen zurück dachte: als er sich gezwungen sah, alle seine Leute zu entlassen. Er konnte sie einfach nicht mehr bezahlen! Einem nach dem anderen überreichte er persönlich die Entlassungspapiere und drückte ihm ein letztes Mal die Hand. Es war eine fürchterliche Situation, in der es Zeppelin beinahe das Herz brach, als er in die ernsten Mienen dieser Männer blicken musste, bei denen es sich doch durchweg um fleißige und weit über das normale Maß hinaus pflichtbewusste Arbeiter handelte. Und nun hatte also ausgerechnet er eigenhändig ihre Kündigungen unterschrieben. Aber was war ihm übrig geblieben? Genauso wenig, wie ihnen: denn schließlich mussten sie mit dem Lohn aus ihrer Hände Arbeit ja ihre Familien ernähren.

Und dafür konnte Zeppelin nicht mehr garantieren. So hatten also inzwischen die meisten von ihnen schon ihre Sachen gepackt und waren gegangen – alle diese wunderbaren Mitarbeiter, die ihn über so viele Monate treu begleitet hatten! Vom einfachen Hilfsarbeiter bis hin zu Theodor Kober, dem es ebenfalls beinahe das Herz brach, die Bucht von Manzell verlassen zu müssen.

»Aber Sie haben eine junge Familie, Kober. Und damit eine Verantwortung. Gehen Sie zurück zum Riedinger nach Augsburg, er wird so einen fähigen Mann wie Sie ganz sicher mit offenen Armen aufnehmen«, hatte ihm Zeppelin bei ihrem letzten Gespräch vor Kobers Ausscheiden noch mit auf den Weg gegeben. »Und falls es mir eines Tages gelingen sollte, die Arbeit am Luftschiff mit den notwendigen Finanzen im Rücken doch wieder aufzunehmen, dann werden Sie der erste sein, der es erfährt und den ich bitten werde, wieder bei mir als Ingenieur dort weiterzumachen, wo Sie Ende des Jahres 1900 gezwungenermaßen haben aufhören müssen! Vorausgesetzt natürlich, dass Sie das dann noch wollen …«

»Und ob ich das wollen werde!« Mit diesem festen Versprechen, das Kober wie aus der Pistole geschossen abgab, waren sie auseinander gegangen. Fürs Erste …

Aus dem engen Kreis der Konstrukteure und Wissenschaftler war Zeppelin am Ende nur ein Einziger geblieben: Ludwig Dürr. Zwar hatte natürlich auch dessen Entlassung angestanden, doch Dürr verweigerte die Entgegennahme der Kündigung kategorisch: »Ich werde bei Ihnen bleiben, Exzellenz, jetzt eben als einziger technischer Mitarbeiter und zur Not auch ganz ohne Gehalt. Denn ich glaube genauso wie Sie an ihre Konstruktion – und dass wir es eines Tages schaffen werden!«

»Aber ich bin nicht in der Lage, Ihnen den Lohn zu zahlen, den Sie verdient haben.«

»Das ist mir gleich!« antwortete Dürr postwendend.

»Bedenken Sie aber bitte, Dürr, dass Sie mit ihrer Qualifikation und mit dem gewaltigen Schatz an Erfahrung, den

Sie sich trotz ihres noch immer jugendlichen Alters bereits angeeignet haben, in vielen Firmen in ganz Deutschland mit offenen Armen aufgenommen würden. Und das bei einer sehr guten Bezahlung, die ich Ihnen angesichts der derzeitigen Verhältnisse sowieso nicht geben kann!«
»Das macht mir nichts. Dieses ganze Geld ist für mich nicht das Entscheidende. Es geht mir um die Sache: um unser Luftschiff! Und deswegen verzichte ich sogar auf die Unfallversicherung!«
»Das kommt ja gar nicht in Frage!« protestierte der Graf. »Für diese werde ich selbstverständlich aufkommen. Wenn Sie also unbedingt meinen, bleiben zu müssen …«
»Ja, das meine ich«, bekräftigte der 22-jährige Dürr mit fester Stimme.
»Und ich meine das auch«, krächzte plötzlich eine Stimme hinter dem jungen Mann. »Ich bleibe auch bei Ihnen, Exzellenz. Als Ihr persönlicher Bootsführer. Ganz egal, wie viel sie mir bezahlen können oder eben auch nicht. Das ist doch Ehrensache, Exzellenz!« Es war die Stimme von Ludwig Marx, der sich damit nicht minder eindeutig zu Wort meldete. Und jeder, der den guten Marx kannte, wusste, dass auch bei ihm jeglicher Widerspruch zwecklos war, wenn sein Entschluss einmal fest stand.
»Nun gut. Dann bin ich also wenigstens nicht ganz alleine mit meinen Luftfahrtspinnereien …« Der tief gerührte Zeppelin bedachte die beiden Männer mit einem dankbaren Blick. »Bei so viel Hilfe muss ein neuer Anfang ja gelingen! Ich will also versuchen, wieder auf die Beine zu kommen mit unserem Luftschiffbau.«

Trotz aller ratlosen Niedergeschlagenheit der zurückliegenden Tage und der immer noch ungeklärten Frage, woher er die für einen Neuanfang notwendigen Geldmittel zusammen bekommen sollte, war es doch ein gutes Gefühl, sich auf einen engen Kreis ihm treu ergebener Leute verlassen zu können. Denn da war ja auch noch der kaufmännische Leiter Ernst Uhland, der sich nicht minder

spontan bereit erklärt hatte, die erste Zeit des Wiederaufbaus nun eben auch als Sekretär fungieren zu wollen, »bis der Laden wieder läuft« und den Zeppelin – wenn auch mit deutlich verminderten Bezügen – aus seiner privaten Schatulle bezahlte.
Sie alle glaubten fest an ihn und seinen Traum von einer glanzvollen Zukunft der Luftschiffe. Für diese Männer war es alles andere als die spleenige Idee eines zunehmend senilen Ruheständlers, wie die Lästermäuler hämisch behaupteten, die nun wieder überall aus ihren Löchern krochen. »Wir sind noch lange nicht am Ende. Das spüre ich genau. Das darf schlichtweg nicht sein – und deshalb wird es auch nicht sein, das schwöre ich, so wahr ich Ferdinand von Zeppelin heiße!«
Da war er plötzlich wieder erwacht: sein legendärer Durchhaltewillen!

Innerhalb weniger Stunden waren die Pläne für einen bescheidenen Neubeginn geschmiedet: er würde noch einmal Mittel aus seinem Privatvermögen locker machen, was im übrigen auch im Sinne von Isabella war: »Dann verkaufen wir halt eines von den Waldstücken – es bleibt uns trotzdem noch genug Grundbesitz übrig«, hatte sie ihren Mann in dessen Entschluss nachdrücklich bestärkt. Mit dem dadurch erlösten Geld würde es ihm möglich sein, die wertvollsten Teile aus der Liquidationsmasse zu erwerben. Beispielsweise die Reste der abmontierten, riesigen Schwimmhalle. »Die werden wir nun eben an Land in Manzell wieder aufbauen, als feste Halle. Für die ersten Arbeiten mag das genügen – und später, wenn ich dann hoffentlich wieder liquide bin und die nötige Unterstützung von der Regierung erfahre, werden wir eine neue Schwimmhalle bauen.«
Ludwig Dürr würde als Leiter dieses Umbaus fungieren – bei ihm lag das Vorhaben in den allerbesten Händen.
»Die Mittel für meine Unfallversicherung können sie sich übrigens gerne sparen, Exzellenz. Mir ist es lieber, das

ganze Geld fließt in den Umbau und nicht in sündhaft teure Versicherungen.«

»Das geht aber nicht, Dürr. Wenn etwas passiert …«

»… das geht freilich, Exzellenz!« entgegnete der hagere junge Mann mit fester Stimme und sah seinem alten und neuen Arbeitgeber ernst in die Augen. »Wir brauchen das Geld jetzt dringender für die Bezahlung unserer Helfer. Später können wir dann ja darüber reden, wenn Sie wieder genug Mittel beisammen haben, Exzellenz. Ich habe ohnehin mehr als genug zu tun. Denn sobald die Halle wieder steht, müssen wir uns unbedingt ganz intensiv um die Fragen der Festigkeit unserer Aluminiumstreben kümmern, vielleicht können wir sogar die eine oder andere Legierung finden, die ebenfalls weniger Gewicht bringt, die dann jedoch wiederum im Hinblick auf die Bruchfestigkeit des Materials sorgfältig untersucht werden muss. Und eventuell stoßen wir ja auch noch auf einen anderen Stoff für die Hülle, der leichter ist und gleichzeitig besser und reibungsfreier durch die Luft gleitet, als die bisherige Haut. Außerdem ist der Wirkungsgrad der verschiedenen Luftschrauben noch längst nicht zu Ende erforscht … Sie sehen also, Exzellenz: ich habe gar keine Zeit, mir Sorgen um die Zukunft und um irgendwelche Versicherungen zu machen, denn ich habe wirklich alle Hände voll zu tun!«

Tränen der Rührung glitzerten in Zeppelins Augen, als er seinem jungen Ingenieur hinterher blickte, der sich mit einem wahren Feuereifer auf die neuen Herausforderungen stürzte – auch wenn diese für Dürr zunächst darin bestanden, die Reste der demontierten Luftschiffhalle zu sichern, zu inventarisieren und danach den Wiederaufbau auf festem Boden zu organisieren. Arbeiten, mit denen sich ein Ingenieur normalerweise nicht herumplagen musste. Aber dem pflichtbewussten Dürr kam kein Wort der Klage über die Lippen – ganz im Gegenteil: denn nur so gab es überhaupt noch einen Weg in die Zukunft. »Wenn doch nur alle meine Partner vom Schlage eines Ludwig Dürr gewesen wären«, murmelte der Graf und schüttelte betrübt seinen Kopf. Aber das war Vergangenheit: er durfte nicht zulassen, dass dieses »hätte, »könnte« und »wäre doch« seine Konzentration störte. Schon Sekunden später ballte Zeppelin energisch die Hände zu Fäusten. »Was nicht war, das kann man nicht mehr ändern. Wir werden es ihnen allen zeigen. So kurz vor dem Ziel wird die Flinte nicht ins Korn geworfen. Koste es, was es wolle!«

Und diese Kosten waren nach wie vor enorm. Der Erwerb der abgewrackten Halle und der bis auf das Aluminium weitgehend wertlos gewordenen Luftschiffteile war noch das Wenigste. Aber der Arbeitslohn für den Wiederaufbau, dazu die Einrichtung der von Dürr zurecht geforderten Versuchsvorrichtung: das verschlang eine ordentliche Summe. Seit der Entscheidung, sich mit aller Konsequenz dem Bau von Luftschiffen zu verschreiben, schien Geld zum alles bestimmenden Stichwort in seinem Leben geworden zu sein! Dieses Geld fehlte an allen Ecken und Enden – zumal sich die Behörden weiterhin standhaft weigerten, ihm wenigstens mit einigen tausend Mark unter die Arme zu greifen.

Nach wie vor sah er sich gezwungen, alles aus eigener Tasche zu bezahlen. Sogar die im Grunde genommen erfreuliche Tatsache, dass er am 7. Januar 1901 aus der Hand von Kaiser Wilhelm II. persönlich den Roten Adlerorden 1. Klasse empfangen durfte, was als Anerkennung für Zeppelins verdienstvolle Bemühungen um die Luftfahrt gelten sollte, war wenig hilfreich. Auch wenn es sich dabei um eine der höchsten preußischen Auszeichnungen handelte und ihm der Kaiser eine eventuelle Unterstützung in Person eines Offiziers der Luftschiffabteilung zusicherte. Ausgerechnet von jener Abteilung, die seinen Plänen schon immer besonders ablehnend gegenüber gestanden hatte!

»So ein Orden ist ja gut und schön – aber davon kann ich mir auch nichts kaufen. Es wäre besser gewesen, wenn mir der Kaiser anstelle des Ordens lieber ein paar hunderttausend Mark bewilligt hätte.«

»Genau so sehe ich das auch!« knurrte Eberhard von Zep-

pelin verdrießlich, der seinen Bruder zu der ehrenvollen Zeremonie nach Berlin begleitet hatte. »Und dem Kerl von der Luftschiffabteilung sagst du am besten gleich von vorneherein ab. Der kann dir sowieso nichts helfen, sondern bringt dir höchstens Scherereien!«
»Du hast recht, Ebi. Dafür sind mir meine Nerven zu schade. Lieber werkle ich mit meinem Dürr alleine in der Halle herum, als mich mit so einem Ignoranten herumzuärgern. Und jetzt komm, kleiner Bruder: zur Feier des Tages möchte ich dich zu einer guten Flasche Wein einladen.«
»Da sage ich nicht Nein«, strahlte Ebi und gab seinem Bruder einen freundschaftlichen Klaps auf die Schulter. »Also, Ferdi, lass uns anstoßen: auf uns, unsere Familie – und auf eine gute Zukunft deiner wunderbaren Zeppeline!«

Immerhin: die Verleihung des angesehenen Ordens durch den Kaiser rief in gesellschaftlichen Kreisen zumindest ein gelindes Erstaunen hervor. Und der Respekt, mit dem man Zeppelin plötzlich wieder gegenüber trat, machte ihm deutlich, dass der Orden doch noch einen gewissen Nutzen haben könnte. So ging er mit umso größerer Energie an seine Herkulesaufgabe. »Wir werden den Stier bei den Hörnern packen! Ich denke, es ist deshalb das Beste, wenn ich wieder einen Vortrag vor dem »Verein Deutscher Ingenieure« halte, wo ich mich an Ort und Stelle mit den ganzen Skeptikern auseinandersetzen kann und ihnen ehrlich zeigen werde, wo die Schwachpunkte an meinem Luftschiff waren und welche Verbesserungen wir längst dafür ersonnen haben.«
»Das ist eine gute Idee, Ferdi. Rede mit ihnen von Angesicht zu Angesicht, dann wird sich am Ende schon zeigen, wessen Argumente die stichhaltigeren sind«, zeigte sich auch Isabella vom Vorhaben ihres Mannes überzeugt. »Und wer das sein wird, das ist ja ohnehin schon klar«, setzte sie schmunzelnd noch hinzu.

Umgehend nahm Ferdinand also Kontakt mit dem VDI in Stuttgart auf, dessen verantwortliche Herren sich ohne große Umschweife bereit fanden, ihrem nicht unumstrittenen Mitglied dieses Forum zu ermöglichen. Das Referat, das er schon wenige Wochen später vor einer respektablen Anzahl von Mitgliedern des VDI halten konnte, ließ an Deutlichkeit wenig zu wünschen übrig. Den Stier gleich von Anfang an engagiert bei den Hörnern zu packen, das war sein Ziel gewesen und genau so war sein Vortrag auch aufgebaut. Er beschönigte nichts – weder die Schwierigkeiten mit verschiedenen Materialien bei den ersten Fahrten seines Luftschiffs, und erst recht nicht die fehlerhaften Kostenrechnungen, die seit Monaten in den verschiedensten Zeitungen aufgestellt wurden – sogar in Fachblättern. Lächerlich hohe Phantasiesummen, mit denen nun endlich einmal Schluss sein musste. Kaum zu glauben, dass selbst gestandene Ingenieure diese Zahlen geglaubt hatten! Nun gut: heute lernten sie aus seinem Mund die wahren Zahlen kennen!
In der Tat staunten die versammelten Experten nicht schlecht, als sie erfuhren, wie unseriös viele Berechnungen aufgestellt worden waren: beispielsweise, dass man als Baukosten für das Luftschiff einfach die Beträge mit eingerechnet hatte, die für den Bau der Werft entstanden waren. Gerade so, als wäre es nicht möglich, dort noch weitere Luftschiffe zu bauen. »Das ist genauso unredlich, wie wenn man bei der Kostenberechnung für ein Torpedoboot die Werft und den Hafen gleich mit einrechnen würde!« Das verblüffte Erstaunen auf den Mienen seiner Zuhörer zeigte ihm, dass seine Argumente auf fruchtbaren Boden fielen.
Und weiter: »Das Starrluftschiff, sagt das Kriegsministerium, habe zwar langfristig Aussicht auf Erfolg, wenn erst einmal die Motoren stärker seien – so lange aber wolle man weiterhin die Ballone bevorzugen.« Er unterbrach sich kurz und ließ seinen Blick vielsagend über die Runde schweifen. »Was für ein Unsinn! In Frankreich zeigen sie

uns jeden Tag, dass sie auf die Luftschiffe setzen – und deren weitere Entwicklung wird vom französischen Staat auch finanziell stark unterstützt. Was für eine gefährliche Leichtfertigkeit dagegen in Deutschland, wo man es sehenden Auges zulässt, dass der Feind einen bald schon uneinholbaren Vorsprung in der Luft gewinnt!«

Das Referat wurde ein voller Erfolg – allein der minutenlange Beifall, den der Graf erhielt, war ein eindeutiges Zeichen dafür, dass seine Argumentation überzeugt hatte. Es schien nur noch eine Frage der Zeit, bis der VDI Zeppelin nun auch offiziell unterstützen würde.

Er sollte bitter enttäuscht werden! Zu mehr als einigen freundlichen, in ihrem Kern jedoch wachsweichen Formulierungen, mochte man sich von Vorstandsseite nicht durchringen. Im Grunde genommen machte sich der VDI sogar die Argumentation des Kriegsministeriums zu eigen, indem man zwar betonte, dass Zeppelins Luftschiffe durchaus Zukunft haben könnten, dass aber die Technik momentan noch nicht weit genug fortgeschritten sei, um eine Umsetzung der Pläne zu diesem frühen Zeitpunkt schon erfolgreich scheinen zu lassen. Vor allen Dingen die Motoren dürften noch eine Achillesferse darstellen. Leider …

«Diese scheinheiligen Feiglinge!« Selten hatte Isabella von Zeppelin ihren Ehemann derart wütend und enttäuscht erlebt, nachdem er das Schreiben mit der Stellungnahme des VDI zur Kenntnis genommen hatte. »Das ist ja unfassbar! Erst applaudieren sie mir frenetisch und zeigen sich auch in der Diskussion restlos überzeugt – und dann so etwas! Das ist Wasser auf die Mühlen meiner Gegner! Nie und nimmer wird es mir nach so einer Analyse gelingen, staatliche Mittel zu bekommen. Es ist mir völlig schleierhaft, wie gestandene Ingenieure zu einer solchen Schlussfolgerung kommen können. Nach all dem, was sie von mir gehört haben. Von wegen, dem Fortschritt verpflichtet! Kleingeister und Hasenfüße sind das! Sonst gar nichts!«

»Beruhige dich doch bitte, Ferdi. Das tut deiner Gesundheit nicht gut!« Sorgenvoll ergriff Isabella seine rechte Hand und drückte sie fest. »Im Grunde genommen hast du es tief im Herzen doch schon längst geahnt, dass sie nicht den Mut aufbringen werden, dich bedingungslos zu unterstützen. Allmählich glaube ich fast, dass es vielleicht sogar so sein muss. Du musst deinen Weg eben alleine gehen. Ganz nach dem Motto: der Starke ist am Mächtigsten allein.«

»Allein«, knurrte Zeppelin. »Das ist ja alles schön und gut. Aber ich verstehe einfach nicht, weshalb sie nicht begreifen wollen, dass es mir doch gar nicht um mich selbst geht, sondern in Wahrheit darum, meinem Vaterland zu einer Technik zu verhelfen, mit der Deutschland den Himmel beherrschen könnte – und dazu unangreifbar würde. Stattdessen schaut man tatenlos zu, wie sich andere Nationen diese Ideen längst zu eigen gemacht haben und sie energisch vorantreiben, während man in Berlin diesen plumpen Ballonen den Vorzug gibt. Es ist einfach unfassbar!«

»Aber du kennst sie doch, Ferdi. Diese Leute wirst du niemals überzeugen können, es sei denn, es gelingt dir, ein neues Luftschiff zu bauen …«

»Manchmal frage ich mich wirklich, weshalb ich mir das alles eigentlich antue. Im Alter von bald 63 Jahren«, schüttelte Ferdinand niedergeschlagen seinen Kopf. »Es ist ja wirklich, als würde ich mit einer Wand reden, so wenig Verständnis bringen sie mir entgegen. Und das, obwohl doch alle Welt hat sehen können, dass wir mit dem Luftschiff beim zweiten Aufstieg mehr als eine Stunde durch den Himmel gefahren sind. Was soll das alles noch?«

»Du wirst nicht aufgeben, dafür kenne ich dich viel zu gut«, lächelte Isabella milde. »Du wirst nicht eher ruhen, als bis du es geschafft hast, es ihnen zu beweisen. Da bin ich mir ganz sicher.«

»Und das Geld? Woher soll ich diese Riesensumme denn aufbringen, Bella? Das übersteigt bei weitem unsere finanziellen Möglichkeiten!«

»Ich bin mir sicher, es wird auf Dauer gesehen schon noch eine Lösung geben. Immerhin steht unser König Wilhelm II. dir persönlich und deinen Plänen sehr positiv gegenüber. Das ist ja auch ein wichtiger Fingerzeig …«
»… aber die nötigen Geldmittel wird mir die Regierung dennoch nicht zur Verfügung stellen.«
»Zunächst einmal können wir die Vorarbeiten ja noch aus unserem privaten Vermögen finanzieren. Danach wird man weiter sehen.«
»Ich habe unser Familienvermögen ohnehin schon um mehrere hunderttausend Mark geschmälert …«
»… weil du ein klares Ziel vor Augen hattest«, konterte Bella ungerührt. »Und du hast mit den drei Aufstiegen dann ja auch nachdrücklich unter Beweis gestellt, dass es sich beim Zeppelin durchaus nicht um eine Spinnerei eines pensionierten Kavalleriegenerals handelt.«
»Das heißt, du willst, dass ich weiter mache?«
»Natürlich will ich das, Ferdi. Wir verfügen Gott sei Dank nach wie vor über eine solide finanzielle Grundlage und werden so schnell nicht am Hungertuch nagen müssen. Zumindest den Neuanfang können wir durchaus selbst schultern – und zur Not eben noch einmal etwas Familiensilber verkaufen«, fügte sie schmunzelnd hinzu.
»Na ja, mit den Fingern möchte ich dann aber nicht essen müssen«, gab Ferdinand amüsiert zurück. »Und so weit wird es hoffentlich auch gar nicht kommen. Du hast recht: der Starke ist am Mächtigsten allein. Wir werden unseren Weg zuversichtlich weiter gehen – und es den ganzen Zweiflern beweisen!«
»Genau das wollte ich hören!« strahlte Bella. »Ein Ferdinand von Zeppelin lässt sich nicht unterkriegen!«
»Niemals!«
Mit neuem Elan ging es zurück an die Verwirklichung von Ferdinands großem Traum. Irgendwann würde er wieder jenes Kommando erteilen, das ihm am Abend des 2. Juli 1900 einen wohligen Schauder über den Rücken gejagt hatte: »Die Taue los!« Eines – hoffentlich nicht allzu fernen

– Tages würde sich auch das Luftschiff Nr. 2 vom Boden lösen.
Zunächst aber galt es, sämtliche Vorarbeiten so sorgfältig wie möglich auszuführen. Leider nur mit einer stark begrenzten Anzahl von Leuten – dafür aber mit den Besten!

Ohne anzuklopfen kam Ludwig Dürr Ende August 1901 wie ein Wirbelwind in das provisorische Büro des Grafen in einer Ecke der neu aufgebauten Luftschiffhalle gestürmt. Aufgeregt schwenkte der ansonsten so bedächtige junge Konstrukteur eine Zeitungsseite in seiner Hand.
»Hier – haben sie das schon gelesen, Exzellenz? Das ist ein Bericht über einen Motorflug in Nordamerika. Der erste Motorflug. Absolviert wohl am 14. August. Was sagen sie dazu, Exzellenz?«
Zeppelin blickte verwundert auf, dann nahm er die Zeitung entgegen und studierte den Bericht sorgfältig, worauf er skeptisch die Lippen schürzte. »Nun ja … Ich finde diesen Artikel schon etwas seltsam. Denn bislang hat man doch noch überhaupt nichts davon gehört, dass ein solcher Flug unmittelbar bevorstünde. Auch der Herr Maybach hat mir nie etwas davon berichtet, dass ein Amerikaner einen Motor für einen Flugversuch bei der DMG bestellt hätte.«
»Es handelt sich ja auch um keinen Daimlermotor«, erwiderte Dürr postwendend. »Der Mann soll sich den Motor selbst zusammengebastelt haben!«
»Nun, das kann ich mir jetzt gleich noch viel weniger vorstellen, dass ein Mann, von dem ich als Motorenbauer noch nie etwas gehört habe, in der Lage gewesen sein soll, den Motor für seinen Flugapparat selbst zu konstruieren. Weiß man denn, wer sich hinter diesem Namen , wie heißt er noch gleich? Ah, da steht es: John Whitehead. Weiß man, was für eine Person sich dahinter verbirgt?«
»Nun ja, Exzellenz«, druckste Dürr verlegen herum. »Eigentlich nicht …«
»Na sehen Sie, Dürr. Ein so genannter »nobody«, wie man

im Amerikanischen sagt. Und außerdem, das macht mich ein weiteres Mal stutzig, ist hier in dem Artikel keine Fotografie von dem angeblichen Flug dieses Mannes abgedruckt.«

»Das stimmt allerdings«, nickte Dürr, dem sein vorheriges Ungestüm nun immer peinlicher zu werden schien. »Aber, das finde ich dann doch interessant, handelt es sich bei diesem Mr. Whitehead, anscheinend um einen deutschen Auswanderer, der in Wirklichkeit Gustav Weißkopf heißt und ursprünglich aus dem Fränkischen stammt.«

Zeppelin zuckte gleichgültig mit den Schultern. »Nun ja, wie auch immer er heißen soll: ich mag dennoch nicht so recht an diesen Flug glauben. Und selbst wenn er es geschafft haben sollte, ein paar Meter damit zu überwinden: so ein metallenes Klappergestell wird es niemals mit einem Luftschiff aufnehmen können. Ich denke, dass sich das Prinzip, leichter als Luft über den Himmel zu fahren, ganz deutlich als das geeignetere erweisen wird.«

»Das sehe ich allerdings ganz genauso, Exzellenz.«

»Wenn das die Kleingeister in den Ministerien doch nur endlich auch begreifen würden!«

»Diese Zeit wird kommen, Exzellenz! Darin bin ich mir sicher!«

»Ihr Wort in des Kriegsministers Ohr, Dürr!«

Trotz seiner deutlich geäußerten Skepsis war sich Zeppelin darüber im Klaren: egal ob der angebliche Motorflug nun tatsächlich stattgefunden hatte oder nicht – allein diese eigenartige Zeitungsmeldung würde für einiges Aufsehen sorgen. Der Wettbewerb zwischen den verschiedenen Systemen war damit in eine neue Phase getreten: Das Prinzip »leichter als Luft«, das sich von nun an dem Angriff der Flugzeuge erwehren musste, die sich – obwohl schwerer als Luft – mit Hilfe eines Antriebs in der Luft hielten. Und auch wenn für Zeppelin längst geklärt war, dass am Ende das Luftschiff triumphieren würde, schon allein wegen seiner viel höheren Transportkapazitäten, von denen die

Flugzeugbauer noch nicht einmal zu träumen wagten: heute hatte sich eine weitere Front aufgetan.

Zäh gingen die Monate ins Land. Während sich Zeppelin, Dürr und die wenigen Helfer aufgrund ihrer knappen Finanzen gezwungenermaßen immer noch mit hauptsächlich theoretischen Vorarbeiten beschäftigten, rosteten die Überbleibsel des ersten Luftschiffs in Manzell weiter vor sich hin – ein jämmerlicher Anblick, der ihnen jedes Mal einen Schlag in die Magengrube versetzte. Mehrfach hatte der Graf in der Zwischenzeit Versuche gestartet, um Spenden zu bekommen – sogar im Ausland. Genauso vergeblich wie hierzulande! Zwar hatte im Jahr 1903 sein an die Verleger der deutschen Zeitungen gerichteter Appell gefruchtet, ihm im Bewusstsein ihrer vaterländischen Verantwortung einen kostenlosen Text für einen Aufruf an das Deutsche Volk zu ermöglichen, doch der Inhalt dieses Aufrufs, jeder Leser möge wenigstens einen kleinen Betrag für ein neues Luftschiff spenden, war nahezu wirkungslos verpufft.
Dazu hatten sie in wochenlanger Arbeit auch noch eine 6.000 Namen umfassende Adressenliste erstellt, an die sie Postanweisungen verschickten, mit der Bitte, ein kleines finanzielles Opfer für die Idee der Luftschifffahrt aufzubringen, um »Deutschland zuerst in der Welt die Wundergabe der Beherrschung des Luftmeeres« zu schenken. Allein das Versenden dieser Postanweisungen war eine teure Angelegenheit gewesen, die – wieder einmal – aus seinem Privatvermögen bezahlt werden musste.
Das Resultat war jämmerlich: grade einmal 8.000 Mark kamen zusammen. Dazu wurden viele Zahlscheine umgehend wieder zurückgeschickt, meistens unausgefüllt, manche jedoch auch mit höhnischen, teilweise sogar barschen Bemerkungen versehen: Man wünsche sich nichts sehnlicher, als nicht mehr vom Grafen Zeppelin belästigt zu werden, durfte dabei noch unter den vornehmeren Reaktionen verbucht werden. Besonders enttäuschend waren

die Absagen von schwerreichen Unternehmern wie Krupp, Siemens, oder Ullstein, die jegliche Unterstützung verweigerten. »Mir ist das Hemd näher als der Rock!« brachte einer dieser Ignoranten seine Ablehnung auf den Punkt.

»Sie müssen es trotz aller Enttäuschung noch ein weiteres Mal versuchen, Exzellenz. Der Inhalt dieses Appells sollte aber wesentlich deutlicher ausfallen, als das in Ihrem letzten Aufruf der Fall gewesen ist«, forderte der Journalist Eugen Wolf den sichtlich niedergeschlagenen Grafen auf, als die beiden Männer kurz nach der gescheiterten Spendensammlung in der Empfangshalle des »Buchhorner Hof« zusammensaßen. »Ich habe es doch selbst erleben dürfen, welch grandioses Erlebnis es darstellt, wenn sich das Luftschiff von seinen Fesseln löst und wie majestätisch es durch den Himmel fährt. Das würden die Leute schon begreifen. Aber dazu muss man ihnen ganz klar vor Augen führen, dass es inzwischen fünf Minuten vor Zwölf ist: wenn sich jetzt nichts tut, dann ist die ganze Sache für immer verloren. Das muss man ihnen auch genau so sagen.«

»Da mögen Sie ja durchaus recht haben, Herr Wolf. Vielleicht hätte ich eine noch viel direktere Sprache wählen müssen«, pflichtete Zeppelin ihm bei. »Aber diese Gelegenheit habe ich wohl verpasst – und dass mir die Verleger jetzt noch einmal die Gelegenheit geben werden, einen neuen, sozusagen korrigierten Aufruf in ihren Blättern zu veröffentlichen, dazu noch kostenlos, das glaube ich allerdings nicht. Erst recht nicht vor dem Hintergrund, dass ja alle Welt weiß, wie wirkungslos mein erster Appell verpufft ist. Mit einem Verlierer mag niemand gemeinsame Sache machen. So ist das, leider«, breitete er in einer resignativen Geste die Arme aus.

»Nein, nein! So rasch dürfen Sie die Flinte nicht ins Korn werfen, Exzellenz!« Eugen Wolf schüttelte heftig seinen Kopf. »Sie müssen es trotz allem noch einmal versuchen … doch Exzellenz«, konterte er die Gegenrede seines Gesprächspartners gleich im Ansatz. »Mein Verleger August

Scherl, steht Ihrer Sache ja bekanntlich besonders wohlwollend gegenüber und hat sich über meine Reportagen von der ersten Fahrt des Luftschiffes seinerzeit überaus begeistert gezeigt. Also, wenn Sie gestatten, Exzellenz, dann werde ich gerne einen direkten Kontakt mit dem Herrn Scherl herstellen. Mit dem Ziel, Ihnen einen kostenlosen zweiten Aufruf in der »Woche« zu ermöglichen. Und ich darf Ihnen sagen, dass Sie bereits jetzt mit hundertprozentiger Sicherheit davon ausgehen können, dass man Ihnen den dafür notwendigen Platz auch gerne einräumen wird. Sie müssen nur wollen, das ist alles.«
»Ein Aufruf in der »Woche«, das wäre natürlich nicht verkehrt«, sinnierte Zeppelin. »Immerhin ist das ja eine der meistgelesenen Zeitungen von ganz Deutschland …«
»… allerdings müsste der Text auch dementsprechend deutlich ausfallen«, fiel ihm Wolf ins Wort. »Aber dabei kann ich Ihnen gerne behilflich sein, Exzellenz. Ich habe mein Handwerk schließlich gelernt.«

So kam es im September 1903 also zu einem »Notruf zur Rettung der Flugschifffahrt«, den die »Woche« auf Vermittlung von Eugen Wolf kostenlos abdruckte. Und dessen Inhalt ließ es an drastischen Worten nicht mangeln. »Eine kurze Spanne Zeit und Wetter, Sturm und Wellen werden mein lagerndes Material unverwendbar gemacht haben. Meine letzten geschulten Gehilfen werden mir nicht mehr zur Verfügung stehen.
Die letzten Mittel, die ich selbst zu diesem Zweck zu opfern vermag, werden erschöpft sein, die Gebrechen des Alters oder der Tod werden meinem Schaffen ein Ende gesetzt haben!«
Dramatischer konnte man die Notlage der Luftschiffbauer kaum schildern. Und dennoch verhallte auch dieser Appell nahezu wirkungslos. Es war unglaublich!
»Das kann doch einfach nicht wahr sein!« konnte es Eugen Wolf kaum fassen, als er sich wenige Tage nach Erscheinen des »Notrufs« bei Zeppelin erwartungsvoll nach der Höhe

der Geldsumme erkundigte, die beim Grafen zwischenzeitlich wohl eingegangen sei.
»Aber es ist so!« zuckte der Gefragte niedergeschlagen mit den Achseln. »Mir wird nichts übrig bleiben, als weiterhin alles Geld aus meinem Privatvermögen zusammenzukratzen, so viel es halt geht. Aber auch das reicht nur, um auf Sparflamme weiter zu arbeiten, während das Material vor unser aller Augen allmählich dahin rostet. So ist es eben, Herr Wolf. Aber wenn nicht bald ein Wunder geschieht, wird es düster werden über Manzell. Auch wenn ich der Letzte bin, der die Hoffnung fahren lässt. Wir machen weiter, solange es halt geht.«
Es war wie verhext: längst fühlten sich Zeppelin und Dürr in der Lage, ein neues, deutlich besseres Luftschiff zu bauen, das unter dem Jubel der Massen problemlos in den Himmel steigen würde, doch weder die Leute aus dem Volk, noch die reichen Unternehmer und Bankiers, schienen gewillt, ihr Vorhaben finanziell zu unterstützen. »Das Spektakel wollen sie gerne genießen, aber keiner mag dafür einen Finger krumm machen!«

«Dann müssen wir eben anderweitig Mittel finden, um an Geld zu kommen«, präsentierte sich eines Tages der momentan hauptsächlich als Sekretär fungierende Ernst Uhland der verduzten Runde in Manzell mit grimmig entschlossener Miene. Ausgerechnet Uhland, der bislang (und das mit einiger Berechtigung) immer von sich behauptet hatte, gleich »zwei linke Hände« zu besitzen, hatte nämlich eine Erfindung ersonnen, von der er allen Ernstes glaubte, sie würde genügend Geld zum Weiterbau in die Kassen spülen. Es handelte sich dabei um einen Klositz, der durch die Betätigung der Spülvorrichtung automatisch aufklappte. Diese epochale Neuerung hatte er unter der Nummer 143379 beim Deutschen Patentamt zum Schutz angemeldet – und das Patent auch tatsächlich erhalten. Mit der Firma »Werkstatt- und Apparatebau Richard Gradenwitz« in Berlin hatte er sogar einen Hersteller finden können, der willens war, die Produktion des automatischen Klosetts zu übernehmen. Bedauerlich nur, dass sich die Zahl seiner Kunden in höchst überschaubarem Rahmen hielt: bis auf den Direktor des Konstanzer Inselhotels mochte sich leider kein weiterer Interessent finden, der bereit war, in diese segensreiche Erfindung zu investieren. Aber da der Besitzer des Inselhotels bekanntlich den Namen Eberhard von Zeppelin trug, konnte man sich lebhaft denken, wie es überhaupt zu dieser – im wahrsten Sinn des Wortes einmaligen – Bestellung gekommen war.

Auch diese gut gemeinte Maßnahme zur Verbesserung ihrer Einnahmen war also leider zum Scheitern verurteilt. Wieder einmal drohte das Ende – und wieder bewahrte ein glücklicher Umstand Zeppelin in beinahe letzter Minute vor dem Scheitern: Isabella hatte überraschend eine große Erbschaft gemacht! »Mit dieser Erbschaft hat niemand von uns gerechnet. Ich kann dir dieses Geld also, ohne mit der Wimper zu zucken, zur Verfügung stellen. Du brauchst gar nicht erst abzuwehren«, begegnete Bella dem Versuch ihres Mannes gleich im Ansatz, »denn wie gesagt ist es ja Geld, das mir sozusagen zugeweht worden ist. Wir haben nicht damit kalkuliert und brauchen es deshalb auch nicht für uns, während es beim Fortgang der Arbeiten am Luftschiff gute Dienste leisten kann.«

Was für eine großartige Geste! Mit einem Schlag konnte er damit über die Summe von 70.000 Mark verfügen – und wie so oft im Leben folgte plötzlich eine gute Nachricht der nächsten.

Nicht nur, dass König Wilhelm II. dem Grafen die Erlaubnis erteilte, eine Lotterie zur Finanzierung des neuen Luftschiffs aufzulegen, sondern in der Folge dieses klaren königlichen Gunstbeweises erklärten sich die Materiallieferanten und sogar der Motorenhersteller DMG überraschend dazu bereit, auf ihre Gewinnspannen zu verzichten und Zeppelin lediglich ihre Materialkosten in Rechnung stellen zu wollen! »Auch die Ingenieure für die Motoren wollen mir die Daimlerleute während des Einbaus und der Erprobungsphase kostenlos zur Seite stellen. Es ist kaum zu glauben: Da haben wir jahrelang vergeblich gewartet, beinahe schon auf den Knien um Geld gebettelt, und jetzt das! Verstehe diese Entwicklung wer will: ich verstehe sie jedenfalls nicht«, setzte Ferdinand an diesem Abend Isabella mit einem immer noch verwunderten Kopfschütteln von der nahezu unfassbaren Tatsache in Kenntnis, dass ihnen die Lotterie die stolze Summe von 175.000 Mark eingebracht hatte.

»Dann versuche erst gar nicht, das zu verstehen, sondern genieße es einfach. Und zwar aus vollen Zügen, denn das hast du dir wirklich verdient.«

»Aber dass nun plötzlich sogar das preußische Kriegsministerium bei mir vorstellig wird und mir die Gasflaschen für die Füllung mit dem Wasserstoff kostenlos leihweise zur Verfügung stellen will, das hätte ich mir in meinen kühnsten Träumen nicht ausmalen können. Das alles erscheint mir wie … eben wie ein Traum.«

»Wie sehr ich mich für dich freue, Ferdi!« Isabella bedachet ihren Ehemann mit einem langen, warmherzigen Blick. »Und bis wann meinst du, wirst du den Bau konkret in Angriff nehmen können?«

»Nun gut, die Sache hat natürlich schon noch einen Haken, denn die weiteren 400.000 Mark, die trotz aller unerwarteten Spendierfreudigkeit immer noch offen sind, die muss ich auf mein eigenes Risiko nehmen. Aber das tue ich ohne Furcht, denn ich weiß ja, dass unser Luftschiff bestens geplant ist. Dieses Risiko meine ich, durchaus eingehen zu können, ohne dass ich unsere Familie deshalb an den Bettelstab und dich auch noch um deine schöne Erbschaft bringen werde.«

»Du weißt genau, dass mir diese Erbschaft nichts bedeutet. Du kannst über das Geld frei verfügen«, entgegnete Isabella mit Nachdruck in der Stimme.

»Ich weiß ja, Bella, und dafür bin ich dir auch höchst dankbar. Um nun aber konkret auf deine Frage zu antworten: Ich denke, spätestens Anfang des nächsten Jahres werden wir mit dem Bau beginnen, so dass wir dann allerspätestens im Lauf des Herbstes 1905 mit der Fertigstellung – womöglich sogar schon mit dem Aufstieg – von LZ 2 rechnen können«, rieb sich der Graf freudestrahlend die Hände. So unbeschwert und zufrieden hatte er sich schon lange nicht mehr gefühlt, wie in diesen wunderbaren Tagen. Das Blatt hatte sich spürbar gewendet!

Und zwar auf allen Ebenen. Auch in familiärer Hinsicht tat sich Erfreuliches, denn im Jahr 1904 wurde ihre inzwischen 24 Jahre alte Tochter Hella für zwei Jahre als Hofdame bei der württembergischen Königin Charlotte aufgenommen! Ein deutliches Zeichen für das enge und vertrauensvolle Verhältnis zwischen der Familie Zeppelin und dem Königshaus! Insbesondere die Wertschätzung, die König Wilhelm II. dem Grafen entgegenbrachte, kam durch diese ehrenvolle Berufung für alle Außenstehenden sichtbar zur Geltung.

»Und mit das Schönste dabei ist, dass ich dann im Sommer immer ganz in der Nähe von Euch sein kann«, spielte Hella auf die Tatsache an, dass das württembergische Königspaar traditionell seine Sommerfrische von Juni bis Oktober in Friedrichshafen zu verbringen pflegte.

»Nun ja, so schön das ist: Deine Aufgabe wird nicht ganz einfach sein«, gab ihre Mutter zu bedenken, »denn du weißt, dass der Umgang mit der Königin oft als schwierig bezeichnet wird. Sie ist im Volk längst nicht so beliebt, wie ihr Mann …«

»… das schon. Aber ich habe sie ja bei meinen Vorstellungsgesprächen inzwischen etwas näher kennen lernen können. Sie wirkt nur im großen Kreis so gehemmt und manchmal wohl auch etwas schroff. Außerdem liegen ihr die Repräsentationspflichten einer Königin halt nicht so. Sie fühlt sich eher in der Zurückgezogenheit des Schlosses oder im Garten wohl. Und dann kommt natürlich die Sache mit dem schwäbischen Dialekt noch erschwerend hinzu …« Denn selbst nach so vielen Jahren in Württemberg hatte die Königin nach wie vor mit Verständigungsproblemen zu kämpfen.

»… wobei das eigentlich klar sein müsste: als geborene Prinzessin Schaumburg-Lippe, die dazu noch in Böhmen aufgewachsen ist, tut sie sich natürlich besonders schwer mit unserer Mundart, besonders dann, wenn unsere schwäbischen Dickschädel meinen, ins breiteste Schwäbisch verfallen zu müssen«, schmunzelte Zeppelin. Das hatte in der Tat schon öfters für böses Blut bei ihren Landeskindern gesorgt, die nicht begreifen wollten, weshalb Königin Charlotte von Württemberg das schwäbische Idiom einfach nicht beherrschen wollte oder konnte. »Selbst der König hat sich schon genötigt gesehen, die Wogen wieder zu glätten.«

»Sie versteht unseren Dialekt halt nicht. Da ist aber doch kein böser Wille dabei, wie das die Leute immer behaupten«, ergriff Hella mit Inbrunst die Partei ihrer Königin.

»Ich sehe schon, sie hat mit dir die richtige Wahl getroffen – und du kannst dann ja versuchen, ihr vielleicht ein bisschen schwäbisch beizubringen. Es könnte nämlich wirklich nicht schaden, wenn die Leute merken, dass sie sich wenigstens in Ansätzen darum bemüht«, warf ihre Mutter stirnrunzelnd ein. »Ich finde schon, dass eine Königin ihre Untertanen zumindest einigermaßen verstehen sollte. Es wäre einfach ein Zeichen ihres guten Willens und eines ernsthaften Bemühens.«

»Jetzt lass doch die arme Königin in Frieden, Bella. Sie hat es ohnehin schwer genug im Schatten ihres so überaus populären Mannes«, gab Zeppelin zu bedenken. »Mich freut es jedenfalls, dass unsere Beziehung zum Hof dank Hellas Funktion als Hofdame noch enger werden wird, als sie es ohnehin schon ist. Und vergiss bitte nicht: in König Wilhelm II. habe ich meinen mit Abstand größten und wichtigsten Förderer auf dem politischen Parkett.

Es ist von außerordentlicher Wichtigkeit für mich, dass der König mich auch weiterhin so vorbehaltlos beim Bau des zweiten Luftschiffs unterstützt, wie er das bisher getan hat.«

Mit Feuereifer machten sie sich an die Arbeit am »LZ 2«, das dank der ausgefeilten Pläne von Ludwig Dürr im Vergleich zum Vorgängerschiff eine wesentlich größere Stabilität aufwies. Dürr bevorzugte anstelle von flachen Aluminiumträgern nun Dreiecksträger und es gelang ihm auch, die Steuerung deutlich zu verbessern. Die herausragende Besonderheit von »LZ 2« bestand jedoch in den beiden Daimlermotoren, mit ihren jeweils sage und schreibe 85 Pferdestärken. Ein gewaltiger Fortschritt gegenüber den alten Motoren des ersten Luftschiffs, die gerade einmal 12 PS hatten leisten können. Und dabei waren die neuen Motoren kaum schwerer, als die alten!
»Zum guten Glück haben sie es geschafft, das Gewicht nicht im selben Maße wie die Leistung steigen zu lassen. Wir verfügen damit über wesentlich mehr Kraft, die es uns wiederum erlaubt, die Luftschrauben mit der dreifachen Größe zu konstruieren. Was glauben Sie, Exzellenz, was uns das für einen gewaltigen Schub verschaffen wird!« zeigte sich Dürr über die Maßen begeistert von den neuen Möglichkeiten, die ihnen die kraftvollen Motoren einräumten.
»Das ist auch notwendig, um endlich die letzten Zweifler von unserer Sache zu überzeugen«, gab Zeppelin ernst zurück. Nur allzu bewusst waren sich der Graf und seine Männer der Tatsache, dass ein erneutes Scheitern das Ende bedeuten würde!
Dementsprechend behutsam ging seine Mannschaft, die sie um viele tatkräftige Arbeiter hatten verstärken können, ans Werk. »Und bevor wir den ersten Aufstieg realisieren, werden wir das Schiff auf alle Fälle erst einmal probeweise aus der Halle ziehen und maximal fünf Meter in die Höhe steigen lassen, um mit der Haltmannschaft die Kommandos ganz genau einzuüben. Nicht, dass es uns wieder so ergeht, wie am 2. Juli«, gab Zeppelin die klare Devise aus. »Es

muss von Anfang an alles passen – lieber lasse ich ein paar Wochen mehr ins Land gehen, bevor ich ein zusätzliches Risiko eingehe.«
Sämtliche Funktionen wurden also nicht nur einmal, sondern zwei- und dreimal überprüft. Nur ja nichts übersehen. Die kleinste Kleinigkeit könnte sich zur Katastrophe auswachsen. So dauerte es schließlich bis zum 30. November 1905, als Zeppelin endlich die Anweisung zum probeweisen Herausziehen ihres neuen Luftschiffs aus der Halle erteilen konnte.

Unmittelbar nachdem sie das Schiff behutsam auf die freie Seefläche bugsiert hatten, signalisierten ihm sämtliche Monteure mit dem vorher verabredeten Handzeichen: »Alle Funktionen in Ordnung!« Kein Bauteil war beschädigt worden. Es konnte beginnen! Zeppelin nickte kurz, dann erteilte er den Befehl zum Starten der beiden Motoren. Nur wenige Sekunden später schien es ihm, als müsse sein Herzschlag aussetzen! Der vordere Motor versagte plötzlich seinen Dienst – und das ausgerechnet jetzt, wo der hintere Motor gerade eben auf volle Touren kam und die beiden Luftschrauben links und rechts kraftvoll in Bewegung setzte! So kam es, wie es kommen musste: nur das Heck des Luftschiffs stieg in die Höhe, während der Bug wie von einer Riesenfaust ins Wasser gedrückt wurde. Ein Anblick, der ihnen allen das Blut in den Adern gefrieren ließ – zumal durch den enormen Druck jetzt die Teile der vorderen Steuerung wie Streichhölzer zerbrachen. »Sofort den hinteren Motor stoppen! Auf der Stelle!« brüllte Zeppelin mit sich überschlagender Stimme in den Motorenlärm hinein. »Motor Stopp! Sofort!« Dadurch stabilisierte sich das Luftschiff zwar einigermaßen, doch nun kam dieser elende Wind dazu, der das steuerungs- und antriebslose Schiff mit beinahe 5 Metersekunden über den Bodensee wehte! Beinahe bis an das Schweizer Ufer trudelte der riesige Schiffskörper: nicht auszudenken, was passieren würde, wenn dort womöglich eine der Gaszellen leckschlug und die 11.000 Kubikmeter Wasserstoffgas explodierten! Im Nachhinein durften sie es als eine gütige Fügung des Schicksals betrachten, dass das Schiff kurz vor dem Ufer sanft auf die Wasserfläche herunter sank, wo es der Bootsbesatzung der »Württemberg« gelang, eine Haltetrosse einzufangen und das erstaunlicherweise kaum beschädigte Luftschiff langsam zurück zur Schwimmhalle in die Manzeller Bucht zu schleppen. Was für ein Tag! Mit knappster Not waren sie an einer Katastrophe vorbei geschrammt. Zitternd faltete Ferdinand von Zeppelin die Hände und sandte ein Dankgebet zum Himmel. Es dauerte viele Stunden, bis sich der Graf nach einer schlaflosen Nacht wenigstens einigermaßen im Besitz seiner Kräfte wähnte. Sie hatten – anders konnte man es nicht ausdrücken – buchstäblich in den Schlund der Hölle geschaut. Und waren gerade noch einmal davon gekommen!

Die Kommentare der Zeitungsreporter mochte er sich gar nicht erst zu Gemüte führen. Doch es half nichts: auch dieser Prüfung musste man sich stellen, denn es war natürlich wichtig, zu wissen, wie die Berichterstatter jene dramatischen Ereignisse beurteilten – und welchen Eindruck die Zeitungen ihren Lesern vermittelten. Noch war ja nichts verloren: das Luftschiff lag schließlich so gut wie unversehrt und fest vertäut wieder in der Halle. Noch gab es keinen Grund zum Zweifel, dass beim ersten richtigen Aufstieg alles gut gehen und man der Öffentlichkeit eine beeindruckende Vorstellung bieten würde. Das sahen auch die Reporter so. Noch war die Zukunft nicht verloren!

Wäre da nicht wieder dieser Dr. Eckener gewesen, der – wie nicht anders zu erwarten – in der »Frankfurter Zeitung« einen besonders hämischen Artikel platzierte. Das Malheur vom 30. November 1905 stellte für den spitzfindigen Schreiber natürlich ein gefundenes Fressen dar. Und so triefte das Fazit des Hugo Eckener förmlich vor Spott über das Luftschiff und seinen Erbauer: »Hoffentlich wird der sympathische alte Herr, der trotz seiner 67 Jahre mit jugendlichem Elan sein Ziel verfolgt, bei einem unter glücklicherem Sterne unternommenen zweiten Versuch erfreulichere Erfolge sehen. Einstweilen freilich müssen die Herren, welche aus den Kriegsministerien, Luftschifferabteilungen usw. zum Ereignis herbeizitiert waren, unverrichteter Sache wieder abziehen bis nach beendeter Reparierung des Schadens. Und auch das liebe Publikum kam nicht auf seine Kosten. Da die ganze Sache in aller Stille betrieben und »geheim« gehalten war, so dass man sozusagen nur im Flüsterton etwas davon erfahren konnte, so konnte es nicht fehlen, dass am richtigen Zeitpunkt alles aus Friedrichshafen und weiterem Umkreis pünktlich zur Stelle war. Aber wie ein Märchen entschwand das eben aus dem Stall geholte kuriose Ungetüm, mit dem man in den Lüften sollte fliegen können, alsbald auf der dunstigen Seefläche und war schnell nur noch als weißer Nebelstreif sieben Kilometer weit drüben an der Schweiz sichtbar. Das Interesse musste sich den Wurstkesseln der fliegenden Händler zuwenden.«

»Dieser unverschämte Kerl!« knüllte Bootsmann Ludwig Marx die Zeitung wütend zusammen und ballte grimmig die Fäuste. »Wenn mir dieser Kerl einmal begegnen sollte, dann Gnade ihm Gott! Ich werde den Schmierfinken windelweich verhauen!«

»Das wirst du bitteschön blieben lassen, Marx!« fiel ihm der Graf Zeppelin energisch in die Parade. »Das ist das letzte, was ich noch gebrauchen kann, dass einer meiner Mitarbeiter einen unliebsamen Berichterstatter verprügelt. Dann können wir gleich einpacken, wenn so etwas geschieht.«

»Verdient hätte er es aber«, knurrte der noch immer in höchstem Maße verdrossene Marx.

»Lassen wir diese Aussage einfach einmal dahingestellt. Aber jetzt wäre es mir lieber, wenn wir unsere ganze Konzentration auf unser Luftschiff und die Reparaturarbeiten lenken würden. Denn im Grunde genommen halten wir ja nach wir vor alle Trümpfe in der Hand: noch ist es zu keinem offiziellen Aufstieg gekommen – noch können wir also beweisen, dass wir die Technik beherrschen. Wir werden also so rasch wie möglich ans Werk gehen – auch wenn es sicherlich ratsam ist, Weihnachten und die Jahreswende abzuwarten.«

Es dauerte bis zum 17. Januar 1906. Für den späteren Vormittag hatte Zeppelin den Aufstieg seines »LZ 2« vorgesehen – und alle Vorarbeiten liefen exakt nach Plan. Wieder schafften sie es problemlos, das Luftschiff aus der Halle auf die freie Wasserfläche zu ziehen, wieder wurde es genau in die Richtung gedreht, aus der nur ein schwacher, kühler Wind wehte, der ihnen bei der Fahrt keinerlei Probleme bereiten würde.

Alle Vorzeichen standen gut. Und dann erfolgte das Kommando zum Starten der beiden Motoren.

»Das … das darf doch nicht wahr sein! Motoren sofort aus!« Zeppelin vermeinte, seinen Augen nicht trauen zu können. Schon wieder hatte einer der Motoren seinen Dienst versagt. Genau wie am 30. November. Das war ja nicht zu fassen! Glücklicherweise hatten die Mechaniker aus dem damaligen Malheur gelernt und sofort den zweiten Motor gestoppt, als sie bemerkten, dass etwas mit dem ersten Motor nicht stimmte. »Aber wie kann denn das sein, nachdem wir doch mehrere Dutzend Mal beide Motoren getestet haben und sie jedes Mal einwandfrei angesprungen und gelaufen sind. Wie ist das nur möglich, Gross?« wandte sich der konsternierte Graf an einen der beiden Daimler-Ingenieure.

»Das ist auch mir ein Rätsel, Exzellenz«, antwortete der peinlich berührte Motorenfachmann. »Das hatten wir in den letzten Wochen ja kein einziges Mal. Ich bin aber zuversichtlich, dass wir den Fehler finden und beheben können.«

»In welchem Zeitraum?« erkundigte sich Zeppelin scharf.

»Innerhalb von einer, höchstens zwei Stunden.«

»Das heißt, Sie sind der Meinung, dass wir den Aufstieg für heute noch nicht abzusagen brauchen?«

»Keinesfalls! Es kann sich höchstens um eine Kleinigkeit handeln, die wir sicherlich rasch gefunden haben.«
»Dann machen Sie sich bitte sofort an die Arbeit. Aber Sie wissen ja: kurz nach vier Uhr setzt die Dämmerung ein. Wir müssen also spätestens um zwei Uhr am Nachmittag aufsteigen, sonst ist es zu spät. Können Sie mir das garantieren?«
»Ich denke schon«, bestätigte Gross, dann eilte er zu seinem Kollegen, der bereits mit einem großen Schraubenschlüssel an dem fehlerhaften Motor hantierte.
»Also Wilcke«, wandte sich Zeppelin an seinen Sekretär, »sagen Sie bitte den Männern, dass sie ein bisschen ausruhen können. Sie sollen sich aber nach wie vor bereit halten. Wir werden heute noch aufsteigen.«
Ihre Geduld wurde auf eine harte Probe gestellt. Es schien eine halbe Ewigkeit vergangen, bis Gross und sein Kollege endlich ihre Werkzeuge beiseite legten und sich daran machten, den reparierten Motor probeweise zu starten. Es funktionierte! Das Handzeichen, mit dem Gross dem Grafen daraufhin bedeutete, die Arbeit sei erfolgreich abgeschlossen worden, war gleichzeitig das Signal zum Fertigmachen: »Die Haltemannschaft an den Seilen: Achtung! Alle Männer auf ihre Position!«

In Windeseile waren sämtliche Positionen eingenommen, eine letzte Überprüfung der Steuerruder und der Gaszellen: alles klappte wie am Schnürchen! »Die Leinen los!« Unter dem Jubel der vielen Tausend Zuschauer, die trotz der feuchten Kälte am Seeufer so lange mehr oder minder geduldig ausgeharrt hatten, stieg das Luftschiff rasch in die Höhe. Ein majestätischer Anblick. »Genau wie damals vor fünfeinhalb Jahren!«
»Nur, dass es damals nicht so kalt war …«
»… und dass das Luftschiff wesentlich langsamer gewesen ist, als jetzt. Schaut doch nur, wie schnell es davon fliegt!«
»Man sagt, es könne gut und gerne 40 Kilometer in der Stunde zurücklegen!«

»Das kann gut sein: so zügig, wie sie sich gerade von uns fort bewegen.«
»Wie hoch mögen sie da oben wohl sein?«
»Sicherlich an die 500 oder gar 600 Meter!«
»Wie eine riesige Zigarre am Himmel!«
»Zigarre! Was für ein respektloser Ausdruck für diesen König der Lüfte!«
»Da! Jetzt machen sie sogar eine Kurve!«
»Herrlich! Unser Graf Zeppelin: er lebe Hoch! Hoch! Hoch!«
Tausendfache Hochrufe erschallten vom Ufer und stiegen empor in die schwindelnde Höhe, in der sich das neue Luftschiff seinen begeisterten Zuschauern huldvoll präsentierte.
»Aber was ist jetzt? Was machen sie denn da? Wieso haben sie die vorderen Propeller abgeschaltet?«
»Und jetzt treiben sie eher seitlich davon. Seltsam. Ich dachte, sie wollten nicht über Land fliegen, sondern schon wegen der Landung immer über dem Wasser bleiben.«
Der Mann hatte recht, auch wenn er sich über den Grund des seltsamen Manövers, für das er es hielt, nicht im Klaren war.
In Wahrheit handelte es sich auch gar nicht um ein Manöver, sondern vielmehr um einen ernsten Zwischenfall. Schon wieder hatte der vordere Motor seinen Dienst verweigert. Egal, was die beiden zunehmend verzweifelnden Mechaniker auch versuchten: es gelang ihnen einfach nicht, den Motor wieder in Gang zu setzen. Und ausgerechnet jetzt hatte der Wind in dieser Höhe stark aufgefrischt. »Wir müssen tiefer gehen! Aber Vorsicht: wenn wir allzu viel Gas ablassen, dann bekommen wir über Land womöglich Probleme!« Es war eine hochbrisante Situation, in die sie schlagartig hinein geraten waren. Zeppelin war sich der Tatsache nur allzu klar bewusst, dass der hintere Motor als alleiniger Antrieb keinesfalls ausreichen würde, um das Luftschiff gegen den Wind zu bewegen. Ohnedies hatte er mehr als genug damit zu tun, das Schiff mit

Hilfe der ihm als Steuerung verbliebenen beiden hinteren Luftschrauben in einer einigermaßen waagerechten Lage zu halten. Aber es gab keinerlei Möglichkeit, das »LZ 2« über der Wasserfläche zu halten. Unaufhaltsam wurde der riesige Schiffskörper vom Wind in Richtung Nordosten gedrückt – bis weit nach Oberschwaben hinein.
»Es bleibt uns nichts anderes übrig, als nun doch nach einer geeigneten Stelle auf dem Land Ausschau zu halten, wo wir einigermaßen viel Platz haben, um langsam niederzugehen«, entschied Zeppelin. Was für eine heikle Situation, in der sie sich befanden: aus guten Gründen hatten sie das Luftschiff für eine Landung auf dem Wasser konstruiert – es war wesentlich ungefährlicher, als auf dem harten Boden aufzusetzen. Und nun dieses riskante Manöver mit nur einem Motor!
»Nur die Ruhe bewahren!« schärfte Zeppelin seinen Männern wieder und wieder ein und zwang sich selbst mit äußerster Konzentration dazu, nur ja keine Nervosität an den Tag zu legen. Das war das Letzte, was sie in dieser Lage gebrauchen konnten: einen Kommandanten, der seine Nerven nicht im Griff hatte. »Wir werden ganz langsam und kontrolliert weiterhin Gas ablassen und uns in aller Ruhe einen Landeplatz aussuchen. Aber Achtung Männer: wir müssen ganz genau schauen, dass wir nicht in eine sumpfige Wiese geraten. Überall gibt es hier Moore.«
Meter um Meter sank das Luftschiff tiefer, während sein Steuermann weiterhin alle Hände voll zu tun hatte, es trotz des seitlichen Abdriftens einigermaßen stabil in der Luft zu halten.
Eine ganze Stunde war letztendlich vergangen, bis Zeppelin, nachdem sie mit knapper Not über ein Wäldchen gekommen waren, das entscheidende Kommando gab: »Jetzt!«
Das hässliche Knirschen und Kreischen, mit dem das Holz der Gondeln und die metallenen Streben beim ersten Landkontakt über den Boden schleiften, ging ihnen allen durch Mark und Bein. Es konnte eigentlich nur noch in

einer Katastrophe enden! Mit schweißnassen Händen umklammerte Zeppelin die Gaszüge und zog sie aus Leibeskräften nach unten. »Motor hinten aus! Und alle Gaszellen entleeren! Rasch!« Durch die wellenartigen Bewegungen des wie ein Spielball vom Wind vor sich her getriebenen Schiffes war es kaum noch möglich, sich auf den Beinen zu halten. Dann plötzlich: ein letztes, besonders heftiges Geräusch, das vom Zerreißen der hinteren Hülle herrührte, wo sich das Heck in einer Baumkrone verfangen hatte, danach ein ruckartiger Stillstand. Sie waren gelandet! Und: Sie waren am Leben geblieben. Keine Gaszelle hatte Schaden genommen!

Keine Sekunde Zeit, sich darüber zu freuen. »Sofort heraus und mit den Halteleinen das Schiff gesichert! Bindet sie an die Bäume. Schnell!«

Auch diese Arbeit war bald erledigt, das Wunder vollbracht. Ihr Schiff lag, im hinteren Bereich und an den Gondeln etwas zerschrammt, trotz allem sicher vertäut auf dem Boden und schien im Großen und Ganzen keine so gravierenden Schäden davon getragen zu haben, dass diese nicht zu reparieren wären. »Im Grund genommen sind wir mit einem blauen Auge davon gekommen, Exzellenz«, bestätigte auch Dürr nach einer ersten kurzen Inaugenscheinnahme in seiner gewohnt trockenen Art den Eindruck, den auch der Graf gewonnen hatte.

»Wir sollten jetzt erst einmal unserem Herrgott dafür danken, dass wir mit dem Leben davon gekommen sind, bevor wir uns um die Technik kümmern!« fuhr ihm der leichenblasse Gross in die Parade, der vor Anspannung genauso zitterte, wie vor der Kälte an diesem nasskalten Januartag 1906.

»Dann sollten Sie sich aber beeilen mit dem Beten, denn da hinten kommen schon die ersten Neugierigen angerannt«, deutete Dürr auf einige rasch größer werdende Punkte am Horizont, die er längst als die Vorhut einer nahezu unübersehbaren Menschenmenge identifiziert hatte, die sich in den kommenden Stunden und Tagen über die Havariestel-

le ergießen sollte, die sich übrigens ganz in der Nähe des Örtchens Kißlegg im Allgäu befand, wie sie von den ersten Ankömmlingen wenig später erfuhren.
Noch am selben Abend jagten die Berichterstatter ihre Depeschen hastig in alle Welt – und am Morgen danach erschienen die Zeitungen mit besonders großen Schlagzeilen auf ihrer ersten Seite: »Luftschiff verunglückt!«
»Luftschiff über Land getrieben und zerschellt!«
Und ähnliche Schreckensmeldungen mehr. Dabei hatte sich die Wahrheit zu dem Zeitpunkt, als diese Sensationsmeldungen verfasst worden waren, direkt am Havarieort noch ganz anders präsentiert. Ja, man war tatsächlich notgelandet. Und ja: es gab schon einige Schäden am Luftschiff zu konstatieren. Aber es war nichts, was nicht – in des Wortes wahrster Bedeutung – wieder gerade gebogen werden könnte.

«Wir werden morgen früh weiter sehen. Für heute ist nichts mehr zu machen. Geben Sie an die Soldaten von der Haltemannschaft, wenn sie hier ankommen, bitte meinen unmissverständlichen Wunsch weiter, dass unser Schiff noch besser festgebunden wird, als wir das haben machen können, Dürr«, ordnete Zeppelin an und ließ sich dann auf das Pferdefuhrwerk eines Bauern helfen, der sich entboten hatte, den Grafen persönlich in eine gute Unterkunft nach Kißlegg zu chauffieren, wo der nicht mehr ganz junge Mann mit seinen 67 Lebensjahren nach den Strapazen dieses Tages eine hoffentlich einigermaßen geruhsame Nacht verbringen würde. Auch wollte er dafür Sorge tragen, dass zwei weitere Fuhrwerke an die Landestelle geschickte wurden, mit denen dann auch Zeppelins Mitarbeiter nach Kißlegg gelangen konnten. Sie würden noch so lange am Luftschiff ausharren und die allzu neugierigen Zaungäste fernhalten, bis die Haltemannschaft eingetroffen wäre.

Alles schien folglich darauf hinaus zu laufen, dass man tatsächlich ein zweites Mal »mit einem blauen Auge davon ge-

kommen« war, wie Dürr es durchaus zutreffend beschrieben hatte. So ärgerlich das Missgeschick mit dem fehlerhaften Motor auch sein mochte, so gefährlich die Fahrt des »LZ 2« auch verlaufen war und so wenig hilfreich die dementsprechenden Zeitungsartikel über die »Unglücksfahrt« auch ausfallen mochten: noch war nicht alles verloren. Ein neuer Aufstieg mit dem Schiff war absolut möglich. Wenn sie es erst nach Manzell zurücktransportiert hätten – eine Herkulesaufgabe, aber ebenfalls machbar – und anschließend in aller Sorgfalt reparieren würden, dann … müsste es spätestens im Frühsommer möglich sein, aller Welt doch noch zu beweisen, welch überragendes Fluggerät dieses Luftschiff darstellte. Wenn es bis dahin hoffentlich auch die Daimlerleute schafften, ihre Motoren zuverlässiger zu machen. Was für eine Peinlichkeit für dieses renommierte Unternehmen!
In diesem Bewusstsein fiel Zeppelin schließlich in einen kurzen, unruhigen Schlaf, aus dem er immer wieder durch das Pfeifen des stark auffrischenden Windes und das damit verursachte Klappern der Fensterläden aufschreckte. Gleichzeitig gesellte sich noch dieses beunruhigende Gefühl dazu: sie würden doch hoffentlich seine Anordnung befolgt und das Schiff besser vertäut haben. Nicht auszudenken, was ansonsten passieren konnte …
Seine schlimme Vorahnung sollte ihn nicht trügen: der heftige Wind hatte sich tatsächlich das nur unzureichend vertäute Luftschiff als Ziel seiner nächtlichen Attacken herausgesucht. Wie ein Spielball hoben die Windböen das Schiff mehrmals hintereinander vom Boden und ließen es dann wieder hart und schwer auf die Erde zurück prallen. Früh am nächsten Morgen bot »LZ 2« seinem bis ins Mark erschütterten Erbauer und dessen Männern einen fürchterlichen Anblick, als sie sofort nach einem hastigen Frühstück an den Landeort geeilt waren. Das Resultat war niederschmetternd: Gerippe und Träger des Luftschiffs waren völlig verbogen! »Ich hatte doch ausdrücklich angeordnet, dass das Schiff besser vertäut werden soll! Wieso haben Sie

das denn nicht gemacht?« stellte Zeppelin den kommandierenden Offizier der Haltemannschaft streng zur Rede. »Wir haben getan, was unseres Erachtens nach notwendig war, Exzellenz«, versuchte
sich der Mann zu rechtfertigen. »Wer hätte schon ahnen können, dass es in der Nacht zu solchen starken Windböen kommt …«
»… genau vor der Gefahr solcher Böen hatte mich unser Meteorologe gewarnt«, zischte Zeppelin, um seine Fassung ringend. »Hätten Sie getan, was ich Ihnen aufgetragen habe, dann stünden wir jetzt nicht vor den jämmerlichen Bruchstücken meines Luftschiffs!«
Doch was konnten diese vorwurfsvollen Worte jetzt noch bewirken? Das Unheil hatte seinen Lauf genommen, das Luftschiff war zu großen Teilen zerstört und das Fazit, das sowohl Dürr als auch Zeppelin aus dieser bitteren Tatsache ableiteten war leider eindeutig: »Das Schiff ist in diesem Zustand nicht mehr einsatzfähig zu machen, Exzellenz. Ich fürchte, es bleibt uns nur die Demontage!«
Ferdinand von Zeppelin schluckte trocken, bevor er seinen Chefingenieur mit einem ernsten Blick fixierte:«Sie haben recht, Dürr. Wir werden das Luftschiff abwracken müssen!« Schweren Herzens erteilte er seinen Männern den Befehl zum sofortigen Auseinanderbauen. Wieder einmal stand Ferdinand von Zeppelin vor den Trümmern seiner Existenz. Und dieses Mal würde es vermutlich das sichere Aus bedeuten! Der Gegenwert von einer Million Mark lag in jämmerliche Einzelteile zerstreut auf der von Raureif bedeckten Wiese in der Nähe von Kißlegg. »Ich baue keine Luftschiffe mehr!« Ein Traum war endgültig zerplatzt!

Und wieder berichtete natürlich auch Zeppelins schärfster Kritiker Hugo Eckener in der »Frankfurter Zeitung« vom Missgeschick des Luftgrafen. Zunächst in einer kurzen Meldung vom 18. Januar: »Das bei der Landung bereits stark beschädigte Zeppelinsche Luftschiff wurde späterhin

durch den Wind so sehr mitgenommen, dass an seine Fortschaffung nicht mehr zu denken war. Es ist heute auseinandergeschlagen worden. Das Zeppelinsche Projekt, in das über eine Million Mark gesteckt ist, dürfte damit aufgegeben sein.«
Die zahlreichen dramatischen Schilderungen aus dem Mund der Menschen, die sofort an den Unglücksort geeilt waren, ließen Eckener aufhorchen. Am besten, so beschloss er daraufhin, machte er sich mit eigenen Augen ein Bild von der offenbar ganz eigentümlichen Stimmung an der Havariestelle, die Tausende von Menschen zu Tränen rührte. Und das Wunder geschah: In seinem zweiten Artikel über das Malheur von Kißlegg schien die bisherige Häme erstaunlicherweise einem tiefen Mitgefühl gewichen zu sein, mit dem der Reporter über das Ende eines Lebenstraumes schrieb, dessen besonderer Tragik sich anscheinend nicht einmal der überhebliche Eckener entziehen konnte. »Friedrichshafen, 19. Januar 1906: Das Zeppelinsche Luftschiff hat aufgehört, zu existieren. Da hier am Ort die widerspruchsvollsten Gerüchte über den Zustand des Ballons und die Absichten des Grafen Zeppelin umliefen, beschlossen wir, selbst ins Allgäu hinaufzufahren. In Sommersried bei Kißlegg verließen wir den Zug und gingen oder wateten vielmehr quer über die Äcker einem Wäldchen zu, hinter dem das Luftschiff gelandet sein sollte. Eine förmliche Karawanenstraße vor uns her zeigte, dass Völkerwanderungen aus den umliegenden Ortschaften sich zu dem verunglückten Ballon ergossen haben mussten. Scharen von biederen Allgäuern kamen uns bereits entgegen und einer rief uns im Vorbeigehen zu: »Wenn Ihr no ebbes sehe went, so ischs Zit! Er liegt scho uff'm Bode.« – Noch etwas sehen wollen? Was bedeutet das? Wir beflügeln unsere Schritte. »Sauber kaputt!« wirft uns da wieder ein biederer Allgäuer zu, und die volle Wahrheit beginnt in uns aufzudämmern. Etwas betroffen werden wir aber doch noch, als wir aus dem Wäldchen heraustreten: Wie das Gerippe eines riesigen Walfisches, auf

über 130 Meter hingestreckt, liegt es da vor uns auf dem Boden, und mit Äxten und Sägen arbeitet man schonungslos an der schleunigen Zerstörung. Die Ballonhüllen liegen in großen Haufen umher. Es ist, als ob jemand den Befehl gegeben hätte, so schnell wie möglich jede Spur dieses Luftschiffes zu vertilgen. Die Landung war, wenn auch schwierig, so doch ganz glücklich gewesen. Nur das Hinterteil war in einem Baume hängen geblieben und stärker beschädigt worden. Aber am Abend hatte sich ein Wind erhoben und das Luftschiff ein paar Mal heftig auf den Boden gestoßen. Da waren die Rippen gebrochen und es war jetzt unmöglich, das etwa 9000 kg wiegende Schiff vom Fleck zu bringen. So beschloss man, es auseinander zu schlagen … Wer kann nachfühlen, was den Erfinder in einer schlaflosen Nacht der Entschluss gekostet haben mag, den Befehl zum Zertrümmern des Werkes zu geben, über das er ein Menschenalter nachgegrübelt, an dem er volle sieben Jahre gebaut hat! Wer ahnt, was jetzt in ihm vorgeht, wo er es rings um sich in Trümmer sinken sieht! Aber obgleich jeder Axtschlag ihn ins innerste Mark treffen, jedes Knirschen der Sägen ihm das Herz zerreißen muss, steht er in vollkommener Beherrschung gelassen und tapfer da unter den Augen der fremden Menge. Wie groß und stark ist doch das menschliche Herz, das allen Mächten auf Erden Trotz bietet, und wie schwach ist daneben das Menschenwerk, das ein Windhauch vernichten konnte!«

»Was für ein erstaunlicher Artikel, Ferdi«, ließ Isabella verwundert die Zeitung sinken, aus der sie ihrem todmüden Mann im Salon des »Buchhorner Hof« gerade vorgelesen hatte. »Diesen Dr. Eckener scheinst du wundersamerweise auf deine Seite gezogen zu haben.«

Der alte Graf winkte traurig ab. »Das ändert jetzt auch nichts mehr an der Sachlage: ich fürchte, es ist nur der Abgesang auf einen Phantasten, der mit seiner wunderlichen Idee ein für allemal gescheitert ist.«

»Das sehe ich nicht so, Ferdi«, widersprach Isabella energisch. »Immerhin bist du der Held der Massen: alle Welt schaut in einer Mischung aus Trauer und Bewunderung auf dich und dein Lebenswerk. Und gerade solche Zeitungsartikel dienen dazu, deinen Ruf als Visionär weiter zu festigen. Wenn sogar schon der Dr. Eckener auf deine Seite gewechselt ist …«

»Ach Bella, das ist ja alles schön und gut, aber mein Luftschiff bringt es mir nicht wieder. Denn natürlich ist diese Havarie, so wenig deren Ursache auch bei dem Luftschiff selbst zu suchen ist, ein wunderbarer Vorwand für die preußische Militärverwaltung, um ihre ablehnende Haltung mir gegenüber nun erst recht beizubehalten. Ich kann mir die scheinheiligen Formulierungen schon lebhaft ausmalen, mit denen sie begründen werden, weshalb man zum großen Bedauern des Generalstabs von einer finanziellen Unterstützung absehen müsse. Es ist schon eine eigentümliche Situation: hier am Bodensee bin ich der Volksheld – und im Rest von Deutschland gelte ich als Witzfigur!«

»Das stimmt so nicht, Ferdi: auch im übrigen Deutschland wirst du von der überwiegenden Mehrzahl der Menschen aufgrund der mitfühlenden Zeitungsberichte verehrt und bewundert. Schau doch nur auf all die Depeschen und Briefe, die uns aus dem ganzen Land erreichen«, deutete Bella zu einem mit aufmunternden Schreiben bis zum Rand gefüllten Waschkorb, in denen Männer und Frauen aus allen Schichten der Bevölkerung ihrem hochverehrten »Luftgrafen« die wärmste Anteilnahme zum Ausdruck brachten und ihn beinahe schon flehentlich zum Weitermachen aufforderten. »Nachdem du die Herzen der Menschen gewonnen hast, werden sich die Behörden äußerst schwer tun, dir eine neue Chance zu verweigern, glaube mir.«

Bellas Worte verfehlten ihre Wirkung auf Ferdinand nicht. Er nickte nachdenklich, dann plötzlich schien es so, als ginge ein Ruck durch seinen Körper. Er reckte das Kinn unternehmungslustig nach vorne, während er seine Ehe-

frau prüfend fixierte. »Du möchtest also, dass ich weitermache, Bella?«
»Ja, das möchte ich«, entgegnete sie feierlich.
»Und es wird dir auch künftig keine Last sein, an der Seite des unverbesserlichen »Narren vom Bodensee« gesehen zu werden?«
»Es wird mir auch künftig ein Vergnügen sein, fest und treu an der Seite des Helden vom Bodensee wahrgenommen zu werden«, deklamierte Bella. »Und am Besten ist es, wenn du gleich damit beginnst, einmal klar und deutlich niederzuschreiben, was du mir vorhin erklärt hast: dass es nicht an einem Fehler beim Luftschiff gelegen hat, sondern dass das Scheitern bei Kißlegg aus ganz anderen Gründen erklärbar ist.«
»Das wäre eine leichte Übung«, sinnierte der Graf. »Denn tatsächlich liegt die Schuld ja weitgehend bei uns selbst. Wir sind aus Mangel an Erfahrung, aus Zeitdruck und aus Unvorsichtigkeit schlichtweg viel zu schnell und zu hoch emporgestiegen, in eine Höhe, in der ein viel zu starker Wind geweht hat. Das Schiff hat deshalb plötzlich angefangen zu bocken und zu stampfen, was wir durch einen ungeschickten Einsatz der Steuerruder leider noch verstärkt haben. Dadurch sind wir kaum noch voran gekommen – und als dann schließlich der vordere Motor seinen Dienst versagt hat, da haben sich die negativen Begleiterscheinungen dieser Fahrt sozusagen multipliziert. Und dennoch: das ist mein eigentliches Fazit, hat sich das Luftschiff selbst unter diesen widrigen Bedingungen glänzend bewährt. Nicht die Konstruktion als solche ist fehlerhaft, vielmehr war es unser Verhalten. Sogar die Landung auf dem freien Feld mit nur einem funktionierenden Motor ist erstaunlich glatt verlaufen.«
»Es ist also vergleichbar mit einem Schiffsunfall: wenn ein Dampfer nur wegen mangelnder Übung und Erfahrung seines Steuermanns auf Grund gerät und später vom Sturm zerstört wird, so wird ja auch kein denkender

Mensch den Schluss draus ziehen, dass der Dampfer deshalb ein untaugliches Schiff gewesen ist.«
Ferdinand von Zeppelin bedachte Isabella mit einem anerkennenden Blick. »Exakt! Du hast es hundertprozentig verstanden. Genau das wollte ich damit ausdrücken!«
»Du solltest diese Analyse nicht nur an den preußischen Generalstab schicken, sondern sie möglichst überall in den Zeitungen veröffentlichen, und einen weiteren Brief natürlich auch so schnell wie möglich an unseren König Wilhelm II. schicken, damit der sich aus erster Hand ein Bild über die tatsächlichen Ursachen der Havarie machen kann.«
»Dann habe ich also wieder mehr als genug zu tun und muss nun doch nicht als pensionierter Kavallerieoffizier meine einsamen Runden durch den Kurpark drehen«, schmunzelte Zeppelin, der seine Tatkraft wiedergefunden hatte. »Ich danke dir für deine lieben Worte, Bella.« Er nahm Isabella zärtlich in die Arme und drückte ihr einen innigen Kuss auf die Lippen. »Ich werde also weiterbauen! Und noch etwas werde ich tun: nämlich den Stier bei den Hörnern packen und ihn von Angesicht zu Angesicht direkt mit seinen Argumenten konfrontieren!«
»Wen meinst du damit?«
»Diesen Dr. Eckener!«
»Aber ich habe dir doch gerade vorgelesen, wie sehr ihn der Anblick des zerschmetterten Luftschiffs wohl mitten ins Herz getroffen hat. Er steht doch schon an deiner Seite«, wunderte sich Bella.
»Emotional vielleicht. Aber nicht, was das Prinzip meiner Schiffe angeht, da ganz und gar nicht. Denn was er im folgenden Artikel über die Ursachen der Notlandung geschrieben hat, dass aufgrund des Luftdrucks angeblich die Steuerung von der Gondel zu den Luftschrauben versagt habe, ist schlichtweg falsch. Weder war der Druck zu hoch, noch hat die Steuerung auch nur für die Dauer einer Sekunde nicht funktioniert. Und dennoch versucht der Eckener in seinem Bericht, scheinbar stichhaltig zu argumen-

tieren, weshalb starre Luftschiffe keine Zukunft haben könnten und weswegen es geradezu zwangsläufig zu der Havarie habe kommen müssen: das kann ich einfach so nicht stehen lassen. Der Schaden, der mit solchen falschen Behauptungen angerichtet wird, ist grenzenlos. Zumal dieser Eckener, der ja anscheinend ein studierter Philosoph ist, in seiner ahnungslosen Analyse auch noch eine klare wissenschaftliche Unkenntnis an den Tag gelegt hat. Ich werde den Herrn also persönlich aufsuchen und ihm einmal in aller Deutlichkeit die Leviten lesen!«
»Weißt du denn überhaupt, wo er wohnt?«
»Das lasse ich den Marx herausfinden, der hat ja die allerbesten Kontakte in Friedrichshafen. Das ist für meinen Marx keine schwere Aufgabe. Ich muss nur aufpassen, dass er dem Eckener nicht vorher auflauert und ihm kräftig den Hintern versohlt. Das ist bei dem lieben Marx nicht ganz ausgeschlossen.«
Ludwig Marx konnte sich beherrschen. Tatsächlich stand Graf Zeppelin schon am Morgen des folgenden Tages vor der Wohnungstüre von Hugo Eckener und bat nach einer knappen Grußformel um ein sofortiges Gespräch. Der von dem überraschenden Besuch völlig perplexe Eckener bat den Grafen mit nervösen Worten herein. Es folgte eine stundenlange Unterredung, die mit recht harschen Worten begann und in der Zeppelin dem zunehmend verlegener werdenden Eckener alle sachlichen Fehler im Artikel penibel auflistete und sie ausführlich widerlegte. Bald veränderte sich die Tonlage: der Graf hatte den Journalisten mit der Stichhaltigkeit seiner Argumentation restlos überzeugt. Dazu jene Begeisterungsfähigkeit, die jedem Jugendlichen zur Ehre gereicht hätte, die der alte Herr mit seinen über 67 Lebensjahren an den Tag legte. Dr. Hugo Eckener war mit fliegenden Fahnen auf Zeppelins Seite übergeschwenkt! Mehr noch: ausgerechnet Eckener, zunächst noch äußerst misstrauisch beäugt von den treuen Weggefährten des Grafen, fungierte schon wenige Tage später sogar als offizieller Berichterstatter und Fachmann

für Öffentlichkeitsarbeit für Zeppelins Unternehmen. Von Eckeners brillanter Schreibweise und seinem überzeugend – eloquenten Auftreten erhoffte sich Zeppelin das Einwerben so mancher größeren Spende. Das war Eckeners wichtigste Aufgabe: Geld für einen Weiterbau zu besorgen. Zunächst würde der Graf die Kosten wieder aus seinem Privatvermögen bestreiten, doch auf Dauer gesehen brauchten sie neues Kapital. Zwar konnten im neuen »LZ 3« viele brauchbare Teile des verunglückten Vorgängerschiffes verwendet werden, doch beispielsweise für die neuartigen, gefiederten Stabilisierungsflächen, die sie zur Dämpfung der Stampfbewegungen bei großer Windstärke erst am Heck und später auch am Rumpf montierten, brauchte man neues Material – und damit auch neues Geld, das der rastlos tätige Eckener an allen Ecken und Enden von Deutschland einzutreiben versuchte. Mit überragendem Erfolg! »Sie werden es nicht glauben, Exzellenz! Das preußische Kriegsministerium hat eine Lotterie mit einem Erlös von über 250.000 Mark zur Unterstützung des Luftschiffbaus bewilligt.«

»Na endlich!« knurrte Zeppelin. »Das haben sie freilich nur wegen des schlechten Gewissens getan, das ich bei ihnen ausgelöst habe, weil sie mein Angebot, die Werftanlagen zu kaufen, ausgeschlagen haben. Ich habe ja damit gedroht, in diesem Falle die ganze Firma zu liquidieren, das freilich möchten sie angesichts des wohlwollenden Interesses, das mir aus der Öffentlichkeit entgegenschlägt – nicht zuletzt dank Ihrer rastlosen Bemühungen, mein lieber Dr. Eckener – momentan aber nicht riskieren. Deshalb nun die Genehmigung für die Lotterie, das ist ja höchst angenehm für den preußischen Staat, weil er damit keine eigenen Mittel aufwenden muss. Und ob die Lotterie tatsächlich zustande kommen wird, das steht auf einem ganz anderen Blatt …«

»Sie sollten nicht gar so pessimistisch sein, Exzellenz. Ich kann nun mit der Lotteriezusage im Rücken immerhin wieder einen wunderbaren Aufruf an das deutsche Volk

zu einer noch weitergehenden Unterstützung Ihrer Sache verfassen«, strahlte Eckener.
Allein die Nachricht über die Bewilligung der Lotterie verlieh ihnen Flügel, wenngleich sie am Ende dann doch nicht ausgespielt werden konnte – mannigfaltige bürokratische Hemmnisse der preußischen Behörden hatten es verhindert. Aber das spielte zu diesem Zeitpunkt keine entscheidende Rolle mehr. Die Mittel zur Fertigstellung des »LZ 3« waren längst auf andere Weise nach Friedrichshafen geflossen: »Dann soll die Welt halt auf mein Luftschiff verzichten«, hatte der Graf in seiner ersten Wut über »die preußischen Bremser und Verhinderer« noch ausgerufen, doch inzwischen war ihm von König Wilhelm II. bereits die Neuauflage einer eigenen Lotterie für Württemberg genehmigt worden. Die Einnahmeerwartungen der württembergischen Lotterie waren natürlich um einiges geringer, aber die über 100.000 Mark, die hierdurch zusammenkamen, bedeuteten dennoch einen wichtigen Fingerzeig für das ganze Volk, dass die Sympathien des Königs von Württemberg nach wie vor dem Grafen Zeppelin und seinen kühnen Luftschiffplänen galten.
Leider war im Mai 1906 Carl Berg verstorben, der Aluminiumfabrikant aus Lüdenscheid, der den Grafen über all die Jahre hinweg so großzügig mit dem teuren Metall versorgt hatte. »Sie brauchen sich keinerlei Sorgen zu machen, wie es mit dem Aluminium weitergeht«, hatte ihm freilich Bergs Schwiegersohn und Firmennachfolger Alfred Colsmann noch am Tag der Beerdigung fest in die Hand hinein versprochen. »Sie bekommen das Aluminium von mir auch weiterhin zu unseren Selbstkostenpreisen geliefert, denn ich bin von Ihren Plänen und von Ihrem Vorhaben restlos überzeugt!« Eine Sorge weniger! Wie schön!
Ohnehin sah sich Ferdinand von Zeppelin von einer Welle der Sympathie getragen, woran sicherlich die unermüdliche und engagierte Öffentlichkeitsarbeit ausgerechnet jenes Mannes einen entscheidenden Anteil hatte, der vom

Grafen quasi über Nacht vom Saulus zum Paulus verwandelt worden war: Dr. Hugo Eckener! Und Eckener war ein weiteres Kunststück gelungen, in dem er den alten Kavallerieoffizier Zeppelin davon überzeugen konnte, wie wichtig die Unterstützung der Massen für die Luftschiffe war: »Wenn Sie schon nicht auf die Einsicht der Herren in Berlin zählen können, Exzellenz, so machen Sie sich eben die Sympathien der »törichten Volksmenge« zunutze, deren vieltausendfaches Echo auch in Berlin seine Wirkung nicht verfehlen wird!« Genauso war es: Ferdinand Graf Zeppelin mutierte dank Eckener endgültig zum strahlenden Helden des ganzen Volkes! »Und das in einem Alter von 68 Jahren! Du dürftest der älteste Held sein, den die Weltgeschichte jemals gesehen hat«, lachte Bella.

»Und dabei mache ich mir doch gar nichts aus diesem Ruhm. Mir geht es einzig und allein nur um die Sache: nämlich um meine Luftschiffe!«

»… aber dazu ist manches Mittel recht. Popularität ist sicherlich nicht das schlechteste«, ergänzte Bella. »Viel besser jedenfalls, als die spöttischen Bemerkungen, die sie dir jahrelang hinterher gerufen haben!«

Am 9. und am 10. Oktober 1906 gelangen ihnen mit dem Luftschiff Nummer 3 tatsächlich zwei triumphale Fahrten. Auch dank der Lehren aus den Unvorsichtigkeiten beim Start von LZ 2 im vergangenen Winter. Dieses Mal würde das Luftschiff weit entfernt vom Ufer starten, beinahe drei Kilometer weit wurde es von einem Floß über die spiegelglatte Wasserfläche auf den See hinaus gezogen. Was machten die Motoren? »Die Motoren starten und leer laufen lassen!« Gespannt nahm Zeppelin erst den vorderen, dann den hinteren Daimlermotor in sein Visier: beide arbeiteten einwandfrei. Der Graf nickte zufrieden, dann richtete er einen fragenden Blick auf Bassus, der eifrig nickte. Die beiden Männer verstanden sich auch ohne Worte, schließlich waren sie alle möglichen Situationen des Aufstiegs probeweise schon hundertmal durchgegangen. Bassus hatte natürlich wie Zeppelin längst bemerkt, dass es an der Zeit war, den Aufstieg zu realisieren, denn inzwischen erwärmte die Sonne mit ihren Strahlen die Hülle und damit auch das Innere des Luftschiffs mitsamt der Gaszellen. Das wiederum hatte zur Folge, dass sich der Wasserstoff langsam ausdehnte und über die Ventile abgeblasen wurde, bevor der Gasdruck die Zellen auseinandergesprengt hätte. Dabei handelte es sich ausgerechnet um die reinsten und damit wertvollsten Bestandteile der Wasserstofffüllung, wie Bassus dem Grafen erklärt hatte: »Der beste Teil des Gases befindet sich aufgrund seiner besseren Reinheit und damit Aufstiegseigenschaften logischerweise immer oben. Deshalb wäre es besonders fatal, wenn ausgerechnet dieses Gas nutzlos entweichen muss. Denn umso mehr fehlt es uns dann später bei der notwendigen Austarierung.« Das Summen der Überdruckventile an den Gaszellen hatte also den raschen Blickkontakt der beiden Männer ausgelöst. Ein weiterer kurzer Blick zu Dürr hinüber. Auch der Ingenieur nickte sofort.

Damit war alles klar. Das Kommando zum Start konnte erfolgen: »Die Leinen los!«

Langsam und ruhig stieg das Schiff empor. Immer kleiner wurden die Menschen auf dem Schleppboot, die ihnen begeistert zuwinkten, bis sie bald nur noch als winzige Punkte unten, weit hinter dem Schiffsheck, zu erkennen waren. Binnen Minuten hatte »LZ 3« Fahrt aufgenommen und schwebte in einer stabilen Längsausrichtung gegen den Wind am Himmel. Und die Motoren? Mit dem emporgereckten Daumen kam sowohl von der hinteren Gondel als auch von der vorderen das erhoffte Zeichen: Nach wie vor versahen die beiden 85 PS Ungetüme verlässlich ihren Dienst, was allein schon am gleichmäßigen Drehen der vier großen Luftschrauben erkenntlich war, die das Schiff in einer Höhe von 150 Metern nun in eine kraftvolle Vorwärtsbewegung brachten. Insgesamt vier Stunden verbrachten sie mit dem Schiff in der Luft und überflogen in dieser Zeit erst Meersburg, wo

die Menschen mit vor Staunen weit aufgerissenen Mündern ihre Köpfe in den Nacken legten, als die riesige Luftzigarre majestätisch über sie hinweg schwebte. Dann wendeten sie das Luftschiff hinaus auf die spiegelglatte Seefläche in Richtung auf das Schweizer Ufer und der Graf gab das Kommando »Motoren auskoppeln«, worauf die großen Luftschrauben langsam zur Ruhe kamen. Und nun sogar der Befehl: »Motoren aus!« und kaum war der Befehl ausgeführt, herrschte eine völlige Ruhe an Bord. Kein Knattern der röhrenden Motoren mehr, keine Abgaswolken, kaum ein Windgeräusch war mehr zu hören, plötzlich herrschte eine beinahe schon feierlich zu nennende Stille in den Gondeln. In vollen Zügen genossen die Männer die Magie dieses Augenblicks, das lautlose Schweben über der grandiosen Kulisse des Bodensees. In der Ferne die schneebedeckten Gipfel der Alpen, allen voran der imponierende Anblick des Säntis, auf der Backbordseite die Bregenzer Alpen, hinter ihnen, ganz im Dunst, war schemenhaft das Schloss von Meersburg zu erkennen, an Steuerbord voraus, das müsste die Mainau sein, daneben Konstanz und Kreuzlingen. Es war einmalig schön… »Den hinteren Motor wieder an!« durchzuckte plötzlich ein neues Kommando die Stille. »Und jetzt den vorderen!« Und weiter ging es mit neu aufgenommener Geschwindigkeit über Romanshorn und Rorschach bis zur Rheinmündung und von dort aus zurück nach Manzell.
Unzählige Höhenkommandos, Sink- und Steigeversuche später, »Backbord! Jetzt wieder Steuerbord!«, »Den Bug leicht anheben!«, »Eine Drehung um 360 Grad beschreiben, auf die Beibehaltung der Höhe achten!«, gab Zeppelin den Befehl: »Vorsichtig Gas abblasen!« und Minuten später landete man ohne jegliche Schwierigkeit wieder auf dem ruhigen See. Die Höchstgeschwindigkeit, die das Schiff erreicht hatte, betrug tatsächlich gut und gerne 40 Stundenkilometer, wie sie zu ihrer besonders großen Freude ausrechnen konnten – und das, obwohl der hintere

Motor während der Fahrt doch noch für einige Verwünschungen des zuständigen Monteurs gesorgt hatte …
Kaum waren die Gondeln von »LZ 3« in Kontakt mit der Wasserfläche gekommen, ertönte das nächste Kommando: »Und jetzt alle Mann an die Ballasttanks. Wasser einfüllen!« Das war eine Arbeit, bei der es auf Schnelligkeit ankam: der mit Abstand anstrengendste Teil der Fahrt. So rasch wie möglich galt es für die Besatzung der Gondeln, Wasser aus dem See zu schöpfen, um die Ballasttanks wieder zu befüllen. Denn nur mit Hilfe der vollen Tanks war eine sichere und stabile Lage des Luftschiffs auf der Seeoberfläche gewährleistet, allenfalls wäre das mit dem weiteren Abblasen von Wasserstoffgas zu erreichen. Aber dafür war das Gas viel zu teuer und zu kostbar, als dass man es einfach hätte entweichen lassen. »Das Wasser kostet uns dagegen nichts, bis auf einige Schweißtropfen, aber die nehme ich dafür gerne in Kauf«, lächelte der betagte Graf Zeppelin, der sich persönlich am Befüllen der Wassertanks beteiligte. »Wir sitzen ja auch im wahrsten Sinn des Wortes in ein und demselben Boot, da gehört es sich einfach, dass sich keiner der Insassen für eine Arbeit zu schade ist!«
Auch diese Arbeit ging problemlos vonstatten, sodass »LZ 3« schon nach kurzer Zeit am Heck der »Württemberg« festgemacht werden konnte und von dem Motorboot mit seinem stolz lächelnden »Kapitän« Marx am Steuer mühelos in die Halle zurück bugsiert und sicher verankert wurde.
Gleich am Tag darauf konnte der zweite Aufstieg erfolgen, denn Monteur Gross hatte den Fehler am hinteren Motor rasch entdeckt und auch reparieren können. Ingenieur Dürr zeigte sich vom anschließenden Probelauf in der Halle zufrieden. Auch Dürrs zweite, wie immer nächtliche Inspektion in der Luftschiffhalle, war problemlos verlaufen. »Von meiner Seite gibt es keinerlei Bedenken. Wir können wieder hochsteigen, Exzellenz«, kommentierte der Ingenieur. Am leichten Vibrieren seiner Stimme ließ sich die Vorfreude heraushören, die nach dem phänomenalen

Erlebnis der ersten Fahrt selbst den nüchternen Dürr ergriffen hatte.
Blieb noch die Frage nach dem Wetter in den kommenden Stunden. Aber auch der Meteorologe Hergesell hatte keinerlei Einwände vorzubringen. »Die Wetterlage ist stabil. Wir müssen heute nicht mit plötzlich auftretenden Fallwinden oder gar mit einem Wetterumschwung rechnen. Alles ist gut.«
Zeppelin nickte zufrieden. »Allein die Tatsache einer zweiten Fahrt innerhalb von 24 Stunden wird den Zweiflern an meiner Sache schwer zu schaffen machen! Das ist der klare Beweis, dass das Luftschiff für den Alltagsbetrieb taugt. Also Männer, an die Arbeit: zeigen wir ihnen, wie verlässlich unsere Technik funktioniert!«
Der zweite Aufstieg verlief jedoch nicht ganz so reibungslos wie der erste, denn ausgerechnet in dem Moment, als sie das Luftschiff mit Hilfe des Motorboots langsam aus der Halle zogen, setzte urplötzlich ein böiger Wind ein, der seitlich auf den riesigen Schiffskörper prallte und das Luftschiff mitsamt dem Schleppboot zurücktrieb! So sehr sich die Besatzung des Schleppbootes mit verzweifelten Gegensteuerversuchen und einem auf höchster Drehzahl laufenden Motor auch abmühte: sie wurden wie von einer Riesenfaust gepackt weiter nach hinten getrieben! Auch die hastig ausgeworfenen Anker brachten keinerlei Erfolg. »Wir müssen etwas unternehmen! Da vorne taucht schon die Halle auf! Der Wind treibt uns direkt darauf zu!«
Es würde keine zwei Minuten mehr dauern, und das Schiff würde direkt auf die Halle prallen! Was das für »LZ 3«, seine Besatzung und selbst für die Männer auf dem Schleppboot bedeuten musste, war jedem von ihnen nur allzu schockhaft bewusst!
»Wir müssen hoch! Kommando zum Aufsteigen! Sofort!«, donnerte Zeppelins Befehl durch die atemlose Stille in den Gondeln. »Die Halteleinen los! Wasserballast ablassen, soviel wie möglich!«

Von Halteleinen und Ballast schlagartig befreit schoss das Schiff nun förmlich in die Höhe, doch nach wie vor trieb es der Wind unerbittlich auf das Dach der Halle zu. »Das wird ganz knapp!« murmelte Ludwig Marx, der Bootsführer der nunmehr geretteten »Württemberg«, dem beinahe der Atem stockte, als er hilflos beobachten musste, wie das Luftschiff die Halle erreichte. Unwillkürlich fasste er sich mit beiden Händen an die Ohren und schloss in Erwartung der Explosion, die dem Aufprall folgen würde, kurz die Augen. Doch das Wunder geschah: der Knall blieb aus! Kein Meter mochte mehr zwischen Hallendach und den Gondeln gewesen sein, mit knapper Not war das Luftschiff darüber hinweg gefegt und über Land getrieben worden – und jetzt: jetzt hatte der Graf ganz offensichtlich das Kommando zum Ankoppeln der Motoren gegeben. »Bitte lass die Motoren einwandfrei arbeiten«, schickte Marx ein Stoßgebet zum Himmel. Auch diese Bitte wurde erhört: alle vier Luftschrauben arbeiteten einwandfrei und stemmten sich dank der beiden 85 PS starken Motoren jetzt kraftvoll gegen den Wind! Die Rückwärtsbewegung des weiter in die Höhe steigenden Luftschiffs verlangsamte sich, nun schien der Schiffskörper einen Augenblick lang regungslos am Himmel zu stehen und dann … setzte allmählich die Vorwärtsbewegung ein. Langsam, dann schneller und schneller gewann »LZ 3« an Fahrt!
Die Beobachter durften aufatmen – und erst recht die Besatzung an Bord. Mit knapper Not waren sie an einer Katastrophe vorbei geschrammt. Es war gerade noch einmal gut gegangen!
Im Nachhinein durfte man sogar voller Stolz konstatieren, dass sich »LZ 3« auch unter widrigsten Bedingungen als steuerbar erweisen hatte. Mit den vom Militär bevorzugten »unstarren Ballonen« wäre ein solcher Coup niemals möglich gewesen. Das konnte niemand ernsthaft bestreiten! Ihr Luftschiff hatte seine Feuertaufe glänzend bestanden, nicht minder die tapfere Besatzung, die trotz aller kritischen Zuspitzung keine Sekunde lang die Nerven

verloren hatte. Kein einziger von ihnen! Ferdinand von Zeppelin durfte zurecht stolz auf seine Männer sein. »Und zwar auf diejenigen, die unsere Fahrt im Luftschiff mitgemacht haben, genauso wie auf diejenigen, die mit ihrer peniblen Arbeit dafür gesorgt haben, dass wir diese Höchstanforderung an das Schiff und seine Technik überhaupt haben bestehen können!« Dass seine komplette Belegschaft zur Feier der beiden glänzend bestandenen Aufstiege für den kommenden Tag zu einem großen Festbankett im »Deutschen Haus« in Friedrichshafen eingeladen wurde, verstand sich für den Grafen Zeppelin naturgemäß von selbst.

Mit den beiden erfolgreichen Fahrten des »LZ 3« im Herbst 1906, denen nun eine ausgedehnte Winterruhe folgen sollte, während der die gesammelten Erfahrungen sorgfältig ausgewertet würden, war der Nachweis erbracht: dem starren Luftschiff nach dem Prinzip des Grafen Zeppelin gehörte die Zukunft. Zumindest war es dem »unstarren« Ballonsystem des Majors August von Parseval als gleichwertig zu betrachten, dem die preußischen Militärstrategen zwar weiter den Vorrang einräumten, keinesfalls aber konnten die Preußen Zeppelins ganz anderen Weg jetzt noch länger als Spinnerei eines dickköpfigen, pensionierten Kavallerieoffiziers abtun. Weder das Luftschiff, noch seinen Erfinder! Vielmehr mussten sie sogar zähneknirschend anerkennen, dass Graf Zeppelin und seine Leute ein respektables wissenschaftliches Vorgehen an den Tag gelegt hatten. Hier waren keine ahnungslosen Idealisten am Werk gewesen, sondern ernstzunehmende Wissenschaftler, ob es sich dabei um den Meteorologen Hergesell, um den Statiker Bassus oder den Ingenieur Dürr handelte – ganz zu schweigen vom Grafen selbst, der von der Technischen Hochschule Dresden mit der Würde eines Dr.-Ing. ehrenhalber ausgezeichnet wurde. »Ein zweites Adelsprädikat sozusagen für Seine Exzellenz«, nickte der frühere Skeptiker Eckener beeindruckt, der klar erkannte, was die-

ser Titel für den Fortgang der Luftschifffahrtsgesellschaft bedeuten würde.
»Das Zeppelinsche Luftschiff! Der Sieg des »starren« über das »lose« System!« schrieb Eckener in enthusiastischen Presseberichten, die in den Zeitungen überall in Deutschland erschienen und eine riesige Welle der Zeppelinbegeisterung auslösten, die den ersten Aufstieg von »LZ 1« bei weitem in den Schatten stellte. Kein Wunder, denn der ausgefuchste Journalist beschrieb noch einmal in aller Ausführlichkeit die würdevolle Haltung, mit der Graf Zeppelin im Januar 1906 vor den Trümmern seiner Existenz gestanden und dennoch seinen Mut und seinen Glauben nicht verloren hatte – allen Widrigkeiten und Hemmnissen zum Trotz. Der Mann war weiter aufrecht seinen Weg gegangen – und der Erfolg von »LZ 3« hatte ihm recht gegeben. Ferdinand von Zeppelin avancierte endgültig zum Volkshelden. Einem solchen Mann durften die Berliner Behörden nicht länger die kalte Schulter zeigen, sondern mussten ihm eine zumindest ähnliche finanzielle Unterstützung zuteil werden lassen, wie dem »unstarren« Ballon des Majors August von Parseval. Als umso ärgerlicher erwies sich jetzt die Tatsache, dass man damals die längst zugesagte Lotterie noch verhindert hatte. Und so führte kein Weg an einem Nachtragsetat des Kriegsministeriums vorbei, in dem noch im Oktober 500.000 Mark für die Errichtung einer neuen Luftschiff-Schwimmhalle auf dem Bodensee bereit gestellt wurden, der sogenannten Reichsschwimmhalle: dies als Ersatz für die bisherige, aus Kostengründen nur mangelhaft wiederhergestellte Halle. Und selbst wenn ihre Sympathien weiterhin dem Konkurrenten Parseval galten, erklärten sich die Mitglieder des Generalstabs zur Kostenübernahme der Versuchsfahrten des »LZ 3« bereit. Man einigte sich mit Zeppelin darauf, dass er im folgenden Jahr weitere Fahrten unternehmen solle, in denen er die Fahreigenschaften im Detail überprüfen würde, um mit den dabei gewonnenen Erfahrungen schließlich zu einer Dauerfahrt von mindestens

700 Kilometern Länge aufzubrechen, die eine militärische Verwendung des Luftschiffs endgültig unter Beweis stellen sollte. Spätestens nach der für den Spätsommer 1907 geplanten Vollendung der Reichsschwimmhalle sollten diese Probefahrten stattfinden.

Die Geduld von Zeppelin und seinen Männern wurde wieder einmal auf eine harte Probe gestellt: es dauerte nämlich bis Anfang September 1907, bis die neue schwimmende Luftschiffhalle endlich fertig gestellt war. Endlose Tage, Wochen und Monate hatten sie mit immer neuen Überprüfungen, Berechnungen und Korrekturen am »LZ 3« verbracht. Jetzt standen die alles entscheidenden Wochen und Monate für die Zukunft der Luftschiffe unmittelbar bevor – und alle Mitarbeiter waren sich einig: sie würden es schaffen. Ganz klar!
»Wir müssen unsere Gesellschaft nun aber auch personell um gute neue Mitarbeiter vergrößern, wenn wir zeigen wollen, in welch kurzen Zeitabständen die Fahrten mit dem Luftschiff möglich sind. In erster Linie brauchen wir einen erfahrenen Seemann, der sich mit dem Navigieren auskennt.« Mit dieser Erkenntnis folgte der Graf einer Empfehlung des Freiherrn von Bassus, der ihn in mehreren Diskussionen davon überzeugt hatte, wo noch Schwachpunkte in ihrer ansonsten glänzend ausgebildeten und bis in die Haarspitzen motivierten Mannschaft zu finden waren. »Die Fahrt über den Himmel ist durchaus mit der Seefahrt vergleichbar – und trotzdem haben wir bisher keinen einzigen Seemann in unseren Reihen. Das scheint mir ein Mangel zu sein, den wir unbedingt beheben müssen – sowohl was das Navigieren als solches betrifft, als auch im Hinblick auf die Erfahrung am Steuerruder eines Schiffes, ob es sich dabei nun um ein Luftschiff oder ein normales Schiff auf dem Wasser handelt, ist dabei zweitrangig.« Mit dem Hinweis auf ihre mangelnden Navigationskenntnisse hatte Konrad von Bassus den Finger auf einen wunden Punkt gelegt, denn keiner von ihnen dürfte

in der Lage sein, bei einem plötzlich auftretenden Wetterumschwung ihre Position ohne direkte Bodensicht verlässlich zu bestimmen. Und je länger sie mit dem Luftschiff unterwegs sein würden, umso höher war die Wahrscheinlichkeit, tatsächlich einmal in eine solche Situation zu geraten. »Vorsicht ist bekanntlich die Mutter der Porzellankiste. Wir sollten uns also die Dienste eines erfahrenen Seebären sichern – die Sache mit dem Auftrieb werde ich ihm dann schon beibringen, wobei ich sicher davon ausgehe, dass ein solcher Mann auch in dieser Hinsicht rasch Bescheid weiß.«

So kam es am 2. September zum Bewerbungsgespräch des 37 Jahre alten Schiffssteuermanns Georg Hacker beim Grafen Zeppelin. »Ich habe gelesen, dass Sie einen Obervermessungssteuermann als ihren Stellvertreter für das Steuern Ihres Luftschiffes suchen, Exzellenz«, begann Hacker ohne Umschweife, der so schnell wie möglich von Wilhelmshaven an den Bodensee aufgebrochen war, nachdem er Kenntnis von Zeppelins Suche erhalten hatte. »Ich will gerne dieser Steuermann werden!«
»So, so«, nickte der Graf und warf einen interessierten Blick in die Papiere, die ihm Hacker überreichte. »Sie sind also aus Münchberg gebürtig ...«
»... das liegt in der Nähe von Hof, also in Oberfranken«, beeilte sich Hacker zu ergänzen.
»Und wie kommen sie als Oberfranke dazu, ausgerechnet Seemann zu werden?«
»Das war schon immer mein Berufswunsch – und ich habe es nicht bereut, keinen Tag lang in all den inzwischen doch schon 22 Jahren ...«
»... 22 Jahren«, echote Zeppelin erstaunt. »Das heißt, Sie fahren zur See, seit Sie 15 Jahre alt sind? Das ist eine respektable Zeitspanne! Und was hat Sie jetzt dazu bewogen, der Seefahrt doch den Rücken kehren zu wollen?«
»Ich habe zur Zeit eine Anstellung beim Meteorologischen Institut in Wilhelmshaven. Diese Arbeit habe ich kurz

nach meiner Heirat angenommen. Aus Rücksicht auf meine Familie, die mich nicht wochenlang entbehren sollte. Aber so interessant diese Arbeit auch ist: auf Dauer möchte ich halt doch nicht in einem Büro versauern. Wer so weit in der Welt herum gekommen ist, taugt einfach nicht mehr für eine normale Anstellung.«

Die Tatsache, dass Hacker also über zusätzliche meteorologische Kenntnisse verfügte, machte seine Bewerbung für Zeppelin natürlich noch interessanter. Im übrigen gefiel ihm der Mann mit seiner offenen Art und dem unüberhörbar fränkischen Dialekt, den er auch nach so langer Zeit in der Fremde nicht hatte ablegen können oder wollen. Eher das letztere schien wohl der Fall.

Wenig später hatte Georg Hacker die Unterredung offenbar erfolgreich überstanden. Zumindest deutete alles darauf hin, denn zur Verblüffung seines Bewerbers ließ es sich der Graf nicht nehmen, Hacker zusammen mit dem Freiherrn von Bassus persönlich mit dem berühmten Motorboot mit seinem Luftschraubenantrieb zum Werftgelände in Manzell zu begleiten, wo sich Hacker zunächst noch ein Bild von den gewaltigen Ausmaßen des Luftschiffs machen sollte. Zwei solche Kapazitäten! Der berühmte Luftgraf und dazu der hochangesehene Gasexperte, die sich um ihn, den einfachen Gendarmensohn aus Oberfranken kümmerten! Er konnte sein Glück kaum fassen!

»Sehen Sie einmal, wer uns da entgegen gerudert kommt, Exzellenz« deutete Bassus auf ein Ruderboot, das sich ihnen rasch näherte. Eine junge Dame war an den beiden Riemen zu erkennen und winkte den Bootsinsassen nun fröhlich zu – worauf der Graf und sein Begleiter nicht minder fröhlich zurück winkten. »Das ist die Komtesse Hella, meine Tochter«, erklärte Zeppelin strahlend. »Anscheinend hat sie gerade ein paar freie Stunden. Sie ist nämlich Hofdame bei der Königin, die hier in Friedrichshafen immer die Sommermonate zu verbringen pflegt. Aber wenden wir unsere Aufmerksamkeit nun wieder auf Ihre

künftige Arbeit. Dort drüben«, der Graf streckte seinen Arm weit aus. Vor ihnen in der Bucht war eine riesige Halle zu erkennen, an der zahlreiche Arbeiter gerade damit beschäftigt waren, große Platten als Dachfläche zu montieren. »Das ist die Reichsschwimmhalle, die demnächst für das Luftschiff zur Verfügung stehen soll.«
»In spätestens zwei Wochen muss das Ding endlich fertig sein«, ergänzte Basuss in seinem tiefen Bayrisch. »Und dann würden Sie, Herr Hacker, das Luftschiff unter Ihrer Obhut haben, wenn Sie sich – was beinahe nicht anders zu vermuten ist – als Bewerber angenommen worden sind. Da drüben können Sie es jetzt erkennen!«
Was für ein atemberaubender Anblick! Selbst wenn Hacker natürlich in den Zeitungen schon Bilder von dem riesigen Luftschiff gesehen hatte: Niemals hätte er sich die wahren Dimensionen ausmalen können, die sich noch um ein Vielfaches gewaltiger darstellten, wenn man unmittelbar am Heck des Luftschiffes vorüberfuhr. Das Boot legte an, die drei Männer kletterten an Land und betraten wenig später die alte Montagehalle. Es war ein Respekt einflößendes Erlebnis, nun direkt neben dem majestätischen Schiff zu stehen!
»Wie gefällt es Ihnen?«
Hacker schluckte trocken, bevor er sich imstande sah, zu antworten. »Es … es ist ein wunderbares Gebilde!«
Aus der Halle kam ein schlanker, wohl um die 30 Jahre zählender Mann auf sie zu. »Das ist der Herr Dürr. Unser Oberingenieur, das wäre dann Ihr künftiger Vorgesetzter«, erklärte Bassus, während Dürr nach einer zwar kurzen, aber freundlichen Begrüßung Hackers den Grafen sofort mit einer Diskussion über die Eigenschaften eines Bauteils in Beschlag nahm. »Typisch Dürr. Das ist bei dem immer so – da gibt es immer etwas zu diskutieren und zu verbessern«, lächelte Bassus, »Kommen Sie, Hacker, wir inspizieren inzwischen einmal die vordere Gondel. Da kann ich Sie dann gleich mit den verschiedenen Funktionen vertraut machen. Als Seemann wird Ihnen das meiste ja bekannt

vorkommen, anderes wiederum nicht. Schauen Sie, das hier beispielsweise, das ist das Postschiffchen. Mit dem können sie über dieses Drahtseil eine Anweisung in die hintere Gondel schicken. Und nun Achtung: Ohren zu!« Kaum hatte er es ausgesprochen, ließ er vom Kommandostand aus die große Achtungsglocke in der hinteren Gondel ertönen. Ein ohrenbetäubender Lärm! »Davon werden die Toten wieder wach, nicht wahr?« lachte Bassus dröhnend und fuhr mit seiner Erklärung fort. »Sehen Sie übrigens den Stoff der Hülle von unserem Schiff: dabei handelt es sich um ein besonders fein gesponnenes Gewebe aus bester ägyptischer Baumwolle. Sicherlich viel feiner, als ein normales Segeltuch, was meinen Sie?«

»Das kann man in der Tat sagen«, staunte Hacker nicht schlecht über die einzigartige Qualität des leicht gelblich schimmernden Stoffes.

»Und hier der Steuerkompass und die Peilvorrichtung, aber das werde ich Ihnen ja wohl nicht im Einzelnen erklären müssen. Das sind Dinge, von denen ich denke, dass Sie uns manchen wertvollen Verbesserungsvorschlag machen können. Aber das hat Zeit bis demnächst, heute sollen Sie sich erst einmal einen ersten Überblick über alles verschaffen!«

Georg Hacker schwirrte der Kopf, als die drei Männer eine gute Stunde später vom Luftschraubenboot wieder zurück nach Friedrichshafen gebracht wurden, wo es sich der Graf nicht nehmen ließ, den Stellenbewerber seiner Frau und seiner Tochter vorzustellen. »Willkommen am blauen Schwabenmeer!« drückten sie dem verlegenen Hacker freundlich die Hand. Kurze Zeit später stand Hacker, noch völlig benommen von den überwältigenden Eindrücken dieses Tages wieder am Bahnhof von Friedrichshafen und wartete auf den Zug, der ihn zurück nach Wilhelmshaven bringen sollte. Hoffentlich nicht mehr für lange Zeit! Denn das, was er am heutigen Tag hatte erleben dürfen, bestärkte ihn in seiner festen Absicht, die Stelle als Steuermann eines Zeppelin-Luftschiffs unbedingt übernehmen zu wollen.

Hoffentlich fiel die Wahl des Grafen Zeppelin auf ihn! Allem Anschein nach war er dem Grafen nicht unsympathisch gewesen. Aber das musste noch nichts bedeuten. Noch immer konnte ein anderer Bewerber daher kommen und ihn ausstechen! Die nächsten Tage würden fürchterlich werden!

Seine Sorgen sollten sich als unbegründet erweisen: nur vier Tage später stand Georg Hacker in Paradeuniform bereits wieder am Hafenbahnhof. Gestern Nachmittag hatte er das ersehnte Telegramm erhalten: »Wann können Sie schnellstens eintreffen? Brief unterwegs. Graf Zeppelin.«

Kurz darauf klopfte er vorsichtig an der Tür von Zeppelins Büro, worauf er von einem Sekretär in breitestem Schwäbisch in den Empfangsraum gebeten wurde. »Da sind Sie ja, Hacker. Guten Morgen!« begrüßte ihn der Graf Zeppelin und kam dann sofort auf das Wesentliche. »Wir haben keinerlei Zeit zu verlieren. In vierzehn Tagen soll unser Luftschiff aufsteigen. Sie müssen sich also tüchtig anstrengen, um in dieser kurzen Frist das Wesen der Luftfahrt und alle wichtigen Einrichtungen, sowie die Handhabung der Steuerung kennen zu lernen. In den geldlichen Angelegenheiten ist der Herr Uhland für Sie zuständig. Der wird Ihnen auch die Unterkunft nennen, die wir für Sie reserviert haben. Diese Dinge können Sie am besten jetzt gleich abklären. In einer Viertelstunde werden wir dann mit dem Boot nach Manzell fahren. Ach ja«, er unterbrach sich und musterte Hacker von Kopf bis Fuß. »Haben Sie eigentlich auch einen Zivilanzug dabei?«

»Ja natürlich, Exzellenz.«

»Dann wäre es mir lieber, wenn sie mich in Zivil begleiten würden.«

Damit war Georg Hacker – zunächst noch probeweise – in den Kreis der Führungsriege des Grafen Zeppelin aufgenommen und keine Woche später hatte er die letzte Prüfung für seine endgültige Anstellung bereits erfolgreich bestanden. Auch diese Prüfung war, wie alle anderen zuvor, nicht angekündigt worden, sondern Bassus, Dürr und

Zeppelin selbst hatten den Probanden verschiedentlich in ein belanglos wirkendes Gespräch verwickelt, das sich erst in seinem weiteren Verlauf als eine sorgfältige Überprüfung der Kenntnisse erwies, die sich der eifrige Hacker innerhalb kürzester Zeit angeeignet hatte. Dass seine Probezeit nunmehr vorüber war, ließ sich an der Tatsache ablesen, dass ihn die Wirtin des »Buchhorner Hof« heute gleich bei seinem Eintreffen überraschenderweise in eines der Nebenzimmer führte. Hier versammelten sich nach getaner Arbeit regelmäßig Oberingenieur Dürr und all die anderen Ingenieure, die er direkt vom Polytechnikum in Stuttgart zu der Luftschiffbaugesellschaft nach Friedrichshafen geholt hatte, zu ihrer allabendlichen Stammtischrunde, genau so, wie sie das schon früher im Stuttgarter Gasthof »Post« gepflegt hatten. Wer hier saß, der durfte sich mit Fug und Recht zur Kernmannschaft des Grafen Zeppelin zählen. Und Georg Hacker nahm künftig in dieser Runde als erster vom Grafen Zeppelin ausgebildeter Luftschiffkapitän einen ganz besonderen Rang ein, auf den er Zeit seines Lebens immer wieder gerne verwies. Dass er sich darüber hinaus sogar ein Arbeitszimmer mit dem Neffen des Grafen Zeppelin, dem Oberingenieur Ferdinand von Zeppelin junior teilen durfte, den sie alle in der Werft nur den »jungen Grafen« nannten, erfüllte Hacker natürlich mit einem ganz besonderen Stolz.

Und dabei war es gleich an seinem ersten richtigen Arbeitstag zu gewissen Problemen gekommen, denn der Pförtner hatte ihm den Zutritt zu dem mit einem hohen Holzzaun gesicherten Werftgelände strikt verweigert. »Aber ich bin zur Ausbildung als neuer Steuermann von seiner Exzellenz persönlich angestellt worden«, versuchte Hacker den Wächter an der Eingangspforte mit Engelszungen von seiner Zutrittsberechtigung zu überzeugen. Es war nichts zu machen! »Da kann ja jeder daher kommen und behaupten, er sei ein neuer Mitarbeiter!«
»Das bin ich doch auch. Ich heiße Hacker. Georg Hacker!

Und ich soll zum Steuermann des Luftschiffs ausgebildet werden!«
»Und wenn Sie in Wirklichkeit der Spion Hacker sind? Was ist dann?«
»Das bin ich aber nicht! Irgendwo muss doch mein Name auf einer Liste vermerkt sein!«
»Ist es aber nicht!« Der Mann ließ einfach nicht mit sich reden! »Und wen ich nicht kenne, den lasse ich auch nicht hinein.«
»Dann ist es Ihre Schuld, wenn ich gleich an meinem ersten Arbeitstag zu spät komme!«
»Anweisung ist Anweisung! Und von seiner Exzellenz habe ich den Namen Hacker nicht genannt bekommen«, zuckte der Pförtner mit den Schultern.
»Dann holen sie halt einen von den Ingenieuren her. Die haben mich doch schon in der Halle gesehen, wo mir seine Exzellenz die Funktionen des Luftschiffs genau erklärt hat ...«
»... das ist sinnlos. Eine Zugangserlaubnis kann nur seine Exzellenz selbst oder der Herr Oberingenieur Dürr erteilen. Sonst niemand!«
»Dann ... ist der Oberingenieur Dürr denn schon da? Dann holen Sie den doch hierher, der kennt mich ja auch. Der Herr Dürr kann Ihnen bestätigen, dass alles seine Richtigkeit hat.«
»Und wenn nicht, dann kriege ich einen mordsmäßigen Anschiss vom Herrn Dürr, dass ich ihn bei der Arbeit gestört habe«, brummelte der Pförtner.
»Und wenn Sie mich nicht hinein lassen, obwohl ich tatsächlich derjenige bin, als der ich mich vorgestellt habe, dann werden Sie einen noch viel größeren Anschiss bekommen!« rief der zunehmend verzweifelnde Hacker. »Jetzt bewegen Sie sich endlich und holen Sie den Herrn Dürr hierher!«
Dieses Argument schien endlich verfangen zu haben. »Na gut, aber Sie bleiben schön hier stehen und rühren sich nicht von der Stelle.« Es schien Hacker eine halbe Ewigkeit

vergangen, bis der Pförtner, der die Eingangspforte sicherheitshalber sorgsam verschlossen hatte, mit dem Oberingenieur im Schlepptau wieder zurück kam. »So, Herr Dürr, das ist also der Mann, der behauptet, er sei ein neuer Mitarbeiter!«

»Das ist er auch, Koop! Das ist der Herr Hacker, unser künftiger Steuermann. Lassen Sie ihn endlich herein.«

Augenblicklich überzog sich das Gesicht des sturen Pförtners mit einer tiefen Röte. »Ich … das … das konnte ich nicht wissen, Herr Dürr. Das … das hat mir keiner gesagt. Und Sie wissen ja, Herr Dürr, ich habe von seiner Exzellenz die strikte Anweisung, keinesfalls jemanden auf das Gelände zu lassen, dessen Name mir nicht von seiner Exzellenz oder von Ihnen genannt worden ist.«

»Ist ja schon gut, Koop. Sie haben durchaus richtig gehandelt«, versuchte Ludwig Dürr, den pflichtbewussten Bewacher des Werfteingangs wieder zu beschwichtigen. »Das war ein Versäumnis unsererseits, Ihnen den Namen vom Herrn Hacker nicht zu melden. Sie haben sich absolut korrekt und ganz im Sinne seiner Exzellenz verhalten. Es gibt nicht das Geringste an Ihrer Vorgehensweise auszusetzen, ganz im Gegenteil sogar. Aber nun schreiben Sie bitte den Namen Georg Hacker auf Ihre Liste. Die tägliche Zutrittsberechtigung ist hiermit von mir erteilt. Kommen Sie, Herr Hacker. Die Kollegen warten schon auf uns.«

»Zu Befehl, Herr Oberingenieur!« salutierte der Pförtner und winkte dann den neuen Mitarbeiter mit einer generösen Handbewegung durch den Eingang.

»Ja, so ist er halt, unser gewissenhafter Koop. Wenn wir den nicht hätten …«, lächelte Dürr, während die beiden Männer mit raschen Schritten zur Luftschiffhalle eilten. »Der hat es sogar schon fertig gebracht, dem König von Württemberg den Zutritt zu verweigern.«

»Dem König?!«

»Ja, dem König! Unser König Wilhelm II. ist seiner Exzellenz bekanntlich sehr gewogen und der König hat nun während eines Spaziergangs in der Nähe von Manzell beschlossen, uns in der Luftschiffhalle zu besuchen, um sich aus erster Hand über die Fortschritte informieren zu lassen. Aber als er dann an der Pforte stand und herein wollte, da ist er bei unserem Koop übel abgeblitzt. Da könne ja jeder kommen, hat der Koop gemeint. Ein Besuch des Königs stünde nicht auf seiner Liste und deshalb könne er ihn auch nicht hereinlassen.«

»Unglaublich!«

»Aber im Grunde genommen hat er ja richtig gehandelt. Und die Geschichte ist ja auch gut ausgegangen, denn ich habe von einem unserer Arbeiter erfahren, dass da draußen der König steht und bin deshalb noch rechtzeitig zum Eingang gekommen, bevor der König unverrichteter Dinge wieder umkehren musste. Seine Exzellenz hat den König dann durch die Halle geführt und ihm alles genau erklärt. Und beim Abschied hat der König unserem wackeren Koop sogar noch eine Goldmünze geschenkt und ihm gesagt, dass er sich nicht zu genieren brauche, sondern dass er ja wirklich nur seine Pflicht getan habe. Sie sehen also, Herr Hacker, so streng geht es bei uns zu: wenn nicht einmal der König von Württemberg hier hereinkommt …«

»Das verstehe ich schon: schließlich geht es ja um viel.«

»Allerdings. Und deshalb, Herr Hacker, merken Sie sich bitte noch etwas: egal, wo Sie sich auch befinden und in welcher öffentlichen Runde Sie zusammen sitzen: lassen Sie bitte niemals etwas über das Luftschiff oder gar über einen geplanten Aufstiegstermin verlauten. Niemals, hören Sie? Das ist eine strikte Anweisung vom Grafen Zeppelin, die ich nur auf das Nachdrücklichste unterstreichen kann. Man wird sie überall in Friedrichshafen immer wieder aushorchen wollen, erst recht, nachdem man in Ihnen ein Mitglied unserer Mannschaft erkannt hat. Man wird Ihnen freundlich auf die Schulter klopfen, Sie zu einem Bierchen einladen, um Ihnen die Zunge zu lockern und anderes mehr: Sie dürfen diesen Verlockungen aber niemals nachgeben. Alles hier ist streng geheim.«

Diese Vorsichtsmaßnahmen hatten ihren guten Grund, nicht nur, weil man sich keinesfalls im Hinblick auf einen konkreten Aufstiegszeitpunkt noch einmal so wie früher unter Druck setzen lassen wollte und dabei möglicherweise in der Hektik einen entscheidenden Fehler beging, sondern auch deshalb, weil Zeppelins Männer immer wieder heimliche Späher beim Versuch ertappten, sich ein Bild über die neuesten Entwicklungen am Luftschiff zu verschaffen. Manche waren sogar bei Nacht und Nebel über den Bretterzaun geklettert, andere hatten versucht, sich mit einem Ruderboot von der Seeseite her zu nähern. Wie auch immer: bislang hatte man jeden Spion noch rechtzeitig erwischen können – und so sollte es auch in Zukunft bleiben, wofür der Pförtner Koop verlässlich Sorge trug.

Nachdem also auf diesem Weg nicht das Geringste über die Geheimnisse in der Luftschiffwerft in Erfahrung zu bringen war, versuchte es die Konkurrenz mit einer anderen Methode: Ausgestattet mit einem Mandat der preußischen Luftschifferabteilung waren eines Tages Major Groß, Zeppelins langjähriger Intimfeind, der Luftschiffbauer Basenach und einige weitere Männer in Manzell erschienen. Man habe dem Generalstab einen Bericht über die bisher in das Luftschiff geflossenen Gelder zu erstellen und müsse sich deshalb an Ort und Stelle im Detail über die korrekte Verwendung der Finanzmittel informieren. Kaum hatte Groß vom Pförtner vergeblich den sofortigen Einlass gefordert, da erschien Zeppelin persönlich an der Eingangstüre und verweigerte der Delegation mit harschen Worten den Zutritt. »Sie wollen mich doch nur auskundschaften und unsere Erkenntnisse dann selber verwenden. Nie und nimmer gestatte ich Ihnen den freien Zutritt auf unser Gelände!«

Selten hatten seine Männer ihren sonst so ausgeglichenen Grafen derart aufgebracht erlebt. Es entwickelte sich ein hitziges Wortgefecht, bei dem Groß mit der sofortigen Rücknahme sämtlicher Finanzierungszusagen drohte. Doch Zeppelin blieb hart und erlaubte den Preußen einen

Zugang in die Halle nur in Begleitung eines seiner engsten Vertrauten. An dieser Haltung des Grafen war nicht zu rütteln, so dass Groß nichts anderes übrig blieb, als dessen Bedingungen zähneknirschend zu akzeptieren. Am Ende dieses Tages schärfte Zeppelin dem Pförtner neuerlich ein, niemals einen Fremden auf das Gelände zu lassen, »und sei es sogar der König von Württemberg. Aber selbst seiner Majestät haben Sie ja schon erfolgreich widerstanden, Koop. So soll es bleiben!« Damit war alles geregelt. Auf Koop würde man sich auch in Zukunft hundertprozentig verlassen können.

Endlich war die Reichsschwimmhalle also fertig gestellt worden. Bald würden sie das Luftschiff vorsichtig aus der Montagehalle bugsieren und in die neue Schwimmhalle überführen. Das für alle Welt sichtbare Zeichen, dass der Tag des Aufstiegs nun näher und näher rückte. Parallel dazu entwickelte sich eine angespannte Nervosität – bei Zeppelins Männern genauso, wie bei den in großer Zahl angereisten preußischen Militärbeobachtern, die mit kritischen Mienen den Fortgang der Startvorbereitungen verfolgten – und erst recht bei den Abertausenden von erwartungsvollen Zaungästen. Offiziellen genauso, wie einer wahren Heerschar von inoffiziellen Neugierigen, die rund um Friedrichshafen, ja selbst im österreichischen Bregenz und am Schweizer Ufer nur darauf lauerten, das Zeichen zum unmittelbar bevorstehenden Aufstieg des »LZ 3« nicht zu verpassen, um dann sofort mit Extradampfern und Booten zur Reichsschwimmhalle zu eilen.

So dicht war die Stadt am Bodensee mit Menschen belagert, dass in den Gasthäusern mehrfach Essen und Trinken ausgingen, Übernachtungsbetten waren schon lange keine mehr zu bekommen – und auch mit der Lieferung des dringend benötigten Nachschubs haperte es gewaltig. Tag und Nacht schufteten die Bäcker in ihren Backstuben und dennoch blieb das Brot angesichts der Masse an hungrigen Mägen auch in den folgenden Tagen Mangelware. Niemand wollte frühzeitig aus dem Tohuwabohu abreisen, denn keiner wollte sich den Aufstieg von »LZ 3 » entgehen lassen

Die Frage war nur, wann genau dieser Aufstieg denn nun stattfinden würde? Weder am 21. noch am 22. September schien die Wetterlage verheißungsvoll – und auch am 23. wurde die Geduld der Menschen auf eine harte Probe gestellt. Manchem riss der Geduldsfaden, als sich der Aufstieg wieder verzögerte und sich Zeppelins Mannschaft allem Anschein nach sogar daran machte, das Luftschiff für die kommende Nacht sicher zu vertäuen – sehr zum lautstark vorgetragenen Verdruss des persönlich an den Bodensee gereisten preußischen Kriegsministers Karl von Einem, der sich mit harschen Worten bei seinem Gastgeber beschwerte. »Ich verplempere doch nur meine Zeit! Was Sie hier veranstalten, Zeppelin, das ist ja jämmerlich!« Einer der in der Nähe stehenden Journalisten aus dem Bodenseeraum hatte die Anwürfe vernommen und zeigte sich über die herablassende Behandlung des verehrten Grafen Zeppelin durch den Preußen derart vergrätzt, dass er sich zu einem besonders scharfen Kommentar in seiner Zeitung verleitet sah, der in der Feststellung gipfelte: »Unerhört, wie überheblich dieser preußische General den alten Herrn behandelt! Der braucht ja nicht herzukommen, wenn er keine Zeit hat! Was ist der? In naher Zukunft wird man nur noch von E i n e m etwas wissen, aber dieser Eine wird nicht der General von Einem sein!«

Das Wetter am 24. September schien endlich zu passen: strahlend blauer Himmel, kein Windhauch war zu spüren – aller Augen richteten sich infolgedessen gespannt auf die Reichsschwimmhalle, aus deren weit geöffnetem Tor das Heck von »LZ 3« wie ein überdimensionierter Walfischschwanz herausragte. Doch noch war es nicht soweit: der größte Teil des Vormittags ging vorüber, schon machte sich bei den Zaungästen der erste Unmut Luft: »Wenn die heute nicht endlich aufsteigen, dann wird das gar nichts mehr.

Ein besseres Wetter gibt es doch nimmer, als dieses! Worauf warten die denn eigentlich noch?«
»Vielleicht hat der Graf die Gasrechnung nicht bezahlt«, lachte einer.
»Dummes Geschwätz!«
»Aber es scheint trotzdem irgendetwas mit der Gasfüllung zu sein«, beharrte das Lästermaul darauf, den Kern des Problems richtig erkannt zu haben.
»Er hat recht, ich sehe es jetzt ganz genau, wie sie immer wieder mit den Gasflaschen hantieren«, setzte sein Nachbar gerade das Fernglas ab. »Irgendwie muss da noch mehr Gas in die einzelnen Zellen gef …«
»Jetzt! Schauen Sie nur! Jetzt tut sich etwas. Sie machen das Floß zum Hinausschleppen bereit!«
Und jetzt ging alles rasend schnell: Die Zeiger der Taschenuhren zeigten genau auf halb Elf, als die Besatzung des Luftschiffs unter dem tosenden Applaus der Massen in die beiden Gondeln stieg, nachdem die letzten Arbeiter das Signal gegeben hatten, dass sämtliche Funktionsprüfungen positiv ausgefallen waren.
Kurz vor elf Uhr lag das Luftschiff ruhig auf der Wasserfläche vor der Halle und wartete darauf, vom Dampfer »Buchhorn« weiter hinaus auf den See geschleppt zu werden. Es war höchste Zeit, denn die mittlerweile kräftig vom Himmel strahlende Sonne erwärmte das Gas in den einzelnen Zellen schon so stark, dass es sich kräftig auszudehnen begann. Das plötzliche Summen der Überdruckventile war ein deutliches Signal! Wann würde der Graf den Befehl zum Aufstieg geben? Allzu lange sollte er nicht mehr warten! Er musste sich doch darüber im klaren sein, dass das kostbare Gas nutzlos entschwand. Doch der alte Mann mit seinem eisgrauen Schnurrbart war die Ruhe in Person. Kein Anzeichen von Nervosität war bei ihm zu erkennen, wie er sorgsam Instrument um Instrument in sein Visier nahm, dann wieder einen prüfenden Blick nach draußen warf, wo der »Frosch« und die »Manzell« den Schleppdampfer und das Luftschiff in großen

Radien umkreisten, um allzu neugierige Bootsbesatzungen auf sicherer Distanz zu halten. Ein Glockensignal ertönte. Dann um 11 Uhr 48 das Kommando: »Die Leinen los!« Ruhig und majestätisch stieg das Luftschiff empor, begleitet von einem wahren Jubelsturm der Menschen am Ufer und auf den Booten. Fast schien es so, als trieben allein diese Hurrarufe das Schiff in immer weitere Höhen. Dann setzten die Luftschrauben ein: »LZ 3« nahm Fahrt auf und entschwand als kleiner und kleiner werdender glänzender Strich am Himmel in Richtung Immenstaad.

Kurz vor 16 Uhr waren sie nach einer ausgedehnten, problemlosen Fahrt kreuz und quer über den Bodensee wieder an ihren Ausgangspunkt zurückgekehrt, wo die Menschenmassen nach wie vor geduldig ausharrten, um das Luftschiff mit genau demselben ausgelassenen Jubel zu begrüßen, mit dem sie es verabschiedet hatten. »Gas ablassen zur Landung!« Auf ein weiteres Kommando des Grafen schwiegen die beiden Motoren. »Die Schleppleine herunterwerfen!«. Rasch fischte die Besatzung der »Württemberg« die Schleppleine aus dem Wasser und vertäute sie fest am Heck, während das Luftschiff in einer Höhe von fünf Metern waagrecht über der Seefläche stehen blieb. »Wasserballast aufnehmen! Schnell!« Hektisch schöpften die Männer mit den an langen Leinen abgeworfenen Segeltucheimern Wasser in die an der Außenwand der Gondeln hängenden Ballastsäcke. Natürlich hätten sie einfach Gas abblasen können, aber ein solcher Umgang mit dem kostbaren, teuren Wasserstoff kam für den sparsamen Schwaben Zeppelin nach wie vor nicht in Frage – auch wenn der Schweiß in dicken Tropfen von ihrer Stirn perlte, bis das Luftschiff endlich schwer genug war, um die beiden Gondeln sachte auf die Wasseroberfläche sinken zu lassen. Unmittelbar nach der geglückten Aktion erteilte Zeppelin dem Schiffsführer der »Württemberg« einen weiteren knappen Befehl und schon nahm der Dampfer unter dem Kommando des überstolzen Ludwig Marx vorsichtig Fahrt auf. Behutsam zog die vergleichsweise kleine »Württemberg« das riesige Luftschiff hinter sich her – zurück zur Reichsschwimmhalle, wo es von dem längst bereit stehenden Floss übernommen und mühelos in die Halle gezogen wurde.

»4 Stunden und 17 Minuten sind wir in der Luft gewesen, dabei haben wir 125 Kilometer zurückgelegt und insgesamt sechs Länder überflogen«, konstatierte der Graf sichtlich erschöpft, aber hochzufrieden über die beeindruckende Leistung von Schiff und Mannschaft. »Württemberg, Baden, Bayern, die Schweiz, Österreich und Liechtenstein. Was für ein grandioses Erlebnis.«

»Unsere Geschwindigkeit hat in der Spitze dabei 41,4 Kilometer betragen, davon hätte ich mir bei voller Leistung der Motoren schon etwas mehr erwartet«, sorgte Ludwig Dürr gleich im Anschluss dafür, dass sich das Hochgefühl der Männer nicht ins Unendliche steigerte.

»Genau deswegen machen wir ja diese Probefahrten«, bedachte der Graf seinen Oberingenieur mit einem amüsierten Blick. »Um daraus zu lernen und noch mehr Verbesserungen an den Motoren und an den Luftschrauben anzubringen. Und erst dann, wenn das alles zu unserer völligen Zufriedenheit funktioniert, erst dann werden wir uns an die geforderte 700 Kilometer Fahrt machen. Aber jetzt wäre es mir erst einmal wichtig, gleich morgen den nächsten Aufstieg realisieren zu können. Meinen Sie, wir können das schaffen?«

»Ich denke schon«, knarzte Dürr zum Erstaunen aller. »Ich habe bisher keine Unregelmäßigkeiten bemerkt und werde halt in der Nacht noch einmal in aller Ruhe alle Funktionen, vor allem die Gaszellen, ganz genau überprüfen. Aber nachdem das Wetter ja wohl halten soll …«

»… das wird es«, bekräftigte Hugo Emil Hergesell mit fester Stimme. »Da bin ich mir ganz sicher. Es ist eine stabile, spätsommerliche Hochdrucklage, die uns noch einige Tage erfreuen dürfte.«

»… dann sehe ich einen zweiten Aufstieg am morgigen Tag

durchaus als wahrscheinlich an«, beendete Dürr seine Analyse.
»Was wiederum bedeutet, dass ich Sie alle darum bitten möchte, trotz des wunderbaren Erfolges heute, der eigentlich gefeiert gehört, einigermaßen frühzeitig zu Bett zu gehen – trotz aller begeisterten Aufregung, die heute Abend sicherlich überall in Friedrichshafen herrschen wird«, meldete sich Zeppelin mit einem abschließenden Appell zu Wort. »Wir brauchen auch morgen wieder eine ausgeruhte Mannschaft!«

Auch diese zweite Fahrt verlief problemlos. Heute hatten sie zwar lediglich 70 Kilometer zurückgelegt, dafür war das Luftschiff jedoch bis in eine Höhe von 530 Meter emporgestiegen – und Georg Hacker hatte erstmals selbst das Steuer von »LZ 3« übernehmen dürfen. Eine Maßnahme, die sich sofort auszahlte, denn der erfahrene Seemann konnte im Hinblick auf Steuerung und Navigation zahlreiche Verbesserungsvorschläge machen, die Zeppelin unverzüglich erprobte und dankbar als Standard für die Zukunft übernahm. So war es ihnen also auch heute wieder gelungen, wertvolle Erkenntnisse für den zukünftigen Alltagsbetrieb zu sammeln.
»Und gleich morgen werden wir den dritten Aufstieg absolvieren«, teilte der hochzufriedene Graf den Männern unmittelbar nach dem sicheren Vertäuen des Luftschiffs in der Reichsschwimmhalle mit. »Diese Fahrt wird eine ganz besondere, denn wir werden einige Gäste mitnehmen, in der vorderen Gondel den Dr. Eckener, der dann künftig aus eigener Erfahrung über die Fahrt mit einem Luftschiff berichten kann und hinten wird der Fabrikant Gradewitz mitfahren. Gegen 12 Uhr sollten wir für den Aufstieg bereit sein.«

Die Mitnahme der beiden Fahrgäste blieb nicht das einzige Novum an diesem Tag, denn nach einer gut anderthalbstündigen Fahrt gab der Graf in der Nähe von Seemoos, ungefähr auf halbem Weg zwischen Manzell und dem Friedrichshafener Schloss gelegen, den Befehl zu einer Zwischenlandung auf dem Wasser. »Hier wechseln wir die Fahrgäste. Schauen Sie, Hacker, da auf dem Boot dort vorne, da warten schon unsere nächsten Passagiere!« Zur kompletten Überraschung seiner gesamten Mannschaft entpuppte sich einer der beiden neuen Gäste als Zeppelins Tochter, die Komtesse Hella. »Das habe ich schön geheim gehalten, nicht wahr«, strahlte der alte Mann über das ganze Gesicht. Es glitzerte verdächtig in seinen Augen, als er beobachtete, wie die junge Frau flink in die hintere Gondel kletterte und ihrem Papa danach fröhlich zuwinkte. Kaum waren die beiden Passagiere an Bord gegangen, da löste sich die gewaltige »Luftzigarre« schon wieder von der Wasserfläche und stieg ruhig empor. »Wir nehmen jetzt Kurs auf Konstanz«, gab der Graf seinem Steuermann die entsprechende Anweisung. Über der alten, ehemaligen Bischofsstadt beschrieb das Schiff einen großen Bogen. »Da, sehen Sie die großen Pappeln dort vorne? Da wollen wir hin! Das ist Girsberg, mein Besitz. Versuchen Sie, direkt über das Schloss hinwegzufahren.«

Hacker nickte und hielt den mächtigen Schiffskörper exakt über der kleinen Straße, die direkt auf das Schlösschen Girsberg zuführte. Längst hatten die Angestellten dort ihren himmlischen Besuch entdeckt und waren auf dem Vorplatz zusammengeströmt, um dem Luftschiff, ihrem Grafen Zeppelin und dessen Tochter begeistert zuzuwinken. Längst hatte es sich in Emmishofen, in Kreuzlingen und in Konstanz wie ein Lauffeuer herumgesprochen, dass sie am heutigen Nachmittag Zeugen eines wunderbaren technischen Schauspiels werden konnten. Eine unüberschaubare Menschenmenge jubelte »ihrem Luftgrafen«, den viele von ihnen noch vor gar nicht allzu langer Zeit als den »Narren von Girsberg« verspottet hatten, begeistert zu.

Auch der heutige Tag endete mit einer respektablen Bilanz: Immerhin 94 Kilometer hatten sie zurückgelegt und eine Höhe von bis zu 565 Metern erreicht, als »LZ 3« am späteren Nachmittag wieder sanft auf der Wasserfläche aufsetzte. Dazu die problemlose Zwischenlandung mit dem Austausch ihrer Passagiere: kein Wunder, dass sich sogar die offiziellen Abgesandten des Reiches, an ihrer Spitze der Geheime Regierungsrat Dr. Lewald vom Innenministerium dementsprechend beeindruckt zeigten. Ja, mehr noch: kaum hatte sich das Schiff dem Schleppfloß genähert, das es wieder zurück in die Reichsschwimmhalle bringen sollte, da schmetterte der Beamte ein lautes »Hoch« auf den Grafen Zeppelin, das seine tausendfache Fortsetzung aus den Kehlen der Zaungäste auf den Booten und am Ufer fand. Der Graf zeigte sich tief gerührt und schwenkte unablässig seine graue Bordmütze, bis er sich schließlich mit belegter Stimme an seinen Steuermann wandte: »Nun wird niemand mehr sagen können, dass ich kein Vertrauen zu meinem Schiffe habe, denn ich habe heute meine Tochter, mein einziges Kind, mitgenommen!«

Am nächsten Tag wurde die Reichsschwimmhalle offiziell ihrer Bestimmung übergeben – ein willkommener Anlass für die Luftschiffmannschaft, den Schiffskörper nach den langen Fahrten ganz genau auf eventuelle kleinere Beschädigungen zu überprüfen und vorsichtig die Gaszellen nachzufüllen, da sich deren Inhalt deutlich reduziert hatte. Das war eine höchst diffizile Arbeit, weil nur noch wenige Gasflaschen mit frischem Wasserstoff vorhanden waren, im Grunde genommen reichten sie kaum aus. Dazu schienen einige Gaszellen nicht mehr völlig dicht zu sein. »Das sind dann zusätzliche Anforderungen an eine besonders sorgfältige Austarierung«, schärfte Dürr seinen Männern nachdrücklich ein, nachdem der Graf trotz dieser Hinweise eine weitere Fahrt für den nächsten Tag angesetzt hatte. »Wir werden das mit all den Erfahrungen, die wir inzwischen gewonnen haben, gut bewältigen kön-

nen. Gerade jetzt, zu diesem Zeitpunkt erscheint mir eine neuerliche Fahrt von ganz besonderer Wichtigkeit.«
Stolz und feierlich wehte seither die Reichsflagge an der neuen Halle, als sichtbares äußeres Zeichen, dass dem Grafen Zeppelin nun endlich die Unterstützung der Berliner Behörden zuteil geworden war. Der Umgang mit den maßgeblichen Mitarbeitern der Reichsregierung sollte sich freilich weiterhin als schwierig erweisen. Das zeigte sich bereits am darauffolgenden Tag, an dem auch Major Groß, dessen Ingenieur Basenach und Geheimrat Lewald mit an Bord kommen sollten. Ausgerechnet bei diesem Aufstieg kam es jedoch zu einer ganzen Serie von Pannen, gerade so, als ob das Schicksal die erbitterte Gegnerschaft von Seiten des Majors Groß noch zementieren wolle. »Wir haben – verglichen mit unserer ersten Fahrt – einen um 950 Kilogramm verminderten Auftrieb«, hatte Dürr noch einmal zu bedenken gegeben und damit alle Beteiligten auf die schwierigen Bedingungen eingestellt, unter denen sie die Fahrt antreten würden. Zunächst verlief alles einwandfrei. Selbst auf Dürrs Miene waren die Sorgenfalten bald verflogen. Doch dann, nur sieben Minuten nach dem Aufstieg, signalisierte der Mechaniker plötzlich ein Problem am hinteren Motor, und schaltete ihn unverzüglich ab.
Sicherheitshalber lenkten sie das Luftschiff in die Nähe der Reichsschwimmhalle zurück, um den Schaden dort zu reparieren. »Das dürfte innerhalb kürzester Frist gelingen«, versicherten die Motorenfachleute. »Wir können bald wieder aufsteigen, Exzellenz!«
Dennoch wurmte es den Grafen natürlich ganz besonders, dass ausgerechnet bei dieser Fahrt ein Problem aufgetaucht war. Aber es sollte noch schlimmer kommen: Bei der Landung verwickelte sich die Schleppleine von »LZ 3« durch einen dummen Zufall in der Schraube des Dampfers »Buchhorn«, der das Luftschiff eigentlich zur Halle hätte ziehen sollen und dadurch nun manövrierunfähig war. Genauso wie das Luftschiff, das jedoch unaufhaltsam auf den Dampfer zutrieb, der nicht mehr von der Stelle kam.

»Das kann gefährlich werden!« analysierte Dürr beunruhigt. »Wenn der heiße Schornstein an unserer Hülle reibt, oder der Funkenflug überspringt, dann herrscht höchste Brandgefahr!«
Auch Zeppelin hatte die Gefahr längst erkannt. »Das Feuer aus auf der »Buchhorn«! Sofort!« rief er durch einen Schalltrichter hinüber.
Alle Versuche der dortigen Besatzung, mit einem geradezu verzweifelten Einsatz der Notruder mehr Distanz zwischen sich und den bedrohlich näher kommenden Luftschiffrumpf zu schaffen, scheiterten kläglich. Nun setzten sie, sogar unterstützt von den Ehrengästen, lange Stangen zur Abwehr ein! Auch diese Aktion verpuffte wirkungslos. »Achtung! Wir stoßen zusammen!« Ein leises Knirschen und Mahlen: schon schrammte der schwarze Schornstein der »Buchhorn« an der Außenhülle des Luftschiffs vorbei und hinterließ an dem weißen Baumwollstoff eine hässliche, rußige Spur.
Unwillkürlich schlugen die Beobachter am Ufer die Hände vor die Augen, doch die befürchtete Katastrophe blieb aus. Zum guten Glück hatte der Maschinist das Feuer im Kessel des Schleppers noch rechtzeitig ersticken können. Glücklicherweise kam in diesem Augenblick ein leichter Windhauch auf, der das Luftschiff von dem Schlepper fort bewegte. Die Frage war nur, wie lange der Wind anhalten würde. Denn noch immer war der Schornstein der »Buchhorn« bedrohlich heiß. Niemand konnte sagen, ob ein zweiter Zusammenstoß genauso glimpflich ablaufen würde. Jetzt galt es, zu handeln! In aller Eile entledigte sich der »junge Graf«, Zeppelins Neffe, an Bord der »Buchhorn« seiner Kleider, sprang in das zu dieser Jahreszeit schon empfindlich kalte Bodenseewasser und tauchte mutig unter, um irgendwie die Halteleine in die Hände zu bekommen und sie von der Schiffsschraube zu lösen. Keiner seiner tapferen Versuche führte jedoch zum erhofften Ergebnis.
Inzwischen war der bis auf den letzten Platz mit Schau-

lustigen besetzte Ausflugsdampfer »Konstanz« längsseits gekommen. Deren Kapitän handelte rasch und ließ der »Buchhorn« ein dickes Seil herüberwerfen, mit dessen Hilfe man nun gleich beide Havaristen in Schlepptau nahm – sehr zur Freude der Passagiere, deren Begeisterung sich in ein vielstimmiges Gelächter steigerte, als der ahnungslose und völlig erschöpfte junge Graf splitternackt wieder an Bord kletterte. Immerhin gelang es der »Konstanz« mit dieser Aktion, das Luftschiff und seinen unfreiwilligen Begleiter, unfallfrei zurück zur Reichsschwimmhalle zu bugsieren, wo das Haltetau endlich durchschnitten werden konnte. Es war gerade noch einmal gut gegangen!

Der Graf beschloss, sicherheitshalber auf einen weiteren Aufstieg heute zu verzichten. Eine Entscheidung, die seinem Gegner Groß gar nicht unwillkommen schien: zumindest die Miene, die der Major nun an den Tag legte, ließ eher eine gewisse Zufriedenheit erkennen, mit der er die verpasste Rundfahrt über den Bodensee zur Kenntnis nahm. Besser hätten die Vorurteile des preußischen Offiziers gegenüber der Konstruktion des Grafen Zeppelin gar nicht untermauert werden können!

Doch ein Ferdinand von Zeppelin ließ sich durch ein solches Malheur keinesfalls irritieren. Er hatte schon ganz andere Dinge durchgestanden. »Morgen werden wir die nächste Fahrt unternehmen!« gab er noch am Spätnachmittag die Parole aus. »Und dieses Mal wird es eine Überlandfahrt sein. Wir haben nun über Wasser genügend Erfahrung gesammelt und brauchen jetzt Erkenntnisse, wie sich das Schiff in den Luftströmungen über dem Erdboden verhalten wird. Notfalls, denke ich, sind wir auch für eine eventuelle Landung auf dem Boden gerüstet.«

Die Fahrt führte sie weit nach Oberschwaben hinein und bescherte ihnen tatsächlich besonders wertvolle Erkenntnisse. Allein die völlig anders gearteten Winde und Strömungsverhältnisse über dem Boden sorgten dafür, dass selbst der erfahrene Steuermann Georg Hacker die Stirn in ernste Falten legte, während er das Ruder mit beiden Händen besonders fest umklammert hielt: »Das ist schon etwas ganz anderes, als das Steuern auf hoher See, Exzellenz!«, stieß er zwischen zusammengepressten Lippen hervor, nachdem das Schiff gerade eben wieder einen harten Schlag durch eine heftige Windböe versetzt bekommen hatte. »In gewisser Weise ist das beinahe ein Sprung ins Dunkel ...« Das Schiff schien tatsächlich regelrechte Bocksprünge zu vollführen, während sein Aluminiumgerippe ein ums andere Mal heftig erzitterte.

»Umso wichtiger sind diese Erkenntnisse für die geplante große Fahrt – und erst recht für die Frage, wo wir zusätzliche Stabilisatoren an unserem nächsten Luftschiff anbringen müssen«, gab der Graf mit stoischer Ruhe zurück. »Wenn die Sonne den Erdboden erwärmt, dann wirkt sich das ganz unterschiedlich auf die Luftverhältnisse aus: je nachdem, ob wir über einem Acker oder über einer Wiese unterwegs sind. Und natürlich spielt hier die entsprechende Höhe über dem Grund eine ganz besondere Rolle.«

So plausibel das alles klingen mochte, am Ende atmeten alle Teilnehmer dieser unruhigen Fahrt doch hörbar auf, als sie endlich wieder sanft auf der Seefläche vor Manzell niedergingen. Nicht nur Hugo Emil Hergesell schien ihnen etwas blass um die Nasenspitze, auch den beiden Motoreningenieuren stand offenbar nicht der Sinn nach dem einen oder anderen Späßchen, wie das nach den bisherigen Landungen sonst regelmäßig der Fall war. Sie hatten genug damit zu tun, ihre rebellisch gewordenen Magennerven in Schach zu halten. Nur Ferdinand von Zeppelin und Ludwig Dürr lächelten zufrieden in sich hinein: die Überlandfahrt hatte ihnen wertvolle Erkenntnisse beschert – unter anderem allerdings auch jene, die vom Generalstab geforderte 700 Kilometer Fahrt in diesem Jahr möglichst nicht mehr realisieren zu wollen.

Ohnehin waren die insgesamt acht Fahrten, die sie mit

dem »LZ 3« zwischen dem 24. September und dem 13. Oktober 1907 absolviert hatten, zu einer triumphalen Bestätigung des Grafen Zeppelin und seiner Luftschiffidee geraten.
Mehr noch: in ganz Deutschland herrschte eine regelrechte Zeppelin-Euphorie – dank der begeisternden Berichte, die Hugo Eckener nach seiner Fahrt überall in den Zeitungen hatte platzieren können. Die Volksseele hatte sich endgültig auf die Seite des »Luftgrafen« geschlagen
Die Tatsache, dass ihn die Stadt Friedrichshafen am 8. Oktober 1907, zwei Monate nach seinem 69. Geburtstag, mit der Ehrenbürgerwürde auszeichnete, nahm Ferdinand von Zeppelin schmunzelnd, aber gleichwohl nicht ohne Rührung zur Kenntnis, »auch wenn ich mich natürlich frage, weshalb sie wohl nicht bis zu meinem 70. Geburtstag im nächsten Jahr haben warten können.«
»Sie werden vermuten, dass du dich im kommenden Jahr vor lauter Ehrungen und Auszeichnungen gar nicht wirst retten können«, gab Bella das Lächeln ihres Mannes zurück. »Da wollen sie lieber die ersten sein und allen anderen zuvorkommen.«
»Das könnte tatsächlich ein Grund sein … Aber einerlei: ich freue mich jedenfalls außerordentlich über diese Ehrung, denn es ist ja eine Tatsache, dass mir keine andere Stadt so sehr die Treue gehalten und derart mitgefiebert hat, wie Friedrichshafen und seine braven Bürger. Schon aus diesem Grund nehme ich diese Ehrenbürgerwürde dankbar entgegen.«
»Und wie gesagt: sie wird nicht die Einzige bleiben, da bin ich mir ganz sicher«, bekräftigte Bella mit dem Brustton der Überzeugung.
»Ich hätte nichts dagegen einzuwenden – wobei es mir weniger um die Ehrung als solche geht, diese Äußerlichkeiten sind mir sowieso recht gleichgültig, als vielmehr um die Tatsache, dass es sich dabei um die Würdigung der erfolgreichen Dauerfahrt meines Luftschiffes handeln würde. Nichts wäre mir lieber, diesen Beweis im kommenden Jahr

antreten zu können. Nach inzwischen bald 15 Jahren, die seitdem ins Land gegangen sind …«
»Es wird dir gelingen. Und wie du weißt, habe ich mit meinen Vorhersagen bisher noch immer recht behalten!«
»Eine schöne Tradition, die du meinetwegen sehr gerne beibehalten darfst!« strahlte Ferdinand und nickte Bella dankbar zu. »Aber jetzt müssen wir uns beeilen, denn meine Männer warten schon auf das Festessen.« Was für wunderbare Tage – und was für ein herrliches Gefühl! Alle Fahrten waren unfallfrei verlaufen! Der Beweis für die Alltagstauglichkeit war erbracht – auch ohne die vom Kriegsministerium geforderte 700-Kilometer-Fahrt.
Mittlerweile hatte sich die Wetterlage deutlich verschlechtert. Dichter Nebel lag über dem See. »Daran wird sich in den nächsten Tagen auch nichts ändern«, offenbarte Hergesell dem Grafen am Abend mit einem bedauernden Schulterzucken. »Ich fürchte, die große Fahrt werden wir in diesem Jahr nicht mehr realisieren können.«
Zur großen Verblüffung des Meteorologen schien Zeppelin die vermeintlich schlechte Nachricht eher zu erfreuen. »Im Vertrauen gesagt: das ist mir gar nicht so unrecht. Ich würde die 700 Kilometer ohnehin lieber auf das nächste Jahr verschieben und sie mit einem neuen Luftschiff absolvieren wollen, in dessen Konstruktion wir unsere neuen Erfahrungen einfließen lassen können. Und außerdem werden wir im kommenden Jahr über noch einmal stärkere Motoren verfügen.«
Somit wurde die geforderte Distanzfahrt von Zeppelin mit dem Ausdruck größten Bedauerns auf das kommende Jahr verschoben. »Wir müssen Vorsicht walten lassen. Es ist bei diesem dicken Nebel über dem Bodensee einfach zu unsicher.«
Eine Entscheidung, die bei den Abgesandten des Generalstabs wenig Begeisterung hervorrief – aber den Herren blieb nichts anderes übrig, als sich den stichhaltigen Argumenten des neuen Volkshelden zähneknirschend zu beugen.

Zeppelins Kalkül ging auf. Die begeisternden Aufstiege des »LZ 3« hatten ihre Wirkung auf die Berliner Behörden auch ohne die Abschlußfahrt nicht verfehlt. Noch im Oktober kam es zu einer neuen Vereinbarung: die Regierung stellte ihm 400.000 Mark zum sofortigen Neubau eines noch größeren und leistungsfähigeren Schiffes, des »LZ 4«, zur Verfügung, dazu wollte man 2.150.000 Mark für den späteren Ankauf der beiden Schiffe aufbringen – aus dieser Summe wiederum sollten 500.000 Mark an den Grafen gehen, als Entschädigung für seine bisherigen, enormen Aufwendungen aus dem privaten Vermögen. Doch ganz ohne einen kleinen Widerhaken mochten sich die Preußen nicht geschlagen geben – und so diktierte Kriegsminister von Einem in letzter Minute noch eine entscheidende Bedingung: vor der endgültigen Übernahme der beiden Schiffe sollten nicht nur die bisher geforderten 700 Kilometer absolviert werden, sondern bei dieser Fahrt sollte das Luftschiff 24 Stunden in der Luft bleiben, um den Beweis für seine Zuverlässigkeit im Dauerbetrieb zu erbringen.

«Das ist ja mehr als das Dreifache von dem, was ihr bisher habt leisten können!« schüttelte Isabella von Zeppelin entgeistert den Kopf, als sie von der geforderten 24-Stunden-Fahrt erfuhr.
Ihr Mann machte eine wegwerfende Handbewegung. »Wir schaffen das schon. Der Dürr hat alle Pläne für ein neues Luftschiff bereits fix und fertig im Kopf. Wir werden im Frühjahr ein wesentlich leistungsfähigeres Schiff zur Verfügung haben. Die Daimlerleute haben uns zugesagt, dass die neuen Motoren 105 Pferdestärken bringen werden, die Größe der vier Luftschrauben wird dann jeweils 3,20 Meter betragen können und das Schiff selbst wird mit 136 Metern Länge und einem Durchmesser von 13 Metern deutlich größer sein, als das jetzige – wodurch wir in der Lage sein werden, auch mehr Wasserstoffgas aufzunehmen, insgesamt 15.000 Kubikmeter. Das wieder-

um ermöglicht es uns, mehr Lasten mitzuführen, immerhin bedeutet das eine Erhöhung der Tragkraft um 2.000 Kilogramm, beziehungsweise – und das ist vor allem für die geforderte Dauerfahrt wichtig, dieser enorm verstärkte Auftrieb verschafft uns die Möglichkeit, viel länger in der Luft zu bleiben.«

»Und du meinst, ihr werdet das neue Luftschiff rechtzeitig fertigstellen können?«

»Da bin ich mir ganz sicher, denn die Reichsschwimmhalle bietet uns ja wesentlich mehr Platz für die Montage, als die alte Halle. Dazu müssen wir das alte Schiff demnächst in die Landhalle überführen – und wenn dann die Aluminiumträger geliefert sind, die ich heute morgen bei Herrn Colsman angefragt habe – er hat mir am Telefon versprochen, dass diese Lieferung den Vorrang vor allen anderen Bestellungen eingeräumt bekommt – kann es sofort mit der Montage losgehen. Bis Mitte Frühjahr werden wir auf alle Fälle fertig sein.«

Ferdinand von Zeppelin sollte sich irren – und schuld daran waren keine fehlerhaften Berechnungen, sondern die äußeren Bedingungen. In einem schweren Wintersturm wurde die neue Reichsschwimmhalle stark beschädigt: wie schon Jahre zuvor bei der ersten Halle liefen wieder Pontons der Außenwand voll und sanken. Das Schlimmste waren jedoch die gravierenden Schäden, die das noch in der Halle liegende »LZ 3« abbekommen hatte. So sahen sich Zeppelin und seine Mannschaft erst einmal gezwungen, zu sichern und zu reparieren, ehe es ihnen mit viel Mühe gelang, »LZ 3« in die Landhalle zu bugsieren. Mit diesen Arbeiten verstrich wertvolle Zeit. Erst Monate später konnten sie endlich an den Bau von »LZ 4« gehen. Dennoch blieb es dabei: bis zum Sommer 1908 musste das neue Luftschiff fertig werden. Eine wahre Herkulesaufgabe!

Das Vorhaben glückte! Kurz vor der auf 20. Juni 1908 terminierten ersten Probefahrt lag »LZ 4« sicher vertäut an den Haltetrossen der reparierten Reichsschwimmhalle: es war aufstiegsbereit! Die größte Herausforderung bestand – wieder einmal – in der Befüllung der Gaszellen, die nun immerhin 50 Prozent mehr Wasserstoff aufnahmen, als das alte Schiff. Was für eine schweißtreibende Nervenanspannung! Immer wieder kam es zu Problemen mit dem Wasserstoff, der sich bei der Sonneneinstrahlung gewaltig ausdehnte, die spätestens ab 11 Uhr das Blechdach der Halle ins schier Unerträgliche aufheizte. Mit dem Resultat, dass der Druck in den Gaszellen zu groß wurde und die Überdruckventile den kostbaren Wasserstoff abbliesen, bevor die Zellen womöglich platzten. Um die Mittagszeit summte es in der ganzen Halle, als befinde man sich mitten in einem riesigen Hornissenschwarm, dazu schien das ausströmende Fluggas den Sauerstoff mehr und mehr zu verdrängen: das Atmen wurde immer schwieriger. Aber kaum war die Sonne verschwunden, zogen sich in der Abendkühle die Zellen wieder zusammen und hingen schlaff in ihren Aufhängungen im Inneren des Luftschiffs. Am nächsten Tag begann dasselbe Spiel von vorne!

Trotz dieser Widrigkeiten klappte es mit dem ersten Probeaufstieg am 20. Juni! Unmittelbar darauf gelangen noch einige weitere erfolgreiche Probefahrten. Für den 1. Juli »sofern das Wetter stabil sein wird« plante der Graf dann die erste längere Fahrt zur Vorbereitung für die 24-Stunden-Fahrt, die nach den bisher gemachten guten Erfahrungen mit »LZ 4« sicherlich noch im Verlauf dieses Sommers würde stattfinden können.

»Alle Anzeichen deuten darauf hin, dass wir um den 1. Juli herum eine gute Wetterlage bekommen werden«, gab Hergesell eine positive Prognose ab. »Sobald Sie also wieder aus Dresden zurück sind, Exzellenz, kann es losgehen.«

»Das höre ich gerne«, nickte der Graf zufrieden. »Ohnehin wäre ich viel lieber hier geblieben, um auch bei der nächsten Erprobungsfahrt mit dabei sein zu können. Aber die Einladung zur Hauptversammlung des VDI ist höchst ehrenvoll, die kann ich keinesfalls absagen. Erst recht, nachdem es sich nicht mehr lediglich um die Landesorganisation in Stuttgart handelt, sondern sogar um den Dachverband. Endlich werde ich von den deutschen Ingenieuren ernst genommen. Das ist eine Unterstützung, die Gold wert ist! Sie müssen halt«, wandte er sich nun an seinen Oberingenieur, »so leid es mir wirklich tut, am 29. Juni ohne mich auskommen. Es ist auch für mich ein Novum: die erste Fahrt, bei der ich nicht selbst dabei sein kann. Aber wie gesagt: diesen Termin in Dresden, denn kann ich einfach nicht absagen!«

»Sie können sich darauf verlassen, Exzellenz, dass auch diese Erprobungsfahrt gut verlaufen wird. Es wird sowieso nur ein kurzer Aufstieg sein. Und ich finde, wenn ich mir diese Bemerkung erlauben darf, dass es für die Zukunft der Luftschiffidee wichtiger ist, wenn Sie Ihren Vortrag in Dresden halten, Exzellenz«, bekräftigte Dürr mit fester Stimme.

In der Tat handelte es sich um eine außergewöhnliche Ehre, die dem Grafen in Dresden zuteil wurde: Auf den 29. Juni war Ferdinand von Zeppelin zu einem Vortrag vor der Hauptversammlung des »Vereins Deutscher Ingenieure« eingeladen worden. Und so sehr es ihm auch zusetzte, erstmals bei einem Aufstieg nicht dabei sein zu können, so richtig lag er mit seiner Entscheidung für Dresden. Zeppelins Rede mit dem Titel »Erfahrungen beim Bau von Luftschiffen« wurde zu einem überwältigenden Erfolg. Als der »Luftgraf« im Anschluss vor der begeisterten Versammlung sogar noch mit der »Grashof-Gedenkmünze« geehrt wurde, der höchsten Auszeichnung, die der Verband zu vergeben hatte, da kannte der Jubel der versammelten Fachleute keine Grenzen mehr.

Kaum war der nun auch wissenschaftlich hochdekorierte Luftfahrtpionier wieder nach Friedrichshafen zurückgekehrt, konnte der nächste Meilenstein in Angriff genommen werden. Denn das Wetter hielt tatsächlich. Genau so, wie von Hergesell vorher gesagt, schien bereits am frühen Morgen die Sonne aus einem strahlend blauen Himmel. Kein Lüftchen regte sich, die Wasserfläche des Bodensees präsentierte sich glatt und ruhig. Es würde ein herrlicher Sommertag werden. Ein idealer Tag für die lange Erprobungsfahrt. Wie tags zuvor verabredet, waren pünktlich um halb sieben Uhr alle Männer an der Reichschwimmhalle versammelt und begannen in einer Mischung aus höchster Konzentration und routinierter Gelassenheit mit den Vorbereitungen zum Aufstieg. Um 8 Uhr 26 stieg »LZ 4« langsam in die Höhe, nur eine Minute später erfolgte das Kommando zum Einsatz der Luftschrauben. Wie selbstverständlich setzte sich das mächtige Luftschiff in Bewegung, ein Phänomen, das bei Steuermann Georg Hacker und seinen Kameraden auch nach so vielen Aufstiegen immer noch einen wohligen Schauder über den Rücken wandern ließ, erst recht natürlich bei diesem Schiff mit seinen noch gewaltigeren Ausmaßen! Mit einer Geschwindigkeit von 45 Stundenkilometern näherten sie sich der Insel Reichenau. Dann ging es in einer majestätischen Schleife über das Schweizer Bodenseeufer, wo von überall her die Menschen zusammen strömten und der Luftschiffbesatzung begeistert zuwinkten. Unermüdlich grüßte Graf Zeppelin, abwechselnd mit seiner Mütze, dann wieder mit einem weißen Taschentuch zurück. So ruhig und sanft war die Fahrt, dass sie zwischenzeitlich den hinteren Motor stoppten und gleichsam wie eine Schwalbe in der Luft ihre Bahn am Himmel zogen. Selbst bei dem ansonsten so konzentriert dreinschauenden Dürr hatte sich an diesem magischen Sommertag ein strahlendes Lächeln in seine Miene gestohlen, während er die Höhenruder nur noch ganz leicht, beinahe schon lässig in den Händen hielt.

Je weiter sie in das Schweizer Hinterland hineintauchten und sich den Ausläufern der Alpen näherten, desto mehr Wind kam auf, so dass nun auch der zweite Motor wieder seinen Dienst versehen musste. Der Wind blies stärker und stärker, die Vorwärtsbewegung des Luftschiffes betrug jetzt

nur noch einen Meter in der Sekunde, gerade einmal drei Stundenkilometer!
»Wenn das so weiter geht, dann werden wir bald rückwärts fahren, trotz der vollen Motorenleistung«, knurrte der Steuermann und runzelte erstmals an diesem Tag leicht die Stirn.
»Wir müssen höher hinauf, Exzellenz«, rief Dürr, der sein Lächeln noch immer nicht abgelegt hatte.
Zeppelin richtete einen fragenden Blick auf den Meteorologen. Hergesell nickte. »Das dürfte kein Problem sein. Ich gehe davon aus, dass der Wind weiter oben nicht ganz so kräftig weht. Also, wenn Sie, wie ich vermute, tatsächlich bis zum Zürichsee kommen wollen, dann würde ich in der Tat hochsteigen!«
»Das will ich schon«, lachte der Graf, der sich seinen Männern so ausgelassen und fröhlich zeigte, wie selten einmal zuvor. »Wir müssen ohnehin nach oben, um den Horgenberg zu überfliegen. Die Eisenbahn hat es da leichter, die fahren einfach durch den Tunnel direkt nach Zürich.«
Auch dieses Manöver klappte problemlos, sie stiegen nun auf beinahe 900 Meter Höhe, durchquerten mit dem Luftschiff sogar ein enges Tal und wenig später hatten sie den Zürichsee erreicht, über dem die Windverhältnisse deutlich günstiger waren, sodass Zeppelin ein neues Kommando erteilen konnte. »So – und nun gehen wir möglichst weit nach unten, damit wir auch etwas von dieser wunderschönen Landschaft sehen können – und die Menschen von uns!«
Als hätten sie unten in Zürich dieses Kommando gehört, geriet der Verkehr in der Stadt schlagartig ins Stocken, ganz Zürich schien nur noch Augen für dieses Phänomen zu haben, das da in seiner prachtvollen Eleganz langsam über ihren Köpfen dahin schwebte. »Ich habe Postkarten von unserem Luftschiff dabei, erbitte die Erlaubnis zum Abwerfen, Exzellenz!«
»Erlaubnis erteilt!« bedachte Zeppelin seinen Steuermann Hacker mit einem fröhlichen Grinsen. Die ersten Luftpost-

karten der Ära Zeppelin. Sie sollten nicht die letzten bleiben!

»Die Weiterfahrt bis an den Walensee sollten wir aber besser bleiben lassen«, deutete Professor Hergesell zum Horizont, an dem sich große schwarze Wolken zu einer Gewitterfront formierten.

»Kommando zum Richtungswechsel«, reagierte Zeppelin prompt. »Wir nehmen neuen Kurs Nordost in Richtung Winterthur!«

»Zu Befehl, Exzellenz!«

Über den Thurgau ging es weiter, an einer Bahnlinie entlang. »Da! Da unten kommt der Zug! Wir halten uns genau parallel zu der Eisenbahn.« Eine Zeitlang fuhren das Luftschiff und die Dampflok mit ihren begeistert winkenden Passagieren nun um die Wette, keiner schaffte es freilich, den anderen abzuhängen. Ein grandioses Spektakel!

»Nun gut! Wir wollen uns nun verabschieden. Es ist Zeit zur Heimfahrt. Wir nehmen Kurs auf die Rheinmündung bei Bregenz, dann weiter am Bodenseeufer entlang. Lindau. Friedrichshafen.« Ingesamt zwölf Stunden hatte die Fahrt von »LZ 4« gedauert, die längste Fahrt, die je ein Luftschiff absolviert hatte. Eine klarere Bestätigung für die demnächst anstehende 24-Stunden-Fahrt konnte es gar nicht geben. Und als Höhepunkt des triumphal verlaufenen Tages spielte der Wettergott weiter seine geradezu märchenhafte Rolle. »Was für ein Sonnenuntergang! Schauen Sie nur einmal: der ganze See ist glutrot gefärbt!«

»Herrlich! Ein überwältigendes Farbenspiel. Und wir mittendrin! Was muss das erst für ein einmaliger Anblick für die Menschen sein, die überall am Ufer stehen!«

»Sehen Sie doch nur, Exzellenz, was die Bürger von Friedrichshafen Ihnen zu Ehren gemacht haben!«

An allen Fahnenmasten war geflaggt worden: einträchtig wehten die schwarz-weiß-rote Reichsflagge und die schwarz-rote Fahne des Königsreichs Württemberg im sanften Abendwind. Dazu gesellten sich aus ungezählten Dachfenstern weiß-blaue Fahnen, die Farben des Hauses

Zeppelin. Von den Kirchtürmen klangen die Glocken, in der Stadt ertönte Marschmusik – und als der Graf Zeppelin schließlich an der Spitze seiner Männer bei der Anlegestelle am »Deutschen Haus« aus dem Boot kletterte, da kannten der Jubel und die Hochrufe keine Grenzen mehr. Wie ein Jungbrunnen schien die Begeisterung der Menschen auf den bald 70-jährigen Grafen zu wirken, der mit einem zufriedenen Lächeln und funkelnden Augen die Huldigungen gerührt entgegen nahm. Und selbstverständlich waren wieder alle seine Männer mitsamt ihren Familienangehörigen zu der üppigen Festtafel im »Deutschen Haus« eingeladen, an der sie den überragenden Triumph ihrer »Schweizer Fahrt« bis weit in den frühen Morgen hinein ausgelassen feierten.
Trotz der vorgerückten Stunde, zu der sie endlich ins Bett gegangen waren, fanden sich bereits am späten Vormittag wieder alle zur Arbeit in der Luftschiffhalle ein. Jetzt galt es, das Schiff routinemäßig für den nächsten Aufstieg vorzubereiten und die während der langen Fahrt in die Schweiz gesammelten Erfahrungen in die Merkbücher zu übertragen. »Mir machen dabei die Motoren immer noch ein gewisses Kopfzerbrechen«, äußerte Ludwig Dürr gegenüber dem Grafen seine Sorge. »Wenn ich daran denke, wie mühevoll wir bei dem starken Gegenwind gerade noch voran gekommen sind – trotz der zweimal 105 Pferdestärken …«
»Sie haben recht«, pflichtete Zeppelin dem Oberingenieur bei. »Neben dieser ständig schwankenden Gasqualität, sind die Motoren auch für mich nach wie vor die größten Sorgenkinder. Wir dürfen freilich nicht vergessen, dass es sich bei »LZ 4« um das größte Schiff handelt, das wir jemals gebaut haben. Insofern ist die Masse, die bewegt werden muss, deutlich größer, als zuvor. Damit heben sich die zusätzlichen Pferdestärken sozusagen beinahe wieder auf. Wir haben aber leider noch keine stärkeren Motoren, auch wenn mir die Daimler-Leute kürzlich wieder versichert haben, man arbeite fieberhaft daran, wobei es ja gleichzei-

tig immer auch darum geht, das Gewicht im Auge zu behalten. Wir müssen also mit dem auskommen, was wir haben und können nur zuversichtlich hoffen, dass keiner der Motoren auf der 24-Stunden-Fahrt überlastet wird.«

»Genau deshalb erscheint es mir sinnvoll, bei dieser Fahrt ab und zu einen der Motoren zu stoppen und abkühlen zu lassen. Dieses Vorgehen sollten wir vielleicht bei den nächsten Aufstiegen noch mehr erproben – ob es die Motoren zusätzlich belastet, wenn sie mehrmals hintereinander gestoppt und dann wieder angeworfen werden.«

»Eine gute Idee: Genau das werden wir machen«, nickte der Graf mit ernster Miene. »Wir müssen es schlichtweg ausprobieren. Denn so schön es auch wäre, über noch stärkere Motoren zu verfügen: ich muss diese 24-Stunden-Fahrt in diesem Sommer vorweisen können. Wir sollten die Gunst der Stunde nutzen.«

Der 3. Juli 1908 wurde zu einem weiteren Meilenstein der Luftfahrtgeschichte, denn an diesem Tag unternahm sogar König Wilhelm II. eine kurze Fahrt mit »LZ 4« – und kaum war der Monarch mit vielen Dankesworten an Ferdinand von Zeppelin aus der vorderen Gondel gestiegen, da machte sich sofort im Anschluss – bestärkt von zuversichtlichen Worten ihrer Hofdame Hella – nun auch die Königin Charlotte bereit, einen Aufstieg mit dem Luftschiff zu wagen! Was für ein Triumph – und das vor den staunenden Augen aller Welt! Eine spektakuläre Geste des württembergischen Königspaares – und ein überragender Beweis des Vertrauens, das König und Königin dem Grafen entgegen brachten: sie hatten Zeppelin ihr Leben anvertraut!

Wie hoch er in der Gunst des Königs von Württemberg stand, bewies das Telegramm, das Zeppelin am 8. Juli 1908 anlässlich seines 70. Geburtstages vom Hofe erhielt: »Ich habe heute ein besonders starkes Bedürfnis, Ihnen meine aufrichtigsten und herzlichsten Glückwünsche zu senden. Ich weiß, dass diese guten Wünsche von meinem ganzen

Lande geteilt werden. Wir alle blicken mit Stolz und Bewunderung auf Sie. Ich wünsche Ihnen noch viele, viele weitere Jahre. Ich mache mir selbst die Freude, Ihnen heute die goldene Medaille für Kunst und Wissenschaft zu verleihen, als ein äußeres Zeichen meiner tiefen Verehrung für Sie.«

Dass ihm am selben Tag die württembergische Residenzstadt Stuttgart die Ehrenbürgerwürde verlieh, ebenso wie seine Geburtsstadt, das großherzoglich-badische Konstanz, durfte als weiterer Beweis für die Verehrung angesehen werden, die Ferdinand von Zeppelin inzwischen aus ganz Süddeutschland entgegenschlug. Vom Monarchen bis zur einfachen Arbeiter- und Bauernfamilie galt er als leuchtendes Vorbild der Menschen, »derselben Leute, die mich noch vor wenigen Jahren zum sicheren Kandidaten für das Irrenhaus abgestempelt haben«, betrachtete er kopfschüttelnd die Depeschen über seine Erhebung zum Ehrenbürger. »Ich weiß sehr wohl einzuschätzen, was das bedeutet – und auch, wie rasch die Stimmung wieder umschlagen kann. Umso mehr freut es mich nun, wie fest man in Friedrichshafen schon viel früher an mich geglaubt hat. Immerhin haben sie ihre Nase in Bezug auf die Ehrenbürgerschaft ganz klar vorne gehabt …«

»Jetzt lass uns diesen wunderbaren Tag so richtig genießen, Ferdi. Schau doch nur, was die lieben Leute für ein Spektakel veranstalten, um Dich zu ehren!« Isabella deutete mit weit ausgestrecktem Arm vom Eingangsportal des Schlosses Girsberg herunter zum Zufahrtsweg. Hier reihte sich mittlerweile die ganze Bürgerschaft von Emmishofen auf, nachdem sie in einem nicht enden wollenden Fackelzug von der Dorfmitte bis zum Schloss »ihrem Luftgrafen« die Referenz erwiesen hatten.

»Ich wusste ja gar nicht, dass mein kleines Emmishofen so viele Einwohner hat«, murmelte der tief gerührte Zeppelin.

Später am Abend mündete die fröhliche Feier in einem spektakulären Höhepunkt, als das prächtige Feuerwerk gezündet wurde, dessen herrliche Effekte in der Feuerwerkfabrik Alois Müller in Emmishofen hergestellt worden waren. »Es ist das schönste Feuerwerk, das ich jemals im Leben gesehen habe!« klatschte Bella vor Begeisterung in die Hände. »Und das vor dieser einmaligen Bodenseekulisse. Schöner kann es fast nicht mehr werden!«

»Ach, meine liebe Bella«, konnte sich auch Ferdinand der einzigartigen Magie dieses Abends nicht entziehen. »Lass uns das alles tief in unsere Seelen aufnehmen und aus vollem Herzen genießen. Möge uns die Erinnerung an diesen wunderbaren Tag für immer begleiten und uns über die dunklen Tage hinweg trösten, die sicherlich nicht ausbleiben werden. Aber nun gilt es erst einmal, das Hier und Heute aus vollem Herzen dankbar zu genießen!«

Die prächtige Feier in Girsberg sollte nicht das einzige Großereignis zu Zeppelins 70. Wiegenfest bleiben. Und so sehr der Graf die nicht enden wollende Welle der Sympathiebekundungen genoss, so störend waren die fortgesetzten Feierlichkeiten und Ehrungen für seine Konzentration im Hinblick auf das alles entscheidende Ereignis: die 24-Stunden-Fahrt.

Am 18. Juli erreichte der Festreigen in Friedrichshafen seinen Höhepunkt: aus Stuttgart war extra ein Sängerchor zu Ehren Zeppelins angereist, aus Tübingen trafen sage und schreibe 700 Professoren und Studenten ein, geschmückt mit den bunten Farben der studentischen Verbindungen und erwiesen dem Grafen ihre Huldigung. An vorderster Stelle marschierte dabei natürlich Zeppelins eigene Verbindung, der er vor vielen Jahrzehnten, während seines Studienaufenthalts in Tübingen, beigetreten war, das »Corps Suevia«. Die Tatsache, dass auch König Wilhelm II. an der Feier teilnahm und dabei als langjähriges Mitglied dieser Verbindung stolz die schwarz-weiß-roten Farben der »Suevia« präsentierte, gab dem Abend natürlich eine ganz besondere Note.

Ebenfalls mit von der Partie war auch wieder der »junge Graf«, dem jedoch während der Führungen in der Luft-

schiffhalle, die man der Abordnung aus Tübingen angeboten hatte, ein peinliches Malheur unterlaufen war. Mitten in einem seiner immer besonders engagierten Vorträge über die Funktionen des Luftschiffs, waren einige nur provisorisch verlegte Planken in der Halle, auf die er sein atemlos lauschendes Publikum geführt hatte, plötzlich zerbrochen, so dass der junge Graf mit einem Teil der zu Tode erschrockenen Gäste wie ein Stein ins Wasser plumpste. Zum guten Glück konnten die unfreiwilligen Badegäste von der Hallenmannschaft sofort wieder herausgefischt werden und keiner von ihnen hatte dabei eine Blessur davon getragen – nur die kunstvolle Frisur einer Dame war beim Eintauchen restlos zerstört worden. Die Gäste nahmen es mit Humor, lediglich dem jungen Grafen war kurzfristig das Lachen vergangen, so dass er sich erst jetzt nach Einbruch der Dunkelheit wieder unter die Leute traute.
Eine unendliche Schar von Gratulanten erwies dem Jubilar ihre Referenz. Dutzende von Liedern wurden gesungen und Gedichte zu seinen Ehren vorgetragen. Längst war der erste Silberstreif des neuen Tages zu erkennen, als Ferdinand von Zeppelin endlich in die längst bereitstehende Kutsche stieg, die ihn vom Kurhaus zurück in den »Buchhorner Hof« bringen sollte. Und selbst jetzt sorgten die Tübinger Studenten noch für eine nette Überraschung, indem sie flugs die Pferde ausspannten und die Kutsche eigenhändig zu Zeppelins Nachtquartier bugsierten. Der saß derweil fröhlich winkend vorne auf dem Kutschbock, während seine hinter ihm sitzende Tochter ihren Vater vorsorglich am Rockzipfel gepackt hielt. Schließlich war der Mann doch schon 70 Jahre alt! Aber derart ausgelassen, wie er sich selbst zu so weit vorgerückter Stunde noch präsentierte, hätte er so manchem 50-jährigen leicht den Rang abgelaufen …

Damit waren die Feierlichkeiten vorüber und Zeppelin konnte sich wieder voll und ganz der 24-Stunden-Fahrt

zuwenden. Er beschloss, mit Georg Hacker und Bernhard Lau alle beiden Luftschiffkapitäne an Bord zu nehmen, die sie in Manzell ausgebildet hatten. So konnten sich jeweils zwei Paare bilden, die abwechselnd ihren Dienst auf der langen Fahrt versehen konnten: Graf Zeppelin mit Hacker, während Oberingenieur Dürr das Schiff zusammen mit Lau steuern sollte. Insgesamt zwölf Personen wurden für die Dauerfahrt benannt, darunter befand sich als zweiter Ingenieur auch Zeppelins Neffe, der diese ehrenvolle Auszeichnung gar nicht mehr für möglich gehalten hatte: »Bei dem ganzen Pech, das ich immer habe! Ausgerechnet ich, der Unglücksrabe meiner Familie …«
»Darum wollen wir versuchen, künftig in der Öffentlichkeit ein anderes Bild von dir zu zeichnen«, merkte sein Onkel schmunzelnd an. »Ein Graf Zeppelin ist schließlich keine Witzfigur. Du wirst den Leuten schon zeigen, was in dir steckt. Sonst hätte ich dich übrigens auch gar nicht ausgesucht, wenn ich nicht der festen Meinung wäre, dass du uns mit deiner Ingenieursausbildung wertvolle Dienst leisten kannst. Touristen können wir auf dieser Fahrt wahrlich keine gebrauchen.«
Zeppelins Entscheidung über die definitive Auswahl der zwölf Männer hatte sich in Friedrichshafen natürlich blitzschnell herumgesprochen. Ein weiteres Indiz dafür, dass die geschichtsträchtige 24-Stunden-Fahrt wohl unmittelbar bevorstehen musste! Die Spannung in der Stadt stieg allmählich auf den Siedepunkt, zumal keiner aus der Luftschiffmannschaft auf eine konkrete Frage Antwort geben mochte. Mehr als ein paar unverbindliche Floskeln waren nie zu erfahren. Gleichzeitig strömten immer mehr neue Besucher aus ganz Deutschland nach Friedrichshafen, dessen Gasthöfe und Hotels längst wieder aus allen Nähten platzten. Dementsprechend unruhig und nervös ging es rund um das Werksgelände von Manzell zu, das von Sonnenaufgang bis Sonnenuntergang tagtäglich von einer gewaltigen Menschentraube belagert wurde, die jede Bewegung um die große Schwimmhalle

mit Argusaugen verfolgte. Es war eindeutig, dass es sich bei diesen Aktivitäten nur noch um die allerletzten Vorbereitungen zum Aufstieg handeln konnte! Demnächst würde »LZ 4« die Halle verlassen – und sie alle würden Zeugen eines denkwürdigen Augenblicks werden, der in die Analen eingehen würde!
Doch ausgerechnet jetzt verschlechterte sich das Wetter und wurde wechselhaft. Nicht nur zum Verdruss der ungeduldigen Zaungäste, sondern hauptsächlich von Professor Hergesell, dem die wenig angenehme Aufgabe zufiel, den Luftschiffern ein ums andere Mal zu verkünden, dass es mit einem Aufstieg am nächsten oder übernächsten Tag wohl nichts werde. Zweimal hatte der erfahrene Meteorologe dann aber doch eine günstige Prognose stellen können und jedes Mal waren sie – begleitet vom tausendfachen Jubel der Massen – bereits aufgestiegen, als sich kleinere Störungen an den Motoren und den Rudern bemerkbar machten, die das Luftschiff zur Umkehr zwangen. »Ich möchte so kurz vor dem endgültigen Erfolg keinesfalls mehr ein Risiko eingehen, denn selbst das kleinste Problem kann sich im Verlauf dieser langen Fahrt zu einer ernsten Sache auswachsen. Lieber beheben wir den Defekt – und möge er noch so klein sein – in der Halle und verschieben die Dauerfahrt eben ein weiteres Mal. So viel Umsicht muss einfach sein«, entschied der Graf, nach einer kurzen Beratung mit Ludwig Dürr und seinen beiden Luftschiffkapitänen.

Insofern war die überkochende Begeisterung der Bevölkerung längst einer gespannten Anteilnahme gewichen, als frühmorgens wieder einmal zwölf Männer in die beiden Gondeln kletterten und das Luftschiff am 4. August 1908 mit einem neuerlichen Aufstieg begann. »Ballast ablassen und die Halteleinen los!« lautete um exakt 6 Uhr 22 Zeppelins entscheidendes Kommando. Das Wetter schien stabil zu bleiben – ganz so, wie von Professor Hergesell vorausgesagt. Die Alpenkette erstrahlte märchenhaft im milden Licht der Morgensonne und bildete damit eine ideale Kulisse für das herrliche Bild, das die riesenhafte Zigarre in den Himmel zeichnete, während sie mit ruhiger Fahrt den Bug nach Konstanz ausrichtete. Alle Funktionen arbeiteten einwandfrei. »Ich glaube, dieses Mal könnte es gelingen, Exzellenz«, flüsterte Dürr mit vor Ergriffenheit rauer Stimme.

»Das sehe ich genauso«, gab der Graf zurück und warf dabei einen fröhlichen Blick über die Runde seiner Leute in der vorderen Gondel. »Ich denke, wir können heute ein wichtiges Kapitel deutscher Luftfahrtgeschichte schreiben. Ach ja: Haben wir eigentlich unsere Postkarten mit dabei? Ich sehe sie nämlich nirgendwo.«

»Ich habe sie dort drüben gelagert, Exzellenz«, deutete Hacker auf ein Fach an der Innenseite der Gondel.

»Schön«, nickte Zeppelin zufrieden. »Dann kann es ja losgehen.« Er faltete seine Hände und sprach ein kurzes Gebet. »Genießen Sie alle diesen wunderschönen Tag genauso innig, wie ich das tue. Glück auf, Männer!«

Bald hatten die vier großen Luftschrauben dank der problemlos arbeitenden Motoren das Luftschiff auf die geplante Geschwindigkeit von gut 40 Kilometern in der Stunde gebracht und schon nach einer knappen halben Stunde überflogen sie Konstanz, wo es sich längst wie ein Lauffeuer herumgesprochen hatte, dass der »Zeppelin« der altehrwürdigen Stadt wieder seine Referenz erweisen würde. Dichtgedrängt standen die Menschen in den engen Gassen und jubelten dem Luftschiff und seiner Besatzung ausgelassen zu. Sogar auf den Dächern standen die Leute und winkten mit großen bunten Tüchern. Um exakt 6 Uhr 55 hatten sie das mit den Zeppelinschen Familienfarben festlich beflaggte Inselhotel überflogen, wo ganz deutlich Eberhard von Zeppelin zu erkennen war, der einen Hurraruf nach dem anderen zu seinem älteren Bruder hoch in die vordere Gondel schickte – und schon befanden sie sich über dem benachbarten Kasernengelände in Petershausen. Hier war die ganze Garnison zu

Ehren des Luftschiffs auf dem Exerzierplatz angetreten. »Sehen Sie sich das an, Bassus: Was für ein herrliches Schauspiel! Und das alles uns zu Ehren! Sie haben es endlich begriffen!« Der Graf schluckte trocken und beinahe schien es so, als würde ihn an diesem herrlichen Dienstagmorgen die Rührung übermannen. Rasch nahm er einen vorbereiteten Brief zur Hand und warf ihn direkt über dem Exerzierplatz ab. »Da! Schauen Sie nur, Exzellenz, wie die Offiziere ihren Pferden jetzt die Sporen geben! Jeder will der Erste sein, der Ihre Nachricht in den Händen hält!« deutete Georg Hacker fröhlich grinsend nach unten. »Ich nehme jetzt Kurs auf Stein am Rhein.«
»In Ordnung, Hacker. Wir behalten zunächst genau dieselbe Route bei, wie kürzlich.«
Weiter ging es folglich über Schloss Hohenklingen, dessen Besatzung das Luftschiff mit gewaltigen Böllerschüssen grüßte und einen ebenso ohrenbetäubenden Lärm verursachte, wie eine Dreiviertelstunde später die Kanonen der Munotfestung über Schaffhausen. »Wenn das so weiter geht, dann bin ich spätestens in Basel taub«, schüttelte der Freiherr von Bassus den Kopf und betrachtete fasziniert den weißgrauen Pulverdampf, der sich wie ein Teppich um sie herum ausbreitete.
Um acht Uhr verließen sie ihre alte Route und nahmen Kurs nach Westen. Herrlich, wie auf der Backbordseite die Gipfel der Berner Alpen im morgendlichen Sonnenlicht erstrahlten, während sich die Schwarzwaldgipfel noch unter einem Dunstschleier versteckten. »Da vorne, das ist der Kirchturm von Säckingen«, deutete Hacker mit dem linken Arm geradeaus, während er das Steuerruder mit seiner rechten Hand weiter locker umfasst hielt. »Jetzt müssten wir auch gleich wieder den Rhein … ja, da ist er schon. Sehen Sie, Exzellenz!«
Auch Zeppelin hatte den Fluss längst ausgemacht und nickte. »Was sagt der Höhenmesser?«
»720 Meter!«

»Das ist zu hoch. Wir sollten etwas Gas abblasen, was meinen Sie, Bassus?«
Der Gasexperte war derselben Meinung. »Durch die Sonneneinstrahlung haben sich die Gaszellen bereits erwärmt und ausgedehnt, ich denke auch, dass wir tiefer gehen sollten. Eine Höhe von unter 500 Metern erscheint mir ideal.«
Wenig später war auch dieses Manöver problemlos beendet. Ruhig und majestätisch zog das Luftschiff seine Bahn durch den Himmel.
»Wie wäre es mit einer Ablösung fürs Frühstück?« tippte Bernhard Lau seinem Kapitänskollegen Hacker sanft auf die Schulter.
Hacker bedachte ihn mit einem dankbaren Blick. »Das ist eine gute Idee. Ich habe vor lauter Begeisterung über diese herrliche Fahrt doch tatsächlich überhört, wie mein Magen schon bedrohlich zu knurren begonnen hat.«
Nachdem Lau und Dürr ihre beiden Vorgänger an den Steuerrädern abgelöst hatten, nahmen der Graf Zeppelin und Hacker nun ein entspanntes Frühstück ein, während sie die Fahrt weiterhin in vollen Zügen genossen. »Was ist mit Ihnen, Herr von Bassus? Haben Sie gar keinen Hunger?«
»Ich habe jetzt keine Zeit zum Essen«, winkte der Freiherr ab und schoss mit seiner Photokamera weiterhin ein Bild nach dem anderen. »Dieser Anblick von hier oben ist so überwältigend – das muss ich einfach im Bild festhalten!«
Ein besonders schönes Photografenmotiv kam jetzt ins Bild: der Turm des Baseler Münsters und daneben die mit Menschen belagerten Brücken der Stadt am Rheinknie.
»Es ist jetzt 9 Uhr 32«, konstatierte der Graf und nickte zufrieden. »Das heißt, wir haben die Strecke bis hierher in drei Stunden zurück gelegt.«
»Das waren exakt 159 Kilometer, geteilt durch drei Stunden, entspricht einer durchschnittlichen Geschwindigkeit von 53 Stundenkilometer«, errechnete Hacker und schürzte anerkennend die Lippen. »Das ist eine respektable Leistung …«

»… von jetzt an könnte es allerdings etwas weniger werden, denn ich rechne nun in der Rheinebene mit einem leichten Gegenwind. Aber nur mit einem leichten. Deshalb wäre aus meiner Sicht wohl eine Höhe von 100 Metern über Grund empfehlenswert«, meldete sich Bassus zu Wort, der neben seinen Aufgaben als Spezialist für Fluggase und Auftrieb bei dieser Fahrt auch die Funktion des Meteorologen übernommen hatte, nachdem Professor Hergesell zu seinem größten Bedauern in Friedrichshafen hatte zurückbleiben müssen.

»Hacker? Lau? Dürr?« blickte Zeppelin fragend in die Runde. »Was meinen Sie?«

»Dasselbe!« erschallte es postwendend wie aus einem Mund.

»Nun gut, ich bin im übrigen auch dieser Ansicht. Lassen Sie uns also auf aktuell 370 Meter Meereshöhe herunter gehen.«

»Jetzt haben wir bis zum geplanten Wendepunkt in Mainz noch 300 Kilometer in nördlicher Richtung vor uns. Das Interessante dabei ist, dass wir uns jetzt schon 30 Meter tiefer befinden, als der Bodenseespiegel mit seinen 400 Metern Meereshöhe«, konstatierte Bassus.

»Und das Gute dabei ist, wie breit das Rheintal bis Mainz bleiben wird. Sollten wir also, was ich nicht hoffe, irgendwelche Probleme bekommen, können wir überall problemlos herunter gehen. Zumal der Rhein hier alles andere als ein reißender Gebirgsfluss ist«, meldete sich Dürr zu Wort, der wie üblich schon wieder damit beschäftigt war, auch unliebsame Ereignisse schon einmal im Kopf genau durchzuspielen, bevor man womöglich unvorbereitet mit ihnen konfrontiert würde.

»Ich sehe nicht, wo wir ein Problem bekommen sollten«, warf Hacker unwirsch dazwischen, dem der ewige Pessimismus seines direkten Vorgesetzten an einem so wunderbaren Tag wie heute hörbar auf die Nerven ging. »Und wenn alles so bleibt, wie bisher, werden wir gegen 5 Uhr am Nachmittag die Rückfahrt antreten können. Wir haben dann vielleicht sogar noch ein bisschen Zeit übrig, um das eine oder andere Manöver durchzuführen, bis die 24 Stunden absolviert sind.«

»Jetzt nur nicht übermütig werden, Hacker«, bedachte Dürr den Steuermann mit einem warnenden Blick. »Es kann innerhalb von so vielen Stunden noch eine ganze Menge passieren.«

»Vom Wetter haben wir jedenfalls nichts zu befürchten: das wird sich bis zum Abend nicht ändern«, prophezeite Bassus. »Aber schauen Sie doch nur: wohin wir auch kommen, überall stehen die Menschen in dichten Trauben beieinander und winken uns begeistert zu. Als würden wir an einem unsichtbaren Band gezogen haben die Leute offenbar schon längst Nachricht davon erhalten, dass wir gleich über ihren Köpfen erscheinen werden.«

In der Tat befand sich das ganze Land inzwischen in einer regelrechten Zeppelin-Euphorie. Unablässig wurden neue Nachrichten von der Fahrt des Luftschiffs über die Telegrafen in ganz Deutschland verbreitet und in zahlreichen Extrablättern mit besonders großen Schlagzeilen unter die Leute gebracht. »Das Luftschiff ist in Basel gesichtet worden!«

»Jetzt fährt es an Freiburg vorbei!«

»Der Zeppelin kommt!«

Lückenlos wurde die Fahrt dokumentiert – kein Kilometer zurückgelegt, ohne dass nicht eine neue Meldung eingegangen wäre. Das Wetter für solche Beobachtungen konnte idealer nicht sein: wie ein silberner Walfisch erstrahlte das gigantische Luftfahrzeug im hellen Sonnenlicht dieses Augusttages und versetzte die Massen in regelrechte Begeisterungsstürme. Niemand konnte sich dieser Faszination entziehen, die von dem majestätisch am Himmel schwebenden Luftschiff ausging. Jede Frau, jeder Mann, ja sogar ganze Betriebe und Behörden – alle, denen dieses irgendwie möglich war, beschlossen im weiteren Verlauf dieser sich allmählich ins Unermessliche steigernden wahren Zeppelinhysterie, die Arbeit für heute liegen zu lassen und so rasch wie möglich an einen der Orte zu eilen, an dem es möglich war, das faszinierende »LZ 4« mit eigenen Augen zu erblicken!

Ob wohl alles gut ging – und sich der »Zeppelin« tatsächlich 24 Stunden am Himmel würde halten können? Eine atemlose Spannung herrschte im ganzen Reich, während das Für und Wider heftig diskutiert wurde.

»Jetzt sind sie über Straßburg gesichtet worden!«

Auch das Straßburger Münster, das sie um 12 Uhr 08 in einem Abstand von nur 200 Metern passierten, war an diesem ganz besonderen Tag zu Ehren des Luftschiffs und seines Konstrukteurs festlich geschmückt worden. Von seiner Spitze bis hinunter zur Plattform bewegten sich die Fahnen im leichten Sommerwind, auf der Plattform drängten sich die Menschen und winkten mit Taschentüchern, Schirmen, ja sogar mit Säbelklingen hinauf zur Besatzung der beiden Gondeln, die all diese Grüße nicht minder begeistert erwiderte. »Wenn das so weiter geht, dann habe ich heute Abend vor lauter Zurückwinken einen ordentlichen Muskelkater in den Oberarmen«, lachte Lau. »Das ist ja unfassbar, wie viele Menschen einfach da stehen und uns grüßen wollen!« Der Kapitän warf einen bewundernden Blick auf den Grafen, dessen Augen freudig strahlten und der mit einer Ausgelassenheit zurückwinkte und dabei unablässig seine weiße Mütze schwenkte, als sei er ein junger Spund von vielleicht 20 Jahren!

Sehr zur Freude der Menschenmasse, die es mit einem unbeschreiblichen Jubel kommentierte, ließ er eine Meldung abwerfen: »Aus der Höhe über Straßburg. Herrliche Fahrt. Richtung Mannheim. 4. August 1908. 12 Uhr 10 Minuten. Graf Zeppelin.«

Wenig später hatten sie Straßburg bereits hinter sich gelassen. Die Fahrt verlief weiter problemlos. »Der ideale Zeitpunkt, um Benzin aus den Fässern in den Tank umzupumpen. Beginnen wir mit dem vorderen Motor. Motor aus«, erteilte Zeppelin das nächste Kommando. Während

dieses Manövers stieg das Schiff, dessen Hülle sich langsam aufheizte, weil sie nun nicht mehr vom Fahrtwind gekühlt wurde, auf 820 Meter Höhe, obwohl die Überdruckventile das sich ausdehnende Gas beständig abblasen ließen. Es half also nichts anderes, als nach Beendigung der Umpumpaktion zusätzlich auch noch von Hand die Gaszüge zu betätigen und damit eine deutlich größere Menge des kostbaren Wasserstoffs abzulassen, als das den Luftschiffern eigentlich lieb war. Aber es war die einzige Möglichkeit, um ihr Schiff wieder auf die gewünschte Höhe herunter zu bringen. Auch diese Aktion wurde erfolgreich abgeschlossen – ohne das geringste Vorkommnis. »Das muss uns genauso zur Routine werden, wie die normale Geradeausfahrt. So sehr es mich auch um den teuren Wasserstoff dauert …« Trotz der überragenden Bedeutung dieser Fahrt präsentierte sich der Graf seiner Mannschaft weiterhin bewundernswert ruhig und gelassen – ohne die geringsten Anzeichen von Anspannung. Ganz im Gegenteil sogar. »Da, schauen Sie einmal, Hacker. Das da unten ist Lauterburg«, machte er den Kapitän auf das kleine Städtchen aufmerksam, das gerade in ihr Blickfeld kam. »Und dieses Tor da, das wir jetzt unter uns sehen, durch das bin ich im Jahr 1870 unmittelbar bei Kriegsbeginn als junger württembergischer Rittmeister hindurch geprescht und habe mit meinen Männern dann den Telegraphen im Ort und die ganzen Leitungen zerstört. Das war vor nahezu exakt 40 Jahren.«
Keine Zeit für Sentimentalitäten. Auf der Backbordseite ließen sie nun Wörth liegen, auf der rechten Seite die badische Residenzstadt Karlsruhe. Weiter in Richtung Norden. Die Sonneneinstrahlung hatte durch den seit Mittag aufsteigenden Wasserdunst mittlerweile etwas nachgelassen, wodurch sich die Auftriebskraft des Luftschiffs deutlich verminderte. Dadurch waren sie ganz allmählich tiefer gesunken und kamen den Sträuchern der Rheinböschung gefährlich nahe. »Wenn wir nicht Gefahr laufen wollen, die Rheinbrücke bei Germersheim zu streifen, dann müssen

wir Ballast abgeben. Wir sollten uns beeilen!« Dieser knappe, im Grunde genommen unnötige Zusatz war der einzige Hinweis, dass der Blutdruck des Grafen nun doch erstmals in die Höhe geschnellt war. Aber auch ohne dieses Kommando wussten die erfahrenen Männer in den beiden Gondeln sowieso längst, was nun zu tun war. »60 Kilogramm müssten genügen. Jetzt!« Auf diesen Befehl zogen sie rasch an den schweren Segeltuchsäcken mit dem darin aufbewahrten Wasserballast. Offenbar war der Zug etwas zu stark ausgefallen, denn die doppelte Menge des Wassers ergoss sich aus den Säcken. Dies wiederum hatte zur Folge, dass das nunmehr zu leicht gewordene Schiff rasch auf 500 Meter Höhe hochstieg. Der Graf zuckte mit keiner Wimper – im Gegenteil. »Zeit zum Umpumpen des Benzins für den zweiten Motor. Die Benzinfässer bereit machen. Den Motor stoppen«, gab er eine neue Anweisung. Und wieder derselbe Effekt, wie beim ersten Mal: es war folglich vorhersehbar gewesen, dass sich das Schiff dadurch weiter in die Höhe bewegen würde. »880 Meter!« berichtete Bassus, der seinen angespannten Blick gar nicht mehr vom Höhenmesser nahm. »Jetzt sind wir offenbar zum Stillstand gekommen!«
Das Zischen und Pfeifen der Überdruckventile war ein deutlicher Hinweis, was sich im Inneren der Hülle in den voll aufgeblähten Gaszellen gerade abspielte. Wieder die Aufheizung durch die Sonneneinstrahlung aufgrund der größeren Höhe und des fehlenden Fahrtwindes, wieder ging kostbarer Wasserstoff verloren und wieder mussten sie schweren Herzens noch mehr Wasserstoff aus den Zellen entweichen lassen, um auf eine akzeptable Fahrthöhe herunter gehen zu können, sobald der hintere Motor wieder seinen Dienst versah. Auch das glückte ohne nennenswerte Schwierigkeiten. Keiner der Männer konnte sich eines ehrfürchtigen Schauders erwehren, als sie jetzt auf der Höhe von Speyer an seinem beeindruckenden Kaiserdom vorbei schwebten. Und nach wie vor zog die Fahrt von »LZ 4« die Menschen in Massen aus ihren Häusern.

»Mannheim! Die Quadratstadt. Schaut doch nur! An beiden Ufern des Rheins stehen sie dicht an dicht gedrängt, wie die Ameisen!« Kaum hatten die Luftschiffer der Menge aus den beiden Gondeln ihren Gruß entboten, da lief es wie eine riesige Welle durch die zurück winkenden Menschen. Und als das Luftschiff den Rheinhafen überquerte, ertönten plötzlich gleichzeitig die Dampfpfeifen aller im Hafen liegenden Flussschiffe, in deren ohrenbetäubende Signale sich nun auch noch die Sirenen der Mannheimer Fabriken mischten, deren Arbeiter ebenfalls ins Freie geeilt waren, um den einmaligen Anblick des »Zeppelin« nicht zu verpassen. Ein ohrenbetäubendes Spektakel.
Nachdem sie am Nachmittag um 15 Uhr 29 die Wormser Rheinbrücke hinter sich gelassen hatten, gab der Graf den Befehl zum erneuten Stoppen des hinteren Motors. Inzwischen war das Schiff immer hecklastiger geworden, da Ballast nur von der vorderen Hälfte abgegeben worden war. Sofort stieg das Schiff auf 1030 Meter hoch. »An die Gaszüge! Gas abblasen – jetzt!« Wieder ein Manöver, das Gas kostete – leider ohne den erhofften Erfolg. Zeppelin hatte damit den vorderen Motor entlasten wollen, doch die Schieflage des Schiffs blieb dieselbe. »Sollen wir nicht auch hinten einmal Ballast ablassen und für die richtige Trimmung sorgen?« gab Bassus zu bedenken. »Die Hecklastigkeit hängt mit Sicherheit auch damit zusammen, dass die hinteren Gaszellen mehr der Sonneneinstrahlung ausgesetzt gewesen sind und die Ventile deshalb mehr Wasserstoff abgeblasen haben, als mir das eigentlich recht war.«
»Keinesfalls! Damit würden wir wieder mehr in die Höhe steigen und müssten dann noch mehr Wasserstoff abgeben. Das wäre ein kleiner Teufelskreis, den ich gerne vermeiden möchte. Nein: Noch kommen wir gut voran. Lassen wir also alles so, wie es ist.« Und dennoch: die dramatischen Ereignisse, die sie im weiteren Verlauf der Fahrt in Beschlag nehmen würden. hatten sich mit ihren ersten Vorboten gezeigt.
16 Uhr 05. Ein hässliches metallisches Knirschen, danach

ein kurzer Ruck, der in einer Welle den mächtigen Schiffskörper durchlief: am vorderen Motor war ein Zahnrad gebrochen. Augenblicklich verminderte sich die Geschwindigkeit spürbar. »Den Motor sofort stoppen!« rief der geistesgegenwärtige Dürr, der sich inzwischen mit Zeppelin im Kommando abgewechselt hatte, während das Luftschiff langsam tiefer sank. »Vielleicht gelingt es uns, während der Reparatur in der Luft zu bleiben. Das müsste doch gehen mit der Reparatur, was meinen Sie, Laburda?«
»Von mir aus schon«, nickte der Monteur und behielt dabei den Motor mit angespannter Miene im Visier. »Nachdem wir ja ziemlich langsam geworden sind, sehe ich darin kein größeres Problem.«
»Das Steuern ist jetzt auf einmal auch deutlich schwerer geworden«, bemerkte Lau, als er sich am Steuer routinemäßig von Hacker ablösen ließ. Ein kurzes Drehen Hackers am Steuerrad bestätigte Laus Eindruck. Weiter verlor das Luftschiff an Höhe. Den Ballast abwerfen? Eher nicht! Ein kurzer Blick zum Grafen genügte den Männern als Antwort. Falls es Laburda mit Hilfe seines Kollegen Schwarz gelang, die Reparatur rasch auszuführen, dann könnten sie aus eigener Kraft wieder Höhe gewinnen. Wenn …
Ganz plötzlich schüttelte Ludwig Dürr ernst den Kopf. »Es geht nicht. Das wird zu gefährlich. Wir müssen uns eine geeignete Stelle zum Landen suchen. Auf jeden Fall müssen wir wieder direkt über den Rhein kommen!«
Dicke Schweißtropfen perlten über die Gesichter der Männer am Steuerrad, als sie mit dem verbliebenen Motor versuchten, das weiterhin langsam immer tiefer herunter sinkende Schiff so behutsam wie möglich über den Rhein zu lenken. »Wir sollten eine Stelle ziemlich nahe am Ufer suchen …«
Zäh verstrichen die Minuten, keiner sagte ein Wort. Dann plötzlich, ganz kurz bevor sie die Uferlinie überflogen hatten, gab Dürr dem Steuermann Hacker das Zeichen zum sofortigen Landen. Der drehte das Ruder aus Leibeskräften

so hart wie möglich auf Steuerbord, um das Luftschiff mit seinem Bug zwischen zwei aus dem Wasser aufragenden Buhnen möglichst genau zwischen die Strömung zu stellen. »Achtung: wir sinken zu schnell!« Nun wurde es eng! Hacker presste seine Lippen fest zusammen, ließ sich jedoch von seinem Steuermanöver nicht abbringen, während von Dürr der nächste Befehl erschallte: »Jetzt! Ballast abwerfen!« 120 Kilogramm Ballast verließen das Schiff – gerade noch zum richtigen Zeitpunkt. Um 17 Uhr 24 setzte LZ 4 sanft auf der Wasserfläche auf. Dieses Manöver war geglückt, doch sofort drohte neue Gefahr, denn das Luftschiff trieb nun unaufhaltsam in einem Winkel von 45 Grad allmählich auf das nördliche Ufer zu. Immer näher gerieten sie an die Uferböschung, schon schleifte die Aluminiumbrücke über den Kies der Buhnen, Teile der Streben verborgen sich oder rissen sogar ganz ab, während sich nur Sekunden später der vordere Laufgang in die grasbewachsene Böschung bohrte. Auch die vordere Gondel drehte sich nun dem Ufer zu, Hacker sprang geistesgegenwärtig heraus und schaffte es tatsächlich, den Laufgang wieder von der Böschung frei zu bekommen. Dadurch legte sich das Schiff längsseits, parallel zum Ufer. Besser hätte Hackers Notmanöver gar nicht gelingen können. »Jetzt ihr!« gab Hacker einem Teil der Besatzung das Kommando, die Gondeln ebenfalls zu verlassen und sie im seichten Wasser stehend so lange festzuhalten, bis ihre Kollegen die Haltetaue ergriffen hatten und das Schiff sicher fixieren konnten. Was für ein Glück, dass im Schutz des Ufers völlige Windstille herrschte, so dass man ohne Hektik daran gehen konnte, die Ankertrossen auszubringen.
»Da kommt schon Hilfe!« nickte Lau mit dem Kinn nach vorne in Richtung Ufer, wo in diesem Moment ein junger Leutnant auftauchte. »Hierher! Sie müssen hier festhalten!« rief Hacker dem sichtlich aufgeregten Mann entgegen, der das Landemanöver aus nächster Nähe verfolgt haben musste. Der Leutnant schien sich freilich nicht darum zu scheren, wie er den gestrandeten Luftschiffern

wohl zu Hilfe kommen könnte: das schiere Gegenteil war der Fall! Die Männer glaubten, ihren Augen nicht trauen zu können, als sich der Offizier plötzlich an einem der verbogenen Aluminiumteile zu schaffen machte, es gänzlich abdrehte und es dann in aller Seelenruhe in die Jackentasche steckte. »He! Was machen Sie denn da?! Sie sollen herkommen und uns helfen. Hierher! Auf jetzt!« Doch auch diese Aufforderung verpuffte wirkungslos. So rasch, wie er gekommen war, verschwand der Leutnant wieder.

»Das ist ja nicht zu fassen!«

»Das sind mir schöne Helfer!«

»Dort hinten kommen Leute!«

»Hoffentlich sind das nicht wieder solche Andenkenjäger!«

Dieses Mal hatten sie Glück. Bei den Neuankömmlingen handelte es sich in der Mehrzahl um Bauern, die auf den Feldern in der Umgebung gearbeitet hatten, als das Schiff über ihren Köpfen zur Landung auf dem Rhein angesetzt hatte. Zu ihnen gesellten sich mit wahrer Begeisterung noch Leute, die der Fahrt von »LZ 4« mit ihren Pferdefuhrwerken hinterher gehetzt waren, solange dies nur irgendwie möglich war. Allesamt hilfsbereite Menschen, die sich nur allzu gerne bitten ließen, die Haltetaue fest zu ergreifen und sie so lange nicht mehr loszulassen, bis zusätzliche Hilfe eintreffen würde.

Nachdem die kritische Phase der Landung also gut überstanden war, atmete nun auch Ferdinand von Zeppelin erleichtert durch. »Wunderbar, damit haben wir also alles im Griff – im wahrsten Sinn des Wortes«, zeigte er sich sogar schon wieder aufgeräumt. Er watete zu Hacker hinüber, der inzwischen seine Position am Halteseil mit einem der Bauern getauscht hatte und vor sich an der Uferböschung das Kartenmaterial aus der Gondel ausbreitete, das er eingehend studierte. »Wo sind wir genau? Die Leute haben irgendetwas von Kornsand gesagt, aber einen solchen Ort kenne ich nicht. Vielleicht habe ich sie ja auch nur wegen ihrem Dialekt nicht richtig verstanden. Oder finden Sie das etwa? Kornsand?« Interessiert beugte sich Zeppelin über

die Landkarte. »Kornsand … ich sehe hier keinen Ort, der so heißt.«
»Kornsand …« murmelte Hacker. »Das sagt mir ehrlich gesagt auch nichts. Das dürfte aber schon ziemlich in der Nähe von Mainz liegen …«
»Richtig, unsere letzte Position war südlich von Mainz, etwa zehn Kilometer südlich.«
»Zehn Kilometer«, wiederholte der Steuermann und beschrieb mit dem Finger auf der Landkarte einen Halbkreis von maßstäblich schätzungsweise zehn bis fünfzehn Kilometern südlich von Mainz. »Da liegt Nierstein in der Nähe. Und Oppenheim. Und … ja – ach richtig, jetzt sehe ich es. Hier: genau gegenüber von Nierstein, also auf der rechten Rheinseite, an der wir gelandet sind, da ist dieses Kornsand, sehen Sie, Exzellenz. Eine winzige Siedlung – und dort drüben, der nächste richtige Ort, der heißt laut Karte Geinsheim. Dürfte schätzungsweise anderthalb Kilometer von uns entfernt liegen. Und hinter Geinsheim kommt dann Trebur. Seltsamer Name, finden Sie nicht auch, Exzellenz? Trebur!«
»Trebur… sinnierte der Graf und warf einen nachdenklichen Blick auf die Landkarte. »Der Name kommt mir irgendwie bekannt vor … Trebur … ja, richtig! Das ist ein Ort, der mit der deutschen Geschichte zu tun hat. Ein wahrhaft historischer Boden, auf dem wir uns befinden, Hacker. Dort hat nämlich im Herbst 1076 ein deutscher Fürstentag stattgefunden, an dem die Großen des Reiches ein Ultimatum an König Heinrich IV. gestellt haben. Er müsse sich bis spätestens Frühjahr 1077 vom Kirchenbann des Papstes befreien, haben sie von dem König gefordert und haben ihn damit zu diesem legendären Bußgang gezwungen, der dann als der berühmte Gang nach Canossa in die Geschichte eingegangen ist. Hoffentlich wird das für uns nicht auch ein Canossagang«, sinnierte der alte Graf und strich sich dabei nachdenklich über seinen weißen Schnurrbart.
Überrascht wandte Hacker den Kopf und streifte Ferdi-

nand von Zeppelin mit einem kurzen, prüfenden Blick. War hier etwa ein Anflug von Pessimismus herauszuhören gewesen? Das war doch sonst nicht seine Art! »Aber nein, Exzellenz. Soviel ich weiß, hat der Canossagang damals ja ein gutes Ende gefunden. Wir haben also kein bisschen Grund zu Pessimismus. Und überhaupt: mit der bisher zurückgelegten Strecke haben wir ohnehin im Großen und Ganzen schon eine beeindruckende Demonstration der Leistungsfähigkeit unseres Luftschiffes hinter uns gebracht.«
»Ach Hacker, das war ja auch nur als kleiner Spaß gemeint – passend zu meiner kleinen Geschichtslektion«, lachte der Graf und war jetzt wieder ganz der Alte, als er fortfuhr: »Wir sollten freilich dafür sorgen, dass in Nierstein rasch eine Depesche abgeschickt wird. In Nierstein wird es ja wohl sicherlich einen Telegraphen geben, von dem wir eine Nachricht an das Mainzer Militär absetzen können, mit der Bitte um sofortige Hilfe. Die Reparatur wird zwar sicherlich nicht allzu lange dauern, aber die vielen Schaulustigen könnten schon ein Problem werden.«
In der Tat strömten die Menschen mittlerweile in hellen Scharen aus der ganzen Gegend zusammen, um das Luftschiff und seinen berühmten Konstrukteur, den schon zu Lebzeiten zu einer Legende gewordenen Grafen Zeppelin, mit weit aufgerissenen Augen zu begaffen.
»Nun gut, solange sie nicht näher heran kommen und sich so dreist aufführen, wie unser Souvenirjäger von vorher, dann geht es ja noch«, brummte Dürr und betrachtete die Menschenansammlung am Ufer mit zusammengekniffenen Augen. »Aber sicher ist sicher, da: schauen Sie doch nur einmal, Exzellenz! Jetzt kommen sie von der anderen Seite schon auf Floßen daher!« Tatsächlich näherte sich mit einem Mal eine wahre Armada von Booten und Floßen dem Luftschiff, das wie ein überdimensionaler, gestrandeter Walfisch friedlich im ruhigen Wasser zwischen den zwei Buhnen vor sich hindümpelte.
»Die Leute sind doch ganz friedlich und absolut nicht un-

verschämt«, entgegnete Hacker. »Und außerdem sehe ich da drüben jetzt auch zwei Gendarmen, die für Ordnung sorgen.«
»Das wird auf Dauer nicht reichen«, schüttelte Zeppelin seinen Kopf. »Schon wegen unserem neuerlichen Aufstieg. Die Leute sind viel zu nahe bei uns. Bedenken sie nur, was passieren kann, wenn unser Schiff gleich nach Beginn des Aufstiegs durch einen leichten Windstoß in die Menge hineingetrieben wird. Da braucht es wirklich nur ein kleines Lüftchen und schon ist es passiert. Das möchte ich keinesfalls riskieren. Deshalb müssen wir auf alle Fälle warten, bis die Soldaten da sind und für den nötigen Abstand sorgen. Außerdem ist es mir lieber, wenn Soldaten an den Haltetauen sind. Die wissen besser, wie man auf ein Kommando zu reagieren hat, als das normale Volk.«
»Immerhin können wir froh sein, dass es aller Voraussicht nach ziemlich windstill bleiben wird in den nächsten Stunden«, merkte Konrad von Bassus zufrieden an. »Damit dürfte es keinerlei Problem geben, das Schiff zusammen mit unseren freundlichen Bauern aus Kornsand sicher am Boden zu halten.«
Dankenswerterweise hatte einer der Bauern in der Zwischenzeit sogar eine ganze Kiste mit Werkzeug angeschleppt, mit dem Laburda und Schwarz den Motor nun viel schneller würden reparieren können, als mit dem behelfsmäßigen Bordwerkzeug.
»Wir sind wieder aufstiegsbereit, Exzellenz«, erstattete der erleichterte Laburda folglich schon eine knappe halbe Stunde später und nicht ohne einen gewissen Stolz in der Stimme, seine Meldung. »Zumindest, was den Motor betrifft, sind alle Probleme behoben.«
»Das haben Sie hervorragend gemacht«, bedachte der Graf seinen Motorenfachmann mit einem anerkennenden Kopfnicken. »Wir bleiben aber trotzdem so lange am Boden, bis die Soldaten aus Mainz eingetroffen sind, die uns beim Wiederaufstieg helfen werden. Ich denke, wir haben ohnehin noch genug zu tun, das Schiff neu auszu-

tarieren. Wie weit sind Sie mit Ihren Berechnungen gekommen?« wandte er sich nun an Hacker, Bassus und Dürr, die seit einer guten Viertelstunde das Luftschiff von vorne bis hinten sorgfältig inspizierten und dabei immer wieder Zahlen zu Papier brachten, damit die verschiedensten Berechnungen anstellten, deren Ergebnisse sie engagiert diskutierten, wieder verwarfen und neu in Relation zueinander setzten.

»Unser Problem ist das Gas. Wir haben unterwegs viel zu viel Wasserstoff verloren, um an einen sicheren Aufstieg denken zu können …«

»… wenn wir mehr Ballast zurücklassen, dann geht es durchaus. Wir haben immerhin noch 360 Kilogramm Ballast an Bord«, konterte Hacker die Einlassung des Freiherrn von Bassus.

»So einfach, wie Sie sich das denken, ist es nicht«, widersprach Dürr. »Wir müssen mindestens 120 Kilogramm als Landungsballast an Bord behalten. So oder so: für einen sicheren Aufstieg – und erst recht für eine sichere Weiterfahrt – sind wir aufgrund des großen Gasverlusts schlichtweg viel zu schwer. Da gebe ich dem Herrn von Bassus völlig recht.«

»Und welche Schlussfolgerungen ziehen Sie daraus, Dürr?«

»Dass wir unbedingt leichter werden müssen – trotz des Ballasts, den wir natürlich aus Sicherheitsgründen im Schiff belassen müssen, Exzellenz. Ich denke, wir sollten daran gehen, alle Teile, die wir nicht unbedingt zur Weiterfahrt benötigen, auszubauen und zurück zu lassen.«

»Das leuchtet mir ein«, nickte der Graf und ließ seinen Blick nachdenklich über den gewaltigen Luftschiffkörper streifen. »Und an welche Teile haben Sie dabei im Einzelnen gedacht?«

»Zunächst die leeren Benzinfässer. Die brauchen wir wirklich nicht mehr. Dann die dicken Haltetaue und die großen Erdbohrer für die Landung auf festem Boden. Das ist zwar ein gewisses Risiko, das wir damit eingehen, aber ich denke, wir schaffen eine sichere Landung auch ohne diese Trossen. Und was das Verankern im Boden betrifft: das wird mit den unzähligen freiwilligen Helfern wieder ausgeglichen, die bei einer Landung sofort auf uns zuströmen und uns beim Festhalten helfen werden. Wir sind ja anscheinend keine Minute ohne Beobachtung und von überallher verfolgen die Leute unsere Fahrt. So wie selbst hier – beinahe im Niemandsland«, deutete Ludwig Dürr staunend auf die Menschenmenge, die inzwischen sicher an die tausend Köpfe zählen mochte.

»Wir machen es so, wie von Ihnen vorgeschlagen«, entschied Zeppelin, um sich im Anschluss einer kleinen Gruppe von festlich gekleideten Männern zuzuwenden, die von den Polizeibeamten anstandslos zum Luftschiff durchgelassen worden waren und sich den Luftschiffern nun mit feierlichen Mienen näherten. Sie entpuppten sich als Delegation aus dem benachbarten Weinort Nierstein. Der Bürgermeister und sein kompletter Gemeinderat hatten es sich nicht nehmen lassen, dem berühmten Luftgrafen persönlich ihre Aufwartung zu machen und dem unverhofften Gast zu Ehren seines Besuches eine Flasche vom allerbesten Niersteiner Wein zu überreichen. Gerührt nahm Ferdinand von Zeppelin das Geschenk entgegen und bedankte sich mit warmen Worten bei den freundlichen Leuten aus Rheinhessen. »Zur Feier des Tages werde ich den Inhalt der Flasche zusammen mit meinen Männern gleich einmal genießen!« Rasch wurden die Gläser gefüllt und jeder aus der Luftschiffermannschaft, der wollte, durfte sich den Wein in die Kehle rinnen lassen.

»Wir haben mittlerweile ein zusätzliches Problem bekommen, Exzellenz«, sah sich Oberingenieur Dürr gezwungen, die fröhliche Festtagsstimmung zu stören. »Und zwar wird unsere Auftriebsfähigkeit von Minute zu Minute geringer, da inzwischen die Abendkühle eingesetzt hat. Man sieht es deutlich an den Gaszellen. Dazu kommt, und das ist das eigentlich Bedenkliche, dass unsere Außenhülle allmählich feucht wird. Denn auch die relative Luftfeuchtigkeit nimmt gerade gewaltig zu. Die Feuchtigkeit wird von dem Baumwollstoff beinahe wie ein Schwamm angesogen.«

»Und das bei einem Volumen von immerhin 10.000 Quadratmetern«, machte nun auch Bernhard Lau ein bedenkliches Gesicht. »Wir haben zwar insgesamt 700 Kilogramm an Gewicht reduziert, aber andererseits haben wir zusätzlich 240 Kilogramm Wasserballast neu aufgenommen. Das hätte unter den Ausgangsbedingungen am Nachmittag ausgereicht, aber jetzt stellt sich die Lage völlig anders dar: wir müssen mindestens um weitere 500 Kilogramm reduzieren, sonst können wir nicht gefahrlos aufsteigen.«

»500 Kilo!« entfuhr es Hacker. »Woher sollen wir die denn nehmen? Ich wüsste nicht, was wir sonst noch dalassen könnten!«

»Das ist in der Tat so«, bestätigte Dürr. »Alles was wir da lassen können, ist längst an Land gebracht. Wir können nur noch auf einem einzigen Weg weiteres Gewicht einsparen …«

»… und der wäre?« erkundigte sich Bassus, der sich freilich schon denken konnte, worauf es hinaus lief.

»Indem wir fünf Mann von der Besatzung zurücklassen. Das ist, so leid es mit tut, unsere einzige Möglichkeit.«

»Und Sie haben sicherlich auch schon eine Entscheidung getroffen, von wem Sie sich verabschieden wollen?«

»Ja, das habe ich in der Tat.« Dürr zuckte bedauernd die Schultern, dann blickte er ernst in die Runde. »Ich bin der Meinung, wir könnten auf drei Monteure verzichten, dazu den Freiherrn von Bassus und einen der beiden Kapitäne, meine Wahl ist dabei auf Hacker gefallen …«

»Was?! Wieso denn ich!« Georg Hacker konnte sein Unglück nicht fassen. »Wieso ausgerechnet ich?!«

»Sie haben im Gegensatz zu Lau eine Familie …«

»… die hatte ich auch bisher schon«, konterte Hacker trotzig.

»Beruhigen Sie sich, Hacker. Einen musste es halt treffen. Außerdem«, begütigend legte der Graf seinen Arm auf die

Schulter des niedergeschlagenen Mannes. »Außerdem brauche ich Sie für den Aufstieg. Bis es soweit sein wird, ist längst die Nacht hereingebrochen. Dazu ist es absolutes Neuland für uns – ein Aufstieg bei Nacht, noch dazu von unbekanntem, schwierigem Gelände aus. Deshalb ist es unabdingbar, dass ein besonders erfahrener Luftschiffer diesen Aufstieg von Außen überwacht. Das können schlichtweg nur Sie sein, Hacker.«

»Wenn Sie meinen, Exzellenz«, knurrte der – noch immer hörbar verdrossen.

»Ja, das meine ich!« Damit war die Entscheidung gefallen – und sie war endgültig.

Längst hatte sich die Nacht über den Rhein gesenkt, doch keiner der Zuschauer dachte ans Heimgehen. Eher im Gegenteil: immer neue Zaungäste strömten heran, um das Schiff, das im Schein der elektrischen Glühlampen in den beiden Gondeln geradezu märchenhaft illuminiert war, zu bestaunen. Und immer noch sog sich die Außenhülle mit Feuchtigkeit voll und wurde schwerer und schwerer. »Das ist ja nicht auszuhalten! Kommen die Kerle denn heute überhaupt noch, um uns zu helfen? Haben die sich etwa verlaufen?«

»Wenn sich das noch lange hinzieht, dann nützt uns auch der Verzicht auf die Besatzungsmitglieder nicht mehr. Dann können wir den Aufstieg endgültig vergessen.«

Endlich, um 21 Uhr 45, waren die Soldaten aus Mainz an der Landestelle erschienen. Zum Glück handelte es sich um Pioniere, die darin geübt waren, auch unter den widrigsten Umständen ihre Arbeit zu verrichten. Schon nach einer kurzen Einweisung begannen sie sofort damit, den detaillierten Anweisungen des Grafen Folge zu leisten: ein Teil der Mannschaft ergriff die Haltetaue, andere sorgten dafür, dass die Zuschauer in sichere Entfernung zurückwichen, wieder andere befreiten die beiden Buhnen von Gestrüpp und kleinen Bäumen.

Eine Viertelstunde später waren die Vorbereitungen bereits abgeschlossen.

»Wir sind bereit zum neuen Aufstieg, Exzellenz«, meldete Dürr dem Grafen.
»Gut. Dann also, adieu Hacker. Sie wissen, was Sie nun zu tun haben! Bis morgen dann in Friedrichshafen!«
»Auf Wiedersehen, Exzellenz«, murmelte Hacker und bedachte seinen Kollegen Bernhard Lau beim Herausklettern aus der vorderen Gondel noch mit einem vielsagenden Blick. Darauf stieg er in einen längsseits bereitliegenden kleinen Schleppdampfer, wo schon der Freiherr von Bassus mit einem ähnlich wehmütigen Gesichtsausdruck auf ihn wartete und gab das Kommando zum Vertäuen der vorderen Schleppleine am Heck des Schleppers.
In beiden Gondeln wurden jetzt die Motoren gestartet. Beide Antriebe schienen einwandfrei zu funktionieren, die Monteure nickten zufrieden, so dass der Graf um 22 Uhr 20 an Hacker das vereinbarte Zeichen zum Beginn des Abschleppmanövers geben konnte. Langsam, ganz langsam und vorsichtig setzte sich der Dampfer in Bewegung: das Schleppseil begann sich allmählich zu straffen. Ruhig, beinahe wie auf unsichtbaren Schienen gezogen, verlies »LZ 4« als riesiger Schattenriss seinen Landeplatz zwischen den beiden Buhnen.
Keine zwei Minuten später hatten sie das Luftschiff bereits in die Strommitte bugsiert. »Schleppleine losmachen! Weiterhin die Halteseile fest im Griff behalten«, wies Hacker die Soldaten der Haltemannschaft an. Jetzt musste es schnell gehen! Unmittelbar nach diesem Befehl ertönten auch schon die vertrauten Kommandos: »Hoch!«, »Ballast abwerfen!«, dem Hacker sofort seine Aufforderung an die Soldaten folgen ließ: »Die Leinen los!«
Die Luftschrauben dröhnten laut, die Luft erzitterte, erste Jubelrufe vermischten sich mit dem Motorenlärm: Von 120 Kilogramm Ballast befreit, stieg das Luftschiff um exakt 22 Uhr 22 zunächst beinahe zögernd, dann aber immer rascher in die Höhe.
»Hoch lebe der Luftgraf Zeppelin! Ein Dreifach Hoch! Hoch! Hoch!« Begleitet vom enthusiastischen Jubel der

ausgelassen winkenden Menschen stieg »LZ 4« empor. »Da hören Sie nur, Exzellenz! Jetzt singen sie sogar die »Wacht am Rhein«! Ihnen zu Ehren, Exzellenz!« Trotz aller konzentrierten Anspannung, die sie alle in diesen ersten kritischen Minuten des Aufstiegs ergriffen hatte, schlich sich nun auch eine gewisse Rührung in die Herzen der Männer, als das Lied zu Ihnen in die Höhe stieg. Waren es zunächst noch einzelne Stimmen gewesen, die das Lied angestimmt hatten, entwickelte sich daraus in Windeseile ein gewaltiger Chor, der die vertrauten Strophen lauthals in den Nachthimmel schmetterte. »Es braust ein Ruf wie Donnerhall, wie Schwertgeklirr und Wogenprall; zum Rhein, zum Rhein, zum deutschen Rhein! Wer will des Stromes Hüter sein? Lieb Vaterland magst ruhig sein …«

»Was würde in diesem Augenblick besser passen, als dieses Lied«, murmelte Lau und wischte sich verstohlen eine Träne aus dem Augenwinkel. Längst waren die Menschen da unten mitsamt dem todunglücklichen Georg Hacker von der Dunkelheit völlig verschluckt worden und auch das Luftschiff hoch über ihren Köpfen war von den Sängern nur noch an den Lichtern der Gondeln zu erkennen, die sich wie kleine Zaubersterne am Firmament rasch in nördlicher Richtung von ihnen entfernten.

»Jetzt haben wir 100 Meter Höhe über Grund erreicht«, meldete der Kapitän, der Hackers Position am Höhenmesser eingenommen hatte.

»Verstanden!« gab Ludwig Dürr sofort zurück, dann schoben sie die Drehzahlregler der Motoren vorsichtig auf eine deutlich stärkere Leistung – worauf ein gleichmäßiges, dunkles Brummen zu hören war, das die Gondel leicht vibrieren ließ. Laburda und Schwarz beobachteten den von einer Lampe spärlich beleuchteten, vorderen Motor dabei mit Argusaugen. Kein Ölaustritt. Nirgendwo. Auch keinerlei Störgeräusch war zu hören. Das eindeutige Zeichen, dass sie aufgrund dieser Feststellung zum Kommandostand hinüber gaben, ließ Dürr und Zeppelin vernehmlich aufatmen. Dasselbe Zeichen aus der hinteren Gondel. »Es funktioniert! Sie laufen beide wieder einwandfrei!« Genau wie die beiden anderen im Kommandostand schnaufte jetzt auch Bernhard Lau erleichtert durch. »Sie können jetzt auf noch mehr Leistung gehen, Dürr«, wies Zeppelin seinen Oberingenieur mit fester Stimme an. »Kurs Nordnordwest, Lau. Wir behalten unseren ursprünglichen Plan bei und steuern direkt auf Mainz zu, dem vorgesehenen Wendepunkt!«

»Zu Befehl, Exzellenz!«

Auch in Mainz, wo man schon seit dem frühen Nachmittag mit wachsender Nervosität auf das Erscheinen des Luftschiffs wartete, hatte sich die Meldung vom erfolgreichen Wiederaufstieg von »LZ 4« wie ein Lauffeuer herumgesprochen. Niemand mochte zu Bett gehen, ohne nicht vorher Zeuge dieses epochalen Ereignisses geworden zu sein, ganz egal, wie früh man sich am kommenden Morgen auch aus den Federn reißen lassen musste.

Genau eine halbe Stunde nach Zeppelins Wiederaufstieg bei Kornsand konnten die Menschen auf der Eisenbahnbrücke weit droben am Nachthimmel die Lampen der beiden Gondeln erspähen, die sich in ruhiger Fahrt auf sie zu bewegten. Auch in Mainz kannte der Jubel nun keine Grenzen mehr: zu Ehren des Grafen Zeppelin und seines Luftschiffs war die gesamte Stadt sogar festlich illuminiert worden. In der altehrwürdigen Bischofsstadt war man sich der stolzen Tatsache wohl bewusst, dass Mainz vom Grafen als offizielle Wendemarke der jetzt schon historisch zu nennenden Dauerfahrt auserkoren worden war: wieder einmal wurde also in Mainz ein Stück Geschichte geschrieben – mit Fug und Recht durfte man sagen, dass sie alle in dieser Nacht Zeugen eines neuen Kapitels in der Luftfahrtgeschichte geworden waren. Wie nicht anders zu erwarten, zeigte Ferdinand von Zeppelin wieder einmal sein ganz besonderes Gespür für solche Momente. »Wir werden nicht einfach wenden, sondern einen ganzen Kreis beschreiben, um uns damit bei den Mainzern für ihren überwältigen-

den Empfang zu bedanken. Dann erst werden wir die Rückfahrt antreten.«
Es bedurfte keiner weiteren Erklärung: aus vollem Herzen genossen die Männer in den beiden Gondeln die geradezu magische Atmosphäre in 300 Metern Höhe über der im Schein unzähliger Lichter glitzernden Domstadt. Selbst die am Tag so düster wirkende Festung erstrahlte in einem märchenhaften Glanz! Und dazu dieser gewaltige Chor von mehreren tausend Menschen, die aus voller Kehle das Deutschlandlied schmetterten, das sich hier oben in einer unbeschreiblichen Art und Weise mit dem Lärm der Motoren vermengte. Was für ein einmaliges Erlebnis! Nie im Leben würden sie auch nur eine Minute dieser denkwürdigen Luftfahrt vergessen!
Um 23 Uhr 31 befanden sie sich wieder über ihrem Aufstiegspunkt zwischen Oppenheim und Nierstein – und wurden hier von einem heftigen Regenschauer empfangen. Fünf Minuten lang goss es wie aus Kübeln, dann war auch diese Prüfung glücklich überstanden. »Als wenn es so sein müsste, ausgerechnet immer hier, an diesem eigenartigen Ort muss etwas passieren!«, knurrte der Graf, während er sich die Regentropfen aus dem Gesicht und von der Kleidung wischte. »Wir halten jetzt Kurs direkt auf Worms, dann weiter nach Mannheim«, erteilte er die nächste Kursanweisung. »Und nachdem ja auch dieses Abenteuer problemlos überstanden ist, werde ich mich in die Kabine zurückziehen und versuchen, wenigstens ein bisschen auszuruhen. Ich habe nämlich in der vergangenen Nacht kein Auge zugemacht.« Seine Männer warfen sich erstaunte Blicke zu: so eine Aussage hatten sie vom Grafen noch nie gehört. Dass er damit offen bekannte, vor dem entscheidenden Aufstieg also auch eine gewisse Nervosität verspürt zu haben. So etwas war bisher noch nie vorgekommen. Ein umso deutlicheres Anzeichen über die Erleichterung, dass die Fahrt allem Anschein nach erfolgreich verlaufen würde!
Der Gedanke war noch nicht einmal richtig zu Ende ge-

dacht, da geschah es: aus dem Bereich des vorderen Motors war ein metallisches Klacken zu hören. Schlagartig veränderte sich das Motorengeräusch! »Motor Stopp!« brüllte Dürr aus Leibeskräften, während der wachsame Laburda bereits den Hebel betätigte. »Was ist denn passiert?«

»Hmm«, strich sich der Monteur nachdenklich mit der Handfläche über das Gesicht und zuckte mit den Achseln, während er seinen Kollegen Schwarz beobachtete, der sich bereits an dem Motor zu schaffen machte.

»Das kann eigentlich keine große Sache sein, würde ich sagen. Zumindest vom Geräusch her dürfte es sich um nichts Gravierendes handeln …«

»Ihr Wort in Gottes Ohr«, knurrte Lau. »Sie meinen also, Sie können das Problem an Ort und Stelle beheben? Denn eine Landung mitten in der Nacht, dazu über weitgehend unbekanntem Gelände …«

»Das kann ich jetzt noch nicht sagen«, gab Laburda unwirsch zurück. »Jetzt lassen Sie den Schwarz halt erst mal nach der Ursache schauen. Und dass eine Nachtlandung nicht infrage kommt, das weiß ich auch so. Aber wir haben ja schließlich noch den anderen Motor – der arbeitet, wie Sie ja hören können, nach wie vor einwandfrei!«

»Es ist eine Ventilfeder gebrochen«, rief Schwarz.

»Eine Ventilfeder!« Laburda nickte zufrieden. »Das können wir reparieren. Warte Schwarz, ich bringe dir eine Neue!« Er bückte sich und tastete im matten Licht der Bordlampen die Seitenwand der Gondel ab, wo sich die Ersatzteile für die Motoren befanden. »Ich habe sie!« präsentierte er die neue Feder. »Es wird nicht lange dauern. Ich denke, in einer Viertelstunde ist die Reparatur erledigt und wir können den Motor wieder starten.«

»Hoffentlich«, deutete Lau dabei auf den Höhenmesser, dessen Zeiger sich stetig nach oben bewegte. »Wir bekommen nämlich wieder genau dasselbe Problem, wie beim letzten Mal: wir steigen unablässig in die Höhe, solange der Motor nicht arbeitet. Da schauen Sie, Exzellenz, jetzt sind wir schon auf über 1200 Metern!«

Es sollten sogar 1520 Meter werden, bis der Motor endlich wieder gestartet werden konnte und die beiden Luftschrauben in Bewegung setzte. »Langsam Gas abblasen«, befahl Zeppelin. »So leid es mir auch tut, es geht nicht anders«, setzte er leiser noch hinzu, während er Dürr mit einem fragenden Blick bedachte.

»Das ist schon in Ordnung so, Exzellenz«, zeigte der 30-jährige keinerlei Anzeichen von Nervosität. »Denn sobald es wieder hell wird, erwärmt die Sonneneinstrahlung unsere Gaszellen und gleicht den jetzigen Verlust wieder aus. Wichtiger scheint auch mir, dass wir wieder eine vernünftige Höhe erreichen.«

»Und dann müssen wir halt zuversichtlich hoffen, dass unser Freund Hergesell recht behält, der uns ja auch für den morgigen Tag sonniges Wetter über ganz Süddeutschland vorausgesagt hat. Denn nur wenn die Sonne ähnlich kräftig scheint, wie heute, dürften unsere Gasvorräte ausreichen.«

Um 1 Uhr 16 überflogen sie in einer Höhe von 540 Meter die Mannheimer Rheinbrücke. Alles schien wieder im Lot zu sein. Dieser Zustand hielt leider nur kurze Zeit, denn plötzlich, ganz genau um 1 Uhr 27, wie Bernhard Lau später im Bordbuch vermerkte, gab der vordere Motor wieder seltsame Geräusche von sich. Dampf zischte von dem glühenden Metall. »Er ist heißgelaufen! Abstellen, sofort!« rief Schwarz, während Laburda bereits wieder die entsprechenden Handgriffe getätigt hatte.

»Was ist es denn dieses Mal?« erkundigte sich Lau sorgenvoll, der es angesichts der bedenklichen Mienen der beiden Monteure, die im Halbdunkel schemenhaft zu erkennen waren, vorzog, keinerlei Schärfe in seine Frage zu mischen. Allein die Tatsache, dass die Antwort ausblieb, war ein klares Indiz, dass die Probleme dieses Mal von ernsterer Natur zu sein schienen.

Endlich – es schien ihnen allen eine halbe Ewigkeit vergangen – zumal das Luftschiff schon wieder deutlich an Höhe gewann, wandten sich die zwei Techniker von den

Motoren ab. Allein ihr Gesichtsausdruck sprach eine deutliche Sprache. »Es tut mir leid, Exzellenz«, übernahm schließlich Laburda die unangenehme Aufgabe, das negative Ergebnis der Überprüfung mitzuteilen, »die Sache ist heikler, als ich mir das wünschen würde. Eine Kurbelstange ist heißgelaufen und geschmolzen. Das können wir auf keinen Fall in der Luft reparieren. Wir haben dazu weder die notwendigen Werkzeuge, noch die entsprechenden Ersatzteile. Ganz zu schweigen davon, dass der Motor komplett ausgebaut und zerlegt werden muss.«

Mit unbewegter Miene nahm der Graf die Hiobsbotschaft zur Kenntnis. »Dann werden wir halt mit einem Motor auskommen müssen. Zumindest der hintere Antrieb funktioniert ja nach wie vor einwandfrei. Und dass es auch mit einem Motor geht, das haben wir in unseren Erprobungsfahrten ja schon Dutzend Mal erfahren. Was würden Sie jetzt an meiner Stelle tun, Dürr?«

»Weiterfahren und dabei schauen, dass wir auf dem kürzesten Weg Stuttgart mit den Daimlerwerken erreichen. Dort sind die Spezialisten, die uns den Motor reparieren können.«

»Wir steigen immer noch«, mischte sich Lau in den Gedankenaustausch. »Jetzt sind wir schon wieder über 1500 Meter hinausgeschossen.«

»Das liegt natürlich auch daran, dass wir immer leichter werden. Die Benzinvorräte haben deutlich abgenommen, dazu der Ausfall des Motors …« sinnierte der Graf für einen kurzen Moment. Dann gab er sich einen Ruck. »Ich stimme mit Ihnen voll und ganz überein, Dürr. Wir werden es also folgendermaßen machen: auf dem kürzesten Weg Stuttgart ansteuern – ich denke, bis zum Morgengrauen könnten wir Stuttgart erreicht haben – dort werden wir niedergehen und die Daimlerleute um eine sofortige Reparatur bitten. Bitte geben Sie mir die Postkarten. Ich werde auf den Karten vermerken, um welches Problem es sich handelt und darum bitten, dass sofort ein Telegramm an die Firmenleitung in Untertürkheim geschickt wird. Sobald es hell wird, werden wir die Karten abwerfen.«

»Wir steigen immer noch ...« gab Lau neuerlich zu bedenken. »Jetzt sind wir schon bei 1650 Meter Höhe.«

»Das kommt als nächstes dran«, entschied Zeppelin. »jetzt werden wir das Schiff erst einmal auf direkten Kurs nach Stuttgart ausrichten, das erscheint mir schwierig genug angesichts der westlichen Strömung, die unser Schiff von der Seite angreift. Welche Eigengeschwindigkeit haben wir aktuell?«

»Mit Ach und Krach 32 Kilometer in der Stunde«, gab Lau zur Antwort. »Mehr schaffen wir mit dem einen Motor auf keinen Fall.«

»Gut!« entschied Dürr nach einem raschen Blick auf die Landkarte. »Dann werden wir das Schiff in einen anderen Winkel steuern und lassen uns vom Wind sozusagen seitlich auf Stuttgart zutreiben. Anders geht es nicht. Trotz der Dunkelheit. Das Navigieren wird also keine ganz leichte Aufgabe für Sie werden, Lau.«

»Das schaffe ich schon«, winkte der Kapitän beruhigend ab. »Ich habe während meiner Zeit bei der christlichen Seefahrt schließlich lange genug Erfahrung mit der Navigation sammeln können. Die Nacht ist ja recht klar, so dass wir uns am Stand der Sterne gut orientieren können. Das ist eine leichte Übung für mich.«

»Gut«, nickte Zeppelin. »Dann können wir unsere Aufmerksamkeit also gleich dem nächsten Problem widmen. Wie hoch sind wir inzwischen?«

Lau kniff die Augen zusammen und spähte konzentriert auf den Höhenmesser. Er schien kurz zu stutzen. Dann nahm er die Anzeige ein zweites Mal genau in sein Visier. »1820 Meter!«

Der Graf wirkte weiterhin völlig gelassen. »Dann sollten wir jetzt rasch Gas abblasen. Was meinen Sie, Dürr? Wenn wir behutsam bis auf tausend Meter herunter gehen, eventuell noch etwas tiefer? Dort könnte der Wind günstiger sein?«

»Gut möglich, Exzellenz. Auch wenn es uns halt wieder ziemlich viel Gas kosten wird. Wir müssen es versuchen. Von daher denke ich, sollten wir auf alle Fälle bei der Reparaturlandung in Stuttgart auch unsere Wasserstoffvorräte auffüllen. Wenn Sie das noch mit auf die Postkarte schreiben könnten, Exzellenz. Dass man in Friedrichshafen die Gasflaschen in den Zug lädt und so schnell wie möglich nach Stuttgart befördert, dann könnten wir – wenn alles gut läuft bei der Reparatur – am späteren Nachmittag mit dem neuen Gas wieder in Stuttgart aufsteigen und wären noch vor Einbruch der Dunkelheit zurück in Manzell.«
»Das ist ein guter Vorschlag. Genau so werden wir es machen. In Manzell lagert doch noch genügend Gas in den Flaschen, nicht wahr?«
»Auf jeden Fall. Für die 200 Flaschen, die wir in Stuttgart brauchen, reicht es jederzeit.«
»Gut. Dann auf mein Kommando: Gas abblasen! Jetzt!«

Sie sanken bis unter 1000 Meter. Ihre damit verbundene Hoffnung, der Wind würde in dieser Höhe schwächer wehen, erfüllte sich jedoch nicht. Um 4 Uhr 38 befand sich das weiter sinkende Luftschiff über Besigheim, um 5 Uhr 28 in 530 Metern Höhe über dem Bahnhof von Tamm.
»Wir haben für diese Strecke, die nicht einmal neun Kilometer lang ist, beinahe eine Stunde gebraucht!« schüttelte Lau bedenklich seinen Kopf. »Das heißt, dass wir noch eine Eigengeschwindigkeit von gerade einmal 10 Stundenkilometern haben.«
»Das ist ja kein Wunder, wenn uns nur noch der eine Motor als Antrieb zur Verfügung steht. Der Gegenwind aus Südwesten kostet uns beinahe zwei Drittel der erreichbaren Geschwindigkeit. Wir sollten etwas Ballast abwerfen, Exzellenz und versuchen, wieder höher zu gehen«, schlug Dürr vor.
»In wenigen Minuten wird die Sonne aufgehen und damit werden sich die Gaszellen wieder aufblähen«, gab Lau zu

bedenken. »Damit werden wir automatisch wieder höher steigen.«
»Trotzdem: noch tiefer dürfen wir nicht kommen – und bis die Sonne tatsächlich die nötige Kraft hat, vergeht noch gut eine Stunde.«
»Wir werden aber ohnehin immer leichter, weil die Benzinvorräte deutlich abgenommen haben.«
»Wir lassen es, wie es ist«, entschied Zeppelin. »Da schauen Sie nur: die Sonne geht auf! Was für ein einmaliges Schauspiel!« deutete er mit dem weit ausgestreckten rechten Arm nach Osten, wo sich in diesem Augenblick der glühend rote Feuerball langsam über den Horizont schob. »Und direkt unter uns kreuzen sich gerade zwei Nachtschnellzüge. Das muss Ludwigsburg sein.« Es war ein einmaliges Erlebnis: unter ihnen herrschte noch dunkle Nacht: nur am weißen Dampf, der aus ihren Schornsteinen in den Himmel stieg, hatten sie die Lokomotiven erkennen können, die wie Perlen an einer Schnur, die schwach beleuchteten Personenwagen hinter sich her zogen. Und ganz hinten, dort wo sich der Schwäbische Wald befand, begann gerade der neue Tag. Und was für ein Tag! Keiner von ihnen sollte diesen 5. August des Jahres 1908 jemals in seinem Leben mehr vergessen!
»Wir halten Kurs auf Stuttgart«, gab Zeppelin dem Kapitän die entsprechende Anweisung und wandte sich nun an seinen Oberingenieur. »Hoffentlich sind die Daimlerleute dann auch gleich bereit, wenn wir landen und schaffen es, den Motor an Ort und Stelle zu reparieren.«
»Das hoffe ich auch«, brummelte Dürr. »Es ist schon seltsam, dass es immer und immer wieder die Motoren sind, die uns diese Probleme bereiten.« Er seufzte vernehmlich.
»Wenn doch nur der Herr Maybach noch in der DMG wäre, dann wäre uns dieses Malheur ganz sicher erspart geblieben. Wie kann eine Firma nur ihren besten Mann einfach gehen lassen?«
»Schlichtweg, weil sie ihm die Freude an der Arbeit genommen und ihm Steine in den Weg gelegt haben, wo es

nur ging«, erläuterte ihm Zeppelin. »ich habe mich in den vergangenen Monaten mehrfach ausführlich mit dem Wilhelm Maybach unterhalten und weiß, dass es ihm beinahe das Herz gebrochen hat, die Firma, die er seit ihrer Gründung durch Gottlieb Daimler maßgeblich vorangebracht hat, verlassen zu müssen.«

»Das werde ich nie verstehen«, runzelte Dürr die Stirn.

»Es ist – leider – ganz schnell erzählt und es handelt sich um genau dieselbe leidige Frage, mit der sich auch schon der Herr Daimler konfrontiert gesehen hat: Die Kaufleute haben wieder einmal die Oberhand bei der DMG gewonnen. Seitdem heißt es: weniger Qualität zu einem höheren Preis. Damit haben sie dem Herrn Maybach die Freude an seiner Arbeit vergällt und ihn regelrecht aus der Firma getrieben.«

»Wie kann man so etwas nur machen? Es ist doch schon einmal schief gegangen, kurz vor der Jahrhundertwende. Wo sie dann ja beinahe auf Knien daher gerutscht gekommen sind, um den Herrn Daimler und den Herrn Maybach wieder zurück zu holen. Damals hätten sie doch begreifen müssen, wie fatal es ist, mit schlechten Produkten das schnelle Geld verdienen zu wollen – langfristig ist das genau der falsche Weg. Die Kunden werden den Herrschaften gehörig den Marsch blasen …«

»Die Herrschaften haben ihr Schäfchen dann aber längst im Trockenen – was danach mit der Firma passiert, das interessiert die Geschäftemacher doch nicht mehr, wenn sie einmal ihren Reibach gemacht haben …«

»… aber die Menschen, die dort arbeiten!«

»Die Menschen!« lachte Zeppelin trocken auf, »Was kümmern denn solche Krämerseelen die Menschen?! Wie gesagt, selbst vor dem Wilhelm Maybach sind sie ja nicht zurück geschreckt!«

»Ausgerechnet jenem Mann, der zusammen mit dem Herrn Daimler die Automobile erfunden hat, mit denen sie ihr Geld scheffeln. Aber Sie haben wieder einmal recht, Exzellenz. Das scheint mir im Übrigen auch der Grund

dafür zu sein, weshalb sich auch der Emil Jellinek-Mercedes von der DMG gelöst hat.«
Der Graf rollte mit den Augen. »Ja, der Herr Jellinek-Mercedes. Ich hätte ihn so gerne als Investor für die Luftschiffe gehabt, aber er wollte leider nicht. Luft hat bekanntlich keine Balken, hat er damals zu mir gesagt. Er bevorzuge es deshalb, lieber auf dem Boden zu bleiben.«
»Und dennoch ist er indirekt mit dabei, denn immerhin werden wir ja von Mercedes-Motoren angetrieben.«
»Mit all ihren Mängeln. Deswegen hat auch er der DMG den Rücken gekehrt. Ein Jellinek-Mercedes verlangt grundsätzlich die allerbeste Qualität …«
»Ganz im Sinne von Daimler und Maybach.«
»Eben. Ich habe bei unserem letzten Gespräch mit Maybach vereinbart, dass wir gleich nach unserer Rückkehr von dieser Fahrt wieder Kontakt aufnehmen. Er hat mich nämlich darauf aufmerksam gemacht, dass er sich mit dem Gedanken trägt, zusammen mit seinem Sohn Karl eine eigene Motorenfabrikation aufzumachen. Übrigens genau hier, unter unseren Füßen, in Bietigheim. Wenn wir diese Dauerfahrt erfolgreich beenden, woran ja im Grunde genommen kein Zweifel mehr besteht, und ich von der preußischen Regierung die zugesagten Finanzmittel bekomme, dann werde ich ihm anbieten, mit meinem Kapital einzusteigen, damit die Firma von Anfang an auf soliden Beinen steht. Es müsste doch möglich sein, mit den Maybachs zusammen neue Motoren zu entwickeln, die verlässlicher sind, als die jetzigen. Das scheint mir auf Dauer gesehen unabdingbar: eine Herstellerfirma eng an den Luftschiffbau zu koppeln. Denn nur so können wir genau die Motoren bekommen, die für unsere Zwecke die besten sind.«
»Eine hervorragende Idee«, nickte Dürr anerkennend. »Sie sollten dieses Vorhaben wirklich so rasch wie möglich umsetzen, Exzellenz.«
»Davon können Sie ausgehen. Aber jetzt gilt es erst einmal, unsere Konzentration auf Stuttgart und einen geeigneten Landepunkt zu richten. Was gibt es Neues, Lau?«

»Im Grunde genommen nichts«, antwortete der. »Alle Funktionen arbeiten soweit zufriedenstellend. Wir dürften Stuttgart problemlos erreichen. Wir könnten jetzt übrigens daran gehen, die ersten Postkarten abzuwerfen. Es wird ja langsam hell.«
»Das machen wir. Und bis dann die Daimlerleute ihre Vorbereitungen abgeschlossen haben, reicht es für uns eventuell sogar noch zu einer kurzen Stippvisite über Tübingen – das ist ja in der Luftlinie nicht allzu weit entfernt und der südwestliche Wind würde uns danach beinahe von alleine wieder zurück nach Stuttgart treiben. Der Universität und ihren Professoren würde ich schon gerne meine Referenz erweisen, als kleines Dankeschön für die phänomenale Inszenierung neulich, aus Anlass meines 70. Geburtstages.«
Zeppelin war natürlich die bedenkliche Miene nicht entgangen, die sein Oberingenieur bei diesen Worten an den Tag legte. Typisch Dürr, der gerne lieber grundsätzlich »auf Nummer Sicher« ging! »Jetzt machen Sie nicht so ein Gesicht, Dürr. Wir werden es einfach probieren. Zeit genug wäre dafür ja vorhanden …«
Mitten im Satz wurde er von einem erstaunten Ausruf des Monteurs Schwarz unterbrochen. »Das ist ja unglaublich!«
»Grandios!« Auch die übrigen Mitglieder der Luftschiffbesatzung starrten mit offenen Mündern auf das unglaubliche Bild, das sich unter ihren Füßen darbot. Es war kurz nach 6 Uhr.
»Menschentrauben überall!«
Seit Mitternacht hatte man im festlich geschmückten Stuttgart mit wachsender Spannung der Ankunft Zeppelins entgegen gefiebert – alle Anhöhen der Stadt waren mit Menschen bevölkert, die während der ganzen Nacht dort ausgeharrt hatten. Um halb sechs Uhr kündigten dann Böllerschüsse die unmittelbar bevorstehende Überfahrt von »LZ 4« an -und seitdem gab es erst recht kein Halten mehr: die Extrablätter mit den neusten Nachrichten über das Luftschiff fanden reißenden Absatz, an den Aushängestellen kam es teilweise zu tumultartigen Szenen. Auf die

Dächer ihrer Häuser waren die Leute geklettert, kein Kirchturm in Stuttgart, aus dessen Luken und Fenstern nicht begeisterte Menschen winkten. Ganze Familien pilgerten hoch nach Degerloch und bevölkerten wie eine unüberschaubare Ameisenarmee die steilen Hänge am Talkessel. Besonders eng ging es am Bismarckturm auf dem Gähkopf zu, wo man sich um den letzten freien Platz auf der Turmspitze balgte. Niemand wollte es verpassen, Zeuge dieses weltgeschichtlichen Ereignisses werden zu können, überall in und um Stuttgart herrschte eine Euphorie, wie sie die Residenzstadt wohl noch niemals erlebt hatte. Mit ungläubigem Staunen berichteten die Reporter der Zeitungen von der überbordenden Feierlaune dieser doch sonst so biederen Schwaben: »Bei Alt und Jung spiegelt sich auf den Gesichtern eine ehrliche, aus tiefstem Herzen empor quellende Begeisterung. So empfängt Deutschland seinen Helden, den Eroberer der Luft.«
Es war wie in einer bombastischen Theaterinszenierung, die selbst Wagnersche Dimensionen sprengte: gerade eben ging über dem Stuttgarter Talkessel die Sonne auf, als begleitet vom dumpfen Dröhnen der Salutkanone und dem hunderttausendfachen Jubel der Menschen das Luftschiff erschien, das von den ersten Strahlen der Morgensonne in ein rotes, geradezu magisches Licht getaucht wurde! Die Begeisterung der Stuttgarter kannte keine Grenzen mehr, als »LZ 4« eine Ehrenrunde hoch über ihren Köpfen drehte, bevor es weiter Kurs in Richtung Süden aufnahm.
»Das müssen Zehntausende gewesen sein«, resümierte der tief beeindruckte Bernhard Lau, während er mit seiner rechten Hand die Pulverschwaden der Böllerschüsse beiseite wedelte, die bis zu ihnen hoch in die beiden Gondeln gestiegen waren.
»Mindestens Zehntausende, wenn nicht Hunderttausend«, schätzte Ludwig Dürr, den dieser triumphale Empfang genauso wenig unberührt gelassen hatte.
»Nun also Kurs auf Tübingen«, kam das Kommando von Zeppelin. »Und bei dieser Gelegenheit können wir uns

eine geeignete Landestelle aussuchen. Es wird auf alle Fälle eine Bodenlandung werden müssen, denn auf dem Neckar ist es zu riskant. Ich denke, die Filderebene ist dafür besser geeignet, als das enge Neckartal oder der Stuttgarter Kessel.«

Die Landung auf den Fildern sollte früher erfolgen, als er es ahnte – und sie sollte eine wahre Völkerwanderung auslösen!

»Wir sollten zunächst noch einmal den Motor stoppen um Benzin nachzufüllen«, deutete Dürr auf den hinteren Motor, nachdem sie Möhringen hinter sich gelassen hatten. »Danach können wir dann ohne weitere Verzögerung auf Tübingen zuhalten.«

Es war 6 Uhr 56, als der Befehl »Motor Aus« erschallte. Nur drei Minuten benötigten die Monteure zum Nachfüllen des Benzins – und dennoch genügten diese drei Minuten, um das Luftschiff in eine Höhe von 1160 Metern steigen zu lassen. Wie ein Freiballon wurde das antriebslose Schiff dabei zurück in Richtung Degerloch geweht.

»Jetzt ist die Sonne tatsächlich schon so stark, dass sich das Gas in den Zellen ausdehnt«, konstatierte Lau. »Wir müssen mehr Gas ablassen, Exzellenz«

»Motor wieder an. Danach gleich an die Gaszüge!« ertönte darauf die Stimme des Grafen.

Um 400 Meter sank das Luftschiff tiefer, doch es kam nicht mehr vom Fleck! Entgegen ihrer Hoffnungen wehte der Wind hier unten sogar noch stärker, als weiter oben.

»Wir schaffen es mit dem einen Motor einfach nicht, gegen die Luftströmung anzukommen«, rief Lau und schüttelte besorgt den Kopf. »Jetzt stehen wir seit zehn Minuten praktisch bewegungslos hier über Musberg und sind keine zehn Meter voran gekommen. Und der Wind wird allmählich stärker: Er wird uns eher zurück wehen, als dass wir noch vorwärts kommen.«

Auch Dürr schien beunruhigt. »Ich glaube wir sollten unseren Plan besser fallen lassen, bis nach Tübingen zu fahren. Es scheint mir angeraten, sicherheitshalber jetzt gleich

hier irgendwo auf den Fildern herunter zu gehen, solange wir die Lage noch im Griff haben. Mit dem reparierten Motor und der neuen Gasfüllung wird es uns dann umso leichter möglich sein, der Universität Tübingen doch noch die Referenz zu erweisen.«
»Einverstanden«, nickte Zeppelin und richtete seinen Blick konzentriert auf die Landschaft unter dem Luftschiff, um nach einer geeigneten, möglichst baumlosen Landefläche Ausschau zu halten.
»Der Ort da: das muss Echterdingen sein, nicht wahr, Lau?«
Lau warf einen kurzen Blick auf die Landkarte und nickte. »Es ist Echterdingen, Exzellenz.«
»Schauen Sie, dort die Wiese«, deutete der Graf auf eine ebene Fläche, ungefähr einen Kilometer südöstlich der Echterdinger Kirche. »Dort werden wir niedergehen!«
»An die Gaszüge!«
»Gas gleichmäßig ablassen!«
»Wir sinken planmäßig.«
»Die Ankeregge vorbereiten!«
»Weiter die Ventilzüge halten!«
»Achtung! Da vorne kommen Bäume und eine Straße!«
»Wir schaffen es drüber!«
In wenigen Metern Höhe schwebten sie über eine baumgesäumte Straße.
»Nur noch sechs Meter über Grund!«
»Jetzt die Ankeregge auswerfen!«
Die Ankeregge streifte über den Boden und leicht schwankend senkte sich das Luftschiff tiefer. Um exakt 7 Uhr 51 bekam die vordere Gondel einen sanften Bodenkontakt. Sofort sprang Schwarz über die Brüstung und trat die Ankeregge fest in die Wiese, während Zeppelin und Dürr weiterhin die Gaszüge betätigten. »Wir liegen stabil. Die hintere Gondel schwebt 20 Zentimeter über dem Boden« meldete Lau. »Ein perfektes Landemanöver!«
»Und dazu die erste geplante Landung auf festem Boden«, strahlte der Graf. »Weiter jetzt: zusätzliche Männer ab-

springen und das Schiff an den Haltetauen festhalten, bis weitere Hilfe kommt.«

Die Hilfe war schon im Anmarsch! Wie ein Lauffeuer hatte sich die Nachricht von der Landung des Zeppelin in den Filderorten herum gesprochen: die in der Nähe der Landestelle auf den Feldern arbeitenden Bauern warfen ihre Hacken beiseite und rannten so schnell wie möglich zu dem im Licht der Sonne silbern glänzenden Luftschiff.

»Wir brauchen Stroh«, rief der Graf den Männern zu, die den Zeppelin als erste erreichten. »Ein bis zwei Wagen Stroh!«

Im Nu hatte sich eine respektable Menschenmenge um das Schiff versammelt. Dutzende von Händen streckten sich nach den Halteseilen aus. Ludwig Dürr übernahm nun die Aufgabe, das Schiff am Boden zu sichern. Er legte beide Hände als Schalltrichter an den Mund: »Wir müssen das Schiff vorne am Bug in die Windrichtung stellen und die Halteleinen fest verankern.«

»Jetzt fehlt uns halt doch der große Erdbohrer, den wir in Kornsand zurück gelassen haben«, murmelte Lau, der die Arbeiten von der vorderen Gondel aus mit gerunzelter Stirn verfolgte.

»Das wird auch so gehen, der Dürr weiß sich zu helfen.«

In der Tat! »Auf den großen Segeltuchsack muss Erde geschaufelt werden«, deutete er auf einen zirka vier Quadratmeter messenden Stoff, den die Bauern rasch mit Hilfe von aus den Gondeln geworfenen Spaten in den Boden gruben und dann mit Erde bedeckten. »Jetzt an den vier Seiten die Seile befestigen und sie mit dem Bug verbinden.

»Hier jetzt die Holzpfähle in den Boden schlagen und sie dann auch mit dem Bug verbinden. Wir brauchen noch mehr Pfähle«, erteilte Dürr weiter mit fester Stimme seine Anweisungen.

»Der tut ja gerade so, als hätten wir das schon tausend Mal genau so geübt«, staunte Bernhard Lau nicht wenig über das Organisationstalent des jungen Oberingenieurs.

»Ich sagte es ja: der Dürr weiß sich immer zu helfen!«

lächelte Zeppelin und beugte sich aus der Gondel hinaus zu den immer zahlreicher werdenden Menschen, die ihn wie ein Wunderwesen aus einer anderen Welt mit offenen Mündern begafften.

»Grüß Gott allerseits. Kann jemand von Ihnen freundlicherweise vielleicht für ein Fass mit Wasser sorgen?«

In diesem Moment näherten sich schon zwei mit Stroh beladene Pferdefuhrwerke. »Wunderbar!« klatschte Dürr in die Hände. »Das eine Fuhrwerk an die vorderen Gondel, das andere an die hintere Gondel. So, Lau, nun das Schiff ganz leicht steigen lassen! Die Halteleinen leicht nachgeben.«

Nachdem sie gleichzeitig aus den beiden Gondel ganz behutsam einige Liter Wasserballast

abgelassen hatten, begann sich das Schiff, begleitet vom erstaunten Raunen der Menschenmenge, wie von Geisterhand einen knappen Meter zu heben.

»Und jetzt schnell das Stroh unter den Gondeln ausbreiten! Wunderbar!« Dürr nickte zufrieden, als er sah, mit welchem Feuereifer die Bauern bei der Sache waren und das Stroh direkt unter den Gondeln und im gesamten Radius, den das Luftschiff beschreiben konnte, verteilten. »Gut! Sie können wieder sinken, Lau.«

Auf das vereinbarte Zeichen betätigten Zeppelin und Lau zugleich die Gaszüge und das riesige Luftschiff schwebte weich auf sein Strohpolster herunter. »Butterweich!« stieß einer der Zaungäste verblüfft hervor.

»Ich weiß auch, warum sie das machen«, erklärte ein anderer mit wichtiger Miene. »Die Gondeln sind nämlich für eine Wasserlandung ausgelegt. Deshalb der geschwungene Bug. Auf der dicken Strohunterlage liegen sie genauso sicher, wie auf einer Wasserfläche. Da scheuert jetzt nichts mehr.«

»Besser kann eine Bodenlandung gar nicht funktionieren«, nickte Zeppelin zufrieden. »Auch das haben wir hiermit also unter Beweis gestellt. Nicht ganz freiwillig zwar, aber nun gut …«

»Seit unserem Wiederaufstieg bei Kornsand bis zur Landung hier in Echterdingen sind genau 9 Stunden und 29 Minuten vergangen. Dabei haben wird rund 230 Kilometer zurück gelegt. Eine wahrhaft respektable Leistung, vor allem, wenn man bedenkt, dass der Großteil dieser Strecke mit nur einem Motor zurückgelegt worden ist – und das alles auch noch mitten in der Nacht!« konstatierte Bernhard Lau. »Ich denke, diese Dauerfahrt vom 4. auf den 5. August 1908 wird tatsächlich in die Geschichte eingehen. Exzellenz. Und ich möchte betonen, wie stolz und dankbar ich bin, dabei sein zu dürfen!«
Zeppelin blieb keine Zeit zu einer Antwort, denn jetzt kam ein Pferdewagen eilig direkt auf die vordere Gondel zugefahren und noch bevor das Fuhrwerk zum Stehen kam, sprang ein Mann vom Kutschbock herunter, rannte auf den Grafen zu, der an seiner weißen Mütze und seinem eisgrauen Schnurrbart unschwer als Ferdinand von Zeppelin zu identifizieren war. »Ein Hoch auf Eure Exzellenz, Graf Zeppelin, den König der Lüfte! Er lebe Hoch! Hoch! Hoch!«
Mehrere hundert Menschen waren es jetzt bereits, die einen engen Kreis um das Luftschiff bildeten und aus deren Kehlen sich die Hochrufe jubelnd fortpflanzten.
Der Graf war tiefgerührt. Er nahm die weiße Mütze vom Kopf und dankte dem Mann, der sich als Schultheiß von Echterdingen entpuppte, mit warmen Worten. Wieder brach Jubel aus. Männer. Frauen und Kinder, Bauern, Feldarbeiter, Fabrikarbeiter und Angestellte: alle strömten sie mittlerweile auf der Wiese vor Echterdingen zusammen. Die Zahl der Neuankömmlinge schien nicht enden zu wollen!
Kein Wunder, denn auch in Stuttgart war inzwischen die Kunde von der Landung des Zeppelin bei Echterdingen eingetroffen und so machten sich die Menschen, die das Luftschiff vor wenigen Stunden über ihren Köpfen hatten bestaunen können, erneut auf den Weg, um dieses Wunder der Technik und der Ingenieurskunst aus nächster Nähe in

Augenschein nehmen zu können. Und dabei vielleicht sogar einen Blick auf den legendären Grafen Zeppelin und seine mutigen Männer zu erhaschen!
Es dürften an die hunderttausend Personen gewesen sein, die sich auf diese wahre Völkerwanderung nach Echterdingen begaben. Das sonst so belebte Stuttgart schien schlagartig wie entvölkert. Auf den Bahnhöfen herrschte ein einziges chaotisches Durcheinander. Immer wieder setzten manche dabei die Fäuste ein, um möglichst rasch bis nach Degerloch zu gelangen. »Im Zahnradbahnhof entstand ein Kampf um einen Platz in der Bahn, wie er anlässlich der bestbesuchtesten Volksfeste nicht stärker sein kann«, kabelte ein Reporter, völlig überwältigt vom chaotischen Durcheinander dieser Stunden, an seine Zeitung. »Zu den Fenstern zog man Damen herein, die noch unter allen Umständen mit wollten. Es war beängstigend, wie dann der übervolle Zug nach Degerloch hinaufkeuchte. Dort war Wagenwechsel. Wieder ein Kampf um einen neuen Platz.«
Auch auf der Filderbahn ging es bei der Schlacht um eine Mitfahrgelegenheit drunter und drüber. Selbst die rasch eingesetzten Sonderzüge konnten den Andrang nicht bewältigen – am Ende gingen im Bahnhof sogar die Fahrkarten aus!
So blieb den meisten nichts anderes übrig, als die Strecke zu Fuß zu bewältigen: »Eine endlose schwarze Schlange zieht sich die Alte Weinsteige zum Bahnhof in Degerloch hinauf. Alles voll; zum Brechen voll. In den Fensterrahmen, auf den Trittbrettern, auf den Gittern der Plattformen, Kopf an Kopf. Ich stehe auf den Puffern zwischen zwei Wagen, ein anderer hat den einen Fuß auf einem Trittbrett des hinteren Wagens, mit dem anderen Fuß steht er auf dem Trittbrett des vorderen Wagens. Und als der Zug sich endlich in Bewegung setzt, wird der Mann fast auseinandergerissen. Auf den Ketten, mit denen die Wagen aneinander gekuppelt sind, sitzen und stehen Leute; Männer, Frauen, junge Mädchen, Kinder, alles will mit.«

Die ganze Umgebung befindet sich inzwischen in einem Zustand der Massenhysterie. So schnell wie möglich müssen sie unbedingt zur Landestelle des Grafen Zeppelin und seines Luftschiffs! In Echterdingen bricht der Verkehr zusammen. Motorwagen, Pferdekutschen, Leiterwagen, Radfahrer und Fußgänger bilden ein unbeschreibliches Durcheinander. Als letztes Mittel fordert der Schultheiß Dragoner an, die mit aufgestellter Lanze versuchen sollen, wenigstens eine gewisse Ordnung in das Tohuwabohu zu bekommen. Alle drängen hinaus auf die Wiese vor Echterdingen, wo seit zehn Uhr morgens zwei Kompanien des Grenadierregiments »Königin Olga« das Luftschiff weiträumig absperren. Immer wieder versuchen Neugierige, die Absperrung zu durchbrechen, um den riesenhaften Schiffskörper betasten zu können. Mit wilden Flüchen und gezogenem Säbel galoppieren die Soldaten den unverschämten Zaungästen hinterher und reiten sie fast über den Haufen. Rund um das Luftschiff herrscht Volksfeststimmung. Längst sind die Gasthäuser und Kaufläden leergekauft, in ganz Echterdingen ist kein Brotlaib und keine Brezel mehr zu bekommen. Doch das trübt die Stimmung nicht. Hauptsache, man ist dabei und kann ab und zu einen kurzen Blick auf die Männer in der Gondel werfen, die den defekten Motor reparieren, bevor man von den Nebenstehenden wieder zur Seite gedrückt wird. Begierig lassen sich die Leute immer und immer wieder von den wenigen Glücklichen, die als Erste an der Landestelle waren, erzählen, wie es denn in den Gondeln ausschaut und welchen Eindruck der Graf Zeppelin und seine Luftschiffer auf sie gemacht haben. Ein zwölfjähriger Schüler weiß stolz von einem ganz besonderen Erlebnis zu berichten: er hat nämlich nicht nur eines der Haltetaue in die Hände bekommen, sondern er durfte auch die Gondel inspizieren, in der ein Monteur gerade in aller Seelenruhe ein paar Saitenwürstchen heiß gemacht hat. »Und das Tollste daran war, dass er mir und meinem Bruder auch ein Würstle abgegeben hat. Das war das beste Saitenwürstle in

meinem ganzen Leben!« verkündete der Bub voller Stolz über dieses wahrhaft einmalige Erlebnis.
Tatsächlich waren die Luftschiffer mit einer bewundernswerten Ruhe an ihre weitere Arbeit gegangen. Zunächst hatte man das Schiff sorgfältig inspiziert und alle seine Funktionen genauestens überprüft, darauf waren dann bereits die Daimlerleute aus Untertürkheim mitsamt den Ersatzteilen für den defekten Motor erschienen. »Das bekommen wir hin, Exzellenz«, konnte Laburda bald darauf dem Grafen vermelden. »Wir dürften in gut vier Stunden wieder bereit zum Aufstieg sein.«
»Schön«, nickte Zeppelin. »Wir warten dann allerdings noch, bis der Hilfszug aus Friedrichshafen in Vaihingen mit den Gasflaschen ankommt. Ich habe bereits veranlasst, dass die Gasflaschen dann sofort mit Pferdefuhrwerken hierher geschafft werden. Vorher steigen wir nicht auf. Ich möchte auf alle Fälle gewährleistet haben, dass die Gaszellen vor der Weiterfahrt einigermaßen gut gefüllt sind. Sicherheitshalber. Die Nachbefüllung müsste bis zum späteren Nachmittag zu leisten sein. So – und nun würde ich mich gerne ein bisschen ausruhen.«
Damit zog sich Zeppelin in die Gondel zurück. Doch an eine Ruhepause war nicht zu denken. Schon bei der geringsten Bewegung in den Gondeln brach die Masse jedes Mal neuerlich in Jubel aus und ließ ihren Helden, den Grafen Zeppelin tausendfach hochleben. »Sobald die Menschen draußen nur seine weiße Schnurrbartspitze erblicken konnten, ging das Hoch- und Hurra-Rufen weiter. Schließlich legte sich der alte Herr der Länge nach auf den Boden und schloss kurz die Augen«, berichtete die »Württemberger Zeitung«. Doch auch hier fand er keine Ruhe – die Menschen setzten ihre Hurrarufe einfach fort!
Mit einem verständnisvollen Lächeln auf den Lippen erhob Zeppelin sich kurz darauf wieder – begleitet von weiteren Jubelchören der Zaungäste. »Das wird nichts mit dem Schlafen hier. Ich werde das Angebot des Schultheißen annehmen und mich in den Gasthof »Zum Hirsch«

nach Echterdingen fahren lassen, um vielleicht dort ein wenig die Augen zumachen zu können. Dort befindet sich auch die örtliche Poststation, von der aus ich dann verschiedene Depeschen losschicken kann.« Er musterte seinen Oberingenieur genau. »Kann ich Sie ein paar Stunden alleine lassen?«
»Das können Sie natürlich, Exzellenz«, nickte Dürr. »Es läuft alles planmäßig. Außerdem habe ich als weiteren Ingenieur ja noch Ihren Neffen an Bord. »
»Aber auch Sie haben jetzt schon seit mindestens 30 Stunden kein Auge zugemacht.«
»Das macht nichts, Exzellenz«, erklärte der junge Mann postwendend und rieb sich die vor Übermüdung deutlich geschwollenen Lider. »Den Schlaf kann ich ein anderes Mal nachholen. Jetzt hält mich schon allein die Vorfreude auf das glückliche Ende unserer Dauerfahrt wach. Sie brauchen sich wirklich keine Sorgen um mich zu machen, Exzellenz.«
»Nun gut«, nickte Zeppelin dankbar. »Ich denke, gegen 17 Uhr könnte der Wiederaufstieg stattfinden. Sofern das Wetter stabil bleibt.«
»Je früher wir aufsteigen, desto lieber wäre es mir«, mischte sich Bassus in die Unterredung. »Ich traue dem Wetterfrieden nicht so recht. Dermaßen schwül, wie es heute ist, könnte es noch ein Gewitter geben.«
»Bis dahin sind wir aber längst wieder in der Luft«, konterte Bernhard Lau. »Sie können wirklich beruhigt nach Echterdingen fahren, Exzellenz. Und wenn Sie wiederkommen, wird alles für den Aufstieg zur letzten Etappe bereit sein.«
Um 12 Uhr 30 verließ Ferdinand von Zeppelin die Gondel und bestieg ein bereit stehendes Automobil, das ihn durch eine wahre Woge von Jubelrufen nach Echterdingen brachte. Hüte und Mützen flogen durch die Luft, Taschentücher wurden geschwenkt.
Aus der erhofften Ruhe im Echterdinger »Hirsch« sollte freilich nichts werden, denn gleich nach seiner Ankunft

versammelte sich eine große Menschenmenge vor dem Gasthaus, die lautstark das Erscheinen ihres Volkshelden einforderte. Es war nichts zu machen! Und kaum präsentierte sich Zeppelin ihnen an einem der Fenster im ersten Stock, da brach schon wieder ein nicht enden wollender Jubelsturm los. Zeppelin schluckte trocken. Was für eine unfassbare Begeisterung! »Ich danke Ihnen allen von ganzem Herzen für den überwältigenden Empfang, den Sie mir hier in Echterdingen bereitet haben«, wandte er sich gerührt an die jetzt andächtig lauschenden Leute. »Es erfüllt mich mit Stolz, durch diese einmalige Fahrt bewiesen zu haben, dass wir mit dem Luftschiff imstande sind, ohne Gefahr für Leib und Leben überall zu landen – auch auf ebener Erde. Wenn an der Maschinerie etwas vorkommt, so ist das ja wohl begreiflich. Aus gutem Grund habe ich deswegen von vornherein als notwendig erachtet, ein System mit zwei völlig voneinander unabhängigen Antriebsmaschinen zu schaffen, so dass wir beim Versagen einer Maschine in der Weiterfahrt nicht behindert sind. Zwar ist von mir die Durchführung einer 24 Stunden dauernden Fahrt verlangt worden – und von dieser Warte aus betrachtet, habe ich schon mit der Zwischenlandung bei Oppenheim diese Bedingung nicht erfüllt, aber …« Er hob seine beiden Arme beschwichtigend in die Höhe, um die Protestrufe der Menge zu dämpfen, »ja, Sie haben recht. Ich bin genau derselben Ansicht, wie Sie. Denn, und das ist das Entscheidende: auch in ihrem programmwidrigen Teil hat die Fahrt die Richtigkeit meiner Annahmen bestätigt. Denn es ist stets angezweifelt worden, dass man mit einem solchen starren Fahrzeug vollkommen sicher wie auf Wasser auch auf festes Land heruntergehen kann. Die Landung bei Echterdingen hat sich auf ausgesuchter Stelle so ruhig vollzogen, dass man das Aufsetzen der Gondel kaum wahrgenommen hat. Das, was ich mit dieser Fahrt habe erreichen wollen, das hat mein Luftschiff bereits jetzt erreicht. Ich hoffe – und ich bin mir sicher, dass diese Hoffnung nicht trügt – dass nun bald die Zeit gekommen sein wird,

wo das Luftschiff ein allgemeines Verkehrsmittel geworden ist.« Wieder brandete ein gewaltiger Jubel auf, während sich Zeppelin mit dem Handrücken eine Träne aus dem Augenwinkel wischte. »Ich bin tief gerührt von dem warmen Empfang und danke Ihnen allen herzlich. Am meisten aber bin ich gerührt gewesen, als ich heute morgen in der Frühe über mein altes, liebes Stuttgart hinweggefahren bin. Da ist mir das Herz aufgegangen ...«
Nun gab es für die Menge endgültig kein Halten mehr. Die weiteren Worte des Redners gingen in begeisterten Hurrarufen unter. Aus allen Fenstern des beinahe aus allen Nähten platzenden Gasthofs winkten inzwischen die Leute mit ihren Hüten, klatschten und jauchzten, bis sich der Jubel wie auf ein unsichtbares Zeichen zu einem riesigen Chor vermengte: aus vollstem Herzen mit der ganzen Kraft ihrer Stimmen schmetterten die Menschen nun das Deutschlandlied, während sich einen Kilometer entfernt das riesenhafte Luftschiff ruhig und schön auf der Wiese vor Echterdingen im Glanz der Sonne wiegte. »Deutschland, Deutschland über alles!«. Einzig zu Ruhm und Ehre ihres schwäbischen Volkshelden: Ferdinand von Zeppelin.

Keine zweieinhalb Stunden sollte es dauern, bis sein Lebenswerk in Trümmern lag!

14 Uhr 50. Während 150 Kilometer südlich im mit den weißblauen Farben der Familie Zeppelin und dem Rot-Schwarz des Königreichs Württemberg festlich beflaggten Friedrichshafen die Vorbereitungen für einen triumphalen Empfang allmählich abgeschlossen wurden, war auf der Wiese zwischen Echterdingen und Bernhausen die anfängliche Hysterie um das Luftschiff mittlerweile einer gespannten Neugier gewichen. Wann würde Zeppelin wieder in den Himmel steigen? Ob es heute tatsächlich klappte? Noch waren die Pferdefuhrwerke mit den Gasflaschen nicht angekommen. Vorher würde es aber garantiert keinen Aufstieg geben – diese Entscheidung des Grafen hatten

die Zaungäste an der Gondel ja vorher vernommen und weitererzählt. Immer wieder warfen die Leute neugierige Blicke über das von den Dragonern streng überwachte Absperrseil zur vorderen Gondel, wo emsig gearbeitet wurde. Zirka 30 Soldaten hielten die Gondelbrüstung fest im Griff, ebenso viele hatten Halteseile in den Händen. Majestätisch schwang der gewaltige Schiffsleib ganz sachte hin und her. Allem Anschein nach war der Motor erfolgreich repariert worden, denn wie mit Feldstechern zu erkennen war, gingen die Monteure Laburda und Schwarz zusammen mit den Daimlerleuten jetzt offenbar daran, den Antrieb wieder an der ursprünglichen Aufhängung zu fixieren.

Inzwischen zeichneten sich ganz fern am Horizont die scharfen Konturen von Gewitterwolken ab. »Da hinten scheint sich etwas zusammen zu brauen.«

Der kommandierende Offizier der Haltemannschaft runzelte sorgenvoll die Stirn. »Sechs Leute zusätzlich vorne an die Halteleinen!« befahl er vorsichtshalber. »Die Pflöcke und die Ankeregge überprüfen!«

Allmählich verfinsterte sich der Himmel.

14 Uhr 52. Exakt um diese Zeit nahm die Katastrophe ihren Lauf.

Zunächst war an der Landestelle nur ein unruhiger böiger Wind zu verspüren. Wieder richtete sich der locker am Bug vertäute Ballon in die Windrichtung und schwebte ruhig in seiner Position wenige Zentimeter über dem Boden. Mehr nicht. Ein harmloses Lüftchen. Alles blieb ruhig und unter Kontrolle – so, wie das schon in den ganzen Stunden zuvor der Fall gewesen war. Keinerlei Gefahr in Sicht. Weshalb auch. Die einzige Sorge der Menschen galt lediglich der Frage, ob es tatsächlich regnen würde und falls ja, wie stark. »Es wird eher nicht regnen. Das zieht vorbei! Man spürt es ja am Wind. Der wird die Wolken vertreiben.«

»Da bin ich mir nicht ganz so sicher. Schau doch nur, wie hoch die Wolkenwand schon aufragt.«

»Der Wind wird sie trotzdem auseinander blasen.«
»Er kommt aber direkt von dort hinten. Faszinierend, wie ruhig das Luftschiff dennoch daliegt …«
Die Zeiger der Chronometer rückten auf exakt 14 Uhr 54. Da geschah es: eine überfallartige Windböe. Schlagartig bedeckte eine riesige, dunkle Mauer den Himmel. Grauer Staub, vermischt mit Regentropfen, wälzte mit einer enormen Geschwindigkeit direkt auf die Landestelle zu. Eine zweite Windböe – Schreckensschreie!
Der Stoß prallte seitlich auf das Luftschiff, das sich aber, scheinbar unbeeindruckt, nur ganz langsam in die neue Windrichtung bewegte.
Aber jetzt! Schon der nächste Aufprall! Wesentlich stärker. Eine einzige mächtige Staubwolke, in der alles zu versinken scheint. Das Heck des Schiffes hebt sich und schwenkt unvermittelt heftig nach Osten. Den Soldaten der Haltemannschaft reißt es die Seile aus den Händen. Und jetzt erzittert der Bug! Zerrt an den vorderen Halteseilen und zieht die Pfähle samt der Ankeregge wie Butter aus dem Boden. Das Luftschiff ist frei! Weiter wird es von der Sturmböe auf seiner Längsseite nach Osten gedrückt, gewinnt gleichzeitig an Höhe, während einige Soldaten weiter versuchen, die Gondel vorne noch festzuhalten. Hilflos zappeln sie mit den Füßen in der Luft, im letzten Moment springen sie ab. Die aus dem Boden gerissene Ankeregge mit ihren 64 scharfen Zacken pflügt über die auf der Erde liegenden Menschen! Schmerzenschreie vermischen sich mit hilflos gebrüllten Befehlen und lauten Rufen der Verzweiflung und des Entsetzens. Weiter immer weiter und immer höher wird das Luftschiff nach Osten gedrückt. Die gerade noch ohnmächtig verharrende Menge läuft plötzlich los: Tausende Zuschauer, Soldaten, Gendarmen, Berittene, Automobilisten, Fuhrwerke, alles hetzt dem sich rasch in Richtung Bernhausen entfernenden Riesenungetüm hinterher. Als winziger schwarzer Punkt ist der eine Mann von der Besatzung zu erkennen, wie er über den Laufgang nach vorne hetzt, um noch ir-

gendwie zu versuchen, die längst sicher scheinende Katastrophe abzuwenden. Dabei ist es doch nur noch eine Frage von Sekunden, bis sich das Luftschiff irgendwo in einem Baum oder einem Haus verfängt und 15.000 Kubikmeter Wasserstoff in einem gigantischen Feuerball explodieren werden! Der Mann ist dem Tode geweiht!

Da! Die Spitze des Schiffs senkt sich tiefer! Noch tiefer. Eine Baumreihe! Der Schiffskörper verfängt sich in einer Baumkrone, bleibt hängen. Für den Bruchteil eines Atemzugs geschieht überhaupt nichts. Dann ein kurzes scharfes Zischen, ein lauter Knall, eine Detonation. Die ersten Flammen schießen aus der Hülle. Eine zweite Detonation, gefolgt von einer dritten. Jetzt ist die Katastrophe eingetreten. Eine gewaltige Feuersäule schießt in den Himmel, ein einziges Inferno. Auf 136 Metern Länge frisst sich das Feuer durch die Baumwollhülle, wie Streichhölzer knicken die nackten Aluminiumträger ab, der Rauch wird erst grau, dann schwarz und schon nach wenigen Minuten ist das stolze Luftschiff nur noch Geschichte. Wie das verkohlte Skelett einer Rieseneidechse liegen die jämmerlichen Trümmer kreuz und quer auf dem verbrannten heißen Boden.
In sicherer Entfernung verharren die Menschen vor dem qualmenden Wrack und weinen. Die Katastrophe von Echterdingen lässt niemanden kalt.

Keine Viertelstunde nach dem Beginn des Dramas jagt ein Automobil in wilder Fahrt über die Felder und bremst scharf vor dem Gasthaus »Hirsch«. Ein Mann springt aus dem Wagen, rennt die Treppe hinauf, reißt die Eingangstüre auf und ruft mit sich überschlagender Stimme nach dem Grafen Zeppelin. Es ist der Augenblick, in dem der 70-jährige mit der schlimmsten Nachricht seines ganzen Lebens konfrontiert wird. »Das Luftschiff ist verbrannt!«
Schlagartig verstummen die Gespräche. Alle Blicke richten sich auf den Grafen Zeppelin. Dessen Miene ist aschfahl,

als er sich mit beiden Händen an den Kopf greift. »Ich bin ein verlorener Mann!«
Dann stürzt er hinaus, gefolgt von dem Fahrer und lässt sich mit dem Wagen sofort zur Unglücksstelle bringen. Sie rasen durch ein Spalier von immer noch fassungslosen, weinenden Menschen. Minuten später steht Ferdinand von Zeppelin vor den Trümmern seines Lebenswerks. Das Ende aller Hoffnung!
Minutenlang verharrte Zeppelin an der Unglücksstelle. Den Rücken kerzengerade durchgedrückt. Regungslos. Mit fest zusammengepressten Lippen. Ein leichtes Kopfschütteln war seine erste Reaktion. Er schluckte trocken, dann nahm er den Oberingenieur ernst ins Visier. »Dürr! Wie ist das nur passiert?«
Ludwig Dürr fuhr sich mit der rußgeschwärzten rechten Hand über das schweißnasse Gesicht. »Die Haltepflöcke, Exzellenz. Wie aus Butter sind sie von unserem Schiff aus der Erde gezogen worden, als der Sturm es erfasst hat. Da war nichts mehr zu halten!« Er räusperte sich rau. »Und dann ist das Schiff davon getrieben worden, bis hierher, in diese Baumreihe. Das war eine Angelegenheit von höchstens fünf Minuten.« Wieder stockte er – überwältigt von den fürchterlichen Bildern, deren ohnmächtiger Zeuge er hatte werden müssen. »Das Schiff hat sich mit dem Bug in einer Baumkrone verfangen und dabei muss vorne eine Gaszelle aufgeschlitzt worden sein. Ich habe gesehen, wie sich das Feuer von vorne nach hinten ausgebreitet hat. Dann der Aufschlag auf dem Boden. Das war aber keine Explosion, wie alle hier behaupten. Ich meine vielmehr, dass sich beim Zerreißen der Gaszelle ein Funke gebildet hat. Es war eine statische Entladung durch das zerreißende Gummi. Und nur deshalb ist der Brand entstanden. Es hätte nicht sein müssen, Exzellenz. Das hätte es nicht müssen«, murmelte Dürr mit zunehmender Fassungslosigkeit. Und immer wieder: »Das Gummi, der statische Funke, das alles hätte nicht passieren müssen …«
Tiefbewegt drückte ihm Zeppelin die Hand, dann ließ er

sich vom kommandierenden Offizier der Haltemannschaft zu den Verwundeten bringen, um sich über deren Zustand zu informieren. Als er wenig später wieder in das Auto stieg, das ihn zurück nach Echterdingen brachte, brandete ein unbeschreiblicher Jubel auf, mit dem die Menschen, über deren Wangen bittere Tränen rannen, die einmalige würdevolle Haltung feierten, die dieser Mann selbst in der bittersten Stunde seines Lebens noch an den Tag gelegt hatte. Nur mit Mühe kam der Wagen voran, wieder und wieder blieb er in der Menge stecken, worauf sich der Graf erhob und den gerührten Leuten mit warmen Worten für ihr Mitgefühl dankte.

Endlich waren sie wieder zum »Hirsch« in Echterdingen zurückgekehrt. Vor dem Gasthaus hatte sich in der Zwischenzeit eine gewaltige Menschenansammlung gebildet. »So groß, wie vorher die Begeisterung war jetzt die Anteilnahme an seinem Geschick«, berichteten die Zeitungen in großer Aufmachung von den nun folgenden Ereignissen, die »den Tag von Echterdingen« in der Rückschau betrachtet, zum alles entscheidenden Dreh- und Angelpunkt für die Zukunft der Luftschiffe machen sollten. »Ein Herr hielt eine Ansprache an den Grafen, er möge sich dieses Unglück nicht zu nahe gehen lassen, das ganze deutsche Volk habe ja volles Vertrauen zu ihm und seinem System. Kein Mensch zweifle daran, dass die Fahrt gut vollendet worden wäre, wenn nicht dieser Schicksalsschlag dazwischen gekommen wäre. Er bitte den Grafen, sich dem Schmerz nicht zu sehr hinzugeben und getrost in die Zukunft zu blicken.«
Der nach wie vor aschfahle, aber dennoch erstaunlich gefasst wirkende Ferdinand von Zeppelin bedankte sich herzlich für die aufmunternden Worte. »Ich bin anscheinend von Schicksalsschlägen verfolgt, aber ich werde meinen Mut nicht sinken lassen und weiterhin meine ganze Kraft für die Sache der Luftschiffe einsetzen. Ich hoffe allerdings, dass ich nun von Seiten des Reiches dabei unter-

stützt werde …« An diesem Punkt seiner Rede wurde Zeppelin von einem lautstarken Zwischenruf unterbrochen: »Sammlung veranstalten!«
Ein anderer trat hervor und rief: »Herr Graf, das deutsche Volk wird Ihnen ein neues Luftschiff bauen!«
Ein älterer Bauer schob sich zwischen den Leuten durch und übergab Zeppelin seine Geldbörse. »Da sind fünf Mark drinnen, Exzellenz. Nehmen Sie das Geld bitte von mir an.«
Jetzt war es mit der Selbstbeherrschung des Grafen endgültig vorbei. Mit tränennassen Augen und vor Ergriffenheit zitternder Stimme erwidert er: »Es ist noch nichts verloren!«

Wenige Minuten später startete der Daimlerwagen erneut, um Zeppelin rechtzeitig nach Stuttgart zu bringen, wo er mit dem 6-Uhr-Zug nach Friedrichshafen zurückkehren wollte. Nichts hielt ihn mehr an der Unglücksstelle. Sein einziger Gedanke galt Bella, seiner lieben Ehefrau, deren mitfühlenden Beistand er in diesen dramatischen Stunden schmerzlich vermisste. Auch in Stuttgart wurde ihm ein begeisterter Empfang bereitet. Kaum hatte sich in der Stadt herumgesprochen, dass Zeppelin im »Hotel Marquardt« (das direkt neben dem ersten Stuttgarter Hauptbahnhof lag), die Zeit bis zur Abfahrt des Zuges überbrücken wolle, strömten Tausende heran, um dem Grafen ihre Huldigung darzubringen und ihn wieder und immer wieder hochleben zu lassen. »Nicht aufgeben, Herr Graf!«
»Wir sammeln für Sie!«
»Die Luftschiffe werden weiterleben!«
»Ein Hoch auf seine Exzellen, den Grafen Ferdinand von Zeppelin!«
Noch Tage später berichteten die Menschen, dass Ferdinand von Zeppelin am Bahnhof wie ein König verabschiedet worden sei, als er den Zug bestieg, der ihn am Abend des 5. August 1908 nach Friedrichshafen bringen sollte. Was für ein Tag!

Eine Welle der Hilfsbereitschaft brach über Zeppelin herein. Schon am Tag nach dem Unglück wurde in der »Württemberger Zeitung« ein »Aufruf an das deutsche Volk« abgedruckt: »Es handelt sich hier nicht um das Unglück eines Einzelnen, sondern um das eines ganzen Volkes; Graf Zeppelins Unglück ist ein nationales Unglück. Und da gilt es denn jetzt zu helfen für einen jeden Deutschen, ob hoch, ob niedrig, nach dem Maß seiner Kräfte. Graf Zeppelin, der sein ganzes Leben für sein deutsches Volk eingesetzt hat, der ihm durch seine kühne Erfindung den ersten Platz unter allen Nationen sichern wollte, darf wohl erwarten, dass ihn sein Volk auch jetzt nicht im Stich lässt. Auch die »Württemberger Zeitung« ist sich bewusst, dass sie nur eine nationale Ehrenpflicht erfüllt, wenn sie sich ebenfalls in den Dienst der guten Sache stellt, darum haben wir uns entschlossen, eine Sammlung zu eröffnen, für die wir alle Stuttgarter, alle Schwaben und alle Deutsche um Beiträge herzlich bitten. Die »Württemberger Zeitung« leitet die Sammlung durch Zeichnung eines Beitrages von 1000 Mark ein. Jeder Beitrag, auch der kleinste, wird entgegen genommen.« Dieser Aufruf verfehlte seine Wirkung nicht!
Keine 24 Stunden später vermeldete Zeppelins Sekretär Ernst Uhland mit ungläubigem Staunen, dass bei den verschiedensten Spendenaktionen über 300.000 Mark zusammen gekommen waren. Zwei Tage nach dem Unglück – auch König Wilhelm II. von Württemberg hatte aus seinem privaten Vermögen 20.000 Mark überweisen lassen – waren es schon 600.000 Mark. Die Reichsregierung beschloss, dass von den für die Dauerfahrt in Aussicht gestellten Geldern sofort 500.000 Mark an Zeppelin auszuzahlen seien, denn »er hat bewiesen, dass er sein Luftschiff viele hundert Kilometer in der Luft beliebig lenken sowie Abstiege und Aufstiege unternehmen kann und damit im Prinzip die ihm gestellte Aufgabe gelöst hat. Dass er die bestimmte Stundenzahl nicht erreichte, ist ein nebensächliches Moment. Die Vernichtung des

Luftschiffs kann die Erfolge des Generals nicht in den Schatten stellen.« Am 7. August erschien dazu der Aufruf zu einer Volksspende »für den Grafen Zeppelin zum Bau eines neuen Luftschiffs«, der vom kaiserlichen Kronprinzen Wilhelm als Ehrenpräsident unterzeichnet war und sogar der Kaiser selbst, der dem Grafen doch meist eher reserviert gegenüber gestanden hatte, telegraphierte nun nach Friedrichshafen: »Ich höre zu meinem aufrichtigen Bedauern, dass Ihr Ballon vom Gewitter zerstört wurde und spreche Ihnen bei diesem überaus unglücklichen Missgeschick meine herzlichste Teilnahme umso mehr aus, als ich und ganz Deutschland allen Anlass zu haben glaubte, Sie zum ruhmvollen Abschluss Ihrer epochemachenden großartigen Leistung beglückwünschen zu können. Immerhin bleibt der erzielte Erfolg im höchsten Grade anzuerkennen und muss Sie über das erfahrene Unglück trösten.«
Was für eine Depesche! Wann hatte sich der Kaiser jemals zuvor zu solch warmherziger Anteilnahme durchringen können?! Es kam einem Wunder gleich – wie auch alles andere, was in diesen Tagen an Solidarität, Mitgefühl und tatkräftiger Unterstützung über Ferdinand von Zeppelin hereinbrach. Und so kabelte er seinen alleruntertänigsten Dank nach Berlin zurück, verbunden mit dem festen Versprechen: »Mit Begeisterung werde ich mich dem Auftrag Eurer Majestät und des deutschen Volkes Auftrag zum Weiterbau unterziehen.«
Zeppelin und seine Luftschiffe hatten den Sieg davon getragen! Trotz allem! In großen Schlagzeilen vermeldeten die Zeitungen immer neue Details von der Wiederauferstehung der Luftschiffe und Ernst Uhland konnte am Ende der Spendenaktionen die gewaltige Summe von 6.096.555 Mark bilanzieren: »Ich muss es wiederholen, Exzellenz: weit über sechs Millionen Mark! Es ist … unfassbar – aber wahr!« Erstmals seit seiner Entscheidung zum Bau von Luftschiffen war Ferdinand von Zeppelin aller finanziellen Sorgen ledig.

Ein Märchen! Und der alte Graf, den sie wegen seiner würdevollen Haltung, die er selbst in der schwärzesten Stunde seines Lebens an den Tag gelegt hatte, längst als den »letzten Ritter« verehrten, stand als Volksheld, als lebende Legende, am Beginn einer neuen Ära. Ausgerechnet das Unglück von Echterdingen war, wie Zeppelin in einem Dankesschreiben an den Schultheißen formulierte, zur »Geburtsstunde der nationalen Luftschifffahrt in Deutschland« geworden! Bereits an der Unglücksstelle hatte sich ja ein regelrechter Kult um den Grafen und sein Luftschiff entwickelt: Reste von angeschwärzten Aluminiumteilen und Fetzen der Hülle waren plötzlich begehrte Souvenirs, alle stürzten sich auf das Wrack und die Echterdinger Buben, die sich besonders viele Stücke gesichert hatten, verkauften sie für sage und schreibe fünf Mark pro Einzelteil. Wie Reliquien wurden die Überbleibsel der Katastrophe sogar eingerahmt und hinter Glas gesetzt. Die Firma Carl Berg in Lüdenscheid ließ aus den verbogenen Teilen der Aluminiumträger Löffel und Gedenkmünzen herstellen. Das Bild des Grafen Zeppelin mit seinem eisgrauen Schnurrbart zierte Aschenbecher, Schnupftabakdosen, Biergläser, Hosenträger und Schnapsflaschen, ja sogar als Nussknacker musste er herhalten. Allein Zeppelins Konterfei versprach den Herstellern ein gutes Geschäft – mochte die Kombination auch noch so verwegen sein. Immer wieder sah sich der unfreiwillig verewigte Zeppelin veranlasst, Prozesse gegen allzu seltsame Auswüchse zu führen, doch es war ein aussichtsloses Unterfangen, denn die Zahl der Devotionalien war längst ins schier Unendliche gewachsen: »Es ist ein Kampf gegen Windmühlenflügel«, resümierte er eines Abends kopfschüttelnd, als Bella ihrem Mann die neuesten Erzeugnisse schmunzelnd präsentierte. »Jetzt lachst du mir auch schon von Schnurrbartbinden und Christbaumkugeln entgegen. So kitschig das alles auch sein mag: besser, die Leute verehren dich auf diese Weise, als dass sie in dir den Narren vom Bodensee sehen. Und das ist ja noch gar nicht so lange her. Von dieser Warte aus betrachtet, ist mir der Rummel, der jetzt veranstaltet wird, dann doch wesentlich lieber. Und damit sollten wir es bewenden lassen, zumal ja auch liebenswerte Nachrichten dabei sind, die mir der Herr Uhland immer wieder aus der Post fischt.«

Beispielsweise war da dieser Brief des Ehepaars aus Köngen, das dem Grafen die freudige Mitteilung machte, man habe der am 16. August geborenen Tochter den Namen Gertrud Zeppelina gegeben.

»Schau einmal, Papa«, betrat Hella den Salon und wedelte lachend mit weiteren Briefen in ihrer Hand. »Ein Mädchen aus Mainz schreibt da, wie es von seiner Mutter am 4. August in der Nacht geweckt worden ist: Mutti hat mich aus dem Bett auf den Balkon hinausgetragen. Der Himmel war ganz dunkel mit vielen Sternen und da habe ich den Zeppelin gesehen und sein Gebrumme gehört. Das war so schön. Aber am nächsten Nachmittag haben wir die schreckliche Nachricht gehabt, das schöne Luftschiff ist verbrannt. Da habe ich viel geweint und ich habe Mutti gesagt, sie soll dem Grafen alles schicken, was in meiner Sparbüchse drin ist, damit er wieder ein neues Luftschiff bauen kann.«

»Wie lieb!« strahlte Ferdinand von Zeppelin über das ganze Gesicht. »Du übernimmst bitte die Beantwortung des Briefes, nicht wahr, Hella? Ich kann beim besten Willen diese Briefe nicht alle persönlich beantworten. So sehr es diese lieben Menschen auch verdient haben. Aber selbst der Uhland und meine beiden Kapitäne, die ich extra dafür abgestellt habe, sind hoffnungslos damit überfordert.«

»Natürlich mache ich das«, nickte die Tochter eifrig. »Sehr gerne sogar. Ich habe dir noch mehr solche Schreiben mitgebracht. Da: Hier schickt dir ein Schulmädchen aus Sachsen 50 Pfennig in Briefmarken und schreibt dazu, es sei der Erlös aus Gemüse, das sie selbst im eigenen Garten angebaut habe. Eigentlich hätte sie ja 80 Pfennig eingenommen, aber sie habe ja 10 Pfennig für die Briefmarke zahlen müssen und 20 Pfennig brauche sie, um neuen Samen zu kaufen. Wunderbar.«

»Das hier ist eher kurios«, deutete ihre Mutter auf den nächsten Brief. »Ein Frau schreibt dir, sie habe leider dein Luftschiff nicht selbst sehen können, weil sie in der Zeit, als es vorbeifuhr, gerade einen kleinen Buben zur Welt gebracht habe. Sie will ihm deshalb den Namen Zeppelin geben und bittet dich, das Patenamt zu übernehmen.«

»Das ist jetzt glaube ich die zwanzigste Bitte, Pate zu werden. Wie soll ich das alles übernehmen? Ich habe mehr als genug damit zu tun, unsere neue Gesellschaft zu gründen und sicher in die Zukunft zu führen. Aber ich möchte euch bitten, jeden Brief persönlich zu beantworten. Das sind wir den lieben Leuten schon schuldig. Ich selbst werde den Uhland übrigens morgen einen Brief nach Echterdingen aufsetzen lassen, in dem ich mich bereit erkläre, für den Flurschaden aufzukommen, der dort nach unserer Landung entstanden ist.«

»Der Flurschaden? Du meinst die verbrannten Obstbäume?«

»Nicht nur«, entgegnete Zeppelin. »Ich habe mittlerweile Kenntnis davon erhalten, dass durch den Ansturm der vielen Menschen ganze Krautäcker und Gemüsefelder zertrampelt worden sind. Insgesamt muss dabei ein Schaden von gut und gerne 3000 Mark entstanden sein. Das übernehme ich selbstverständlich, denn indirekt fühle ich mich dafür schon verantwortlich.« Die Echterdinger mochten das großzügige Angebot des Grafen freilich nicht annehmen, sondern errichteten auf ihre eigenen Kosten an der Landestelle sogar noch ein Denkmal aus einem 300 Zentner schweren Steinblock zur ewigen Erinnerung an den »Tag von Echterdingen«!

Voller Dankbarkeit nahmen jedoch die Einwohner von Donaueschingen seine Spende über 3000 Mark entgegen. Am 5. August 1908, also am selben Tag, an dem das Unglück von Echterdingen über Zeppelin hereinbrach, waren bei einem verheerenden Stadtbrand 130 Häuser zerstört und 1500 Menschen obdachlos geworden. Um diese großherzige Geste mochte Zeppelin freilich kein Aufsehen machen, »denn nachdem ich aus ganz Deutschland Hilfe bekommen habe, ist es doch nur selbstverständlich, dass ich den Bewohnern jener Stadt, die am gleichen Tag wie ich ein großes Leid erfahren hat, die Hand zur Hilfe reiche. Das gebietet schlichtweg der Anstand!«

Und auch sein Versprechen, das er unmittelbar nach der Katastrophe in Echterdingen dem Monteur Schwarz gegeben hatte, hielt er ein: der tapfere Mann, der unter Einsatz seines Lebens versucht hatte, das vom Wind davon getriebene Luftschiff wieder auf den Boden zu bringen, bekam als Dank des Grafen einen großzügigen Geldbetrag auf sein Bankkonto eingezahlt.

Schon am 21. September 1908 konnte dank der gewaltigen Spendensumme, die aus allen Teilen Deutschlands eingegangen war, die offizielle Gründung der »Luftschiffbau Zeppelin GmbH« erfolgen. Es war das eigentliche Signal für den Neuanfang: noch größer, noch leistungsfähiger würden die neuen Luftschiffe sein, die sie ab sofort bauen würden, endlich ohne die finanzielle Bedrängnis der zurückliegenden Jahre – und das alles nur sechs Wochen nach dem Unglück von Echterdingen: ein Wunder!

Als Geschäftsführer der neuen Firma fungierte nun jedoch Alfred Colsman, der Schwiegersohn und Nachfolger des Aluminiumproduzenten Carl Berg, ein langjähriger Vertrauter des Grafen. »Ich selbst werde der geistige Leiter des Unternehmens bleiben und darüber wachen, dass die Geschäfte in meinem Sinne erledigt werden. Sie brauchen sich also diesbezüglich keinerlei Sorgen zu machen«, erläuterte Zeppelin dem völlig überraschten Dürr und seinen sichtlich konsternierten Kapitänen Hacker und Lau. »Ich befinde mich nun in einem Alter, in dem ich es für dienlich erachte, wenn ich manche Verantwortung auf andere, jüngere Schultern verlagern kann. Ich werde aber ohnehin noch in diesem Jahr eine Stiftung gründen, an deren Spitze ich direkt dafür sorgen kann, wie die Gelder aus den Luftschiffspenden verteilt werden. Mit anderen Worten: die »Luftschiffbau Zeppelin GmbH« wird direkt mit der Stiftung verbunden sein. Denn von dort wird das Geld für den Bau kommen. Das bleibt also weiter in meiner Entscheidungsgewalt – ohne dass ich mich künftig um jedes noch so winzige Detail mehr zu kümmern brauche. Nur so kann ich meine ganze Konzentration den neuen Luftschiffen widmen, wenn dieser oftmals lästige Alltagsbetrieb von anderen Männern erledigt wird. Es bleibt also dennoch mehr als genug für mich zu tun. Und unsere Zusammenarbeit bei der Konstruktion kann dadurch noch effektiver und zielgerichteter verlaufen, als dies bisher schon der Fall war.«

Es blieb ohnehin genug zu tun, denn Zeppelin machte seine Ankündigung wahr, zusammen mit Wilhelm und Karl Maybach im schwäbischen Bietigheim ein eigenes Unternehmen für den Bau von Luftschiffmotoren zu gründen. Wenig später wurde die »Maybach-Motorenbau« aus praktischen Gründen nach Friedrichshafen verlagert. Und die vielfältigen Aufgaben der im Dezember 1908 gegründeten Zeppelin-Stiftung: unter anderem finanzielle Unterstützung von Wissenschaft und Forschung, Förderung der Bildung, Hilfe für sozial schwache, bedürftige und in Not geratene Menschen, beseitigten auch die letzten Zweifel, dass der Terminkalender des Grafen leer bleiben würde: »Es gibt sogar mehr zu tun, als für einen alten Kavalleriegeneral dienlich ist«, merkte Zeppelin schmunzelnd an.

Dank der »Luftschiffbau Zeppelin GmbH« konnte man mit voller Konzentration daran gehen, den riesigen Erwartungen der Öffentlichkeit gerecht zu werden: »Wir brauchen so schnell wie möglich eine neue Fahrt mit einem Luftschiff, bevor die alten Übelkrähen im General-

stab wieder Morgenluft wittern«, entschied Zeppelin. »Deswegen müssen wir jetzt zweigleisig fahren: einerseits ein völlig neues Luftschiff bauen, in das wir unsere Erfahrungen einfließen lassen werden und zum anderen müssen wir unser gutes
altes »LZ 3« noch einmal aktivieren, bevor es vom Militär übernommen wird. Da es aber den aktuellen Anforderungen nicht mehr genügt, werden wir es einfach verlängern und es auf die Größe von »LZ 4« bringen, indem wir ein ganzes Mittelteil neu einfügen. Das ist die schnellste aller möglichen Lösungen, wenn wir noch in diesem Jahr einen weiteren Aufstieg bewerkstelligen wollen, was ich unbedingt erreichen möchte!«

Mit Feuereifer stürzten sich Dürr, Hacker, Lau, Bassus und die anderen auf die Herausforderung, innerhalb kürzester Zeit ein aufstiegsbereites Luftschiff herzustellen und parallel dazu mit dem »LZ 5« ein ganz neues Schiff zu konstruieren. Zunächst aber »LZ 3«: wie von Zeppelin vorgeschlagen, wurde das Luftschiff in der Mitte auseinandergebaut und dann um acht Meter gestreckt, was den entscheidenden Vorteil mit sich brachte, wesentlich mehr Gaszellen für den Auftrieb einsetzen zu können.

Währenddessen haderte Dürr noch immer mit den »eigentlichen« Ursachen des Echterdinger Unglücks, denn nach wie vor vertrat er die feste Überzeugung, dass es gar nicht zu der Feuerkatastrophe hätte kommen müssen, »wenn da nicht dieser statische Funke gewesen wäre«. Auch die Gerüchte über andere Ursachen, die längst die Runde machten, konterte er überzeugend: »Da sind auch nirgendwo Menschen mit brennenden Zigarren gewesen. Wie denn?! Wir alle waren ja noch weit hinter dem Schiff, als schon die ersten Flammen aus der Hülle geschlagen sind. Und es hat keine Explosion gegeben – egal, wie oft das behauptet wird. Dieser erdbebenartige Knall ist vom Aufprall des Schiffskörpers auf den Boden gekommen. Nein, das Feuer ist durch das Zerreißen der Gummiwand einer Gaszelle zustande gekommen.«

Zusammen mit Georg Hacker, den eine ähnliche Vermutung bewegte, machte Dürr zahlreiche Versuche, bis sie schließlich die Gewissheit besaßen: es war tatsächlich das zerreißende Gummi gewesen, von dem der fatale Funke ausgegangen war. »Aber wie sollen wir dieses Problem in den Griff bekommen? Ich sehe kein anderes elastisches Material, das geeigneter wäre, das Gas zu halten, als die Gummiwände. Was haben wir nicht schon alles ausprobiert! Wir werden erst einmal weiter mit dem Gummi auskommen müssen – aber dazu parallel unsere Forschungen vorantreiben.«

Es sollte noch Monate dauern, auch von Erfindern aus ganz Deutschland trafen ständig neue Vorschläge ein, doch sämtliche Versuche zum Ersatz des Gummis scheiterten im Probebetrieb, bis ... Georg Hacker eines Tages wie aus heiterem Himmel einen der Vorschläge noch einmal herausfischte, den Dürr eigentlich schon als unrealistisch verworfen hatte und mit dem Blatt aufgeregt vor dem Gesicht des Oberingenieurs herumwedelte. »Die Goldschlägerhaut! Ja, genau! Das ist es! Wieso bin ich denn nicht schon viel früher draufgekommen?!« schlug er sich mit der flachen Hand gegen die Stirn.

»Goldschläger ... was?« fixierte ihn Dürr stirnrunzelnd.

»Goldschlägerhaut! Das verwenden die Goldschläger in Schwabach.«

»Aha ...« der Blick, mit dem Dürr den in Wallung geratenen Hacker bedachte, sprach Bände.

»Nein, nein. Ich bin jetzt nicht verrückt geworden. Es ist so: Sie wissen ja, ich stamme aus Oberfranken. Aus Münchberg, um genau zu sein. Da kommt man als junger Mensch halt dann und wann einmal auch nach Nürnberg. In die fränkische Hauptstadt. Und neben dran liegt Schwabach.«

»Soso ...« murmelte Dürr.

»Jetzt warten Sie doch erst einmal ab, was ich zu sagen

habe. Schwabach nennt sich ja wie gesagt die »Goldschlägerstadt«. Die Handwerker dort stellen Blattgold her – und legen zwischen diese hauchdünnen Blattgoldstreifen grundsätzlich immer Goldschlägerhäutchen, damit die einzelnen Streifen nicht zusammen kleben.«
»Ach ja?« Noch immer verstand Dürr nicht, worauf der Luftschiffkapitän eigentlich hinauswollte.
»Diese Goldschlägerhaut bleibt die ganze Zeit über elastisch und wird auch nicht brüchig. Es ist zwar ein enorm aufwendiges Verfahren, um sie so zu präparieren, dass sie den gewünschten Zweck erfüllt, aber die Blattgoldmacher schwören darauf, dass es sonst nichts Besseres gebe …«
»Und was soll das nun genau sein, Goldschlägerhaut?«
»Das ist eine Schicht vom Rinderblinddarm …«
Georg Hacker ahnte, was gleich kommen würde. Und es kam: »Rinderblinddarm!« echote Dürr ungläubig. »Eine Schicht davon …«
»Ja, eine Schicht, die äußere um genau zu sein, vom Rinderblinddarm«, wiederholte der Franke tapfer. »Ich weiß, es klingt a weng eigenartig wie wir Franken sagen, aber es ist tatsächlich das einzige Material, mit dem die Blattgoldmacher zufrieden sind. Und wie gesagt: es wird nicht spröde und es kann auch zu keiner statischen Entladung führen. Es hält sogar Gas zurück«, lächelte Hacker. »Denn wenn es das nicht täte, dann würden die Rinder ja alle explodieren mit dem ganzen Gas im Darm drin.«
»Das mag ja einleuchten. Aber Hacker: wenn Sie sich anschauen, wie groß unsere Wasserstoffzellen sind: haben Sie eine Ahnung, wie viel solcher Rinderblinddärme man dafür bräuchte, um ein Luftschiff damit zu bestücken?«
»Nein, das habe ich ehrlicherweise natürlich nicht«, breitete Hacker die Arme aus. »Aber ich denke schon, dass es wohl ein paar tausend sein müssten.«
»Ein paar tausend!«
»Sicherlich. Doch wenn es die richtige Alternative wäre, dann sollten wir es zumindest einmal ausprobieren.«
Es war die richtige Alternative! Zwar sollte es noch einige

Jahre dauern, bis die richtige Behandlung der gerade einmal 0,1 Millimeter dicken Häutchen, die anfangs in zehn Lagen übereinandergelegt werden mussten, den Anforderungen der Luftschiffer entsprachen, doch dann war der entscheidende Schritt getan: fortan wurden die Gaszellen nicht mehr aus Gummi, sondern aus Goldschlägerhäuten hergestellt – mit dem entscheidenden Vorteil, dass sie weder brüchig wurden, noch dass man die Gefahr einer statischen Entladung befürchten musste. Hackers Schätzung mit einigen tausend Rinderblinddärmen war dabei sogar noch etwas untertrieben gewesen: zirka 50.000 Goldschlägerhäute benötigten sie für die Anfertigung einer einzelnen Gaszelle. Und ein modernes Luftschiff verfügte bekanntlich über mehrere Dutzend Wasserstoffzellen …

Zukunftsmusik. Vorerst galt es, sich den Anforderungen der kommenden Wochen zu stellen. Die Reichsschwimmhalle war dank der üppigen Geldspenden mittlerweile aufwendig überholt und mit schweren Eisenplatten vor den Winterstürmen bestens gesichert worden. Schon am 21. Oktober war das neu überarbeitete und um acht Meter verlängerte »alte« Luftschiff mit Wasserstoff befüllt worden – und vom 23. bis zum 26. Oktober absolvierte es im Beisein eines preußischen Majors, der das Schiff im kommenden Jahr für das Militär übernehmen sollte, drei überzeugende Probefahrten. Eigentlich war die Tauglichkeit damit unter Beweis gestellt und man hätte sich nun über den Winter auf die Konstruktion des neuen Schiffes konzentrieren können, während das alte »LZ 3« bis zur Überführungsfahrt den Winter über in der Landhalle hätte bleiben können. Doch am 27. Oktober traf unverhofft Prinz Heinrich von Preußen in Begleitung eines Marineoffiziers ein und bat ebenfalls um die Teilnahme an einer weiteren Probefahrt, die wiederum gut verlief. Jetzt schien es bei den hohen Herrschaften kein Halten mehr zu geben: als nächster begehrte Herzog Albrecht von Württemberg eine

Fahrt mit dem Luftschiff. Auch ihm konnte man diesen Wunsch schwerlich verweigern, denn immerhin handelte es sich bei dem Mann um den württembergischen Thronfolger. Eine Fahrt mit äußerst kritischem Verlauf, denn bei der Rückkehr des Luftschiffs war nicht nur die Dunkelheit über den See hereingebrochen, sondern zusätzlich hatte sich Nebel über die Manzeller Bucht gelegt, so dass selbst dem nervenstarken Georg Hacker, dem verantwortlichen Kapitän in dieser Nacht, das Herz bis zum Hals schlug, bis das Schiff wieder gut gelandet und sicher in der Reichsschwimmhalle vertäut war. Geradezu überschwänglich bedankte sich der hohe Gast für das beeindruckende Erlebnis – ohne dabei zu ahnen, wie haarscharf es bei dieser Fahrt in Wahrheit zugegangen war. »Was für ein unheimliches Gefühl das war, wenn sich mitten in dunkelster Nacht plötzlich ein gewaltiges Donnern nähert, das die Luft erzittern lässt, ohne dass man das Geringste sehen kann. Und dann, während der Lärm ohrenbetäubende Ausmaße angenommen hat, senkt sich mit einem Mal ein riesenhafter Schatten aus dem schwarzen Nichts herunter. Es kommt beinahe einem Wunder gleich, wie Sie diese Landung genau auf den Punkt gemeistert haben, Hacker! Noch dazu unter diesen widrigen Bedingungen. Respekt!« Selbst der ansonsten eher distanzierte Hugo Eckener, der bei der demnächst zu gründenden »Zeppelin Stiftung« wie man hörte, als eine Art inoffizieller Stellvertreter Zeppelins fungieren sollte und inzwischen ebenfalls zum Luftschiff-Kapitän ausgebildet worden war, zeigte sich tief beeindruckt – und war sich des enormen Risikos, das die Männer heute eingegangen waren, wohl bewusst. »Nun denn, das sollte es nun aber für dieses Jahr endgültig gewesen sein. Ein weiteres Mal wollen wir das Schicksal lieber nicht herausfordern.«

Es kam jedoch nicht so, wie von Eckener gewünscht. Denn nun musste es unbedingt auch noch der preußische Thronfolger den anderen nachmachen! Aber dem Kronprinzen Wilhelm durfte man eine solche Fahrt nun wirk-

lich nicht abschlagen, nachdem er sich doch als Erster (und lange Zeit auch als Einziger) aus dem Kaiserhaus für die Belange des Grafen Zeppelin stark gemacht hatte. Am 7. November 1908 ging Seine Kaiserliche Hoheit also an Bord des Luftschiffes, dessen Kommando natürlich Graf Zeppelin persönlich übernommen hatte. Die Fahrt sollte sie direkt in das 80 Kilometer entfernte Donaueschingen führen, wo Kaiser Wilhelm II. mit dem kaiserlichen Hofzug heute bei seinem Verwandten, dem Fürsten von Fürstenberg eintreffen sollte. »Das Wetter ist heute aber alles andere als ideal, Exzellenz«, brummte Professor Hergesell mit höchst bedenklicher Miene. »Schon hier am See herrscht ein ordentlicher Wind, der in 200 Metern Höhe noch deutlich stärker weht – und außerdem wird mir von der Baar rund um Donaueschingen auch dichter Nebel gemeldet. Sie werden die Stadt eventuell gar nicht finden können. Das kann ganz schön gefährlich werden.«
»Wir haben keine andere Wahl«, entschied Zeppelin knapp. »Alle anderen Fahrten haben stattgefunden, da können wir jetzt nicht ausgerechnet diejenige mit dem kaiserlichen Thronfolger absagen. Noch dazu, wo endlich auch seine Majestät der Kaiser damit erstmals in den Genuss kommen kann, ein Luftschiff mit eigenen Augen hoch über seinem Kopf dahin schweben zu sehen. Diese Gelegenheit können wir uns nicht einfach entgehen lassen!«

Von Anfang an war es eine unangenehme Aufgabe, deren Bewältigung selbst dem erfahrenen Navigator Hacker alles andere als sicher schien. Allein der eiskalte Gegenwind, der ihnen gleich nach dem Aufstieg mit einer Stärke von mehr als 20 Stundenkilometern schneidend in die Gesichter blies, dazu der Nebel, der sich wie ein undurchdringliches weißes Leichentuch über die Landschaft breitete, machte die Fahrt zu einem wahren Lotteriespiel. Quälend langsam kam das Luftschiff voran. Und obwohl sie sich aus guten Gründen besonders warm gekleidet hatten, froren die Männer in den offenen Gondeln schon nach einer halben

Stunde jämmerlich. Ihre Mützen, Schnurrbärte, ja selbst die Instrumente waren mit Raureif bedeckt! Und der Nebel wurde immer undurchdringlicher! So dicht, dass man noch nicht einmal mehr bis zur hinteren Gondel sah. Die Hälfte des Luftschiffs war in der Nebelsuppe verschwunden! Nur gedämpfte Geräusche drangen nach vorne und erstickten im lauten Dröhnen der Motoren, die auf höchster Drehzahl gegen den heftigen Wind ankämpften – und dennoch ging es kaum vorwärts. Ein unheimliches Gefühl! In welcher Höhe lag Donaueschingen? Genau 686 Meter. Wie hoch waren die höchsten Berge auf der Baar? 977 Meter der Hohenlupfen, der Himmelberg bei Öfingen 941 Meter. Aber nirgendwo ragte eine Landmarke aus dem Nebelmeer!

»Bitte um Erlaubnis zum Hochsteigen auf 900 Meter!« rief Hacker dem Grafen zu, der mit dem vereinbarten Handzeichen den Wunsch des Steuermanns bestätigte.

Doch auch auf dieser Höhe wurde es nicht besser. »Eine einzige dicke Erbsensuppe«, brummte Hacker. »Ich halte weiter Kurs Nordnordwest!« Unbedingt mussten sie die beiden Berge auf der Steuerbordseite liegen lassen. Leichter gesagt, als getan. Kein Orientierungspunkt am Himmel, dazu die seitliche Abtrift, die Hacker nur grob schätzen konnte. »Eigentlich müssten wir nur noch 15 Kilometer von Immendingen entfernt sein. Mit Glück schaffen wir das in einer knappen halben Stunde.« Die Antwort des Freiherrn von Bassus bestand aus einem knappen Kopfnicken, während er seine Hände tief in den Taschen des Pelzmantels vergaben hielt. Auch der Kronprinz schien jämmerlich zu frieren. »Wo sind wir eigentlich genau?« presste er schlotternd zwischen den Zähnen hervor.

Doch bevor Hacker eine Antwort geben konnte, ertönte ein lauter Alarmruf des Grafen Zeppelin. »Sofort Backbord!« Wie aus dem Nichts war plötzlich eine waldbestandene Bergkuppe rechts von dem Luftschiff aus dem Nebel aufgetaucht, die ihnen scheinbar unaufhaltsam entgegen-

raste. Hacker drehte das Steuer in die gewünschte Richtung und schätzte gleichzeitig mit dem erfahrenen Auge des jahrzehntelangen Steuermanns die Distanz zwischen Berg und Luftschiff. »Keine Sorge, Exzellenz. Wir sind weit genug von dem Berg entfernt. Da kann uns nichts passieren. Immerhin kann ich dank dieses Gipfels endlich wieder unsere Abtrift berechnen und unsere genaue Lage bestimmen. Ja, genau!« nickte er gleich darauf zufrieden. »Wir sind hier, Majestät«, deutete er mit dem Handschuh auf einen Punkt der Landkarte, während kleine Eiskristalle leise auf das Papier rieselten. »Kurz vor Immendingen.«
»Da drüben sind nun zwei Bergkuppen zu sehen, die aus dem Nebel ragen«, wies Bassus mit dem Kinn in die Richtung, in der sich laut Hackers Berechnung der Hohenlupfen und der Himmelberg befinden mussten.
Kurz vor 13 Uhr war er sich ganz sicher. Jetzt waren sie im Donautal angelangt. »Wir müssten nun direkt über Immendingen sein, Exzellenz. Erbitte die Erlaubnis, tiefer gehen zu können.«
Zeppelin beäugte ihn zweifelnd, dann richtete er eine fragenden Blick auf Dürr, dessen schwarzer Vollbart längst mit Raureif überzogen war. Dürr nickte, worauf der Graf noch einmal tief durchatmete, bevor er sich entschloss, der Bitte des Steuermanns Folge zu leisten. »Nun gut. Wir gehen langsam hinunter.«
Eine quälend lange Minute verstrich, in der sie durch den feuchten Nebel langsam herunter sanken, während sie die Motoren weiter auf voller Fahrt voraus arbeiten ließen. Hacker spürte sein Herz vor lauter Anspannung immer heftiger pochen. Was, wenn er sich doch getäuscht hatte? Angesichts der widrigen äußeren Bedingungen wäre das ja kein Wunder. Aber … was dann?
»Da unten wird es lichter. Wir sind durch! Eine Wiese!« nahm jetzt sogar Bassus die Hände aus der Manteltasche und deutete auf das Gelände unter ihren Füßen, das allmählich klarere Konturen annahm. »Und das da, die beiden Metallstreifen: das ist eine Eisenbahnstrecke.«

»Das müsste die Linie Donaueschingen – Tuttlingen sein«, kommentierte Hacker trocken, während er innerlich jubilierte.

»Da drüben kommt ein Gebäude ins Blickfeld.«

Rasch griff der Steuermann zum Fernglas. Auf der einen Wandseite war ein großes weißes Schild angebracht, auf dem deutlich zu lesen war: »Bahnhof Immendingen«.

Na also!

»Melde gehorsamst, Exzellenz: Bahnhof in Immendingen erreicht!«

Hocherfreut klopfte der Graf seinem braven Steuermann auf die Schultern. »Das haben Sie gut gemacht, Hacker!« Auch der sonst so in sich gekehrte Dürr schürzte anerkennend die Lippen und gab Hacker zu verstehen, wie hoch er dessen Leistung bewertete. Alle drei Männer waren sich auch ohne größere Worte darin einig, welchen Eindruck dieses gewagte Manöver beim Kronprinzen hinterlassen würde. In voller Fahrt waren sie bei dichtestem Nebel und in Eiseskälte tiefer gegangen und hatten Seiner Kaiserlichen Majestät, die sich tatsächlich höchst beeindruckt davon zeigte, bewiesen, wozu ein Luftschiff fähig war. Eine Frage der Ehre! Zeppelin und seine Männer hatten wahrhaft Schneid bewiesen! Eine bessere Werbung für die Sache der Luftschiffe konnte es gar nicht geben. Der Kronprinz würde dieses Erlebnis am ganzen Hof verbreiten.

»Wir sollten wieder höher gehen, Exzellenz«, deutete Hacker auf die beiden links und rechts der Donau aufragenden Höhenzüge, die das Tal in Richtung Geisingen verengten.

»Ballast abwerfen!« kommandierte Zeppelin postwendend. Schon stieg das Luftschiff nach oben, während die Landschaft zu ihren Füßen neuerlich von der rasch wieder dicker werdenden Nebelsuppe verschluckt wurde.

»1040 Meter. So hoch ist kein Berg auf der Baar. Hier sind wir auf Nummer sicher!« Kaum hatte Hacker seine befriedigte Feststellung ausgesprochen, da wurde die Nebelwand schlagartig heller, gerade so, als würde sie von

einem riesenhaften Scheinwerfer bestrahlt. Wenige Sekunden später brachen sie durch den Nebel und segelten nun im gleißenden Sonnenlicht dahin. »Was für ein einmaliges Erlebnis!« rief der Kronprinz begeistert. »Das ist ja unbeschreiblich!«
Zeppelin und Dürr warfen sich vielsagende Blicke zu.
»Dort vorn, sehen Sie, Majestät, da ist Donaueschingen zu erkennen.«
»... und da drüben ist die Eisenbahnlinie, auf der eigentlich bald der Hofzug von Seiner Majestät zu erkennen sein müsste«, ergänzte ein freudestrahlender Freiherr von Bassus. »Wenn ich es richtig in Erinnerung habe, müsste der kaiserliche Zug exakt um diese Uhrzeit in Donaueschingen ankommen.«
»Ja richtig!« Der Kronprinz staunte nicht schlecht, als er mit klammen Fingern seine Taschenuhr aus der Weste zog. »Eigentlich müsste er genau jetzt in Donaueschingen eintreffen. Das ist wirklich eine unfassbare Meisterleistung, Exzellenz, die Sie mit Ihrem Luftschiff da vollbracht haben! Wenn es nur nicht so jämmerlich kalt wäre«, setzte er mit einem gequälten Lächeln noch hinzu und blies warme Atemluft auf seine eiskalten Hände.
»Wir haben immerhin fünf Grad minus«, erläuterte Hacker. »Kein Wunder, denn wir sind ja momentan gut 200 Meter über Donaueschingen, also immerhin 900 Meter über dem Meeresspiegel.«
»Ist schon in Ordnung«, winkte der Kronprinz ab. »Wo der Zug nur bleibt?«
»Wenn es Ihnen recht ist, Majestät, dann werden wir erst einmal eine Schleife über der Stadt fahren. Da können Sie dann auch von oben erkennen, wie verheerend der Stadtbrand am 5. August in Donaueschingen gewütet hat. An diesem wahrhaften Schicksalstag.«
»Das ist eine gute Idee, Exzellenz. In der Tat: was für ein Tag dieser 5. August doch gewesen ist. Und wie Sie dann, buchstäblich wie ein Phönix aus der Asche wieder aufgestiegen sind, das macht Ihnen niemand anderer nach. Auch Ihre

zahlreichen Konkurrenten in Berlin nicht«, setzte er bedeutungsvoll noch hinzu.
»Danke sehr, Kaiserliche Majestät«, antwortete der sichtlich stolze Zeppelin. »Schauen Sie nun einmal hier: jetzt kommen wir gleich über das Schloss der Fürsten von Fürstenberg. Ein herrlicher Park! Und dort drüben im Osten Hoheit – ziemlich am Ende des Schlossparks: das ist der Zusammenfluss von Brigach und Breg. Die Donauquelle.«
»Wunderbar! Ein einmaliges Erlebnis! Ich kann mich nur immerzu wiederholen!«
»Da hinten kommt der Hofzug!«
Tatsächlich! Wie eine schwarze Raupe kroch der kaiserliche Dampfzug auf den Bahnhof von Donaueschingen zu. Die Fahrgäste schienen das Luftschiff bereits entdeckt zu haben. Mit weißen Taschentüchern winkten die hohen Herrschaften dem Zeppelin fröhlich zu.
»Was für ein einmaliges Bild mein Vater gerade zu sehen bekommt. Das müsste auch die letzten Zweifel beim Kaiser ausräumen: Der silberglänzende Riese im Sonnenlicht hoch über ihm am stahlblauen Herbsthimmel. Es wird seinen Eindruck nicht verfehlen.«
»Und dazu noch mit Seiner Kaiserlichen Hoheit hier an Bord. Hacker: wir gehen tiefer.«
Während sie den Hofzug nun in geringerer Höhe passierten, präsentierten sich Zeppelin und sein kaiserlicher Fahrgast an der Gondelwand, zogen ihre Mützen und grüßten militärisch.
Über dem Bahnhof warf der Kronprinz einen Brief an seinen Vater ab, in dem er ihm mit enthusiastischen Worten die ersten Eindrücke seiner Luftfahrt schilderte. Gleichzeitig wurden jetzt auch die Brieftauben aus ihren Käfigen gelassen, die in ganz Deutschland die Nachricht von dem wundervollen Zusammentreffen in Donaueschingen verbreiten würden.
Inzwischen war der Kaiser mit seiner Delegation vor dem Schloss der ehemaligen fürstenbergischen Residenzstadt angekommen: die Parade zu Ehren Seiner Majestät konnte

beginnen, stolz begleitet von dem nicht minder majestätischen Luftschiff, das bei prachtvollstem Kaiserwetter ruhig über den Köpfen der Ehrengäste patroullierte. In strammer Haltung erwies ihnen der Kaiser die Ehre und grüßte hinauf – Graf Zeppelin und der Kronprinz grüßten stolz herab. Dann drehte das Luftschiff ab und nahm Kurs auf Richtung Südosten zum Bodensee, verfolgt von den nach wie vor staunenden Blicken der höchsten Würdenträger des Kaiserreichs. Erst als der kleine, silbrig glänzende Punkt am Horizont völlig verschwunden war, konnte der Empfang des Kaisers durch seinen Verwandten, den Fürsten von Fürstenberg, im Schloss seinen gewohnten Verlauf nehmen.

Erfüllt von tiefster Zufriedenheit steuerten sie zurück zu ihrem Heimathafen. Zum guten Glück war der Nebel auch im Süden inzwischen verschwunden, so dass die Navigation keine Probleme mehr bereitete. Lange Zeit sprach niemand der frierenden Männer in den Gondeln ein Wort. Viel zu stark nahm sie noch dieses wahre Wechselbad der Eindrücke und Gefühle in Beschlag, das sie am heutigen Tag hatten durchleben und erleben dürfen.
Es war gerade 17 Uhr geworden – längst war die Sonne hinter dem Säntis verglüht und Dunkelheit hatte sich über den Bodensee gesenkt – als sich der neben Hacker stehende Kronprinz leise räusperte.
»Das ist wundervoll! Und wie Sie diese Orientierung geschafft haben! Ich nehme an, wir sind exakt auf Kurs, nicht wahr?«
»Sicherlich, Kaiserliche Hoheit! Gerade befinden wir uns über Konstanz. Sehen sie die Lichter dort drüben an Backbord? Die sind vom Schloss auf der Insel Mainau.«
»Schön! Ob ich wohl auch einmal das Steuer übernehmen dürfte?«
Überrascht hob Hacker seinen Kopf und warf dann einen verstohlenen Blick zu Dürr hinüber, der die Frage ebenfalls gehört haben musste. Der Oberingenieur blinzelte kurz

zurück. »Ja, gerne, Kaiserliche Hoheit«, machte Hacker darauf seine Position an den Steuerrädern frei. »Wenn Sie sich zum Navigieren an den Lichtern dort vorne orientieren wollen, Hoheit. Das sind die Lichter von Immenstaad, darauf müssen wir zuhalten.«

Voller Stolz übernahm der Kronprinz den Platz des Steuermanns und lenkte das riesige Schiff problemlos durch den Nachthimmel. »Das ist wunderbar. Das werde ich nie vergessen«, strahlte er über das ganze Gesicht, während Ferdinand von Zeppelin das Geschehen von der Rückwand der Gondel aus mit tiefer Zufriedenheit beobachtete.

»Oh, entschuldigen Sie bitte vielmals, Kaiserliche Hoheit«, ertönte plötzlich ein lauter Ausruf neben dem Steuerrad. Er kam von Hacker, der peinlich berührt seine rechte Hand vor das Gesicht schlug, während er mit der linken Hand weiterhin eine Taschenlampe umklammerte und deren Lichtkegel auf seine Füße richtete. »Ich habe noch gedacht, dass da irgendetwas auf dem Boden herumliegt, auf das ich die ganze Zeit getreten bin. Dabei … dabei waren es Ihre Füße, Kaiserliche Hoheit! Ich … ich wollte Ihnen nicht auf die Füße treten!«

Der Kronprinz machte eine wegwerfende Handbewegung, während er das Steuerrad weiter fest umklammert hielt. »Das macht nichts. Ich bin es gewohnt, dass man mir auf die Füße tritt!«

Kurz nach 18 Uhr lag »LZ 3« wieder ordentlich vertäut in der Schwimmhalle vor Manzell. Beim Ausstieg aus dem Dampfboot, das die Mannschaft wieder zum Hafen nach Friedrichshafen befördert hatte, bedankte sich der nach wie vor glückselig lächelnde Thronfolger mit wärmsten Worten bei Georg Hacker für dessen Bereitschaft, ihm tatsächlich das Steuer des Luftschiffs anvertraut zu haben und wenige Tage später erhielt der Steuermann ein Päckchen, mit einer silbernen Taschenuhr übersandt, in deren Mitte ein großes »W« eingraviert war. Ein weiteres Dankeschön ihres dankbaren Passagiers, der seitdem nicht müde wurde, von den Vorzügen des Luftschiffs zu berichten, das

er im Besein des Grafen Zeppelin eigenhändig habe steuern dürfen.
Zwei Tage später traf bei der »Luftschiffbau Zeppelin« aus Berlin die telegraphische Nachricht ein: »Das Luftschiff ist vom Deutschen Reich übernommen!« Das Wagnis vom 7. November 1908 hatte sich ausgezahlt – im wahrsten Sinn des Wortes.
Und als sich dann auch noch Seine Majestät, Kaiser Wilhelm II., für den 10. November zu einem persönlichen Besuch in Manzell ankündigte, da kannte die Begeisterung keine Grenzen mehr.
»Wie wird das Wetter an diesem Tag sein?« erkundigte sich Zeppelin postwendend bei Professor Hergesell. »Ach – einerlei, wie auch immer es sein wird: wir werden einen Aufstieg durchführen, so oder so! das sind wir dem Kaiser einfach schuldig! Es ist eine gewaltige Ehre für uns alle, wenn uns der Kaiser selbst die Aufwartung macht.«
Das Wetter machte dem Meteorologen keinerlei Sorgen. »Es wird ein schöner Tag sein. Sie brauchen sich diesbezüglich keine Gedanken zu machen, Exzellenz.«

Im Nachhinein betrachtet sollte der 10. November 1908 zu einem Höhepunkt im ereignisreichen Leben des Grafen Ferdinand von Zeppelin geraten. Für die Mittagszeit war der kaiserliche Hofzug aus Donaueschingen angekündigt – ganz Friedrichshafen und die Werkshallen von Manzell präsentierten sich zu Ehren des hohen Besuchs festlich geschmückt. Auch das Dampfschiff stand bereit, von dessen Deck aus der Kaiser auf dem Bodensee den Aufstieg von »LZ 3« in unmittelbarer Nähe würde verfolgen können. Als sachkundiger Begleiter für Seine Majestät war Georg Hacker ausgewählt worden, während dieses Mal sein Kollege Lau das Steuer des Luftschiffs übernehmen sollte.
Direkt vor Manzell, auf freier Strecke, kam der Hofzug zum Stehen und in Begleitung des Fürsten von Fürstenberg schritt der Kaiser durch ein Spalier von jubelnden Bürgern zur Werfthalle hinüber, währenddessen Hacker

die Kaiserstandarte am Fahnenmast des Dampfers hissen ließ.
»Schau mal, wen er mitgebracht hat. Den Kerl kenne ich doch«, raunte der altbewährte Bootsführer Marx seinem Kollegen zu. »Das ist doch dieser Major Groß, der unseren Grafen immer nur schlecht macht und ihn behindert, wo es nur geht!«
»Genau, das ist er«, bestätigte Hacker knurrend. »Aber wir müssen trotzdem freundlich zu ihm sein, denn, ob wir den Kerl nun mögen oder nicht: er ist der verantwortliche Mann in der Luftschifferabteilung im Ministerium. Wir dürfen ihm keinerlei Gelegenheit geben, uns irgendwelche Vorhaltungen machen zu können. Verstanden Marx?«
»Ja, ja, schon gut«, brummelte der treue Weggefährte des Grafen. »Auch wenn ich ihn am liebsten mit Bodenseewasser taufen würde!«
Diese Taufe wurde jedoch einem ganz anderen Teilnehmer zuteil. Wieder einmal war es Zeppelins Neffe, der sprichwörtliche Pechvogel in der Luftschifferbelegschaft, dem ein peinliches Missgeschick unterlief: beim Hinausziehen des Luftschiffs aus der Halle verhedderte er sich mit dem Fuß hoffnungslos in einer Schleppleine und wurde nun kopfüber am Schiffskörper hängend unbarmherzig nach draußen geschleift. All seine hektischen Befreiungsversuche schlugen fehl und noch bevor ihm jemand zu Hilfe kommen konnte, landete der arme Kerl plötzlich klatschend im eiskalten Bodenseewasser.
Der Kaiser amüsierte sich über diese wahrhaft zirkusreife Einlage köstlich und kam lachend an Bord des Dampfers, während der patschnasse »junge Graf« am ganzen Leibe zitternd wieder aus dem See gefischt wurde und sich nach dieser von allerhöchster Stelle beobachteten Peinlichkeit unverzüglich aus dem Staub machte.
Der Aufstieg klappte vorzüglich. Staunend beobachtete der Kaiser die zahlreichen Wendemanöver, die der riesige Schiffskörper wie selbstverständlich und in einer unfassbar eleganten Leichtigkeit direkt über seinem Kopf voll-

führte, wie er mit beeindruckender Geschwindigkeit entschwand, und wie das Luftschiff am Ende der Vorführung majestätisch auf die ruhige Wasserfläche des Bodensees zurück schwebte. Während »LZ 3« danach von den Schleppfloßen wieder zur Schwimmhalle zurück gezogen wurde, steuerte Hacker den Dampfer direkt dort hinüber, um Seiner Majestät damit die Gelegenheit zu geben, auch dieses Manöver aus allernächster Nähe verfolgen zu können. Immerhin handelte es sich ja nunmehr um das erste Zeppelinluftschiff, das vom Militär am gestrigen Tag auf sein Geheiß endlich angekauft worden war!
Kaum in der Halle angelangt, begab sich der Kaiser unverzüglich zu der Gondel, aus der Graf Zeppelin militärisch zu ihm herüber grüßte, beglückwünschte den Grafen herzlich zu der überaus erfolgreichen Vorführung und bedauerte zugleich wortreich, dass er leider nicht persönlich an dieser Fahrt habe teilnehmen können.
»Warum denn eigentlich nicht«, knurrte Marx, »hat wohl ein bisschen Angst gehabt ...« Postwendend wurde das Lästermaul mit einer schneidenden Handbewegung Hackers zum Schweigen gebracht. »Psst! Kein Laut mehr!«
Feierlich schritten Graf Zeppelin und der Kaiser jetzt zur Vorderseite der Halle, wo die zahlreichen Ehrengäste und Berichterstatter bereits auf sie warteten. Zur staunenden Überraschung der Anwesenden trat ein Kammerdiener herbei und präsentierte dem Kaiser eine reich geschmückte Schatulle, aus der Seine Majestät ein orangerotes Seidenband entnahm, an dem ein Orden baumelte.
»Das ist der Schwarze Adlerorden!« entfuhr es einem der Reporter.
»Die höchste Auszeichnung, die ein preußischer Monarch zu vergeben hat!«
»Das ... das ist ja unglaublich! Was für eine Ehre!«
»Still! Ich will hören, was der Kaiser redet!«
Es war auch für Ferdinand von Zeppelin in der Tat kaum zu fassen: Ausgerechnet Kaiser Wilhelm II. ließ ihm die höchste Ehre zuteil werden, die man sich denken konnte.

War das wirklich derselbe Mann, der ihn noch vor gar nicht allzu langer Zeit als »den von allen Süddeutschen Dümmsten« bezeichnet hatte?! Der über den »Narren vom Bodensee« lauthals gelacht und ihm mehr als einmal jedwede finanzielle Unterstützung verweigert hatte.
»Möge es uns allen vergönnt sein, dereinst auch wie Sie froh an unserem Lebensabend sagen zu können, dass es uns gelungen ist, so erfolgreich unserem teuren Vaterlande gedient zu haben!«
Und … was geschah denn jetzt?! Zeppelin vermeinte, zu träumen. Der Kaiser hatte ihn an den Schultern gepackt, zu sich herangezogen und den völlig perplexen Grafen auf beide Wangen geküsst. Und das war immer noch nicht alles: mit fester Stimme beschrieb ihn Seine Majestät jetzt als den »Stolz des Vaterlands«, als »den größten Deutschen dieses Jahrhunderts«! Konnte das alles denn wirklich wahr sein? Ferdinand von Zeppelin blinzelte unsicher in die Menge, die ihm begeistert zujubelte.
Ein prüfender Blick auf die orangene Ordensschärpe, die ihm der Kaiser eigenhändig umgelegt hatte: Ja – es war kein Traum!
Tränen schossen in seine Augen, unfähig, auch nur ein Wort des Dankes zu entgegnen, stand Ferdinand von Zeppelin einfach nur da und kämpfte mit dem trockenen Kloß in seiner Kehle. Es war Hella, die ihn schließlich aus seiner Erstarrung befreite. Jubelnd kam die junge Frau auf ihren Vater zugestürmt und fiel ihm um den Hals. Sichtlich verlegen senkte der Graf den Kopf und starrte auf seine weiße Mütze in der rechten Hand, dann straffte er impulsiv den Rücken, reckte das Kinn nach vorne und bedankte sich mit bebender Stimme für die Gnade, die ihm heute zuteil geworden war. »Und meine lieben Männer mit Ihren gesamten Familien lade ich für morgen Abend zu einem großen Festbankett in das »Deutsche Haus« ein. Kommen Sie bitte alle und bringen Sie auch einen großen Hunger mit!« Seine Luftschiffmannschaft, die mit ihm durch dick und dünn gegangen war, vergaß ein Zeppelin niemals. Stellvertretend

für sie alle präsentierte er den »Schwarzen Adlerorden« an seiner Brust. Es war auch ihre Auszeichnung!
Als weiterer Höhepunkt dieses unglaublichen Tages wurde Ferdinand von Zeppelin die Ehre zuteil, den Kaiser in seinem Hofzug zurück nach Donaueschingen begleiten zu dürfen, wo man den Tag im dortigen Schloss festlich beschließen wollte.
»Hast du gesehen? Der Kaiser hat dem Grafen beim Einstieg in den Zug sogar den Vortritt gelassen. Unglaublich«, schüttelte Marx grinsend den Kopf.
»Ja, so ist das mit den Mächtigen dieser Welt: gestern noch haben sie dich verspottet und verlacht, heute wärmst du dich in der Sonne ihrer Zuneigung – und morgen …«
»… morgen haben wir längst gewonnen. Denn wie der Kaiser vorhin mit diesem Major Groß geredet hat. Also das war schon ein Erlebnis!«
»Wieso?«
Marx grinste über das ganze Gesicht. »Na, stocksteif ist der Kerl vor Seiner Majestät gestanden, die ihn gewaltig zur Brust genommen hat. Ich habe ein bisschen gelauscht und ein paar Worte aufgefangen: »Sie haben nun gesehen, wie es gemacht wird. Also lernen Sie es auch!« Na, wenn diese Zurechtweisung nicht gesessen hat, dann weiß ich auch nicht …«
»Hoffentlich bleibt das so, Marx. Ich würde es unserem Grafen von Herzen wünschen …«
»… und uns allen auch.«
»Ja – uns allen auch!«

«Dieser 10. November 1908 war die Krönung meines Lebensweges, Bella. Was für ein Tag!«
Noch 24 Stunden später hatte sich Ferdinand von Zeppelin kaum von der Aufregung erholt, die ihn seit den unglaublichen Ehrungen des vergangenen Tages geradezu überrollt hatten.
»Ausgerechnet Kaiser Wilhelm II. verleiht mir, dem unbotmäßigen schwäbischen Kavallerieoffizier, der einst auf

Betreiben der Preußen aus der Armee entlassen worden ist, den »Schwarzen Adlerorden«. Ich kann es noch immer kaum fassen!«

»Und ich gönne es dir von ganzem Herzen und freue mich, dass wir das zusammen haben erleben dürfen«, schmiegte sich Isabella von Zeppelin eng an ihren Gatten. »Auch wenn wir beide uns wohl darüber im Klaren sind, dass deine Verehrung als Volksheld und die triumphale Fahrt des Luftschiffs nach Donaueschingen unserem Kaiser gerade höchst willkommen sind, nach all den unglückseligen diplomatischen Affären, die er in den vergangenen Monaten vom Zaun gebrochen hat. Sein Ansehen beim deutschen Volk befindet sich auf dem Tiefpunkt und deshalb sucht er mit einem Mal geradezu deine Nähe. Schlichtweg deshalb, um damit selbst ein bisschen vom Glanz des Grafen Zeppelin abzubekommen.«

»Nun ja, das mag sicherlich auch eine gewisse Rolle gespielt haben«, wiegte Ferdinand seinen Kopf, doch Bella war noch nicht zu Ende mit ihrem Resümee.

»Und dich dann als den größten Deutschen des Jahrhunderts zu bezeichnen, obwohl dieses Jahrhundert doch gerade einmal acht Jahre alt ist, das zeigt mir schon, wie impulsiv und launisch dieser Mann sein kann. Genauso, wie es ihm ja immer nachgesagt wird.«

»Auch in dieser Einschätzung gebe ich dir recht«, pflichtete Zeppelin seiner Ehefrau bei.

»Aber dennoch, glaube es mir, Bella, habe ich einen Tag selten so freudig genießen können, wie diesen Tag der Ordensverleihung. Damit bin ich sozusagen zusätzlich geadelt worden und kein preußischer General, kein Luftschiffbevollmächtigter, niemand wird es mehr wagen, mir die Tür zu weisen, Die Idee der starren Luftschiffe hat sich durchgesetzt und ist von allerhöchster Stelle nachdrücklich bestätigt worden. Und damit«, er blickte Bella ernst und fest in die Augen, »damit ist meine Aufgabe im Großen und Ganzen vollendet. Ich habe folglich allen Grund, mich künftig ein bisschen weiter in den Hintergrund zurück zu ziehen. Das darf mit 70 Lebensjahren durchaus sein – zumal ich über hervorragende Leute verfüge, die geeignet sind, mein Lebenswerk in meinem Sinne fortzuführen.«

»Und das heißt?« überspielte Bella mit ihrer bewusst burschikos formulierten Frage die aufkommende Beklemmung.

»Das heißt, dass ich künftig mehr Zeit haben werde, mich endlich mehr um dich zu kümmern. liebste Bella.«

»Darauf kommst du jetzt, nach 39 Jahren Ehe! Untersteh dich: so, wie wir unser Leben bisher gelebt und gemeistert haben, war es gut. So soll es auch bleiben. Und dass du künftig nur noch als Privatier mit dem Spazierstock unterwegs sein wirst, das glaubst du doch im Ernst selber nicht, Ferdi.«

»Na ja«, wiegte der seinen Kopf. »Nicht ganz – aber ein bisschen schon. Wenn nun demnächst auch offiziell meine »Zeppelin-Stiftung« gegründet sein wird, dann möchte ich mich tatsächlich weiter aus dem Alltagsgeschäft zurückziehen und mir lieber meine Gedanken über die weiteren Wege der Luftfahrt in die Zukunft machen. Ungestört von den tagtäglichen Problemen und Problemchen – und dennoch eng genug verbunden mit meinen Männern und mit meinen Luftschiffen.«

»Dann bin ich ja wieder beruhigt«, lachte Bella fröhlich. »Und überdies steht uns bald ein ganz anderer wichtiger Termin ins Haus …«

Ferdinand rieb sich nachdenklich die Stirn. »Ein anderer wichtiger Termin? Ich komme nicht darauf. Was soll es denn sein?«

In gespielter Entrüstung schlug Bella die Hände über dem Kopf zusammen. »Was für ein Rabenvater! Vergisst selbst den Hochzeitstermin seiner Tochter. Seines einzigen Kindes wohlgemerkt!«

»Ach, die Hochzeit! Natürlich! Nie und nimmer werde ich die vergessen! Wo es mir doch eine ganz besondere Freude ist, unsere liebe Tochter in besten Händen zu wissen. Das wird eine wunderbare Feier geben, das kann ich dir jetzt schon fest versprechen. Und ich werde persönlich dafür Sorge tragen, dass sich unsere Hella immer mit größter Freude an diesen Festtag zurückerinnern wird!«

Am 19. Februar 1909 fand in Stuttgart die Hochzeit der Komtesse Helena Amalie »Hella« von Zeppelin mit Alexander Graf von Brandenstein statt, der seinen Dienst als Oberleutnant im 1. Ulanenregiment König Karl Nr. 19 versah, demselben Regiment, das einst schon Zeppelin als Oberst befehligt hatte. Ihr einziges Kind begründete nun also einen eigenen Hausstand. Auf allerhöchste Bewilligung des Königs von Württemberg erhielt das frisch vermählte Ehepaar die Erlaubnis, künftig den Familiennamen »Brandenstein-Zeppelin« führen zu dürfen, »wodurch sichergestellt ist, dass der weltberühmt gewordene Name Zeppelin nicht ausstirbt«, wie der König zufrieden konstatierte.

In Manzell ging es derweil mit Hochdruck an die neuen Aufgaben: mit »LZ 5« wurde am 26. Mai der neueste »Zeppelin« fertiggestellt, jetzt also erstmals unter der Regie des neuen Geschäftsführers Alfred Colsman, während Graf Zeppelin selbst und sein enger Mitarbeiter Hugo Eckener die Geschicke des gesamten Unternehmens über die »Zeppelin – Stiftung« aus dem Hintergrund weiter umsichtig in den Händen behielten. Das Interesse, das in ganz Deutschland dem neuen Schiff entgegen gebracht wurde, war riesig, denn immerhin handelte es sich dabei um den ersten Neubau seit der Katastrophe von Echterdingen (die triumphalen Oktober- und Novemberfahrten des generalüberholten »LZ 3« durften dabei ja eigentlich nicht mitgezählt werden). Zwar waren ihre umfangreichen Erkenntnisse aus den zurückliegenden Fahrten in den Neubau mit eingeflossen, doch trotzdem handelte es sich bei »LZ 5«, sehr zum Bedauern von Zeppelin, im Grunde genommen um genau dasselbe Schiff, wie schon das in Flammen aufgegangene »LZ 4«. Sowohl die Dimensionen, wie auch die Aufnahmekapazität des Wasserstoffs entsprachen dem alten Vorbild – »und leider auch die Motoren, denn so schnell können die Maybachs mit ihrer neuen Produktionsstätte noch keinen verlässlichen neuen, deutlich stärkeren Motor liefern. Aber das wird schon noch kommen«, gab sich der Graf zuversichtlich. »Und wir müssen schon bald diesen neuen Typ zustande bekommen, denn die Konkurrenz ist nicht nur wachsam, sie hat es mit ihren ganz besonderen Verbindungen wieder einmal geschafft, die preußischen Beamten erneut für sich zu gewinnen.«

»Sie meinen Groß, nicht wahr, Exzellenz?«

»Leider nicht nur den. Ebenso ist es der Major von Parseval mit seinem Ballon und, das finde ich besonders erstaunlich, auch das geplante »Schütte-Lanz«-Luftschiff soll nach allem, was ich höre, vom Kriegsministerium angekauft werden. Darüber haben mich meine Gewährsleute bei Daimler informiert: man plant nämlich, dieses Luftschiff mit zwei Achtzylindermotoren mit jeweils 270 Pferdestärken auszustatten.«

»Zwei Mal 270 PS!« entfuhr es Eckener. »Solche Motoren gibt es doch noch gar nicht!«

»Es wird sie bald geben – umso wichtiger ist es deshalb, dass wir die beiden Maybachs nach Kräften beim Aufbau ihrer Motorenproduktion unterstützen. Das wäre ja noch schöner, wenn ausgerechnet der Lanz mit seiner Steinzeittechnik die Nase vorn hätte, nur weil er über die stärkeren Motoren verfügt.«

In der Tat handelte es sich bei dem Luftschiff, das der Mannheimer Großindustrielle Heinrich Lanz nach den Plänen des Danziger Professors Johann Schütte mit einem Rahmen aus Holz versehen anstelle der Aluminiumträger gerade in einer Schiffswerft im Mannheimer Stadtteil Rheinau bauen ließ, um eine durchaus unangenehme Konkurrenz – zumal Zeppelins Gegenspieler in den preußischen Behörden hierin eine willkommene Gelegenheit beim Schopf ergriffen, bei der Auftragsvergabe für die

Luftschiffe nicht nur auf den alten Grafen am Bodensee angewiesen zu sein. »So können sie mich wunderbar gegen die anderen Herrschaften ausspielen, egal wie rückständig die »Schütte-Lanz«-Technik in Wahrheit auch sein mag. Ich frage mich ja wirklich, weshalb sich der bekanntlich äußerst vermögende Herr Lanz in den vergangenen Jahren nicht maßgeblich bei uns in Manzell beteiligt hat. Wir hätten das Geld ja wirklich gut gebrauchen können. Stattdessen lässt er uns die ganzen teuren Entwicklungsarbeiten machen und gibt dann einem anderen den Auftrag für ein Luftschiff, das sogar zu einer ernsthaften Konkurrenz für uns zu werden droht. Nein«, der Graf schüttelte traurig seinen Kopf, »manchmal bin ich diese ewigen Kämpfe wirklich leid. Immerzu wieder von Neuem unter Beweis stellen zu müssen, was wir können und sich ständig mit Zweiflern, Neidern und Intriganten herumschlagen zu müssen, das geht mir ganz allmählich schon an die Nieren …«

»Das darf aber nicht sein, Exzellenz! Das haben Sie wahrlich nicht verdient!« Eckener war aufgesprungen und ballte aufgeregt die Fäuste. »Das werde ich nicht zulassen, dass man Ihnen derart zusetzt! Sie sind, das Idol des ganzen Volkes – und Sie werden es bleiben, Exzellenz! Dafür werde ich Sorge tragen! Ich werde sämtliche Zeitungen im Reich mit meinen Berichten über den Fortgang der Arbeiten an unserem neuen Luftschiff geradezu überschütten. Die Zeitungen werden voll sein mit großen Schlagzeilen über den baldigen Aufstieg des neuen »LZ 5« – das Wunder von Echterdingen wird seine Fortsetzung erfahren! Sie können sich diesbezüglich ganz auf mich verlassen, Exzellenz. Und, das werde ich mit Ihrer Genehmigung auch noch tun: ich werde die Berichterstatter alle persönlich nach Friedrichshafen einladen, damit sie mit ihren eigenen Augen den Aufstieg erleben können. Die Kosten dafür werden wir hundertfach wieder zurückbekommen, da bin ich mir ganz sicher.«

Und so machte sich der talentierte Journalist Eckener unverzüglich ans Werk, um den Ruhm des Grafen Zeppelin

und seiner Luftschiffe für alle Zeiten und in jedem noch so entfernten Winkel von Deutschland zu zementieren. Der Erfolg sollte ihm recht geben.
Tatsächlich waren im späten Frühjahr des Jahres 1909 aus allen Teilen des Reiches die Berichterstatter in Friedrichshafen eingetroffen, um den Aufstieg des neuen Luftschiffs mit umfangreichen Berichten zu würdigen. Zahlreiche Zeitungen erschienen sogar mit mehreren Extraausgaben hintereinander und lösten damit in Deutschland eine ähnlich gewaltige Zeppelinhysterie aus, wie im vergangenen Jahr anlässlich der dank Hugo Eckener längst zur Legende gewordenen Dauerfahrt vom 4. und 5. August 1908.

Am 29. Mai 1909 verabschiedete sich das neue Schiff vor einer fast unüberschaubaren Jubelkulisse aus Friedrichshafen und nahm sofort Kurs in Richtung Norden. In Minutenabständen klapperten seitdem die Telegraphen: kein Kilometer dieser neuerlichen Triumphfahrt des Grafen Zeppelin sollte nicht dokumentiert sein. Immer weiter schob sich »LZ 5« mit seiner von den Ingenieuren errechneten Spitzengeschwindigkeit von 43 Stundenkilometern in die Mitte von Deutschland – der Kurs des Navigators mochte dabei inzwischen eher auf Nordosten ausgerichtet sein. Das Ziel der Fahrt blieb nach wie vor im Dunkeln – weder der Graf Zeppelin und erst recht nicht einer seiner engsten Mitarbeiter hatten sich zu ihren konkreten Absichten geäußert. Doch im Grunde genommen war bald jedermann klar, wohin die Reise gehen würde: nach Berlin natürlich! Genau so, wie es sich gehörte: der Graf machte mit dem neuen Luftschiff seinem obersten Kriegsherren die Aufwartung und bedankte sich bei dieser Gelegenheit nun auch in der deutschen Hauptstadt vor aller Augen für die Verleihung des »Schwarzen Adlerordens«.
Kaum hatte diese sensationelle Nachricht in Berlin die Runde gemacht, strömten Zigtausende hinaus aufs Tempelhofer Feld, wo die Landung erwartet wurde. Selbst der kaiserliche Hof hatte sich von der Zeppelinbegeisterung

anstecken lassen: Kaiser und Kaiserin mitsamt den Söhnen, der Tochter, Enkelinnen und Enkeln eilten nach Tempelhof, um dem Luftschiff und seiner tapferen Besatzung einen triumphalen Empfang zu bereiten. Hatten zu Beginn der erwartungsfrohen Feierlichkeit noch ausgelassenes Gelächter, Fröhlichkeit und Spannung geherrscht, wich diese Stimmungslage im Verlauf der folgenden Stunden einer nervösen Unruhe, in die sich erste Fragezeichen mischten. »Wer hat denn eigentlich behauptet, dass der Zeppelin überhaupt in Berlin landen wird?«

»Das wird heute nichts mehr!«

»Jetzt wartet halt erst einmal ab: er wird schon noch kommen!«

Doch der »Zeppelin« kam nicht – der Graf hatte dies auch niemals im Sinn gehabt, sondern vielmehr über Bitterfeld, also gut und gerne 150 Kilometer südwestlich von Berlin, das Kommando zur Umkehr gegeben. Völlig ahnungslos machten sich Zeppelin und seine Männer an die Heimfahrt, als in Berlin die Nachricht von der Kehrtwende des Luftschiffs wie eine Bombe einschlug. Außer sich vor zornbebender Empörung ließ der düpierte Kaiser sofort ein Telegramm nach Friedrichshafen schicken, in dem er seinem Unmut mit ähnlich drastischen Worten Geltung verschaffte, wie dies auch die unübersehbare Masse von maßlos enttäuschten Berlinern schon an Ort und Stelle tat.

Während also in Berlin die Volksseele kochte, zeigten sich Zeppelin und seine Mannschaft vom Verlauf der Dauerfahrt höchst zufrieden: »Wenn alles planmäßig weitergeht, werden wir am Ende beinahe 1200 Kilometer zurückgelegt haben und waren dabei insgesamt mehr als 39 Stunden in der Luft! Das ist ein weiterer Beweis für die Zuverlässigkeit unseres Schiffes. Ich werde mich nun kurz zum Schlafen niederlegen. Übernehmen Sie bitte das Steuer, Dürr!«

Während es der Graf tatsächlich schaffte, die Augen zu schließen, steuerte Ludwig Dürr das Luftschiff weiter sicher durch den Himmel. Stundenlang. »Ich denke, wir sollten in Göppingen herunter gehen und neues Benzin

aufnehmen«, meldete sich schließlich Bassus zu Wort, der gerade den Füllstand der Benzinfässer in einen kritischen Augenschein genommen hatte. »Bis Friedrichshafen könnte es ansonsten knapp werden.«
»Einverstanden«, murmelte Dürr, dem allmählich vor Müdigkeit die Augen zufielen. »Ganz langsam tiefer gehen«, ordnete er einen vorsichtigen Sinkflug ihres Luftschiffes an. Die Landung gestaltete sich jedoch wesentlich schwieriger als erwartet. Zunächst hatte der völlig übermüdete Dürr zu spät das Kommando zur Landung auf einer geeigneten Wiese erteilt, wodurch sie zwangsläufig über die Stadt hinweg auf das linke Ufer der Fils zugetrieben waren. Dahinter jedoch stieg das Gelände wieder deutlich an. »Ballast abwerfen! Schnell!« schrie Dürr noch, dann krachten sie mit der Spitze ihres Schiffs bereits in einen Birnbaum kurz vor dem Ort Jebenhausen. Die Männer wagten nicht zu atmen. Wieder eine Kollision mit einem Obstbaum. Sollte sich das Schauspiel der Katastrophe von Echterdingen nun also in Göppingen wiederholen?
Nichts dergleichen geschah. Gott sei Dank! »Die Anker abwerfen, Halteleinen ausbringen«, wies der schlagartig wieder hellwache Dürr seine Mannschaft an.
Wie sich schließlich herausstellen sollte, war der Unfall mehr als glimpflich verlaufen. Keine einzige Gaszelle war beschädigt worden, das Schiff hing locker in der Krone des Baumes, keine dramatische Wetterverschlechterung war zu befürchten. Lediglich das Aluminiumgestänge an der Bugspitze war verbogen, die Baumwollhülle vorne eingerissen. Dürr wusste sich sogleich zu helfen. »Dort hinten an der Scheune. Die Dachlatten, die da lagern!« deutete er zu einem Acker hinüber. »Die dürften lang genug sein, die können wir zur Reparatur gut brauchen. Soll einer ins Dorf laufen und sich bei den Bauern erkundigen, wem die Scheune gehört. Wir kaufen ihm die Latten ab und zahlen ihm auch für den Schaden am Birnbaum und auf seinem Feld einen guten Preis!«

Auf diese unkonventionelle Weise war der Defekt zumindest provisorisch rasch behoben, die Dachlatten von der Jebenhausener Scheune anstelle der Aluminiumträger als neues Gerüst für den Bug zusammengebunden, die Hülle notdürftig geflickt und einigermaßen fest verschnürt: somit konnte die Fahrt wieder aufgenommen werden. Im Volksmund sollte sich hinterher in Friedrichshafen hartnäckig die Behauptung halten, man habe keine Dachlatten, sondern Hopfenstangen zur Behebung des Schadens verwendet. Ein Gerücht, das sich schon bald – so falsch es auch war – als unausrottbar erweisen sollte. Und damit galt rund 100 Jahre später die Mär von den Hopfenstangen längst als erzählte »Tatsache«, die man gerne für bare Münze nahm. Aber einerlei: Hauptsache, die Reparatur war damals dank der Holzstangen geglückt, so dass »LZ 5« ohne weitere Beeinträchtigungen am 2. Juni 1909, begleitet vom Begrüßungsjubel der Zaungäste in Friedrichshafen sicher auf der Wasserfläche vor Manzell niederging: nach ganz genau 38 Stunden und 40 Minuten, die sie bei ihrer Rekordfahrt in der Luft verbracht hatten.
Natürlich war es dem peniblen Dürr entsetzlich peinlich, dass ausgerechnet ihm dieses Missgeschick unterlaufen war, aber die Aufregung um das erboste Telegramm des Kaisers lenkte die Aufmerksamkeit schon bald einzig auf dieses andere Thema. »Mit knapper Not einer neuen Katastrophe entgangen, dafür aber in der Gunst des Kaisers schon wieder ins Bodenlose gesunken«, schüttelte Zeppelin beim Lesen des galligen Depescheninhalts einigermaßen fassungslos den Kopf.
Nachdem er dem Kaiser jedoch in einem sofort versandten Antworttelegramm versicherte, dass eine öffentliche Brüskierung Seiner Majestät genauso wenig in seiner Absicht gestanden habe, wie überhaupt eine Fahrt nach Berlin von ihm in Erwägung gezogen worden sei, er zur Wiedergutmachung aber anbiete, das nagelneue Schwesterschiff »LZ 6« sofort nach seiner Fertigstellung, also hoffentlich noch im August, bei der ersten Erprobungsfahrt gleich vor der

kaiserlichen Familie zu präsentieren, war der Burgfriede zwischen Berlin und Friedrichshafen bald wieder hergestellt.

Schon am 25. August 1909 verließ das neue Luftschiff die Montagehalle in Manzell und unverzüglich begab man sich auf die – dieses Mal rechtzeitig angekündigte – Fahrt nach Berlin. Und dies, ohne zuvor noch ausführliche Testfahrten durchgeführt zu haben. Ein sträflicher Leitsinn, der beinahe ins Auge gegangen wäre! Noch Monate später schüttelte Zeppelin ungläubig seinen Kopf, wenn er daran zurückdachte, zu welch überhasteter Aktion er sich hatte überreden lassen. Um ein Haar hätte sich eine neue Katastrophe ereignet – und diese hätte dann das sichere Ende bedeutet. »Gestern noch ganz oben, heute so nahe am Abgrund! Das wird mir für mein restliches Leben eine eindringliche Lehre sein. Nie wieder soll mir solch ein Leichtsinn widerfahren!«
Vor allem der neuartige Stahlbandantrieb hatte schon in der Montagehalle für manches Kopfzerbrechen gesorgt und dennoch war, nicht unbedingt zur Freude von Oberingenieur Dürr, entschieden worden, das »minimale Risiko« einzugehen und »LZ 6« ohne weitere Erprobungsflüge sofort auf die Reise nach Berlin zu schicken. Das Kalkül ging zunächst auf, und das, obwohl sich unterwegs ein Propeller aus seiner Verankerung löste und verloren ging. Die Monteure hatten an Ort und Stelle einen neuen Propeller anbringen können: eine höchst respektable Leistung dieser Männer. Somit glückte es Zeppelin und seiner Mannschaft also doch noch, ihr Luftschiff zum angekündigten Zeitpunkt am Himmel über Berlin erscheinen zu lassen und sich direkt über den Häuptern der kaiserlichen Familie, sowie des gesamten Hofstaates und den begeisterten Berlinern zu präsentieren. Mit einem wahren Jubelsturm wurde der Graf empfangen, als er vom Kaiser persönlich auf den Balkon des Schlosses geführt wurde, um hier die Ovationen entgegenzunehmen. Der Kaiser zeigte

sich – wieder einmal – tief beeindruckt: sowohl von dem imposanten Anblick, den das über seinen Kopf hinwegschwebende Luftschiff bei ihm hinterlassen hatte, als auch von der beinahe schon abgöttischen Verehrung, die Zeppelin von der Bevölkerung entgegengebracht wurde. Die Verstimmung vom Frühjahr war wie weggeblasen, wieder einmal herrschte eitel Sonnenschein, »... und wenn es einen noch höheren Orden in Preußen geben würde, dann hätte mich Seine Majestät höchstwahrscheinlich auch damit noch dekoriert«, resümierte Zeppelin am Abend nach dem triumphalen Empfang.

Die Rückfahrt hätte jedoch beinahe in einer Katastrophe geendet: bereits drei Stunden nach ihrem Abschied aus Berlin hatte sich über der Ortschaft Bülzig in der Nähe von Wittenberg wieder ein Propeller gelöst! Dieses Mal war er jedoch nicht einfach abgefallen, sondern hatte zunächst die Hülle aufgeschlitzt und dann sogar noch eine Gaszelle durchschnitten! Wie durch ein Wunder war es dabei nicht wie seinerzeit in Echterdingen zu einer statischen Entladung gekommen! Der hochentzündliche Wasserstoff war lediglich zischend aus der Gummizelle geströmt, aber Gott sei Dank besaß das Fluggas ja die Eigenschaft, nach oben zu steigen! »Motoren Halt. Sofort!« Die anschließende Notlandung klappte problemlos – genau wie in Echterdingen. Wieder strömten die Menschen in Massen auf das Luftschiff zu, während eine Kompanie Soldaten aus Wittenberg für dessen Sicherung sorgte und die Zaungäste auf Distanz hielt.

Und jetzt das!

»Exzellenz! Sehen sie nur!«

Zeppelin vermeinte, seinen Augen nicht trauen zu können. Dort hinten am Horizont näherte sich ihnen mit hoher Geschwindigkeit eine dunkle Wolkenwand! Ein Gewitter! Sollte sich die Geschichte ein Jahr später wiederholen?! »Die Erdbohrer überprüfen! Zusätzliche Pflöcke einschlagen! Weitere Soldaten an die Halteleinen! Den Bug genau in Windrichtung ausrichten!« brüllte Dürr mit sich überschlagender Stimme. Kaum waren die Soldaten der Anweisung nachgekommen, da brach es auch schon über sie herein: mit genau derselben brachialen Gewalt, wie bei der Katastrophe von Echterdingen fegte der Sturm über den Boden und prallte auf den Luftschiffkörper. Doch dieses Mal hielten die Verankerungen in der Erde dem Angriff stand, so dass es den Soldaten mit verbissener Anstrengung gelang, das Luftschiff mit seinem Bug direkt in die Windrichtung zu zerren. Jetzt war es sogar hilfreich, dass aus der beschädigten Gaszelle Wasserstoff ausgetreten war, denn damit besaß das Schiff viel weniger Auftrieb, als seinerzeit in Echterdingen.

Keine zwei Minuten vergingen – es schien ihnen allen wie eine halbe Ewigkeit – dann flaute der Sturm bereits wieder ab. Das Schlimmste war überstanden, ihr Schiff war heil geblieben: die Geschichte hatte sich nicht wiederholt! Mit knapper Not waren sie einem Inferno entgangen.

Wenige Stunden später konnte die Rückfahrt nach Manzell fortgesetzt werden – und als sich seinen müden Augen endlich wieder die Silhouette des Bodensees präsentierte, faltete der alte Graf ergriffen die Hände und sprach ein leises Dankgebet.

Nie wieder würde er sich zu einer derart leichtsinnigen Handlungsweise hinreißen lassen, wie bei dieser (im wahrsten Sinn des Wortes) beinahe letzten Fahrt!

In Friedrichshafen angekommen, überreichte ihm Uhland die ersten Zeitungen mit den riesigen Schlagzeilen von der umjubelten Berlinfahrt. Zeppelin legte sie achtlos zur Seite und fischte aus dem zweiten Stapel einen unscheinbaren Brief. Er war in Frankfurt abgeschickt worden und mit der Absenderangabe »Jakob Jacky« versehen. Sofort hellte sich seine Miene auf: »Jakob Jacky. Wie schön!«

Mit vor Rührung glitzernden Augen überflog er die wenigen Zeilen, in denen ihm Jacky noch einmal seinen herzlichsten Dank dafür aussprach, Anfang August aus Anlass seines 53. Geburtstags vom Grafen zur Internationalen

Luftfahrtausstellung in Frankfurt eingeladen worden zu sein und dass er sogar in die Gondel des Luftschiffs »LZ 5« habe steigen und sich auch noch neben Graf Zeppelin fotografieren lassen dürfen, das sei »das schönste Geburtstagsgeschenk meines Lebens« gewesen. Zeppelin hatte ihm das Foto rahmen lassen und neulich zugesandt – mitsamt der Aufschrift »meinem einstigen kleinen Führer von 1870«. Tatsächlich hatten die beiden Männer, die beim Kriegsausbruch 1870 auf so schicksalhafte Weise zusammengetroffen waren, schon vor einigen Jahren brieflichen Kontakt miteinander aufgenommen, nachdem Jacky in der Zeitung vom Grafen Zeppelin gelesen hatte, von dem er richtig vermutete, es handele sich um den tollkühnen deutschen Kavallerieoffizier von einst. Einige Male hatten sie sich geschrieben – und schließlich hatte Zeppelin ihn als seinen persönlichen Ehrengast zur Luftfahrtausstellung eingeladen, »ein Tag, den ich niemals mehr vergessen werde, Exzellenz!«

»Wie schön«, lächelte der Graf zufrieden und zeigte seiner Bella anschließend das Schreiben. »Mit so kleinen Gesten kann man einem Menschen eine so große Freude machen.«

»Genau das ist es, was du künftig getrost ein bisschen mehr genießen solltest, mein lieber Männi«, merkte Bella mit ernster Miene an, »schließlich bist du mit 71 Jahren ja wirklich kein junger Springinsfeld mehr, der sich jedem Abenteuer aussetzen muss, nur weil er immerzu meint, seinen Neidern etwas beweisen zu müssen. Eigentlich,« sie bedachte ihren Mann mit einem tiefen Blick, »eigentlich wolltest du dich doch etwas mehr aus der Öffentlichkeit zurück ziehen, hast du selbst doch im vergangenen Winter noch gesagt …«

»Das werde ich nun wirklich wahr machen! Die Ereignisse auf der Rückfahrt werden mir eine Lehre sein.«

Tatsächlich machte Zeppelin seine Ankündigung wahr und überließ die weiteren Aktivitäten mehr und mehr Alfred Colsman und Hugo Eckener. Mit deutlicher Skepsis registrierte er die Tatsache, dass Colsman im November 1909 mit Unterstützung zahlreicher deutscher Oberbürgermeister die »Deutsche Luftschifffahrts AG« kurz »DELAG« gegründet hatte, die künftig einen regelmäßigen Passagierbetrieb zwischen den großen deutschen Städten aufnehmen sollte. »Das kann ich mir nicht vorstellen, dass ein solches Unternehmen auf Dauer profitabel zu führen sein wird. Erst recht, nachdem sich ja Banken, Privatleute und Städte mit drei Millionen Mark daran beteiligen – ein derart unterschiedlich zusammengesetzter Aufsichtsrat kann doch eigentlich gar nie in dieselbe Richtung argumentieren. Ich kann ja verstehen, dass Colsman anderweitig expandieren will, solange die Neigung des Militärs, weitere Aufträge für unsere Luftschiffe zu vergeben, kaum vorhanden ist. Aber wenn es dumm läuft, dann kann es sogar passieren, dass diese »DELAG« sich vor lauter widerstreitenden Interessen selbst blockiert«, knurrte er – hielt sich aber zu Bellas Erstaunen dennoch an sein Versprechen, persönlich nicht mehr in vorderster Linie zu agieren.

Weiterhin verfolgte er die Aktivitäten der »DELAG« mit kritischem Interesse. Zunächst hatte die neue Gesellschaft das in Bülzig beinahe in Flammen aufgegangene »LZ 6« angekauft und in Manzell mit einem dritten Motor ausrüsten lassen. Zahlreiche Fahrten mit über alle Maßen begeisterten – und zahlungskräftigen – Passagieren wurden damit erfolgreich absolviert.

»Du scheinst nicht ganz recht behalten zu haben, was die Rentabilität der »DELAG« angeht, nicht wahr Ferdi«, erkundigte sich Bella, als Ferdinand eines Abends von einer Unterredung mit Colsman und Eckener nachdenklich zurückkam.

»Nun ja, es scheint momentan zumindest so, dass die Rechnung doch aufgehen könnte –immerhin ergehen neue Aufträge zum Bau von Luftschiffen an unsere Werft in Manzell. Das ist ja das Wichtigste, dass es dort weitergeht. Und irgendwann wird dann auch die Militärverwaltung wieder kommen und neue Schiffe ordern. Schon allein aus diesem Grund müssen wir die Beschäftigung in Manzell aufrecht erhalten. Für die Zeit der notwendigen Überbrückung gebe ich Colsman mit seiner »DELAG« – Idee also durchaus recht.«

»Aber wenn ich das richtig sehe, bewegst du gerade ganz andere Dinge im Herzen?«

Verblüfft wandte sich Ferdinand um. »Woher weißt du denn das schon wieder?«

»Weil man es dir an der Nasenspitze ansieht – und weil du schlichtweg nicht der Mensch bist, der untätig zu Hause sitzen kann und keine neuen Herausforderungen sucht. Also, was ist es, was dich umtreibt?«

Selbst Bella staunte nun allerdings nicht schlecht über die neuen Pläne ihres Ehemanns. Schon im Frühjahr war Zeppelin von seinem langjährigen Wegbegleiter Hergesell zu einem Vortrag nach Frankfurt gebeten worden, bei dem ein junger Mann mit Namen Theodor Lerner über seine Erfahrungen auf einer Polarexpedition referierte. Voller Staunen und mit wachsender Faszination erfuhr das Publikum von den weiteren Planungen Lerners für die nächsten Jahre: eine Überwinterung in Spitzbergen – zusammen mit seiner Ehefrau – wollte er beispielsweise bewältigen, ebenso wollte er den Nordpol mit einem Luftschiff überqueren, wofür es sogar schon einen Vorvertrag mit dem Luftschiffbauer August von Parseval geben würde. Allein die Namensnennung seines Konkurrenten elektrisierte Zeppelin sofort, ohnehin hatte er sich schon zu Beginn des Vortrags äußerst interessiert an den Polarplänen gezeigt.

Kurzerhand nahmen Zeppelin und der Meteorologe Kontakt mit Lerner auf und beschlossen unverzüglich die Durchführung einer eigenen Polarfahrt. Einzige Bedingung: Lerner müsse freilich seinen Vertrag mit Parseval kündigen. Dies geschah postwendend und somit wurde Theodor Lerner zum Generalsekretär der »Deutschen Arktischen Luftschiffexpedition« bestimmt, die unter Führung des Grafen Zeppelin sobald wie möglich, voraus-

sichtlich aber spätestens im Sommer 1910, stattfinden sollte. Lerner erhielt den Auftrag, alles dafür Notwendige sorgfältig vorzubereiten.
Schon nach wenigen Monaten gab es jedoch die ersten Meinungsverschiedenheiten zwischen den ungleichen Polarforschern und im Frühjahr 1910 kam es schließlich zum Eklat: der mit Lerners Vorarbeiten höchst unzufriedene Zeppelin entließ seinen Generalsekretär und begründete die Entlassung zusätzlich mit verschiedensten Mitteilungen über die äußerst zweifelhafte Vergangenheit des Polarforschers. Der Aufforderung Lerners, Namen zu nennen, um die Verleumder direkt zur Rede stellen zu können, kam der Graf jedoch nicht nach. Die Auseinandersetzung nahm an Schärfe zu und wurde mit allerhärtesten Bandagen geführt, so dass sich Zeppelin schließlich genötigt sah, Lerner zum Duell zu fordern! Beinahe wäre es auch soweit gekommen, wenn nicht eine Ehrenkommission im Hinblick auf das Alters des Grafen (beinahe 72 Jahre!) das Duell mit der Begründung verweigerte, Lerner sei tatsächlich Unrecht widerfahren. Zeppelin nahm daraufhin alle Schuld auf sich und entschädigte ihn finanziell.
Sein Vorhaben einer Polüberquerung behielt er dennoch weiter fest im Blick. Im Sommer 1910 brach der Graf, begleitet von Professor Hergesell, deshalb mit dem Dampfer »Mainz« von Hamburg aus zu einer Erkundungsreise nach Spitzbergen auf, um die Möglichkeiten der Polarfahrt mit dem Zeppelin zu untersuchen. In Hamburg sollte das Polar-Luftschiff aufsteigen und das bedeutete, dass in Spitzbergen ein geeigneter Ort für die Zwischenlandung gefunden werden musste. Eine sichere Stelle, an der man Wasserstoff- und Benzinvorräte lagern konnte, was sich nicht zuletzt wegen der eisigen Kälte und den oftmals heftigen Wetterumschwüngen in Spitzbergen als wesentlich schwieriger erwies, als dies von Lerner bislang geschildert worden war. Am Ende ihrer Expedition blieb den ernüchterten Teilnehmern nur die einhellige Schlussfolgerung, dass der Nordpol mit den gegenwärtigen technischen

Möglichkeiten eines Luftschiffs nicht erreicht werden konnte. »Noch nicht«, konstatierte Zeppelin trocken. »Warten wir noch einige Jahre ab – dann sehen wir hoffentlich weiter. Ich würde es gerne noch selbst erleben.«

Andere faszinierende Herausforderungen ließen das Vorhaben mit der Polüberquerung zunächst in den Hintergrund treten. Beispielsweise galt es zu untersuchen, inwieweit es möglich wäre, mit einem von Grund auf ganz neu zu konstruierenden Luftschiff bis nach Amerika zu gelangen. Die ersten Entwürfe, die Zeppelins eigens für dieses Vorhaben eingestellter Statiker mit Namen Claude Dornier präsentierte, klangen jedenfalls recht vielversprechend. Doch nach einer eingehenderen Überprüfung kam die Ernüchterung: auch hier setzte der momentane Stand der Technik dem Vorhaben klare Grenzen. »Noch ist es wohl nicht zu machen – in zehn Jahren vielleicht schon«, musste er sich eingestehen.

Weiterführende Planungen in dieser Richtung wurden vom Ausbruch des Weltkriegs durchkreuzt. Dutzendfach trafen nun Aufträge zum Bau neuer Luftschiffe aus dem Kriegsministerium ein. Plötzlich hatten auch die Generäle erkannt, was ihnen Zeppelin schon vor vielen Jahren vergeblich versucht hatte, zu verdeutlichen. »Wer die Lufthoheit besitzt, wird auch den Krieg gewinnen!«

Zusätzlich waren die Luftschiffe inzwischen leistungsfähig genug, um sogar Bomben zu transportieren. In den beiden ersten Jahren des Krieges verbreiteten sie über London damit Angst und Schrecken, bis sich dann die wesentlich wendigeren Flugzeuge gegen die trägen Zeppeline durchsetzten, die spätestens in der zweiten Hälfte des Krieges ihre Bedeutung völlig verloren. Zeppelins einstige Überzeugung war durch eine neue Technik überholt worden und der greise Konstrukteur verschloss vor dieser Erkenntnis keineswegs die Augen. Wiederum stellte er sich – jetzt immerhin schon 77-jährig – neuen Herausforderungen: »Nach dem Krieg werden die Luftschiffe in eine neue Ära eintreten. Ihre Zukunft liegt eindeutig im Interkontinentalverkehr mit Passagieren. Vor allem im Hinblick auf ein angenehmes Reisen und die große Zahl seiner Gäste wird auf absehbare Zeit kein Flugzeug mit einem Luftschiff konkurrieren können. Was freilich nicht heißt, dass wir uns nicht auch der Aufgabe stellen müssen, ein Flugzeug zu bauen, mit dem es ebenfalls möglich sein soll, bis nach Amerika zu gelangen! Und auf dem Wasser muss es natürlich auch landen können.«

Für die Luftschiffe würden sich andere Möglichkeiten eröffnen.

Das sagte ausgerechnet Zeppelin! Der Mann, der Zeit seines Lebens »Leichter als Luft«, das Prinzip der Luftschiffe mit jeder Faser seines Herzens vertreten hatte, war umgeschwenkt und hatte erkannt, dass sich dank der neuen, gewaltig stärkeren Motoren am Himmel etwas Neues ereignen würde: »Schwerer als Luft« – diesem Grundsatz gehörte schlichtweg die Zukunft. Daran gab es nichts zu deuteln.

Was für eine Erkenntnis! Und was für ein Mut, sich dies offen und ehrlich einzugestehen. Nach all den Jahren!

Wasserflugzeuge! Transatlantikflüge!

Es war die letzte große Herausforderung seines Lebens. In Gotha sollte der Bau des Riesenflugzeugs mit einer Flügelspannweite von 43 Metern verwirklicht werden. Angetrieben von drei Maybach-Motoren mit jeweils 240 PS sollte es 3000 Kilogramm Nutzlast befördern können. Auch dieses Vorhaben gelang.

Und nun weiter: jetzt musste das Atlantikflugzeug folgen. Er wollte es unbedingt noch erleben! Ein Mann mit Visionen musste her! Für diese Herausforderung gelang es ihm, Gustav Klein, den engsten Mitarbeiter von Robert Bosch, für sich zu gewinnen. Nur schweren Herzens hatte Bosch sein zähneknirschendes Einverständnis erteilt und seinen wichtigsten Mann gehen lassen. Nicht ohne ihm das Versprechen abzunehmen, eines Tages wiederzukommen.

Die Produktion wurde nach Staaken im Bezirk Spandau

verlegt und Klein ging mit einem wahren Feuereifer daran, vom Gelände der »Flugzeugwerft Staaken« den ersten Transatlantikflug tatsächlich zu realisieren. Für dieses sogenannte R-Flugzeug benötigte man sogar fünf Maybach-Motoren!
Unmöglich! Niemals würde ein derart schweres Flugzeug vom Boden abheben können. Dennoch waren die ersten Probeflüge geglückt. Die Motoren waren jedoch noch immer nicht stark genug, um Klein vollständig zufriedenzustellen. Und so resümierte er Anfang des Jahres 1917: »2000 PS sollten es schon sein, Exzellenz. Meinen Sie, die Firma Maybach wird das schaffen?«
Zeppelin nickte zuversichtlich. »Sie werden auch das schaffen. Da bin ich ganz zuversichtlich. Und ich freue mich jetzt schon auf das Telegramm von ihnen, mit dem Sie mir in nicht allzu ferner Zukunft kabeln werden, dass sie wohlbehalten in Amerika gelandet sind.«
Mitten in der Unterhaltung verzog der alte Graf plötzlich sein Gesicht zu einer schmerzhaften Grimasse und tastete mit seiner rechten Hand über den Bauch. »Diese elenden Bauchschmerzen. Ich fürchte, ich muss doch bald einmal einen Arzt aufsuchen, so ungern ich das auch mache. Es wird in letzter Zeit eher schlimmer als besser, obwohl ich auf Anraten meiner Frau eine strenge Diät einhalte.««
»Das sollten sie unbedingt tun, Exzellenz«, entgegnete Klein und beobachtete mit sorgenvoller Miene, wie Ferdinand von Zeppelin vor Schmerzen heftig die Lippen zusammenpresste. »Je früher, desto besser, wenn ich mir diese Anmerkung noch erlauben darf, Exzellenz.«

Zeppelins Bauchschmerzen wurden stärker – vor allem unmittelbar nach den Mahlzeiten. So blieb ihm trotz aller innerlichen Gegenwehr schließlich nichts anderes übrig, als am 1. März 1917 doch den Arzt rufen zu lassen, der ihn nach einer kurzen Untersuchung sofort ins Krankenhaus einweisen ließ. »Es ist der Darm, Exzellenz. Sie müssen so schnell wie möglich operiert werden!«

»Mit 78 Jahren eine Operation. Mann, da operiert man doch nicht mehr!«
»Es muss aber leider sein, fürchte ich.«
Die Krankenhausärzte bestätigten die Diagnose und bereiteten den Patienten unverzüglich zur Operation vor, die am Tag danach stattfand.
Es war eine komplizierte Operation, bei der sich ernste Komplikationen ergaben. Zu allem Übel zog sich der Graf im Krankenbett nun auch noch eine Lungenentzündung zu.
Am 8. März 1917 ist Ferdinand von Zeppelin in Berlin gestorben.

Einen Tag später verunglückte Gustav Klein bei einem Erprobungsflug mit dem neuen Riesenflugzeug tödlich.

*

Am 12. März 1917 fand in Stuttgart das Staatsbegräbnis für Ferdinand von Zeppelin statt.
Ganz Stuttgart befand sich an diesem traurigen Tag im Ausnahmezustand. Schon am frühen Morgen hatte sich eine riesige Menge von Menschen aus allen Schichten der Bevölkerung am Pragfriedhof versammelt, die ihrem verehrten Luftgrafen unbedingt persönlich die letzte Ehre erweisen wollten. Aus diesem Grund kam der Trauerzug nur langsam voran – erst recht, als er endlich das Spalier der mit Lorbeer umwickelten Säulen am Pragfriedhof erreichte, auf deren Spitzen Feuerschalen entflammt worden waren. Wieder und wieder konnten sich die Ordner nur durch den groben Einsatz ihre Fäuste Respekt verschaffen, um den Zug nicht gänzlich ins Stocken geraten zu lassen. Dem Sarg voran schritten württembergische Soldaten, die auf samtbezogenen Kissen die zahlreichen Orden und Ehrenzeichen präsentierten, die Ferdinand von Zeppelin zu dessen Lebzeiten verliehen worden waren. Auch für König Wilhelm II. war es Ehrensache, an diesem traurigen Tag von seinem bewunderten ehemaligen Erzieher und langjährigen Wegbegleiter persönlich Abschied zu nehmen. Traurig beugte er sich über das offene Grab, verharrte kurz im stillen Gebet, dann warf er mit einer schwungvollen Bewegung den Blumenstrauß in seiner Hand hinunter. Im selben Moment war es geschehen: sein Ehering hatte sich vom Ringfinger gelöst und war zusammen mit den Blumen im Grab gelandet. Keiner der Umstehenden hatte das Malheur bemerkt, das dem Monarchen passiert war. Niemand konnte sich deshalb einen Reim darauf machen, warum der König sekundenlang wie erstarrt schien, bis die Aufmerksamkeit der Trauergäste gleich darauf von einem anderen Ereignis in Beschlag genommen wurde: Ein leichtes Brummen, zunächst kaum beachtet, mischte sich mit

einem Mal in das gedämpfte Gemurmel der Menschenmenge. Rasch schwoll es zu jenem unverwechselbaren Geräuschpegel an, der ihnen allen so gut vertraut war. Schon reckten die ersten ihre Köpfe in die Richtung, aus der das Dröhnen den Himmel erzittern ließ. Es kam aus Osten, dort hinten, wo die Grabkapelle auf dem Württemberg aufragt: »Da schaut nur: ein Zeppelin!«
»Und dort drüben: noch einer!«
»Es ist das Heeresluftschiff LZ 87 …«
»… und das andere … ja, jetzt kann ich die Nummer am Heck erkennen: es ist das Marineluftschiff L 43.«
»Sie kommen, um ihrem Erfinder die letzte Ehre zu erweisen!«
Inzwischen waren die beiden Luftschiffe am Himmel direkt über dem Pragfriedhof angelangt, die Kapitäne hatten die Motoren drosseln lassen, so dass die riesigen Zeppeline beinahe zum Stillstand kamen und nun majestätisch einen Kreis über der Trauergemeinde beschrieben.
Für einen kurzen Moment schienen sie sogar völlig bewegungslos in der Luft zu stehen, als sich ein kleiner dunkler Punkt von der vorderen Gondel des einen Luftschiffs löste, kurz darauf ein weiterer aus der Gondel des Schwesterschiffs. »Ein Kranz! Zwei! Sie haben zwei Kränze abgeworfen!«
Nun konnte es für die Menschenmenge kein Schweigen mehr geben: »Ein dreifaches Hurra auf unseren Grafen Zeppelin!«
»Hurra – Hurra – Hurra!«
Wie zu einer allerletzten Verbeugung neigten sich die Nasen der Luftschiffe grüßend nach unten, dann wurde das Dröhnen wieder deutlich lauter – die beiden Zeppeline nahmen Fahrt auf und stiegen gleichzeitig zügig in die Höhe.
Keiner der Anwesenden konnte sich der anrührenden Magie dieses Augenblicks entziehen. Niemand, in dessen Augen nicht Tränen glitzerten.
Ein Volksheld wurde zu Grabe getragen.

In ihren Nachrufen zitierten die Zeitungen den Leitsatz, der wie kein zweiter Leben und Wirken des Grafen Zeppelin charakterisierte: »Man muss nur wollen und daran glauben, dann wird es gelingen!«

Der beim Begräbnis verlorengegangene Ehering von König Wilhelm II. liegt übrigens immer noch neben dem Sarg des Luftfahrtpioniers – das ist verbürgt.

Ferdinand Adolf Heinrich August Graf von Zeppelin, geboren am 8. Juli 1838, gestorben am 8. März 1917. Sein Grabmal befindet sich nach wie vor auf dem Pragfriedhof in Stuttgart – es trägt die Inschrift: »Dein Glaube hat dir geholfen«. Isabella von Zeppelin starb am 2. Januar 1922 – sie wurde an der Seite ihres geliebten Ehemannes begraben.

*

Es gab viele Luftschiffe – aber nur einen Grafen Zeppelin!

*

Danke!

… an

Bernd Klagholz vom Stadtarchiv Leinfelden-Echterdingen für die immer freundliche Unterstützung,

Gustav A. Biach in Wien,

Maria Feifel vom Daimler-Konzernarchiv in Stuttgart-Untertürkheim,

Barbara Waibel vom Archiv der Luftschiffbau Zeppelin GmbH in Friedrichshafen,

Marion Holler-Harsch und Gerhard Raff als wertvolle Erstkorrektoren,

sowie meine hochgeschätzte Lektorin Maria Käß.

FERDINAND PORSCHE

EIN MYTHOS WIRD GEBOREN

Ferdinand Porsche, geboren am 3. September 1875 im böhmischen Maffersdorf - gestorben am 30. Januar 1951 in Stuttgart, gilt als der genialste Automobilkonstrukteur des 20. Jahrhunderts.

Er war der Pionier des Elektroantriebs: Schon als 25 jähriger hat er mit dem „Lohner-Porsche" sein erstes Automobil konstruiert. Der elektrische „Phaeton" wurde zur Sensation der Pariser Weltausstellung im Jahr 1900.

Gleich danach sorgte er mit dem benzin-elektrischen „Mixte-Wagen" für neue Schlagzeilen: Es war das erste Hybridfahrzeug der Welt.

Ferdinand Porsche war seiner Zeit weit voraus – viel zu weit, wie er manchmal bitter erfahren musste.

Ferdinand Porsche – ein Mythos wird geboren

Der Mythos Porsche: wie er entstanden ist – Gunter Haug kommt dem Genie Porsche so nahe, wie kein anderes Buch zuvor.

Gunter Haug „Ferdinand Porsche, ein Mythos wird geboren"
Historischer Roman
448 Seiten, 19,90 €
ISBN 978-3-943066-04-3

Verlag Landliege

Herr, schmeiß Hirn ra!

Die schwäbischen Geschichten des Gerhard Raff

Im Jahr 1985 bei der Deutschen Verlags-Anstalt (damals noch in Stuttgart!) erschienen und jetzt in der **25. Auflage** vorliegend, steht dieses Buch mit dem unterdessen zum geflügelten Wort gewordenen, millionenfach zitierten Titel selbst in Bücherschränken von Bundespräsidenten, britischen Thronfolgern, bekannten Astronauten und bedeutenden Nobelpreisträgern. Der für seine „freche, aber segensreiche Gosch & Feder" bekannte Verfasser ist mit dem „Hirn" über Nacht zum Best- und Longsellerautor geworden.

25. Auflage / € 19,90 / ISBN 978-3-943066-14-2

Verlag Landhege

www.gunter-haug.de

Gunter Haug,

geboren 1955 in Stuttgart – Bad Cannstatt. Langjähriger Zeitungs- Radio- und Fernsehredakteur. Als Autor von zahlreichen biografischen und historischen Romanen hat er sich einen großen Leserkreis geschaffen. Seine Trilogie »Niemands Tochter« wurde zum Bestseller.
Gerade die detailreichen, einfühlsamen Beschreibungen der Menschen, die für Haug immer im Mittelpunkt der Geschichte stehen, machen den ganz besonderen Reiz seiner Bücher aus.
Bei den zahlreichen Lesungen und Vorträgen in Deutschland und Österreich schafft es Haug mit seinen plastischen Schilderungen immer wieder, das Publikum zu begeistern.
Gunter Haug lebt als freier Autor in der Region Franken

www.landhege-verlag.de